土地供给侧结构性改革研究

冯广京等 著

科学出版社
北京

内 容 简 介

在研究我国开展土地供给侧结构性改革的背景、目标和战略的基础上，本书基于人地关系权籍时空系统理论、供需平衡理论和时空锥理论，针对我国土地市场结构和运行机理的特殊性，开展我国土地供给侧结构性改革机理和关键环节研究、土地要素征收市场供给侧结构性改革研究、土地要素让渡市场供给侧结构性改革研究、土地利用规划供给侧结构性改革研究、土地整治供给侧结构性改革研究、政府职能转变研究，并结合上海市、重庆市、郑州市、长沙市、长春市、海淀区、佛山市和崇左市的实践，提出了推进我国土地供给侧结构性改革研究的理论方法和针对我国土地供给侧结构性改革关键环节的系统政策建议。

本书可供国土资源管理部门和相关部门，土地市场管理、研究有关单位和机构，土地规划管理、设计研究有关单位和机构，土地整治管理、工程设计研究有关单位和机构，高校土地资源管理、城乡规划、农业经济、城市经济和地理科学等专业科研人员和师生阅读与参考。

图书在版编目（CIP）数据

土地供给侧结构性改革研究 / 冯广京等著 . —北京：科学出版社，2017.6
　ISBN 978-7-03-052878-0

　Ⅰ．①土… Ⅱ．①冯… Ⅲ．①土地制度–经济体制改革–研究–中国 Ⅳ．①F321.1

中国版本图书馆 CIP 数据核字（2017）第 111898 号

责任编辑：王　倩 / 责任校对：张凤琴
责任印制：张　伟 / 封面设计：无极书装

科学出版社 出版
北京东黄城根北街 16 号
邮政编码：100717
http://www.sciencep.com

北京教图印刷有限公司 印刷
科学出版社发行　各地新华书店经销

*

2017 年 6 月第 一 版　开本：787×1092　1/16
2017 年 6 月第一次印刷　印张：15
字数：350 000

定价：98.00 元
（如有印装质量问题，我社负责调换）

课题组主要成员

冯广京　严金明　韩立达　王克强

金晓斌　黄贤金　王庆日　陈美景

蒋仁开　张冰松　郝　淼

前　言

供给侧结构性改革，是我国核心领导层在全面分析我国社会经济发展阶段性特征的基础上，提出的重大战略决策。这一重大战略，不仅对我国完成当前阶段"三去一降一补"五大任务具有重要意义，而且对我国通过调整经济结构、转变经济发展方式，实现社会经济长期的可持续发展也具有非常重大的意义。

土地是重要而特殊的生产要素，在我国供给侧结构性改革中的地位和作用十分特殊。供给侧结构性改革，不仅是我国适应国际金融危机发生后综合国力竞争新形势的主动选择，而且还是适应和引领我国经济发展"新常态"的重大理论和实践的创新。从2016年上半年到当年底，笔者组织推动了5个专题的土地供给侧结构性改革的研讨，参与人员近百名，包括国土资源领域和相关领域科研与高校的专家教授、政府与事业单位的实务专家和基层单位领导，发现有关土地供给侧结构性改革的理论研究进展和实践推进都较为缓慢。主要原因在于，供给侧结构性改革是我国政府在社会经济治理中的一项创新战略，供给侧结构性改革的理论和实践打破了过去较长时期以来以需求拉动供给的经济发展思维和模式，给我们认识和把握供给侧结构性改革的本质和任务、推进土地供给侧结构性改革带来了许多挑战。

研究我国土地供给侧结构性改革的难点，主要集中在这样几个方面：第一，如何认识土地供给侧结构性改革？虽然很多人都知道土地要素是影响社会经济发展供给侧的一个重要因素，但是由于我国土地市场存在结构和运行机理的特殊性，导致很多人较难将土地要素供给和产业经济有机地结合起来分析，还有一部分人认识到我国土地市场结构和运行机理的特殊性后则将土地要素供给视作是政府自己的管理工作。第二，如何研究土地供给侧结构性改革？由于较长时期以来，我们已经形成了以需求拉动经济发展的思维惯性，加之缺乏深入研究我国土地市场结构和运行机理特殊性的方法和创新方法的积极性，较难从供给侧结构上展开深入研究。第三，如何发现土地供给侧结构性改革的着眼点和着力点？由于第二点缺乏创新方法的原因，又较难准确找到土地供给侧结构性改革的着眼点和着力点。这样就导致了土地供给侧结构性改革的理论研究相对滞后于改革的实践。

上面三个难点的核心是第二点。如果不能找到或创新一种研究分析我国土地市场结构和运行机理特殊性的方法，也就很难认识土地领域供给侧结构性改革的本质，更难以从根本上推进土地供给侧结构性改革。因此，研究和推进土地供给侧结构性改革，急需创新研究思路和方法。

本专著首次尝试耦合人地关系权籍时空系统理论、供需平衡理论和时空锥理论，从我国土地市场结构和运行机理的特殊性入手，研究土地供给侧结构性改革。

人地关系权籍时空系统理论，提供了研究认识土地供给侧结构性改革作用、本质、目标、原则和主线的研究思路和研究逻辑。供需平衡理论，提供了研究认识我国土地市场结构、层次、运行机理、供需关系的方法和手段。时空锥理论，融合了时空理论和系统论，提供了研究土地供给侧结构性改革的原则和方法，即发展性的原则和方法与系统性的原则和方法。

借助上面的三项理论，本专著重点开展了我国土地市场结构和运行机理特殊性研究、土地供给侧结构性改革机理和关键环节研究、土地要素征收市场供给侧结构性改革研究、土地要素让渡市场供给侧结构性改革研究、土地利用规划供给侧结构性改革研究、土地整治供给侧结构性改革研究、政府职能转变研究、供给侧结构性错配类型及其纠正研究，并结合上海市、重庆市、郑州市、长沙市、长春市、海淀区、佛山市和崇左市的实践，提出了推进我国土地供给侧结构性改革研究的理论方法和针对我国土地供给侧结构性改革关键环节的系统性政策建议。

本专著是国土资源事务费项目"土地学科进展与土地科学前沿问题研究"（TD161602-01）中"土地科学前沿问题研究"子课题的研究成果。本课题重点包括八个部分的内容：①我国土地供给侧结构性改革与整体供给侧结构性改革关系的研究；②我国土地供给侧结构性改革理论与西方传统供给学派理论区别的研究；③我国土地市场结构和运行机理的研究；④我国土地供给侧结构性改革机理的研究；⑤我国土地要素征收市场供给侧结构性改革的研究；⑥我国土地要素让渡市场供给侧结构性改革的研究；⑦我国土地规划供给侧结构性改革的研究；⑧我国土地整治供给侧结构性改革的研究。

本课题研究方案由中国土地勘测规划院冯广京研究员负责总体设计。本专著各章的撰写分工为：第1章由冯广京、郝淼撰写；第2章由冯广京、王庆日、蒋仁开撰写；第3章由冯广京、陈美景撰写；第4章由韩立达、史敦友、韩冬、王艳西、王静、陈燕撰写；第5章由王克强、马克星、刘红梅撰写；第6章由严金明、夏方舟、陈昊、张雨榷、迪力沙提·亚库甫、张舵、张东昇、杨雨濛撰写；第7章由金晓斌、周寅康、项晓敏、王温鑫、冉娜撰写；第8章由冯广京、张冰松撰写。全书最后由冯广京统稿、审订。

在课题研究过程中，得到了南京大学王万茂教授、中国人民大学严金明教授、南京大学黄贤金教授、四川大学韩立达教授、上海财经大学王克强教授、南京大学金晓斌副教授的大力支持和帮助；清华大学蔡继明教授，北京大学冯长春教授、楼建波副教授，中国人民大学刘守英教授、陶然教授、黄燕芬教授、张占录教授和秦波教授，中国社会科学院牛凤瑞研究员、曹建海研究员，同济大学何芳教授、石忆邵教授，浙江大学杨遴杰教授，西南财经大学吴越教授、云南财经大学张洪教授，南京师范大学方斌教授，四川大学刘润秋教授、姚树荣副教授、衡霞副教授、刘锐副研究员、史敦友博士、韩作轩博士、陈萍博士、王廷勇博士、杨燕玲博士，中国农业大学朱道林教授，南京农业大学冯淑怡教授，华中农业大学张安录教授，西北农林科技大学李录堂教授，江西农业大学陈美球教授，首都经济贸易大学赵秀池教授、王德起教授，中国地质大学（北京）白中科教授、师学义教授，中国地质大学（武汉）王占歧教授，南京大学钟太洋副教授、华东理工大学牛星副教授，成都大学陶钟太朗副研究员，成都理工大学韩冬讲师，中国国土资源经济研究院余振国研究员，国土资源部整治中心王军研究员，成都市社科联主席杨继瑞教授，南京市国土局宋雅健副局长，深圳规划与国土资源委员会段启武副总规划师，上海土地学会副会长袁华宝高级工程师，上海市土地交易中心副主任卢为民高工，上海市地质调查研究院副院长张洪武，上海市金山区土地储备中心主任李宪宏，成都市国土资源局规划地籍事务中心舒建英科长，成都龙头投资管理股份有限公司伍波董事长，四川高维律师事务所主任苏勇等专家教授参加了课题相关专题的研讨并提出了很好的建议，由于参与研讨的专家学者较多，难以一一列出，在此一并致以诚挚的感谢！

鉴于供给侧结构性改革是我国政府在社会经济治理中的一项创新战略，也是我国市场经济理论和实践的一项重大创新，加之本书也是理论界针对我国土地供给侧结构性改革问题而开展的首项系统性专题研究，缺少可资参考借鉴的研究方法和材料，需要不断创新研究思路和研究方法。这既给我们的研究提供了较大的空间，也给我们的研究提出了较大的挑战。因此，真诚希望国内外同行以及阅读本专著的读者们不吝赐教！也真心期望本专著的研究成果能有助于我国土地供给侧结构性改革的深化，并促进我国经济社会的可持续发展！

冯广京

2017 年 5 月 2 日于北京祺祥园

目 录

第1章 研究我国土地供给侧结构性改革的目的、方法与框架 ······ 1
    1.1 我国土地供给侧结构性改革研究的主要问题 ······ 2
    1.2 我国土地供给侧结构性改革研究目的、方法和路线 ······ 5
    1.3 我国土地供给侧结构性改革研究框架 ······ 7
    主要参考文献 ······ 8

第2章 我国土地供给侧结构性改革的作用和意义 ······ 10
    2.1 我国供给侧结构性改革的提出与目标 ······ 11
    2.2 我国供给侧结构性改革与供给学派供给侧改革理论的关系 ······ 21
    2.3 我国土地供给侧结构性改革与整体供给侧结构性改革的关系 ······ 23
    2.4 我国土地供给侧结构性改革对促进社会经济可持续发展的意义 ······ 26
    2.5 本章小结 ······ 29
    主要参考文献 ······ 30

第3章 我国土地供给侧结构性改革的机理、重心与方向 ······ 31
    3.1 研究土地供给侧结构性改革机理的意义 ······ 32
    3.2 我国土地市场的构成及其特殊性 ······ 34
    3.3 土地市场供需信号失灵的原因 ······ 38
    3.4 供给侧结构性错配的概念、类型及其纠正 ······ 46
    3.5 本章小结与政策建议 ······ 50
    主要参考文献 ······ 53

第4章 我国土地要素征收市场供给侧结构性改革 ······ 54
    4.1 研究土地要素征收市场供给侧结构性改革的目的与意义 ······ 55
    4.2 我国土地要素征收市场运行机理及改革思路分析 ······ 61
    4.3 土地征收市场供给侧结构存在的问题和原因分析 ······ 72
    4.4 本章小结与政策建议 ······ 81
    主要参考文献 ······ 103

第5章 我国土地要素让渡市场供给侧结构性改革 ······ 104
    5.1 研究土地要素让渡市场供给侧结构性改革的目的与意义 ······ 105

5.2 土地要素让渡市场供给侧结构性改革的内涵和分类 …………………… 107
5.3 我国土地要素让渡市场运行机理及供给侧结构性改革思路 …………… 110
5.4 我国土地要素让渡市场存在的问题及原因分析 ………………………… 123
5.5 本章小结及政策建议 ……………………………………………………… 129
主要参考文献 …………………………………………………………………… 132

第6章 我国土地利用规划管理供给侧结构性改革 …………………………… 133

6.1 研究土地利用规划管理供给侧结构性改革的意义和目的 ……………… 134
6.2 土地利用规划管理应当在土地市场供需平衡中发挥的作用 …………… 137
6.3 土地利用规划管理在土地市场供需平衡中存在的主要问题分析 ……… 142
6.4 供给侧结构性改革背景下的政府职能转变分析 ………………………… 147
6.5 系统论视角下土地利用规划管理的供给侧结构性改革路径 …………… 151
6.6 土地利用规划管理供给侧改革的案例分析：以北京市海淀区和吉林省长春市为例 …………………………………………………………………… 161
6.7 本章小结与政策建议 ……………………………………………………… 169
主要参考文献 …………………………………………………………………… 171

第7章 我国土地整治供给侧结构性改革 ……………………………………… 172

7.1 土地整治供给侧结构性改革的意义与目的 ……………………………… 173
7.2 土地整治与供给侧结构性改革的关联 …………………………………… 177
7.3 基于供给侧结构性改革视角的土地整治转型 …………………………… 188
7.4 土地整治地方实践与典型模式 …………………………………………… 195
7.5 本章小结与政策建议 ……………………………………………………… 203
主要参考文献 …………………………………………………………………… 211

第8章 我国土地供给侧结构性改革研究结论和建议 ………………………… 213

8.1 土地供给侧结构性改革研究的理论基础 ………………………………… 214
8.2 土地供给侧结构性改革研究结论 ………………………………………… 216
8.3 土地供给侧结构性改革政策建议 ………………………………………… 226
主要参考文献 …………………………………………………………………… 229

第1章　研究我国土地供给侧结构性改革的目的、方法与框架

> 本项研究有三个重要的理论基础：一是人地关系权籍时空系统理论；二是供需平衡理论；三是时空锥理论。三个理论为本项研究提供了三条主要的分析脉络和逻辑框架。
>
> 人地关系权籍时空系统理论，提供了认识和研究土地供给侧结构性改革作用、本质、目标、原则和主线的研究思路和研究逻辑。
>
> 供需平衡理论，提供了认识和研究我国土地市场结构、层次、运行机理、供需关系的方法和手段。
>
> 时空锥理论，提供了研究土地供给侧结构性改革的原则和方法，即发展性原则和方法、系统性原则和方法。

1.1 我国土地供给侧结构性改革研究的主要问题

在充分总结和分析我国改革开放实践的成功经验和教训、分析研究国内外社会经济发展形势变化的基础上，2015年11月，中共中央总书记习近平在中央财经领导小组会议上提出了"供给侧结构性改革"的战略，明确提出"在适度扩大总需求的同时，着力加强供给侧结构性改革，着力提高供给体系质量和效率，增强经济持续增长动力，推动我国社会生产力水平实现整体跃升。"[1] 同一年召开的中央经济工作会议也进一步强调，"推进供给侧结构性改革，是适应和引领经济发展新常态的重大创新，是适应国际金融危机发生后综合国力竞争新形势的主动选择，是适应我国经济发展新常态的必然要求。"[2]

我国积极推进供给侧结构性改革，并将其确定为一项国家战略，其意义十分重大。过去一段时间里，我们已经习惯了从需求拉动经济发展的方式，通过鼓励消费、增加贸易出口和扩大投资的方式，也在一定程度上促进了经济的阶段性发展。但是当我们遇到国际金融危机和国内投资效益递减的情况时，发现因受到全球经济进入"新平庸"时期的影响，国际贸易出口遇挫；国内消费市场存在消费需求，却因缺乏适销对路的产品也难以拉动经济发展；而上一届政府大幅度扩大投资的影响还在消化期，使得我国经济发展出现了较大的问题。一方面，国内某些方面的产品是短缺的，出现了很多类似普通百姓漂洋过海购买电饭煲等日用品、感冒药等日常药品的现象，也存在类似能生产圆珠笔但要巨资进口制作笔尖钢珠的特种钢材的情况；另一方面，国内很多方面的产品出现了大量滞销的现象，某些方面的产品供给过剩导致库存不断增加。房地产市场也与此类似，一方面某些地区的普通百姓热盼能够满足刚需的普通住房；另一方面某些地区的商品房出现空置。很显然，国内消费市场是很大的，但是供给出现了产不对销的问题。导致这种问题的原因，集中反映到了供给侧上，一是技术升级不足，某些企业生产的产品难以换代；二是市场自我修复机制失灵，某些企业生产越亏损越发展；三是创新企业生存和发展的环境不成熟。值得注意的是，我国这种供给侧出现的问题，并不是普遍性的供给不足，而是供给过剩和供给短缺并存，显然是一种结构性的供给侧问题，需要从结构性重配上解决问题。

因此，从短期来看，我国供给侧结构性改革的重点，是通过供给侧的结构性改革促进供给满足需求、鼓励创新推动供给创造需求，完成"去产能、去库存、去杠杆、降成本、补短板"的任务；但从长期来看，我国供给侧结构性改革的根本目标，是通过从生产端和供给端入手并着力，寻找并形成能够进一步促进经济可持续增长的新机制，从而能够真正启动"有效需求"，形成我国"供给和需求相互引导和相互促进"的经济良性发展的新

---

[1] 习近平主持召开中央财经小组第十一次会议. 新华网. http://news.xinhuanet.com/politics/2015-11/10/c_1117099915.htm

[2] 中央经济工作会议部署明年经济工作五大政策推动供给侧改革. 人民网. http://finace.people.com.cn/n1/2015/1222/c1004-27958807.html

动力。

从中央提出供给侧结构性改革战略以来，土地领域也在不断推进供给侧结构性改革，但能明显发现，由于供给侧结构性改革是我国政府在社会经济治理中的一项创新战略，打破了长期以来形成的以需求引导供给发展经济的思维和治理模式，并针对改革开放以来建立的市场经济体制中"使市场在资源配置中起决定性作用和更好发挥政府作用"[1]机制不足的问题提出了挑战，土地领域尚未在短时期内深刻认识并积极推进这一战略的重要性、本质性和紧迫性，对于我国推进供给侧结构性改革特别是推进土地领域供给侧结构性改革的战略及其实践，也没有引起广泛重视，具体表现在：①自2015年底至2016年底的一年的时间里，土地领域理论界有关土地供给侧结构性改革的理论研究，屈指可数[2]。②迄今，实务界很多人认为土地供给侧结构性改革只是具体的政府管理问题，因此一部分人认为其不是理论问题，不需要理论研究的支持；一部分人停留在之前的认知层面上，认为土地供给侧结构性改革就是过去开展的土地政策宏观调控，简单地将土地差别化管理直接等同于土地供给侧结构性改革；还有一部分人习惯性地以传统的西方供给学派理论的视角，分析我国土地供给侧结构性改革，产生了理解的困惑和分析的困难。显然，对土地供给侧结构性改革战略认识的局限，使得土地供给侧结构性改革的理论研究和实践，客观上滞后于我国推进供给侧结构性改革战略的整体发展。

供给侧结构性改革既是我国社会经济改革和发展宏观调控政策的一种延续，更是我国社会经济改革和发展宏观调控政策的一种发展创新。第一，供给侧结构性改革的着眼点和着力点不同于以前的宏观调控。供给侧结构性改革将着眼点和着力点集中于供给侧结构性问题，立足于通过改革日益显现的供给错配需求的结构性问题，满足市场的"真实需求"；同时，通过供给侧结构性改革，创造社会经济发展的新需求，从而进一步拉动我国社会经济的可持续发展。第二，供给侧结构性改革的理论基础不同于以前的宏观调控。供给侧结构性改革的理论基础是以供给为动力和"抓手"，"主动"通过供给创造需求并满足需求，实现社会经济发展需求的升级，从而实现新水平上的社会经济发展的供需平衡。而过去相当长时期内的宏观调控的理论基础，是以需求为核心和动力，以需求引导供给和"以需定产"，"被动"通过供给满足需求的方式来实现社会经济发展的供需平衡。第三，供给侧结构性改革的理论超越了传统的西方供给学派理论。供给侧结构性改革的理论虽然侧重于供给侧，但其在传统的西方供给学派理论和实践的基础上，根据我国现阶段社会经济改革发展实践中的突出矛盾，将重点放在供给侧生产结构和产品结构的调整与转变政府的职责上，超越了传统的西方供给学派理论和其他国家供给侧改革的实践，创新了供给侧改革的理论。

供给侧结构性改革作为一项社会经济治理的国家战略，既是我国社会经济治理方式的一种改革创新，也是社会经济发展和治理理论在我国的一种发展创新。供给侧结构性改革

---

[1] 李克强. 深化重要领域和关键环节改革（在第十二届全国人民代表大会第五次会议上所做的政府工作报告）. 新华网. http://news.xinhuanet.com/politics/2017lh/2017-03/05/c_129501547.htm

[2] 冯广京. 土地领域供给侧结构性改革的重心和方向[J]. 中国土地科学，2016，30（11）：4-12

是一项现代政府经济管理和社会治理科学的实践，毫无疑问，需要科学理论研究的支持。理论研究的意义在于认识和把握实践的客观规律，从而能够科学地引领和指导实践。理论研究滞后于改革实践，不仅会使理论研究失去对土地供给侧结构性改革实践的指导和推动作用，也会影响土地供给侧结构性改革实践的质量。

笔者从2016年开始推动土地科学研究界开展土地领域供给侧结构性改革的研究，从2016年下半年开始，先后组织开展了"如何认识土地领域供给侧结构性改革"①、"如何推进土地市场领域的供给侧结构性改革"②、"如何发挥土地利用规划在供给侧结构性改革中的作用"③、"农村土地制度改革如何助力供给侧结构性改革"④、"以土地整治促进土地领域供给侧结构性改革"⑤ 等5个专题研讨会。参与研究讨论的人员包括多领域理论研究工作者、土地资源利用与管理实务专家等近百人，时间跨度半年之久，但纵观有关土地供给侧结构性改革理论和实践的研究，进展较为缓慢，反映出研究的难度较大，研究的迫切性和重要性也很大。

认识和研究土地供给侧结构性改革问题的难点，主要集中在以下几个方面：

（1）怎样认识我国实施供给侧结构性改革战略的重要性和意义？如果不能准确和深刻地认识供给侧结构性改革战略的重要性和意义，就很难能够重视和有效推进我国土地供给侧结构性改革的研究和实践。

（2）怎样认识并把握我国土地供给侧结构性改革与我国社会经济可持续发展及整体供给侧结构性改革的关系？如果不能准确认识土地供给侧结构性改革的地位和作用，就很难充分发挥我国土地供给侧结构性改革的重要作用。

（3）怎样认识我国供给侧结构性改革战略理论和实践的特殊性及其形成与完善？如果不能准确认识我国供给侧结构性改革战略的特殊性，就很难以科学的理论指导我国土地供给侧结构性改革的实践。

（4）怎样认识我国土地供给侧结构性改革的本质和机理？如果不能准确认识并把握我国土地供给侧结构性改革的机理，就很难从机制机理上抓住我国土地供给侧结构性改革的主要矛盾。

（5）怎样认识我国土地市场结构和运行的特殊性？如果不能准确认识我国土地市场结构和运行的特殊性，就很难发现并研究影响我国土地供给侧结构性改革的关键环节，推动关键环节的供给侧结构性改革。

---

① 编辑部召开"如何认识土地领域的'供给侧结构性改革'"专题研讨会．中国土地科学网．http：// www.chinalandscience.com.cn/zgtdkx/ch/reader/view_news.aspx?id=20160720023841358

② "如何推进土地市场领域的供给侧结构性改革研讨会"在上海召开．中国土地科学网．http：// www.chinalandscience.com.cn/zgtdkx/ch/reader/view_news.aspx?id=20160901101433707

③ 编辑部召开"如何发挥土地利用规划在供给侧结构性改革中的作用"专题研讨会．中国土地科学网．http：// www.chinalandscience.com.cn/zgtdkx/ch/reader/view_news.aspx?id=20160929105201353

④ 编辑部召开"农村土地制度改革如何助力供给侧结构性改革"专题研讨会．中国土地科学网．http：// www.chinalandscience.com.cn/zgtdkx/ch/reader/view_news.aspx?id=20161031101114415

⑤ 编辑部召开"以土地整治促进土地领域供给侧结构性改革研讨会"．中国土地科学网．http：// www.chinalandscience.com.cn/zgtdkx/ch/reader/view_news.aspx?id=20161213010119883

（6）怎样认识并推动我国土地供给侧结构性关键环节的改革？如果不能准确认识并抓住我国土地供给侧结构性改革的关键环节，就难以实施具体且有效的土地供给侧结构性改革措施，从而切实实现我国土地供给侧结构性改革的目标。

基于土地是我国社会经济发展和人民生活生产活动的基本载体和资源基础，深入开展并切实推动我国土地供给侧结构性改革理论和实践的研究，对于寻找拉动我国社会经济发展的新动能、探索转变社会经济发展模式的新路径、推动我国社会经济的可持续发展，具有十分重大的现实意义和重要的基础作用。

综上所述，本项研究主要针对我国土地供给侧结构性改革理论和实践中出现的上述问题展开研究，希望研究成果能够有助于支持并促进我国土地供给侧结构性改革理论和实践的研究，服务于我国社会经济的可持续发展。

1.2 我国土地供给侧结构性改革研究目的、方法和路线

1.2.1 研究目的

基于上面的分析，开展我国土地供给侧结构性改革研究的目的是：系统研究分析我国土地供给侧结构性改革在我国社会经济改革发展中的地位和作用；针对我国土地市场结构和运行机理的特殊性，系统研究分析并把握我国实施土地供给侧结构性改革战略的本质；从我国土地供给侧结构性改革机制机理上入手和着力，抓住我国土地供给侧结构性改革的主要矛盾和关键环节，总结和创新我国土地供给侧结构性改革理论，推动我国土地供给侧结构性改革，从而保障并促进我国整体供给侧结构性改革和社会经济的可持续发展。

1.2.2 研究方法

供给侧结构性改革，是基于经济学有关市场供需平衡理论而形成的。按照供需平衡理论，可以将相关市场按照供给和需求划分出供给侧和需求侧。根据研究目的，本项研究主要采用以下研究方法：

（1）借助人地关系权籍时空系统理论、时空锥理论、土地经济理论、土地可持续利用理论和宏观经济学理论，研究分析土地供给侧结构性改革在整体供给侧结构性改革中的地位、作用和意义，梳理我国土地供给侧结构性改革战略和理论的形成与完善。

（2）借助微观经济学中有关市场供需平衡理论、土地经济理论，研究分析我国土地市场的特殊性和运行机理，研究分析我国土地供给侧结构性改革的本质，提出我国土地供给侧结构性改革的重心和方向。

（3）借助微观经济学中有关市场结构理论，根据我国土地市场结构的特殊性，划分土地市场结构的层次性和功能性。

（4）根据我国土地市场划分出的层次性和功能性，结合我国土地市场的运行机理、不

同子市场在土地市场中所具有的供需特性和位置，划分我国土地市场的供给侧和需求侧。

（5）研究分析我国土地供给侧结构性改革中的供给侧环节，分析梳理影响我国土地供给侧结构性改革的关键环节和因素，研究供给侧结构性改革中关键环节存在的主要问题。

（6）针对影响我国土地供给测结构性改革的关键环节，研究我国土地供给侧结构性改革关键环节的具体改革措施和方法，提出相应的政策建议。

1.2.3　研究路线

根据本项研究的目的和方法，研究制定了本项研究的技术路线，如图1-1所示。

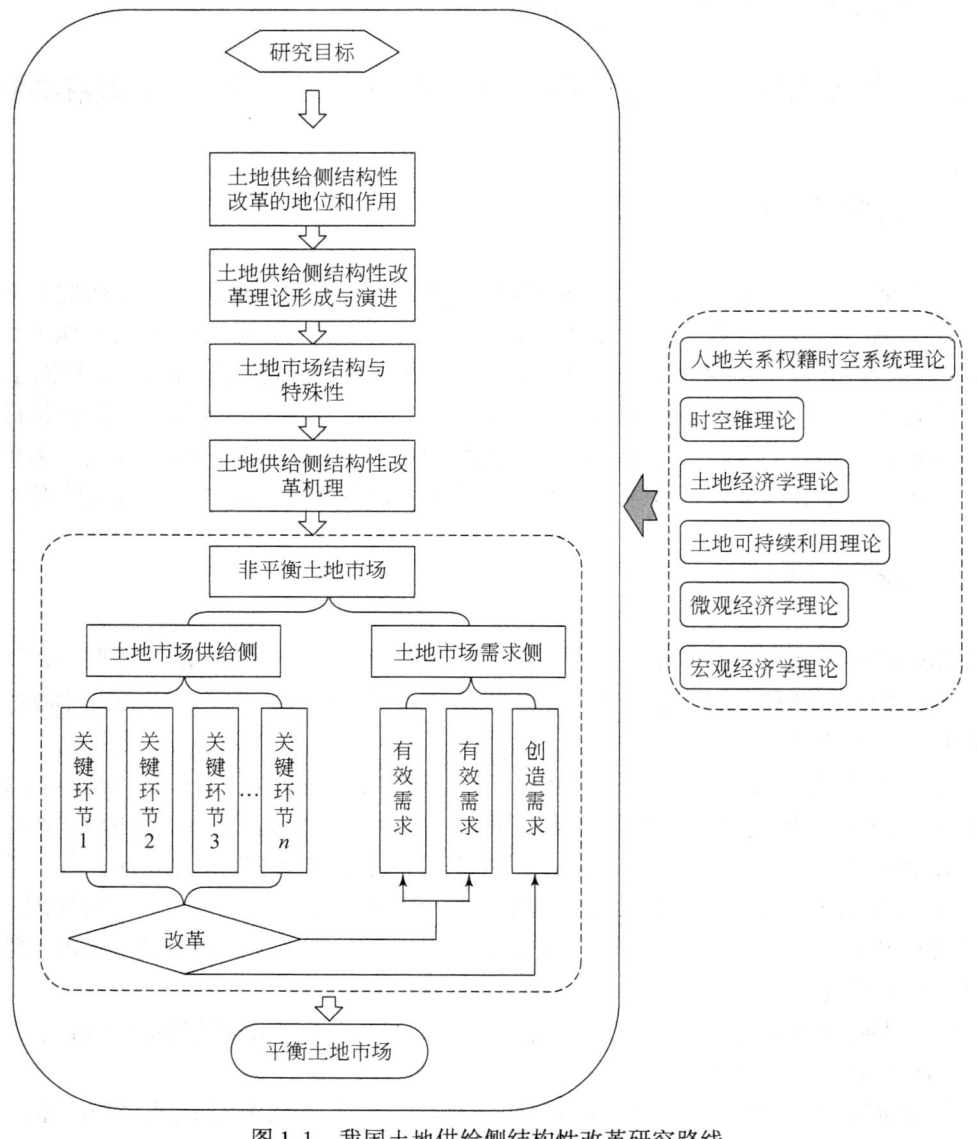

图1-1　我国土地供给侧结构性改革研究路线

1.3 我国土地供给侧结构性改革研究框架

本专著研究有三个重要的理论基础：一是人地关系权籍时空系统理论[①]；二是供需平衡理论；三是时空锥理论[②]。三个理论为本专著研究提供了三条主要的分析脉络和逻辑框架。

人地关系权籍时空系统理论主要内容包括：从人与土地的关系看，①土地是一个以人的可持续发展为核心的时空系统；②这一时空系统是一个由土地权籍决定的地域空间，而不是相反；③这一时空系统包含了自然、社会、技术和经济的各种因素，是一个能够全方面提供人类生存、生活和生产条件且有限的地域空间，其中所有的能够影响人类可持续发展的因素都需要研究和改善；④这一时空系统中的人地关系，表面上看是人和土地的关系，但本质上是其上的人与人开展各种土地利用活动的关系，因此是一个需要不断优化的时空系统。人地关系权籍时空系统理论，提供了认识和研究土地供给侧结构性改革作用、本质、目标、原则和主线的研究思路和研究逻辑，即以人为核心、以土地权籍为根本、以土地可持续利用为目标、以土地供需平衡为主线，以自然、社会、工程技术为手段，规范土地利用活动关系，优化土地时空系统。

供需平衡理论，提供了认识和研究我国土地市场结构、层次、运行机理、供需关系的方法和手段，从而能够清楚分析和认识我国土地市场的供给侧和需求侧及其中的关键环节，研究提出我国供给侧结构性改革关键环节的具体措施和方法。

时空锥理论，融合了时空理论和系统论，提供了研究土地供给侧结构性改革的原则和方法，即发展性的原则和方法与系统性的原则和方法。

本专著围绕人地关系权籍时空系统理论、供需平衡理论和时空锥理论三条基本脉络和逻辑框架，针对我国土地供给侧结构性改革展开研究。全书共分为 8 章。

第 1 章，主要针对我国土地供给侧结构性改革理论和实践研究中存在的主要问题，讨论提出了开展土地供给侧结构性改革研究的主要目的、方法和路线，概括介绍了本专著的研究框架和主要内容。

第 2 章，主要从人地关系权籍时空系统理论出发，借助时空锥理论、土地经济学理论、土地可持续利用理论、微观经济学和宏观经济学理论等，分析讨论了我国实施供给侧结构性改革战略的背景；研究分析了土地供给侧结构性改革在推进我国整体供给侧结构性改革和社会经济可持续发展中的地位、作用和意义；从供给学派理论的产生和发展，讨论了我国供给侧结构性改革理论的形成和演进，分析了我国供给侧结构性改革理论与供给学派理论的异同，指出了我国供给侧结构性改革的特色和创新。

第 3 章，主要基于微观经济学和土地经济学理论，结合我国推进供给侧结构性改革的

---

① 冯广京. 关于土地科学学科视角下"土地（系统）"定义的讨论 [J]. 中国土地科学，2015，29（12）：1-10
② 冯广京. 时空锥理论研究 [J]. 中国土地科学，2017，31（4）：22-32

战略和实践，从我国土地市场的特殊性入手，分析我国土地市场主体构成、土地市场供需平衡、土地市场供需信号形成和传导、土地市场运行机理及其特殊性、土地供给侧结构性错配的概念及其种类，探求推进土地领域供给侧结构性改革的路径。分析讨论了我国土地领域供给侧结构性改革的本质、关键环节和领域，提出了土地领域供给侧结构性改革的重心和方向。

第4章，主要从土地要素征收市场供给侧结构入手，利用经济学理论及相关学科的理论，综合分析了我国土地征收市场供给侧结构失衡的表现和原因；讨论了我国土地要素征收市场的演进历程和不同阶段的运行机理；基于对我国土地征收市场的发展及运行机理的分析，讨论了我国农村土地要素配置的特征、农村土地产品的生产和分配以及农村土地要素与城市土地产品之间的关系，提出了转型期我国土地要素征收市场供给侧结构性改革的思路和渐进式改革土地要素征收市场供给结构的对策建议。

第5章，主要从土地要素让渡市场供给侧结构入手，依据土地要素市场发展和运行的一般规律，梳理土地要素让渡市场的供给侧结构性改革的内涵和分类，研究土地要素让渡市场的发展历程和不同阶段的运行机理，探索转型时期我国土地要素让渡市场的供给侧结构性改革的基本思路，并提出政策建议。讨论分析了我国土地要素让渡市场中计划管理机制的存在合理性以及受到的挑战，并对市场机制中两个交易市场存在的问题和原因进行了分析。

第6章，主要借助系统论等理论，分析了土地利用规划在我国土地供给侧结构性改革中的地位、作用，以及存在的问题，讨论了土地利用规划体系和编制的完善；依照供给侧结构性改革背景下政府职能转变的方向，讨论了土地利用规划管理的供给侧结构性改革的路径。并以北京市海淀区和吉林省长春市利用土地利用规划开展土地供给侧结构性改革的方案为例，提出了具体的政策改革建议。

第7章，主要基于土地供给侧结构性改革的机理分析，指出了土地整治在土地供给侧结构性改革中的地位、作用，以及存在的问题；基于供给侧结构性改革的视角，探讨了新时期土地整治的基本内涵、转型方向及其制度重构。在详细总结、分析、梳理了崇左、长沙、佛山、重庆和上海等地开展的土地整治实践的基础上，提出了供给侧结构性改革视角下的土地整治制度重构的政策建议。

第8章，主要基于整体项目研究的基础上，提出了开展我国土地供给侧结构性改革研究的三个理论基础（人地关系权籍时空系统理论、供需平衡理论、时空锥理论）、主要结论，指出了我国土地供给侧结构性改革的主要矛盾和关键环节，并根据我国供给侧结构性改革的总体要求和土地供给侧结构性改革的作用，提出了具体的政策建议。

主要参考文献

冯广京.2015a.土地科学学科独立性及学科体系研究框架［M］.北京：中国社会科学出版社

冯广京.2015b.关于土地科学学科视角下"土地（系统）"定义的讨论［J］.中国土地科学，29（12）：1-10

冯广京. 2016. 土地领域供给侧结构性改革的重心和方向［J］. 中国土地科学，30（11）：4-12
冯广京. 2017. 时空锥理论研究［J］. 中国土地科学，2017，31（4）：22-32
高鸿业. 2007a. 西方经济学（微观部分）第四版［M］. 北京：中国人民大学出版社
高鸿业. 2007b. 西方经济学（宏观部分）第四版［M］. 北京：中国人民大学出版社
吴敬琏等. 2016. 供给侧改革引领"十三五"［M］. 北京：中信出版社

第 2 章　我国土地供给侧结构性改革的作用和意义

> 土地在供给侧结构性改革中的作用是无法替代的，它是我国供给侧结构性改革中的核心要素之一。发挥土地在供给侧结构性改革中的作用，有利于促进我国经济增长方式的转型，有利于助推我国产业结构的调整，有利于降低市场的交易成本，有利于推进我国新型城镇化的发展。
>
> 土地供给侧结构性改革包含要素优化配置、市场机制培育的双重目标，也是进一步深化以土地权籍为核心的我国土地资源利用和管理改革的又一个契机，应当给予高度关注。

2.1 我国供给侧结构性改革的提出与目标

2.1.1 我国供给侧结构性改革的宏观背景

改革开放三十余年来，我国经济取得了突飞猛进的增长（图2-1），2016年国内生产总值（GDP）达到744 127亿元①，已经步入中等收入国家的行列。

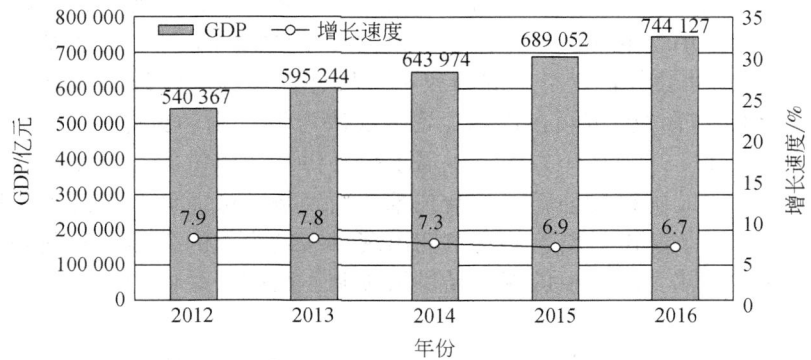

图 2-1 我国 2012～2016 年 GDP 及其增长速度

然而，自2008年国际金融危机至今，欧美国家过度依赖需求刺激政策而忽视结构性改革，美国、欧盟、日本等主要经济体都采取了空前的量化宽松政策，大规模增加市场流动性，试图提振市场信心。但从实际效果来看，全球经济复苏迟缓，全球一体化发展受阻，导致全球市场需求持续低迷，全要素生产率增速放缓，全球经济发展深受低增长、低通胀、高失业和高负债的影响，处于经济"新平庸"（New Mediocrity）状态②。与此同时，我国2008年以来也主要依靠需求管理政策，运用积极的财政政策和稳健的货币政策扩张总需求，缓和经济下行压力。尽管需求管理的短期政策在抵御金融危机带来的冲击上发挥了一定的作用，但我国经济中长期结构性问题并没有得到根本解决，形成了我国当前经济运行中的一个突出矛盾——供需结构性错配。

这种供给侧结构性错配现象集中表现为：第一，以房地产行业拉动形成的我国重化工业，产能过剩已成为制约我国经济结构转型的沉重负担。据有关方面分析，我国从2000年至2016年，粗钢产能利用率持续下降，至2016年已低于70%，全行业吨钢净利润由

---

① 国家统计局. 中华人民共和国2016年国民经济和社会发展统计公报 [R]. http://www.stats.gov.cn/tjsj/zxfb/201702/t20170228_1467424.html

② 国际货币基金组织（IMF）总裁拉加德在IMF世行2014秋季年会时针对世界经济脆弱、不均衡并被风险所困的情况提出的。参见"拉加德：避免全球经济陷入新平庸". 财新网. http://international.caixin.com/2014-10-10/100736539.html

2007年开始呈下降趋势，至2015年已经转负、2016年亏损继续扩大[①]；2012年底，我国钢铁、电解铝、水泥、平板玻璃、船舶行业产能利用率分别为72%、71.9%、73.7%、73.1%和75%，远低于国际通常水平[②]；至2014年，煤炭行业亏损面已高达80%以上，而平板玻璃、水泥、电解铝、船舶、光伏、风电、石化产业等，继续出现大量的产能过剩[③]。第二，十多年的房地产业高速发展已经远远脱离了市场的有效需求，如果以全国商品房待售面积+施工面积计算总库存的话，截至2016年11月，全国房地产库存共有68亿平方米[④]，如果再加上企业拿地待建面积，其总库存更高。第三，多年的城镇化发展已让地方政府形成了利用土地财政开展各类基础设施建设的激励，这种激励导致地方政府形成了路径和惯性依赖，并逐年加快利用土地金融来进行快速扩张式的发展，而地方政府土地金融的滥用也成为引发社会影子银行的导火线，更进一步加剧了金融杠杆的攀升[⑤]，并带来了全社会各行业生产的高成本。另外，在加快建设和完善我国宏观经济市场的同时，能够发挥"使市场在资源配置中起决定性作用和更好发挥政府作用"[⑥]的市场机制尚未完全建立起来。一方面，以需求引导供给、以供给满足需求的市场机制运行不畅；一方面，以鼓励科技创新引领新技术、新经济，进而创造新需求的市场环境还未完善，使得我国宏观经济供给侧与需求侧出现供需结构上的失衡并不断趋大、供需错配现象日趋严重，总体表现为中低端产品供给过剩，高端产品供给不足，创新产品供给很少。

近些年来，我国在人口数量和年龄结构关系上出现了较大的变化，支撑改革开放初期经济发展的传统粗放型经营的模式遇到挑战，难以继续满足社会经济发展要求。在2008年世界金融危机后全球经济调整与过渡的时代背景下，我国宏观经济已逐步由改革开放后的高速发展期进入到增长速度换挡期（图2-1）、结构调整阵痛期（图2-2）和前期刺激政策消化期"三期叠加"的经济"新常态"阶段，宏观经济运行呈现出不同以往的态势和特点。

一是宏观经济下行压力大，传统增长动力失灵。自2008年世界金融危机以来，全球经济增长持续低迷，我国宏观经济增速也由2011年的两位数的增长，下降到了2016年的6.7%，预计在"十三五"期间经济增速还可能继续趋缓，初步设定目标控制在6.5%左右。虽然这样的宏观经济增速在全球范围内仍然属于中高速的增长速度，但是由于我国是

[①] 2016年产能利用率将下降3% 粗钢产量下降4500~5000万吨. 中商情报网. http://www.askci.com/news/chanye/2015/12/18/161855xg4x.shtml
[②] 逄锦聚. 经济发展新常态中的主要矛盾和供给侧结构性改革［J］. 政治经济学评论, 2016,（1）: 45-49
[③] 中国9大产能过剩行业震惊世界. 中商情报网. http://www.askci.com/news/chanye/2014/08/22/1520017ny.shtml
[④] 中国房地产库存究竟有多高？腾讯网. http://finance.qq.com/a/20161117/031151.htm
[⑤] 中国政府负债已超56万亿元 地方政府债务攀升. 东北网. http://finance.dbw.cn/system/2015/08/05/056728111.shtml
[⑥] 李克强. 深化重要领域和关键环节改革（在第十二届全国人民代表大会第五次会议上所做的政府工作报告）. 新华网. http://news.xinhuanet.com/politics/2017lh/2017-03/05/c_129501547.htm

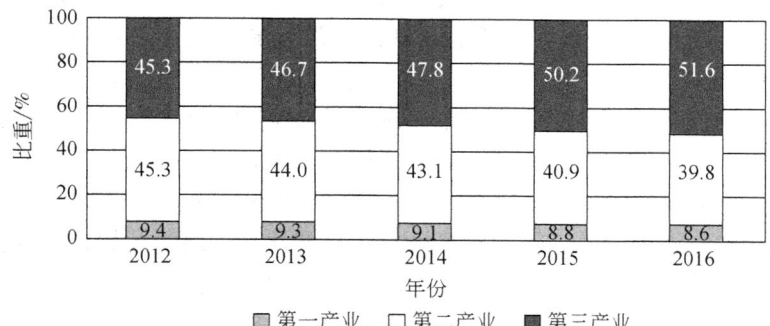

图 2-2　我国 2012–2016 年三次产业增加值占国内生产总值比重①

一个后起的发展中国家和较长时期以来宏观经济保持高速增长速率的原因，宏观经济增长降速对正处于全面建成小康社会、跨越"中等收入陷阱"阶段的我国来说，也带来了经济下行的巨大压力②。究其原因，一方面，在全球市场萧条、生产率增速放缓、贸易保护主义重新抬头的宏观背景下，我国进出口国际贸易的高增长速率难以继续保持；另一方面，我国人口、投资、资源等形势发生了较大变化，依靠传统的红利拉动型经济发展也难以为继。同时，传统经济增长方式带来经济增长的同时，也难以避免地带来了生态环境、资源保护等巨大的压力。这使得我国继续单纯依靠出口、投资、消费三驾马车拉动的经济发展方式，面临着增长动力减弱、经济增速降低的风险。

二是宏观经济发展中面临的结构性失衡问题十分突出。结构性问题主要包括产业结构问题、消费结构问题、区域结构问题、要素投入结构问题、排放结构问题、增长动力结构问题、收入分配结构问题等。结构性失衡的问题，主要是由宏观经济的供需结构错配引起的。宏观经济供需结构错配是我国当前经济运行中的一个突出矛盾，表现为供给侧明显不适应需求侧结构的变化。由于多种原因，导致供给侧面对需求侧的"有效需求"，仍然无法调整供给和提供"有效供给"，或者常常出现忽视甚至无视需求侧的"有效需求"的现象。结果，一方面社会低端产品甚至无效产品的供给过剩，如一些传统产业产能严重过剩，产能利用率偏低；另一方面对"有效需求"的产品和中高端需求的产品供给不足，供给侧调整明显滞后于需求结构的变化和升级，对某些低盈利却是普通民众必需产品的社会需求，缺乏引导和保护性供给，对某些高工艺高技术却是产业升级、民众提高生活品质所需产品和服务的社会需求，也缺乏引导和支持性供给，引致出现较多民众阶段性境外集中采购这些产品的现象，许多企业也不得不花费大量外汇购买某些生产产品的重要材料或配件，造成国内消费需求和资金外流、国内生产企业技术过度依赖进口。造成这种供需结构性问题的主要原因，是传统的体制机制已经不适应我国社会经济发展升级换代的形势和要

---

① 国家统计局. 中华人民共和国 2016 年国民经济和社会发展统计公报 [R]. http：//www.stats.gov.cn/tjsj/zxfb/201702/t20170228_1467424.html

② 陈龙. 2016. 供给侧结构性改革：宏观背景、理论基础与实施路径 [J]. 河北经济贸易大学学报，2016，(05)：18-21

求。受其影响，供给侧结构性调整也表现出明显的黏性和迟滞，生产要素难以从"无效需求"领域向"有效需求"领域、从低端领域向高端领域配置，新业态、新产品、新服务的供给潜力难以得到释放①。

三是前期宏观经济刺激的后遗症开始显现。20世纪90年代末期，随着我国短缺经济的结束，亚洲金融危机的爆发，我国立足国内供需矛盾和经济发展的现实，采取了主要依靠政府鼓励、引导和刺激需求的政策，推出了空前规模的财政支出刺激计划，意图以投资基础设施和加大福利支出来扩大需求，从而拉动经济发展。同时开始根据经济形势，频繁采用货币政策，由此也进入了以高负债为主的加杠杆周期。在每一轮财政和货币扩张过程中，由于我国经济发展长期以来存在的结构性问题，某些产能过剩和某些产品不足的问题同时出现并逐渐显化，经济发展对政府投资和出口依赖度逐渐提高；部分企业和地方政府或被动或主动加大杠杆率，带来了一定的债务风险。而大量的社会流动性资金也或被动或主动被吸附到高回报的房地产领域，一方面满足普通民众刚需的普通住房一房难求；另一方面高利润高等级商品房大量生产，既推高了房价，迫使大量普通民众加大财务杠杆，购买高价商品房，又造成了住房建设与住房需求的错配，部分城市普通住房短缺，而部分城市商品住房又出现严重库存②。而每一次紧缩，又会造成金融垄断加剧、中小企业倒闭、股市震荡等问题。

由此可见，传统的经济增长模式和过度依赖需求侧管理的政策，已经难以适应我国社会经济发展的现实要求，也难以很好地支撑我国经济的可持续健康发展。

2.1.2 我国供给侧结构性改革的提出

2015年以来，我国宏观经济进入了一个新阶段，主要经济指标之间的联动性出现背离，经济增长持续下行与CPI持续低位运行，居民收入有所增加而企业利润率下降，消费上升而投资下降，出现了一些行业或地区的产能过剩而另一些行业或地区的产能不足的矛盾现象，等等。宏观经济发展中既闪现出滞胀的影子，也闪现出通缩的影子。与此同时，政府采用以货币政策为主，替代常规的以投资拉动为主的宏观调控，力度持续加大，但效果却逐渐递减，传统经济显露出发展的疲态，而以"互联网+"为代表的新产业、新经济快速发展，我国宏观经济出现了比较明显的结构性分化和矛盾的现象。为解决这种结构性矛盾，政府一度采取通过促进贸易出口、扩大外需和刺激国内消费、拉动内需的策略，但是由于恰逢国际金融危机和国际宏观经济进入新平庸时期，我国扩大外需的努力遇到较大困难，而拉动内需的努力也受到国内宏观经济结构性"产不对需"、"质不达需"矛盾的影响，出现了一部分有需求无供给或供给质量低（引起供给短缺）、一部分有供给无需求或者需求少供给多（引起供给过剩）的矛盾现象。这种经济发展中的结构性问题，已成为

---

① 王一鸣，陈昌盛，李承健．正确理解供给侧结构性改革．人民网．http：//opinion.people.com.cn/n1/2016/0329/c1003-28233239.html

② 冯广京．土地领域供给侧结构性改革的重心和方向［J］．中国土地科学，2016，30（11）：4-12

我国社会经济发展中急需研究解决的突出矛盾。

我国目前的宏观经济结构性失衡问题主要体现在：①在产业结构问题上，表现出低附加值产业、高消耗、高污染、高排放产业的比重偏高；②在区域结构问题上，表现出人口的区域分布不合理，户籍人口城镇化率偏低，区域发展不平衡、不协调、不公平；③在要素投入结构问题上，表现出资源、劳动力、资金等一般因素投入比重偏高，人才、技术、知识、信息等高级要素投入比重偏低；④在排放结构问题上，表现出废水、废气、废渣、二氧化碳等的排放比重偏高；⑤在经济增长动力结构问题上，表现出过多依赖投资、消费、出口"三驾马车"特别是投资来拉动经济增长；⑥在收入分配结构问题上，表现出城乡收入差距、行业收入差距、不同群体收入差距较大。这六个方面的结构性失衡问题，既相对独立，又相互叠加，需要通过供给侧结构性改革有针对性地加以解决。供给侧结构性改革就是从生产端入手，破除体制障碍，降低企业成本，推动适应新需求的新技术、新产业、新业态、新模式蓬勃发展①。

通过分析我国宏观经济发展中的结构性矛盾，可以清楚看出，其中既有来自于需求侧的问题，也有来自于供给侧的问题，但主要是来自于供给侧的结构性问题，即供给失灵。由此出发，通过推进我国宏观经济供给侧结构性改革，解决供给失灵的问题，对于促进我国社会经济的可持续发展，就成为十分急迫和非常重要的战略之举了。

与需求管理政策相比，供给侧结构性改革更侧重于划清政府与市场的边界和转变政府职责，因而使我国宏观经济供给侧结构性改革具有明显的三个特点：一是从主体上看，供给侧结构性改革更强调发挥企业和创业者作为市场主体的作用，而需求管理政策则主要强调政府宏观调控的作用；二是从功能上看，供给侧结构性改革侧重结构性调整，因而能够较好地解决中长期健康和可持续发展的结构问题，而需求管理政策侧重总量调整，因而能较好地解决短期经济波动的问题；三是从手段上看，供给侧结构性改革主要注重和强调制度的变革与完善，而需求管理政策主要注重和强调短期的政策调整。

通过宏观经济的供给侧结构性改革，可以达到三个目的：第一，形成市场新主体。要发挥市场在资源配置中的决定性作用，发挥企业、企业家、创业者等在经济发展的主导作用，同时要推动转变政府职能，简政放权，约束政府的"有形之手"，正确发挥政府的作用。第二，培育经济发展新动力。通过全面改革培育经济增长的新动力，通过全面创新形成新的经济增长点，通过提高全要素生产率来实现经济的可持续发展。第三，发展社会新产业。一方面要尊重和顺应经济规律、市场规律，及时淘汰产能过剩和"僵尸企业"等，让市场及时出清，避免资源浪费，及时化解经济泡沫，避免系统性风险；另一方面要大力发展新产业、新技术、新业态等。

鉴于需求管理政策重在解决总量问题，注重短期调控，难以从根本上解决供需结构性矛盾，也难以从根本上扭转经济潜在产出水平的下行趋势，经济新常态下迫切需要通过供给侧结构性改革寻找新的经济增长动力。因此，在综合研判世界经济新平庸态势和我国经济发展新常态的基础上，我国政府提出了积极推进我国宏观经济供给侧结构性改革的重大

---

① 李佐军. 准确把握供给侧改革 [N]. 北京京日报，2015-12-28

战略。以"创新、协调、绿色、开放、共享"为发展理念，以"适应经济发展新常态，实行宏观政策要稳、产业政策要准、微观政策要活、改革政策要实、社会政策要托底"为总体思路，以"去产能、去库存、去杠杆、降成本、补短板"为重点任务，从供给侧开展结构性改革。因此，推进我国供给侧结构性改革，是我国政府在新的历史时期为适应新常态、跨越中等收入陷阱、实现 2020 年全面达到小康社会目标的重大战略举措。

2.1.3　我国供给侧结构性改革的目标与任务

我国开展的宏观经济供给侧结构性改革，是在我国经济进入新常态的发展态势下，针对宏观经济发展中存在的诸多结构性问题，着力于经济结构的调整和经济发展，通过提高供给结构的适应性和灵活性，提高全要素生产率。因此，我国的供给侧结构性改革既有短期任务，也具有长期战略目标。从短期任务来看，就是要抓好以"去产能、去库存、去杠杆、降成本、补短板"为核心的五大战术任务；从长期战略来看，我国供给侧结构性改革的根本目标，是必须形成宏观经济持续增长的新机制，即从生产、供给端入手，调整供给结构，为真正启动内需，打造经济发展新动力寻求新路径。为实现这一目标，我国供给侧结构性改革需要通过理顺政府和市场的关系，从体制机制上真正实现市场在资源配置中的决定性作用，使劳动力、资本、土地、技术进步等内生要素和制度等外生要素实现最优配置，提升国民经济增长的质量与数量，解决经济体制的结构性矛盾，降低市场制度运行的制度性交易成本，从而缓解经济下行压力，降低潜在经济风险，实现经济长期、稳定发展。

一是完善供给侧管理，培育经济发展新动力。推进供给侧结构性改革是转变我国经济发展方式的必然要求，是适应和引领经济新常态的重大举措。凯恩斯主义主张通过政府干预刺激总需求，通过需求管理拉动经济增长。但总量刺激不能有效化解结构性矛盾，而且，如果过度使用，还会导致供给难以反映真实需求。因此，当前我国经济发展的症结不是需求不足，而是消费者需求更趋个性化、多样化、高端化。过去以同质化、中低端商品为主的供给结构，没有适应需求的结构变化，进而导致了供需关系上的结构性矛盾。实施供给侧结构性改革，就是要将我国宏观调控的重心，从重于需求管理转向供给和需求管理并重，辩证地采取"需求引导供给、供给满足并创造需求"的战略，实现可持续发展意义上的供需平衡，从而推动产业结构调整和产业创新升级。通过创新引领，主动调整供给端，达到引领需求端的目标，促进"中国制造"迈向中高端，提高供给体系质量，逐步让我国企业为国人提供更高品质的商品和服务，更好地满足人民群众的需求，形成新的经济增长动力。

二是充分发挥市场作用，推进结构优化和调整。结构优化是总量可持续增长的重要前提。当重大结构性矛盾成为经济发展的瓶颈时，依靠政府实施财政和货币为主的总量刺激政策，其长期效果将难以显现，边际效果也会明显递减。因此，实施供给侧结构性改革，就是要改变总量刺激的路径依赖，强调结构调整，重点是通过产业结构调整重塑供给结构，促进供需适应。而产业结构调整的本质，是资源重新配置的市场过程，要以企业为主体，发挥市场的决定性作用。企业比政府更接近市场，也更了解市场需求，而且会更尊重和敬畏市场规律，会在价格机制的指引下主动调整生产要素的投向，主观上追求利润最大化，客观上促进要素的优化配置。供给侧结构性改革要以促进竞争和扩展市场为目标，致力于增强市场机能、保护市场过程，理顺产业结构调整机制，以结构优化促进新一轮总量增长，提高发展质量。

三是深化体制机制改革，合理确定政府权力边界。新常态下经济转型发展面临的很多问题，如"僵尸企业"出清困难、房地产库存难以消化、债务杠杆风险较大、企业生产成本居高不下、经济发展短板依然明显等，归根到底都是体制机制弊端造成的。在长期的经济发展中，政府逐步形成了主导市场运行的地位、思维模式和机制体制，逐渐担负起了代替其他市场主体判断和选择市场供需信号、决定市场资源和产业配置的责任，有意或无意地成为了一个客观上能够发挥决定性作用的市场主体[①]。这就使得政府非常善于运用政策调控的手段，在长期形成的需求引导供给的调控模式下，长期采用需求侧管理政策，特别是较多地采用投资政策和货币金融政策，从需求侧"三驾马车"来拉动经济增长，"有形之手"的作用大大超过了"无形之手"的作用。致使不少地方政府，既成为产业结构调整的直接发动者，也成为产能过剩的始作俑者。因此，供给侧结构性改革就是要通过深化机制体制改革，持续推进政府职能转变。"使市场在资源配置中起决定性作用和更好发挥政府作用，必须深化简政放权、放管结合、优化服务改革。……全面实行清单管理制度，制定国务院部门权力和责任清单，扩大市场准入负面清单试点，减少政府的自由裁量权，增加市场的自主选择权。"[②] 从体制机制的根本转变入手，理顺政府和市场的关系，要求政府在行政干预上多做"减法"，在公共服务上多做"加法"，市场和政府各司其职。通过限制"权力任性"，将政府的主要职责定位于制定好法律、法规、标准和政策，为企业和社会提供良好的制度和政策环境，进而更好地激发市场活力[③]。

2.1.4 我国供给侧结构性改革的主要内容

我国供给侧结构性改革的主要内容，是通过对劳动力、土地、资本、科技及制度等生产要素进行结构性调整，使要素实现最优配置，从而提升经济增长的质量和数量。世界各国的经验表明，这五大要素中的前三项，在一个经济体实现中等收入水平的过程中，比较容易表现出它们对于发展的支撑力和贡献度，但其后作用将逐渐下降，而科技创新和制度优化则成为推动经济发展的主要驱动力。

供给侧结构性改革的本质是以供给侧作为切入口，对供给端的体制机制进行改革完善，通过改革的方式修正各要素配置方面存在的扭曲，满足有效需求；通过更加注重科技创新和技术进步的作用，满足不断提升的有效需求，并创造新的有效需求，推进经济结构

---

① 冯广京. 土地领域供给侧结构性改革的重心和方向 [J]. 中国土地科学，2016，30（11）：4-12
② 李克强. 深化重要领域和关键环节改革（在第十二届全国人民代表大会第五次会议上所做的政府工作报告）. 新华网. http://news.xinhuanet.com/politics/2017lh/2017-03/05/c_129501547.htm
③ 康珂. 经济新常态下的供给侧结构性改革：背景、逻辑与路径 [J]. 现代管理科学，2016，（9）：39-41

的调整；通过不断增加有效供给，提高供给结构对需求变化的适应性和灵活性，最终提高全要素的生产率，更好满足广大人民群众的需要，促进经济社会持续健康发展。

因此，我国供给侧结构性改革的特点是，改革是手段，着力点是解决供需不匹配的问题，目标是提高供给体系的质量和效率，实质是依靠科技创新和制度优化来培育经济中高速增长的新动力。主攻方向是改善供给结构，进而提高供给结构对需求变化的适应性和灵活性，实现由低水平供需平衡向高水平供需平衡的跃升。

1. 通过转变发展方式，推进供给侧结构性改革

进入经济新常态也就意味着我国经济进入了转型升级的新阶段，在经济新常态下，一些体制机制已不能适应经济转型升级的要求，需要改变这些体制上的滞后、破除这些机制上的障碍，这就提出了创新制度供给的迫切需求，要求通过结构性改革推进发展方式的转变。所有这些需求加起来，可以概括为一句话：发挥市场配置资源的决定性作用和更好地发挥政府作用。这主要是因为，虽然我国实行社会主义市场经济体制已有三十多年了，但迄今仍然没有完全建立起能够"发挥市场配置资源的决定性作用和更好地发挥政府作用"的市场经济体制机制，在影响经济增长至关重要的土地、劳动力、资本、创新等要素方面，还存在着十分明显的供给抑制与供给约束。现有制度结构、生产结构已经不能满足庞大中等收入家庭的各类新需求，不利于各类消费潜力、改革红利的释放。因此，推进供给侧结构性改革的一项重要内容，就是要通过建设这样一个能够"发挥市场配置资源的决定性作用和更好地发挥政府作用"的市场经济体制机制，实现我国经济发展方式的进一步转变，释放新需求，创造新供给[1]。

强调供给侧结构性改革，体现了推进经济结构战略性调整是加快转变经济发展方式的主攻方向，是对过去我国数十年来经济改革发展转方式调结构方针的继承。供给侧结构性改革将结构调整根植于改革，强调不是靠传统的计划手段、行政办法，而是靠市场化改革、完善市场机制的方法推动结构调整。从这个意义上讲，供给侧结构性改革又是对转方式调结构方针的进一步深化和发展。

供给侧结构性改革既强调供给，又关注需求；既突出发展生产力，又注重完善生产关系；既发挥市场在资源配置中的决定性作用，又强调更好地发挥政府作用。其核心要义是通过市场取向的综合创新，转变经济发展方式，促使政府管理更科学、市场更有效、企业更有活力，不仅要减少无效和低端供给，扩大有效和中高端供给，而且还要创造新需求，引导供给升级，从而促进行业出清和盈利状况改善，提高全要素生产率，提高社会生产力水平。

2. 推进资源配置体制和要素价格改革，发挥市场决定作用

供给侧结构性改革是促进市场在资源配置中发挥决定性作用的必由之路。供给侧结构性改革统一于以坚持社会主义市场经济改革为方向的全面深化改革，其实质就是通过提高资源有效配置的市场化改革，推动结构调整；通过激发市场主体的自身活力，使各类要素能够便利地进出市场，自由地创造价值，自主地实现价值，形成经济增长的持续动力，从

---

[1] 权威专家解读"供给侧改革"内涵和路径. 中国经济网. http://www.ce.cn/xwzx/gnsz/gdxw/201511/20/t20151120_7066627.shtml

而真正使市场在资源配置中发挥决定性作用。

要素的市场价格反映了供求关系，价格信号能够引导要素的流动和资源的配置。随着社会主义市场经济体制不断完善，我国市场配置资源的功能逐步增强，但仍有一些要素价格信号不明确，甚至是紊乱的。推进我国供给侧结构性改革，应着力清除市场壁垒，完善主要由市场决定要素价格的机制，进一步提高资源配置的效率和公平性。具体而言，应当进一步完善农产品价格形成机制，推进水、电等领域价格改革；扩大金融业对内对外开放，完善金融市场体系；改革完善土地制度，建立城乡统一的建设用地市场，完善土地租赁、转让、抵押二级市场；加强产权保护，发展技术市场，使创新成为驱动发展的第一动力①。

3. 通过简政放权等改革，更好发挥政府作用

我国供给侧结构性改革需要处理好市场和政府的关系，运用好市场这只"无形之手"和政府这只"有形之手"。在强调市场在资源配置中的决定性作用时，也应充分运用好政府手段，以调控市场的盲目性；同时要正确定位政府角色，准确划定政府与市场的关系及其边界，切实承担起现代政府在市场经济条件下的责任。当前，中央提出了要抓好"去产能、去库存、去杠杆、降成本、补短板"五大工作任务，而这五大任务的顺利完成需要市场和政府之间的密切配合。例如，在去产能的工作中，当前一些行业产能严重过剩的原因，既有一些地方政府不当作为所造成的，也有生产企业自身对市场需求判断的盲目性所造成的。因此，做好去产能的工作，在运用市场力量实施破产清算、兼并重组的同时，政府也要做好完善市场制度环境、企业债务处理、失业人员安置、协助企业开拓新的投资渠道和销售渠道等工作。

党的十八大以来，简政放权的改革取得了显著成绩，但还存在一些地方政府在具体市场调控中，某种程度上的越位、缺位和错位问题。以投资领域为例，当前束缚企业活力的最大障碍，依然是投资审批时间长、程序多。在一些地方、一些领域，行政审批形成了"行政部门设权、事业单位评估、行业协会认证、关联企业收费"的"审批套娃"，制约着企业投资经营。这些行政审批权力又通过部门、行业的法规、条例、办法、细则等形成了"法规套娃"，固化了部门利益。推进我国供给侧结构性改革，急需深化简政放权、放管结合、优化服务方面的改革，厘清市场与政府的边界，加快拆解两种"套娃"，进一步减少不必要的审批许可，改进政府管理方式，提高监管和服务水平。

4. 通过深化改革，增强国有企业活力

我国国有经济布局有两个明显特征：一是国有资本增量投资大量投向基础性领域和重化工行业；二是存量国有资本仍存在于大量不重要的行业和领域，而且经济效益持续转差。我国经济进入新常态后，国有企业这种结构特征面临着严峻考验。一方面，大量布局于基础性、资源性及重化工行业的国有企业面临着行业产能的严重过剩，利润大幅下滑，亏损面持续上升，经营遇到了严重危机；另一方面，大量低效率、低产出的国有"僵尸企业"存在于各个行业。当前，供给过剩的领域主要是传统重化工业，生产要素流动难、"僵尸企业"多等问题在一些国有企业中比较突出。一些国有企业中，对生产什么、生产

---

① 马建堂. 供给侧结构性改革的意义与途径［N］. 人民论坛网. http://www.rmlt.com.cn/2016/0624/430049.shtml

多少的问题，企业自己不能决定；越是经济困难的地方，人们越往国有企业里挤，企业减员困难；企业破产涉及人员和债务，没有财政支持，难以顺利破产等①。

因此，推进我国供给侧结构性改革，去除过剩产能，必须深化国有企业改革，推动国有企业特别是中央企业结构调整与重组，加快剥离国有企业中设立的承担社会职能的企业和机构，努力解决历史遗留问题；制定并实施推动产业重组、处置"僵尸企业"的方案，优化存量，引导增量，主动减量；健全国有资本合理流动机制，完善企业退出机制。通过深化改革使国有企业做到生产能多能少、员工能进能出、企业能生能死。推进供给侧结构性改革，还要研究新形势下如何推动富余人员的分离和再就业、不良债权的重组，以及"僵尸企业"的破产重整或清算，进而激发国有企业的生机活力。

5. 通过创新驱动，加快新旧动能转换

改革开放以来，劳动力、资本、资源等要素活力的释放，使我国经济实现了持续快速发展。当前，我国经济发展的国内国际环境发生了深刻变化。从国内看，我国正处于"三期叠加"时期，面临产能过剩、供需错配等突出问题，加之投资回报率下降、资源环境约束加剧、人口老龄化加快等不利因素，经济下行压力持续加大。从国际看，全球外贸低迷造成出口下滑，我国制造业面临发达国家再工业化和发展中国家加速追赶的两面夹击，低成本优势减弱，制造业创新能力不强。在新形势下保持经济中高速增长，必须通过推进供给侧结构性改革加快培育新的增长动力，实现新旧动能接续转换。

我国虽然已成为世界第二大经济体，制造业、国际贸易、国际投资的规模都在国际上名列前茅，但大而不强的特征仍然十分明显：我国产业长期处于全球价值链的中低端，国际竞争力和话语权有待提升，核心竞争力还不强。在经济发展新常态下，我国产业要迈向中高端，迫切需要以新发展理念为指导，通过供给侧结构性改革，"去产能、去库存、去杠杆、降成本、补短板"，消除过剩产能以促进生产要素流动，实现传统动能更新和经济转型升级。同时，通过供给侧结构性改革消除发展新行业、新业态和新商业模式的体制机制障碍，发展新经济，培育新动能②。

当前，创新能力不强、体制机制僵化成为制约我国经济发展的突出问题。世界知识产权组织发布的"2015年全球创新指数"显示，我国大陆的创新排名是第二十九位；世界银行发布的"2015年全球营商便利指数"中，我国大陆的排名是第八十四位。这从一个侧面反映了影响我国企业活力的体制机制环境还有很大的提升空间。从国际经验看，每次科技和产业革命都会带来生产力的大幅提升；我国供给侧改革一旦出现革命性创新，市场需求就会排浪式增长。推进我国供给侧结构性改革，应深入实施创新驱动发展战略，深化科技体制改革，增强企业供给对需求变化的适应性和灵活性，将经济发展切换到依靠内生性技术进步、人力资本提升和有效需求驱动的轨道上来。

---

① 袁东明，张文魁. 推进国企供给侧结构性改革. 中国共产党新闻网. http://theory.people.com.cn/n1/2016/0415/c49154-28277870.html

② 权威专家解读"供给侧改革"内涵和路径. 中国经济网. http://www.ce.cn/xwzx/gnsz/gdxw/201511/20/t20151120_7066627.shtml. 2015-11-20

2.2 我国供给侧结构性改革与供给学派供给侧改革理论的关系

2.2.1 西方供给学派供给侧改革的理论

研究我国供给侧结构性改革的理论，就不能不讨论以法国经济学家萨伊（Jean-Baptiste Say，1767—1832）为标志的西方供给学派的理论。很多人在开始研究我国供给侧结构性改革时，都会从研究西方供给学派的理论开始，或者简单地将其理论理解为是我国供给侧结构性改革的理论起源，或者由于不赞同西方供给学派的理论而对我国供给侧结构性改革产生困惑。因此，有必要先对西方供给学派的理论做出一个简要的客观评介，并通过研究分析我国供给侧结构性改革理论与西方供给学派有关供给侧改革理论的异同，厘清我国供给侧结构性改革与西方供给学派理论的关系，准确认识我国供给侧结构性改革的特殊性，把握我国供给侧结构性改革的内容和本质，从而有助于促进对我国土地供给侧结构性改革的理论和实践的研究。

西方供给学派理论的核心是萨伊定律（Say's Law of Market），"萨伊定律在西方具有许多不同的表达方式，其中最简单的一种是'供给创造自己的需求'；意思是说，生产者进行生产的目的（除了自己使用的部分外），是为了拿自己的产品和其他生产者进行交换，以便得到他所需要的东西，正像农民把多余的粮食拿到集市上来交换日用品那样。"[1] 按照萨伊定律的内容，可以看出，实际上萨伊所说的"供给创造自己的需求"，是指由于生产者生产的产品和另外的生产者生产的产品的物-物交换，从而能够满足生产者自身的其他需要。从这种意义上分析，供给不仅满足了生产者自己的其他需要，而且也从社会整体上增加了总供给进而也提高了社会整体的总需求，从而能够拉动社会经济的发展。因此，从这种意义上，也有人将萨伊理论中"供给能够创造自己的需求"做了简化，将其改为"供给能够创造需求"，并成为西方供给学派理论的标志性内容。对于这种简化，在笔者开来，并不利于准确地理解萨伊理论的原意。

另外，要达到萨伊所说的"供给创造自己的需求"的目的，笔者认为，实际上还意味着，第一，凡生产一定有需求，因而不会出现生产过剩；第二，因为第一点，每个生产者都不会失业，因而也不会出现生产不足；第三，因为第一和第二点，每个生产者都会通过更努力生产的方式，获得更大的福利，因而能够使其生产水平达到最高，从而达到社会整体的充分就业。事实上，这三种状态都需要特定的条件。而且，还有许多需要进一步讨论的问题，比如：生产究竟起于满足客观需求还是起于主观意念（生产能够创造自己的需求是否以存在其他生产者对其产品的需求为前提）？供给和需求的关系是商品流通（商品-货币-商品）还是简单的物物交换（商品-商品）？供给和需求是一体的还是可分的（商品的买和卖是不是一定会同时发生）？等等。

---

[1] 高鸿业．凯恩斯《就业、利息和货币通论》译者导读（上）[J]．高校理论战线，2000，（1）：21-28

2.2.2 西方供给学派供给侧改革理论的特点与局限

比较我国供给侧结构性改革的理论与西方供给学派有关供给侧改革的理论，可以发现，两者虽有相通之处，但更有本质上的不同。从总体上分析，两者的异同主要集中体现在两个方面：第一，虽然两者都将供需平衡问题分解为供给和需求两个方面进行分析，但是我国供给侧结构性改革理论的着眼点和起始点，主要是从供给能否平衡需求或者通过新技术能否拉动新需求的视角来研究供给侧结构性的改革，其理论基础是供需平衡理论；而西方供给学派有关供给侧改革理论的着眼点和起始点，主要是从供给能够创造需求的视角来研究供给侧的生产和经营性的改革，其理论基础是供给能够创造需求的理论。两者的出发点和理论基础，是完全不同的。第二，虽然两者都将供给侧改革作为研究的重点，但是我国供给侧结构性改革的理论，主要针对的是导致供给失灵的供需结构性错配的问题，即供给侧结构性错配需求侧结构性的问题，主要采取的是有助于供给侧结构性重配+技术创新拉动新需求的一系列方法，以实现能够使供给满足有效需求、新供给拉动新需求的目的；而西方供给学派供给侧改革的理论则主要针对的是滞胀问题，认为通过增加收入和放松管制，不仅能够刺激生产和经营的积极性，还能因为收入增加而刺激消费需求，从而拉动社会总需求，所以主要采取的是减税、增收和放松政府管制等有助于刺激生产和经营积极性而拉动消费的调整方式。从严格意义上讨论，西方供给学派的理论隐含了在完全竞争的市场经济条件下不存在供给侧结构性错配的前提。显然，我国的宏观经济市场并不能满足这一条件。

按照供给学派有关供给侧改革理论的认识逻辑，信奉西方供给学派的学者，把"经济分析的着眼点放到刺激生产即供给方面，认为不是需求决定供给，而是供给会创造需求，而刺激供给的主要手段是降低税率，……只有大幅度减税以增加个人收入和企业利润，进而促进储蓄和投资，刺激工作和经营积极性，才能使生产率提高，并使政府课税基础扩大，税收总额随之增加，财政赤字得到控制，通货膨胀也会消失。"[①] 而一些国家也较为成功地采用了西方供给经济学派有关供给侧改革的方案，比如美国曾经推行的"里根经济学"和英国曾经推行的"撒切尔主义"改革。不过，美国的多恩布什（Dornbusch R）、费希尔（Fishcher S）和斯塔兹（Startz R）认为，尽管"降低税率对总供给和总需求都有影响"，但"这种激励的作用是相当微小的"，在短期中，"GDP 显著上升，结果是总税收收入下降比例小于税率的下降比例。然而，这纯粹是总需求效应。"在长期中，"GDP 会提高一些，但提高的量很小。结果税收总额下降，赤字增大。此外，价格将会永久性升高。"而"事实上，只有供给方面的政策才能永久性地提高产出。它们是重要的，但需求管理政策的效果只在短期内有效。"西方供给学派有关"供给方面的政策，例如取消不必要的管制，保持有效率的法律系统以及鼓励技术进步等，都是合人意的，尽管它们总是难以贯彻的。"[②]

---

① 高鸿业. 西方经济学（宏观部分）第四版. 北京：中国人民大学出版社，2007：575
② 多恩布什（Dornbusch R）、费希尔（Fishcher S），斯塔兹（Startz R）. 范家骧等译. 宏观经济学（第七版）[M]. 北京：中国人民大学出版社，2000：88-89

由上面的分析，可以看出，西方供给学派有关供给侧改革的理论，主要的内容和特点，是以消除"滞胀"为目标，从供给侧入手，主要采取①减税、提高民众收入，刺激消费，增加工作积极性；②减少政府管制，改善市场环境，增强企业盈利能力，提高企业经营积极性的手段，从而实现鼓励生产和刺激社会总需求、拉动经济发展的目标。

这一分析，进一步表明了西方供给学派有关供给侧改革的理论，与我国开展的供给侧结构性改革的理论相比，存在着非常大的区别，并不能直接用于解释和指导我国供给侧结构性改革。因此，我国供给侧结构性改革的做法和目标，并不同于国际上其他国家曾经实施的供给侧改革。比如20世纪80年代，在里根就任美国总统时期，推行了以供给学派理论为指导的"里根经济学"，试图通过实施减税（特别是针对富人阶层的减税）和放松政府管制的方式，解决"滞胀"的问题[1]。但是，由于我国当前实施的供给侧结构性改革，与美国里根政府当年进行的基于供给学派理论开展的供给侧改革，在针对问题、理论基础、政策背景、改革目标和手段等方面，都存在较大的区别，因此我国在推行供给侧结构性改革中，并不能简单地照搬美国等其他西方国家的历史经验。

鉴于本节重点在于研究我国供给侧结构性改革理论与西方供给学派理论的关系，分析西方供给学派有关供给侧改革的着力点及其特征，所以本书对西方供给学派理论的其他方面暂不做进一步的讨论[2]。

2.3 我国土地供给侧结构性改革与整体供给侧结构性改革的关系

根据人地关系权籍时空系统理论[3]，土地是一个特殊而重要的人类生存和发展的时空系统，是所有资源和人类生产活动的承载体，也是开展各种市场活动的基础。从人类生存、生产和实现可持续发展与土地的关系角度出发，土地是一个由其权籍关系决定的时空系统，土地的意义既包含了人们开展各种经济活动可利用的自然空间资源要素，也包含了人们开展各种经济活动所需要依托的基础承载要素，更包含了人们开展各种经济活动所必需的权利要素，而后者又是决定能否实现前两个要素从而能否开展有效经济活动的决定因素。这就从本质上决定了土地市场与政府存在着天然的矛盾性，不仅给政府提供了一种市场管理的合法性和必要性的基础，也给市场供给主体进行自发性的市场重配带来了约束，而且还给政府在市场管理中正确发挥作用提出了挑战。由于土地具有的自然、经济和权籍等方面的特殊性，必然要求政府在供给侧结构性改革中，重点研究并解决如何建立"能够让市场在资源配置中起到决定性作用和正确发挥政府作用"的新机制的问题。因此，研究

---

[1] 胡鞍钢，周绍杰，任皓. 供给侧结构性改革——适应和引领中国经济新常态[J]. 清华大学学报（哲学社会科学版），2016，（02）：17-22+195

[2] 有关对西方供给学派理论的分析，建议读者参考马克思的《资本论》相关章节（人民出版社，1975年版，第1卷：132-133页）和高鸿业的《凯恩斯<就业、利息和货币通论>译者导读》一文（高校理论战线，2000年第1期：21-28页；第2期：12-15页；第3期：25-30页）。

[3] 冯广京. 关于土地科学学科视角下"土地（系统）"定义的讨论[J]. 2015，29（12）：1-10

并推动土地供给侧结构性改革，建立有利于我国宏观经济结构性改革整体目标的土地供给侧结构性改革的新机制新体制，对于实现我国宏观经济供给侧结构性改革的目标并取得成效，具有十分重要的意义。

2.3.1 土地要素是我国供给侧结构性改革中的核心要素

与需求侧的投资、消费、出口"三驾马车"相对应，供给侧有劳动力、土地、资本、创新等生产要素。所谓供给侧结构性改革，就是从提高供给质量出发，用改革的办法推进结构性调整，矫正要素配置扭曲，扩大有效供给，提高供给结构对需求变化的适应性和灵活性，提高全要素生产率，更好满足广大人民群众的需要，促进经济社会持续健康发展。其出发点在于提高供给质量，关键在于改革，旨在用体制机制改革的办法改变我国供给侧的一些妨碍供给结构适应需求变化的旧体制、旧机制，实质上是通过调整生产关系，进一步解放供给侧的生产力，从而实现矫正要素配置扭曲、增加有效供给、提高供给结构对需求变化的适应性和灵活性的目标，最终推进结构调整、实现经济结构的转型升级。其中，作为人类开展各种生活、生产活动的基础和主要的空间载体，土地不仅仅是重要的生产要素，还是供给侧中最基本的"生存"要素和"生活"要素[①]，其具有的权籍属性，更是开展供给侧结构性改革、改善供给侧结构性配置的重要基础和关键手段，对供给侧结构性改革具有关键作用。

中共中央十八届五中全会明确提出要优化土地等要素配置，创造新供给、推动新产业发展，2016年中央"一号文件"提出的"农业供给侧结构性改革"，其中重要着力点就是土地制度改革[②]。因此，土地及其管理制度作为最基本的经济制度之一，在供给侧结构性改革中的地位举足轻重，是整体供给侧结构性改革的基础平台、核心内容和关键着力点。

2.3.2 土地要素已成为我国供给侧结构性矛盾中的一个关键因素

改革开放以来，为了维持经济高增长，我国实行了最严格的耕地保护制度，但在以要素投入支撑的增长模式下，土地更主要的还是采取了宽供应的方式。通过低廉的工业用地价格与优惠的用地政策，地方政府吸引了大量境内外投资，维持了高出口和世界制造工厂的地位，也促进了地方产业的发展，产业的发展又进一步带动了居民消费，这种良性循环成为实现我国经济增长奇迹的重要起点。通过商住用地的"招、拍、挂"出让，地方政府获得了可观的预算外土地出让收入，这些资金保证了城市基础设施建设、公共事业发展及居民的社会保障与福利，促进了空间城市化与人口城市化的基本均衡发展。通过土地的外延扩张和土地资本化运营，保证了城镇化的快速推进。可以说，中国改革开放30年来所取得的经济成就，土地及其制度安排功不可没。

[①] 卢为民. 推动供给侧结构性改革的土地制度创新路径 [J]. 城市发展研究，2016，(06)：66-73
[②] 孔祥智. 农业供给侧结构性改革的基本内涵与政策建议 [J]. 改革，2016，(02)：104-115

然而，这种传统的、依赖土地外延扩张、粗放利用的经济发展模式，也导致了产能过剩，供需不匹配等诸多问题。在经济新常态下，土地已成为结构性矛盾凸显的重要一环，成为桎梏经济持续平稳发展的关键因素。一是土地供给结构失衡，造成了长期不合理的各类用地比价关系，形成工业用地价格过低、商服和住宅用地价格过高的局面。房地产用地供给与需求错配，随着住房制度的改革，普通住房用地供给不断减少，高档商业性住房供地逐渐增多，导致目前一些地区普通住房短缺，一些地方又存在商品住房出现库存，而新产业、新业态用地以及养老、医疗、旅游等民生项目用地满足度不高。工业用地的过度供给鼓励了各类园区建设，造成园区占地面积过大、工业用地产出效率不高等问题[1]。二是土地的市场化配置程度仍然较低。城乡二元的土地使用制度使农村大量的建设用地、宅基地难以流转、低效闲置。地方政府垄断土地市场的一级供应，容易产生产品需求和土地供给信号的传导失灵[2]，导致土地供应的结构短缺和浪费并存。这些现象都反映了土地领域存在着要素供给的结构性问题，而土地问题又是经济发展的重中之重，这些在土地供给与需求中存在的结构性矛盾，必须通过土地领域的供给侧结构性改革来完成[3]。

因此，在我国供给侧结构性改革中，土地领域的制度改革与创新必不可少。在改革进入"深水区"的今天，不同领域的供给侧结构性改革，绝大部分都需要土地制度改革作为支撑，土地领域可谓"牵一发而动全身"。因此，通过土地领域的制度创新，发挥土地资源在促进经济发展中的引导作用，在促进传统企业的转型升级、化解过剩产能、降低用地成本等方面均大有可为。

2.3.3 我国土地供给侧结构性改革与整体供给侧结构性改革的关系

（1）供给侧结构性改革的核心在于要素供给，而土地要素是供给要素的一个重要组成部分。土地作为生产要素，是经济发展的基础资源，农业需要土地种植作物，实体经济也需要土地作为生产与经营的所在。此外，土地作为一种投入要素直接关系产业发展，如2014年，房地产全行业就占据了全国GDP的6%，房地产事实上已成为我国国民经济不可或缺的重要组成部分。而与房地产行业息息相关的钢铁、水泥等基础产业，也是目前产能过剩、供需错配最为严重的产业之一。与此同时，土地需求又是产业和经济发展的引致需求，通过对重污染、低产出的夕阳产业予以用地惩罚，对新产业、新业态通过产业政策与用地政策予以支持与集聚，可以实现对产业进行引导与管理[4]。可见，土地要素改革是供给侧"全要素"改革的重要一环，是从低密度、低效率的粗放型经济向集约节约型发展模式转变的重要组成部分。因此，土地领域的改革，是供给侧结构性改革中十分重要的一

---

[1] 方创林、马海涛. 新型城镇化背景下中国的新区建设与土地集约利用 [J]. 中国土地科学，2013，27（7）：4-9
[2] 冯广京. 土地领域供给侧结构性改革的重心和方向 [J]. 中国土地科学，2016，30（11）：4-12
[3] 董祚继. 土地供给侧结构性改革的破题之举. 新浪网. http://finance.sina.com.cn/roll/2016-12-22/doc-ifxytyzp5454580.shtml
[4] 秦静. 优化土地供应结构 助推供给侧结构性改革——以安徽省为例 [J]. 中国国土资源经济，2016，（06）：18-20+14

环，也是关键性的组成部分。

（2）土地市场对于完善市场经济体制具有不可或缺的作用。我国市场经济发展的两个重要组成部分，一个是资金市场，一个是资产市场。在货币市场高度繁荣的同时，我国的资产市场长期发育不足，优质资产十分紧缺。特别是在要素市场中，土地市场的发育相对滞后，市场交易机制不健全，政府和市场边界模糊。由此也导致了土地资产价值显化不足、功能难以发挥，进而也影响了资本流向实体经济，长期阻碍我国企业技术创新能力的提升。推进土地市场供给侧结构性改革，通过完善土地权籍制度、市场交易及监管机制，进一步厘清政府和市场的边界，充分发挥市场在土地资源配置中的作用，促进产业升级转型，淘汰落后产能，发展新兴产业，壮大实体经济与资产市场，一方面为资金提供更多的去处，既可以起到去杠杆的经济作用，也能促进产业发展的良性循环；另一方面通过优质产业反哺资本市场，培育新的资产市场渠道，促进资产与资本市场繁荣。因此，土地改革从市场制度上有益于降低企业交易成本，促进供给侧生产率的提升，是使市场在资源配置中起决定性作用的关键一步。

（3）土地供给侧结构性改革涉及制度改革的方方面面。土地供给侧结构性改革不仅涉及土地规划、整治、储备、流转和利用等环节，更与其中所涉及的土地权籍制度、土地规划制度、土地开发利用制度、用途管制等土地管理制度，以及相关的产业制度、户籍制度等环节密不可分[1]。随着我国全面改革的不断深化，农村产权模糊、土地权能缺位、市场制度匮乏，这些不但制约了土地资源的充分利用，也阻碍了其他产业与整体经济的发展。而目前土地领域实施的各项改革，归根结底都可以囊括于供给侧结构性改革的大背景、大方针之下。例如，2015年，中央出台《关于农村土地征收、集体经营性建设用地入市、宅基地制度改革试点工作的意见》，在土地领域开展33个改革试点，这些立足于"三块地"的改革试点，都着眼于改变现有城乡土地资源配置结构，转变土地管理制度模式，培育和完善土地市场。通过合理的制度设计与政策制定，降低制度性交易成本，让用地者与企业在合理监管的前提下可以减少烦琐的政府行政流程与管理干预。这些探索本质上均遵循了供给侧结构性改革从要素供给出发，扭转供求关系，提高要素生产率的基本逻辑。

2.4 我国土地供给侧结构性改革对促进社会经济可持续发展的意义

正如所有的经济活动都要依靠土地承载，供给侧结构性改革也必然要求在用地政策上得到落实。2015年底召开的中央经济工作会议，对我国供给侧结构性改革提出了"去产能、去库存、去杠杆、降成本、补短板"的"三去一降一补"的结构性调整任务，而这五项任务或多或少都与土地相关。无论是通过土地要素的调节引导作用实现淘汰落后产能，引进新产业、新业态，还是降低以房地产行业为代表行业的淤积库存，抑或是降低企

---

[1] 黄燕芬，李怡达，夏方舟. 土地领域供给侧结构性改革研究——基本内涵、关键问题与核心对策[J]. 价格理论与实践，2016，（09）：14-17

业的行政审批、用地价格等企业成本,都包含了土地要素的优化配置要求,更急需土地领域供给侧结构性改革的参与。

目前,土地领域的改革已经在保障新产业新业态用地、盘活低效存量建设用地、促进房地产用地及房地产去库存、农村土地制度三项改革试点等方面发力,用实践探索我国供给侧结构性改革的可行性与最优方案①。土地领域的供给侧结构性改革,正是通过土地制度创新,重新匹配扭曲的土地资源供给与需求关系,促进土地利用方式和经济增长模式转变;通过土地制度创新,优化用地结构,实现经济结构的转型升级;通过土地制度创新,理顺政府和市场的关系,发挥市场机制在土地资源配置中的决定性作用;通过土地制度创新,推动新型城镇化,促进城乡区域协调发展。

2.4.1 有利于促进经济增长方式转型

长期以来,依靠土地及其他要素资源的低成本、宽供应,有力地支撑了我国经济的高速增长,但也带来了诸如资源浪费、生态环境恶化等问题,加剧了经济可持续发展的外部约束,经济增长方式的转型已是刻不容缓。土地领域的供给侧结构性改革就是要改变我国土地供给侧的一些妨碍供给结构适应需求变化的旧体制,通过创新土地规划体制、完善土地市场机制、合理界定政府管制与市场配置在土地利用中的关系,充分发挥市场在土地资源配置中的决定性作用,提高土地节约集约利用水平,提高土地资源配置效率,最终实现土地利用方式由外延扩张、粗放式向内涵挖潜、集约式转变,进而由土地利用方式转变推进经济发展方式转型。

2.4.2 有利于助推产业结构调整

土地资源是经济社会发展的基本要素和物质基础,经济结构的调整必然会对土地资源利用供求带来深刻影响,给土地资源利用、管理、调控带来新的问题和挑战。土地领域供给侧结构性改革通过构建需求侧和供给侧信息的有效传导机制,创新土地供应政策,调整用地结构,进而优化产业结构,化解过剩产能,实现"去产能、去库存"的目标。通过创新土地政策的激励机制,制定差别化的土地供给政策,在不同产业之间合理配置生产与生活用地。一方面优化住房与产业用地结构,为房地产企业和地方企业"去库存",为存量土地上的资本重新释放流通性,重新填补企业的资金链;另一方面,通过土地优惠政策,淘汰落后、过剩产能,支持、盘活创新企业,实现产业业态的调整与转型②。通过以土地为基础的业态引导与调整,引导满足养老、健康、家庭等生活性服务业用地以及创新用地需求,推动产业"退二进三"与转型升级,实现土地资源的集约节约利用以及供需关系的

---

① 唐健."供给侧改革",土地政策已发力 [N].中国国土资源报,2015-12-04(005)
② 杨遴杰.土地供给侧改革要形成多元土地供应格局.财新网.http://opinion.caixin.com/2016-02-19/100910730.html

重新调整。

2.4.3　有利于降低市场的交易成本

近年来，我国经济增长所依赖的低成本优势，尤其是制造业为主的实体经济部门所依赖的低成本出口竞争优势，正在发生着根本性的变化。因此，"降成本"也是供给侧结构性改革的一项重要任务。就土地供给侧结构性改革而言，通过完善制度，降低企业的用地成本对于促进社会经济持续发展具有重要的意义。在坚持土地用途管制的前提下，通过建立、健全土地市场机制，简化、优化行政审批程序，有利于降低企业特别是实体经济企业用地与管理成本，激励社会资本参与企业投资建设，促进市场体系的建立和经济的发展[1]。通过创新土地信用产品、土地证券化、PPP模式等多种新型融资形式，有利于改变原有地方政府土地储备、土地拍卖的囤地模式，为地方政府的土地财政"去杠杆"，降低地方政府的金融负担与财政压力。通过创新机制，提高金融市场在土地领域的流动与活力，有利于降低企业用地的融资成本，确保创新企业可以"轻装上阵"，新产业新业态的健康发展。

2.4.4　有利于推进新型城镇化发展

为了适应我国经济发展方式转变和经济结构调整优化的新常态，新型城镇化必然要走内涵式和集约型发展道路，着力优化城镇空间布局结构，深入挖掘存量建设用地潜力，大力提高土地资源特别是存量用地资源的配置效率。新型城镇化发展的要求与土地供给侧结构性改革的目标是相同的，即通过创新土地利用方式，完善存量土地再开发政策，有利于盘活存量建设用地，提高土地利用效率，促进城乡土地资源配置的空间优化和节约集约利用；利于解决农民进城的住房和社会保障问题，促进农业转移人口市民化；有利于构建利益共享机制，统筹城乡发展，让全体人民共享新型城镇化的成果。

综上所述，土地供给侧结构性改革，不仅关系新常态下我国宏观经济供给侧结构性改革的整体方针与目标，更对促进我国国民经济和社会的发展具有重大意义。土地领域供给侧结构性改革包含要素优化配置、市场机制培育的双重目标，也是进一步深化以土地权籍为核心的我国土地资源利用和管理改革的又一个契机。通过土地供给侧结构性改革，以土地要素为源头，实现"全要素"生产率提升；以土地要素改革为突破，探索市场化制度性改革方案，降低社会交易成本；以土地要素为引子，构建集约型的经济增长新模式，调整和优化国民经济结构；以土地权籍为核心，建设并完善土地利用和管理新机制，优化产业结构调整，服务经济可持续发展，最终实现我国社会经济可持续性发展的宏伟目标。

---

[1] 刘红梅，马克星，王克强. 上海市土地市场供给侧改革研究 [J]. 中国土地科学，2017，(01)：40-51

2.5 本章小结

本章分析了我国提出实施供给侧结构性改革战略的背景、目标、任务和主要内容，讨论了我国供给侧结构性改革理论与供给学派供给侧改革理论的关系；在此基础上，进一步研究讨论了我国土地供给侧结构性改革与整体供给侧结构性改革的关系，分析了我国土地供给侧结构性改革对促进社会经济可持续发展的意义。

本章的研究讨论，得出了以下几点结论：

第一，我国推进供给侧结构性改革的战略，是在国内进入经济新常态、国外进入经济新平庸状态的背景下提出的。国内国外两种宏观经济发展状态的交叉、重叠，引致我国宏观经济出现了一个突出矛盾，即供需结构性错配。这种结构性错配，导致我国宏观经济出现了比较明显的结构性分化和矛盾，一是宏观经济下行压力大，传统增长动力失灵；二是宏观经济发展中面临的结构性失衡问题十分突出；三是前期宏观经济刺激的后遗症开始显现。长期形成的传统经济增长模式和过度依赖需求侧管理的政策，已经难以适应我国社会经济发展的现实要求，也难以很好地支撑我国经济的可持续健康发展。

第二，我国宏观经济发展中出现的结构性矛盾，既有来自于需求侧的问题，也有来自于供给侧的问题，但主要是来自于供给侧的结构性问题，表现出一种供给失灵的现象。这使得推进我国宏观经济供给侧结构性改革，成为一项十分迫切而又十分重要的经济改革战略。其要旨是，以"创新、协调、绿色、开放、共享"为发展理念，以"适应经济发展新常态，实行宏观政策要稳、产业政策要准、微观政策要活、改革政策要实、社会政策要托底"为总体思路，以"去产能、去库存、去杠杆、降成本、补短板"为重点任务，从供给侧开展结构性改革。

第三，我国宏观经济供给侧结构性改革的目标，从短期来看，就是要抓好以"去产能、去库存、去杠杆、降成本、补短板"为核心的五大战术任务；从长期来看，我国供给侧结构性改革的根本目标，是必须形成宏观经济持续增长的新机制，即从生产、供给端入手，调整供给结构，为真正启动内需，打造经济发展新动力寻求新路径。

第四，我国供给侧结构性改革的主要任务是，①完善供给侧管理，培育经济发展新动力；②充分发挥市场作用，推进结构优化和调整；③深化体制机制改革，合理确定政府权力边界。

第五，我国供给侧结构性改革的主要内容包括：①转变发展方式；②推进资源配置体制和要素价格改革；③简政放权；④深化国企改革；⑤加快新旧动能转换。

第六，西方供给学派的理论核心是萨伊提出的"供给能够创造自己需求"的理论。这一理论主要针对的是资本主义国家的滞胀问题，从供给能够创造需求的视角研究供给侧的生产和经营性的改革，认为通过增加收入和放松管制，不仅能够刺激生产和经营的积极性，还能因为收入增加而刺激消费需求，从而拉动社会总需求，所以主要采取的是减税、增收和放松政府管制等有助于刺激生产和经营积极性而拉动消费的调整方式。而我国供给侧结构性改革，主要针对的是导致供给失灵的供需结构性错配的问题，即供给侧结构性错配需求侧结构性的问题，基于供需平衡理论，从供给能否平衡需求或者通过新技术能否拉动新需求的视角来研究供给侧结构性的改革，主要采取的是有助于供给侧结构性重配+技术创新拉动新需求的一系列方法，以实现能够使供给满足有效需求、新供给拉动新需求的目的。供给学派的理论实际上还隐含了一个前提，即完全竞争的市场经济不会产生结构性的问题，这可能是其理论能够在美国等西方国家应用并取得成功的原因，但对我国而言具有明显的局限性。

第七，根据人地关系权籍时空系统理论，土地在供给侧结构性改革中扮演着一种特殊重要的角色。从人类生存、生产和实现可持续发展与土地的关系角度出发，土地是一个由其权籍关系决定的时空系统，土地的意义既包含了人们开展各种经济活动可利用的自然空间资源要素，也包含了人们开展各种经济活动所需要依托的基础承载要素，更包含了人们开展各种经济活动所必需的权利要素，而后者又是决定能否实现前两个要素从而能否开展有效经济活动的决定因素。这就从本质上决定了市场与政府存在着天然的矛盾性，不仅给政府提供了一种市场管理的合法性和必要性的基础，也给市场供给主体进行自发性的市场重配带来了约束，还给政府在市场管理中正确发挥作用提出了挑战。由于土地具有的自然、经济和权籍等方面的特殊性，必然要求政府在供给侧结构性改革中，重点研究并解决如何建立"能够让市场在资源配置中起到决定性作用和正确发挥政府作用"的新机制的问题。

第八，土地在供给侧结构性改革中的作用是无法替代的，它是我国供给侧结构性改革中的核心要素和关键要素。发挥土地在供给侧结构性改革中的作用，有利于促进我国经济增长方式的转型，有利于助推我国产业结构的调整，有利于降低市场的交易成本，有利于推进我国新型城镇化的发展。

第九，土地领域供给侧结构性改革包含要素优化配置、市场机制培育的双重目标，也是进一步深化以土地权籍为核心的我国土地资源利用和管理改革的又一个契机，应当给予高度关注。

主要参考文献

多恩布什, 费希尔, 斯塔兹. 2000. 宏观经济学（第七版）[M]. 范家骧等译. 北京：中国人民大学出版社

冯广京. 2015. 土地科学学科独立性及学科体系研究框架 [M]. 北京：中国社会科学出版社

高鸿业. 2007a. 西方经济学（微观部分）第四版 [M]. 北京：中国人民大学出版社

高鸿业. 2007b. 西方经济学（宏观部分）第四版 [M]. 北京：中国人民大学出版社

马克思. 1975. 资本论（第1卷）[M]. 北京：人民出版社

曼昆. 2003a. 经济学原理（原书第3版）（上）[M]. 梁小民译. 北京：机械工业出版社

曼昆. 2003b. 经济学原理（原书第3版）（下）[M]. 梁小民译. 北京：机械工业出版社

吴敬琏等. 2016. 供给侧改革引领"十三五" [M]. 北京：中信出版社

第 3 章 我国土地供给侧结构性改革的机理、重心与方向

> 土地要素征收市场与土地要素让渡市场相脱节，政府在土地市场中具有多重身份和职责，构成了我国土地市场的特殊性。这既是历史发展的结果，也是我国社会经济发展和改革的一种前提与基础。
>
> 我国土地供给侧结构性改革的方向是改革土地供应方式和质量，重心是正确发挥政府的职责。
>
> 当前，改革土地供应方式和质量的主要内容是：①逐步实现土地要素征收市场与土地要素让渡市场相对接；②将实现土地要素让渡市场均衡发展的均衡点扩大到土地产品市场均衡发展的均衡点上。
>
> 当前，正确发挥政府职责的主要内容是：①弱化并逐步退出政府在土地要素市场中的市场主体地位；②强化政府在土地市场中的管理、监督、服务和调控的作用。

3.1　研究土地供给侧结构性改革机理的意义

3.1.1　研究意义

研究土地供给侧结构性改革，首先需要研究供给侧结构性改革的机理及其改革的理论。理论研究对于实践的意义，在于能够指导和支持实践，在于能够抓住关键达到事半功倍的效果。

研究土地供给侧结构性改革的机理是指，实现供给侧结构性改革的目标，需要认识并研究构成土地市场结构的具体要素及其要素内在的运行方式以及各要素在一定市场环境条件下相互联系、相互作用的运行规则和原理。因此，研究土地供给侧结构性改革机理的意义在于：①有助于从本质上认识并把握土地市场的结构及其运行方式和规则；②有助于从本质上认识并把握土地市场构成中的各个要素及其要素内在的运行方式和规则；③有助于认识并把握土地市场构成中各要素间的相互联系和相互作用的运行规则和原理；④有助于从本质上认识并把握土地供给侧结构性改革的关键环节和问题，开展有的放矢的研究，达到事半功倍的目标。

研究土地供给侧结构性改革的理论，则是在从本质上认识和把握土地供给侧结构性改革机理的基础上，针对供给侧结构性改革的本质和重心，构建起有利于推进土地供给侧结构性改革从而实现社会经济可持续发展的理论体系，指导土地供给侧结构性改革的实践。

3.1.2　研究方法

首先，我们将土地市场视为一个有关"人地权"关系的时空系统，在这一时空系统中，人是主导性的，是研究土地市场的出发点和终点，土地市场的发展应当有利于人的可持续发展；地即土地，是人的生活生产等活动的具体有形的承载物，围绕土地而表现出来的各种资源、要素、空间等多方面的矛盾集中反映在土地之上，决定着人们需要从自然、社会、经济和技术的多角度、多方面研究土地的特性和利用；权即土地权籍，是包含土地各种权利在内的权利束，包括法律意义上的物权、经济学意义上的产权、管理学意义上的管辖权等，土地权籍既隐身于有形的土地之中，成为人们获取土地的约束性前提，决定着人们可利用土地的空间范围；又显身于有形的土地之上，成为人们利用土地程度的约束性前提，决定着人们对土地利用的权利和程度；同时，也提供了政府管理和调控土地市场的法理依据和理论基础。

其次，土地市场是一个多要素共同构成的系统，但从整体上分析，土地市场由三个大的方面组成：一是需求方，二是供给方，三是管理方。所谓供给侧正是基于市场作为一个系统而产生的概念。传统的市场理论认为，市场是由需求方和供给方共同构成的，是需求方和供给方就具体商品供需谈判达成合意的有形或无形的场所。由具体商品达成合意的这一"接触点"① 出发，将市场划分出了供给侧和需求侧。但是，在我国，市场管理方是不是市场构成的要素？是不是市场的主体呢？本项研究的答案是肯定的。因此，经济学中有关市场的某些理论在我国的土地市场中是低效或无效的，必须建立适合我国国情的有关土地市场供需平衡的理论。

再次，市场的起点是为了平衡人们的需要，市场的终点是达到人们供需的平衡，中间是从不平衡到平衡的过程。土地市场也是如此。传统的市场供需平衡理论，强调市场供需平衡的结果主要依靠市场供需双方的自发达成合意的过程。但是，现代市场的结构并不只由供给方和需求方构成，市场管理方已成为市场中举足轻重的一方，发挥着日益重要的作用。因此，研究现代市场中政府作为市场管理方，特别是研究我国土地市场中政府的功能和作用是十分重要和必要的。

最后，在清晰我国土地市场构成要素的特殊性的基础上，同时在我国特殊的土地所有制的约束下，一方面要研究土地市场中供给侧的要素构成及其结构性问题；另一方面要研究土地市场中政府在供给侧及其供给侧结构性调整中的功能和作用，从两个方面发现影响供给侧结构性改革的关键环节和主要矛盾，从而研究提出相应的改革和完善的对策和方案，实现供给侧结构性改革的目标。

本章研究路线如图 3-1 所示。

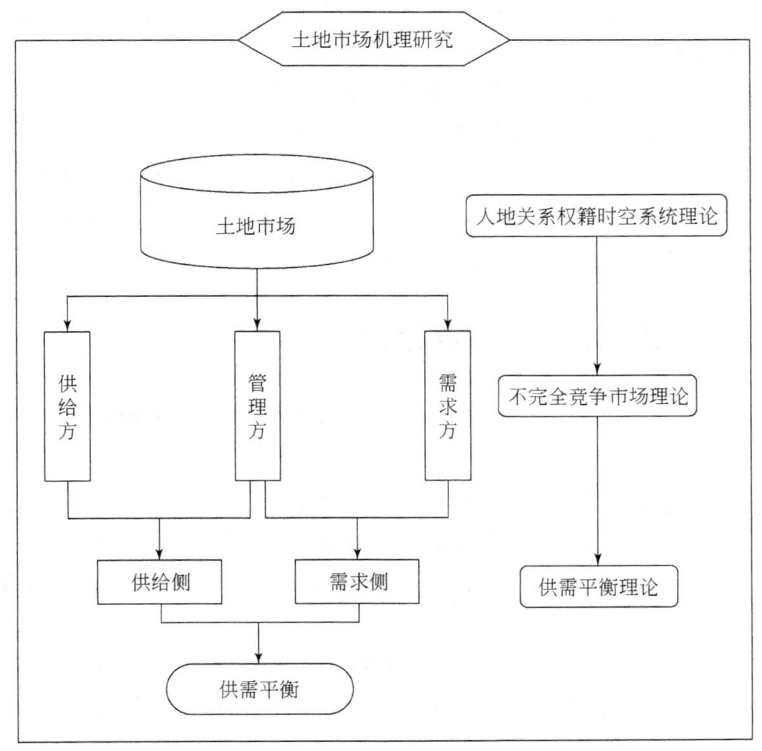

图 3-1 研究路线

---

① 高鸿业. 西方经济学（上册 微观部分）[M]. 北京：中国经济出版社，1996：209

3.2　我国土地市场的构成及其特殊性

3.2.1　人地关系权籍时空系统理论视角下的土地市场

土地市场表面上看是一个有关土地空间的让渡市场，但本质上则是一个有关土地权籍让渡的市场。这是因为，第一，土地权籍实际上是有关人们对某块土地是否拥有以及拥有多大的使用、收益、处置的权力，涉及人与人、人与社会、人与自然、人与地、地与地等多方面的关系；第二，土地权籍还决定了人们能够拥有特定土地空间的特定权力，包括某块土地的精确面积、地理坐标、地上地下纵深空间坐标、地质条件、用途、构筑物范围、土地权利及使用年限等一系列涉及与保护土地权属和土地权利的土地权籍要素。所以，实际上在土地市场上让渡土地时都是以土地权籍作为让渡内容和条件的。而这些既是进行土地市场让渡的核心内容，也是土地市场存在的基础，更是实现土地市场让渡的保障[1]。

"土地权籍制度的核心是土地所有制，而土地所有制的硬化和表现形式形成了与其相对应的土地权籍制度。土地所有制的形式，决定了人们在实际生活和生产中的相互关系，以及劳动产品的交换和分配关系。而这种关系又主要是通过土地权籍制度得到硬化和表现的。"[2]　这使得我国的土地市场实际上也是一个由土地权籍决定的市场。

我国长期以来实行的是社会主义土地公有制，土地不属于任何个人。建立并开放土地市场，建立并发挥市场在资源配置上起决定性作用和正确发挥政府作用的制度，势必需要建立一个公有土地的代理人制度，这又给政府代理行使土地权利、管理和调控土地市场提供了一种合理性和法理性的基础与根据。这样，一方面使得我国土地市场在构成上具有了特殊性，一方面又使得我国土地市场在运行上具有了特殊的规则和方法。

3.2.2　一个理想化的土地市场框架

土地市场是一个有关土地要素供需市场和土地产品供需市场构成的一个复合市场，如图3-2所示。

图3-2是一个理想化的典型土地市场框架，也是一个完全竞争化的市场框架。笔者用用深色箭头代表需求，用浅色箭头代表供给。在这一市场框架中，存在着两个市场主体，一边是公众，一边是企业。他们在土地产品市场和土地要素市场中的市场角色是不同的，并且角色互换。

在理想状态下，在这一土地市场中，一方面，公众以消费者的身份，通过土地产品市场释放出来对土地产品的需求，企业则以土地产品生产供给者的身份，根据公众在土地产

---

[1]　冯广京. 土地科学学科独立性及学科体系研究框架 [M]. 北京：中国社会科学出版社，2015：55
[2]　冯广京. 土地科学学科独立性及学科体系研究框架 [M]. 北京：中国社会科学出版社，2015：51

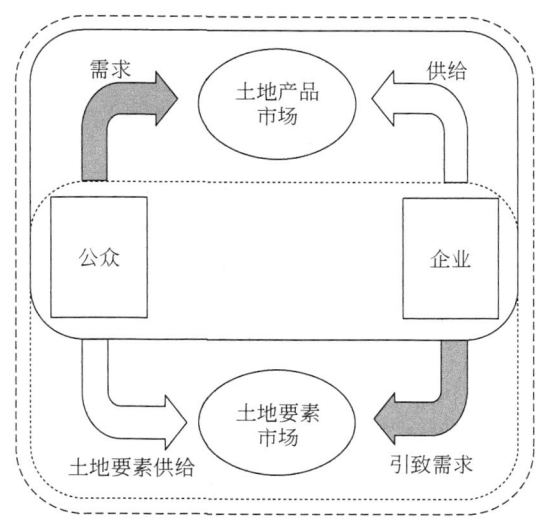

图 3-2　理想化的土地市场

品市场中释放出来的需求生产并提供相应的土地产品，以实现土地产品市场的供需平衡；另一方面，企业将公众在土地产品市场中释放出来的有关土地产品的消费需求，转化为企业在土地要素市场中的生产需求，并通过土地要素市场将公众在土地产品市场中的消费需求表达出来，从而形成了土地要素市场中的土地产品生产的需求，公众则根据企业在土地要素市场表达出来的土地要素配置需求，提供相应的土地要素供给，以通过实现土地要素市场的土地供需平衡来满足土地产品市场中土地产品生产的供需平衡，从而实现满足公众对土地产品的需求。

在上述土地市场中，如果将土地市场按照供给方和需求方分类的话，我们就可以将处于供给方的供给主体、供给环节、供给产品、供给结构等都划为供给侧；同样地，我们也可以将处于需求方的需求主体、需求环节、需求产品、需求结构等都划为需求侧。这样就建立起了供给侧和需求侧的概念。很明显，供给侧和需求侧都是从市场供需平衡的角度展开的，供给侧是相对于需求侧而言的。而且，供给侧和需求侧并不是固定不变的，在不同的细分市场中，它们的地位也是不同的。

3.2.3　我国土地市场的框架

实际上，我国的土地市场并不是像图 3-2 表达的那样，我国的土地市场并不是一种完全竞争化的理想市场，其构成及形式有其特殊性，形成了一种变化的市场，如图 3-3 所示。按照传统西方经济学的标准，是一种不完全竞争的市场。

一些人常常诟病我国土地市场的方面，是我国土地市场的构成突破了西方经济学派构建的分析市场结构和运行规则的完全竞争的市场框架，即政府也成为了土地市场的主体，发挥了超越西方经济学派认同的政府是市场"守夜人"的作用。而西方经济学派认为不完

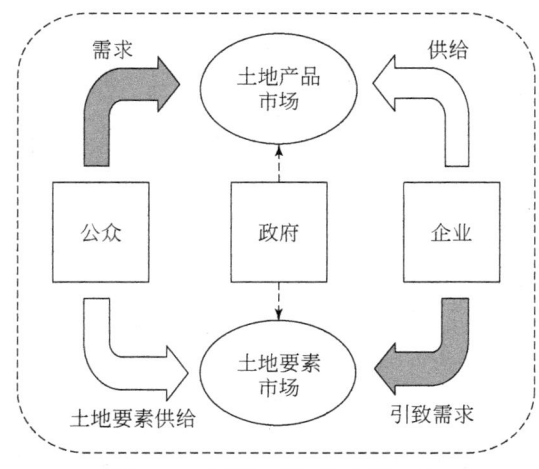

图 3-3　政府与市场的关系（1）

全竞争的市场是低效的市场，这就使得很多西方经济学中有关市场的理论，在我国的土地市场中变得低效或无效。

3.2.4　我国土地市场的特殊性

与西方经济学派构建的分析市场的理想化框架相比，在我国的土地市场中，地方政府由土地市场中的"守夜者"（市场监管者），变为市场中的一个重要的参与主体（图 3-3）。地方政府作为土地市场中的一个特殊重要的主体，直接参与到土地市场的运行中，成为土地市场运行链条中一节特殊的环节，如图 3-4 所示。无论在土地产品市场还是土地要素市场中，地方政府都深陷其中，承担着对土地市场供需信号的研判和土地市场供需的调控决策责任，从而在土地市场中发挥着决定性的作用，如图 3-5 所示。

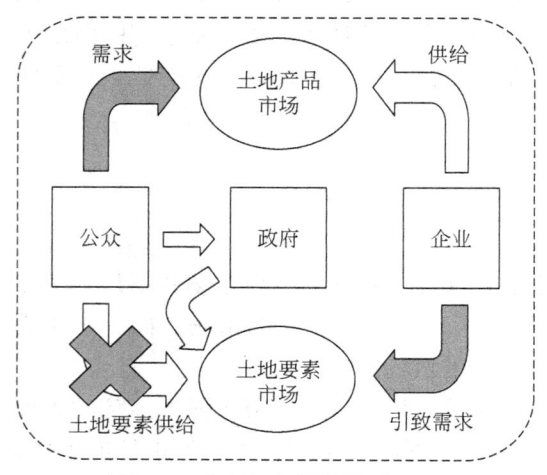

图 3-4　政府与市场的关系（2）

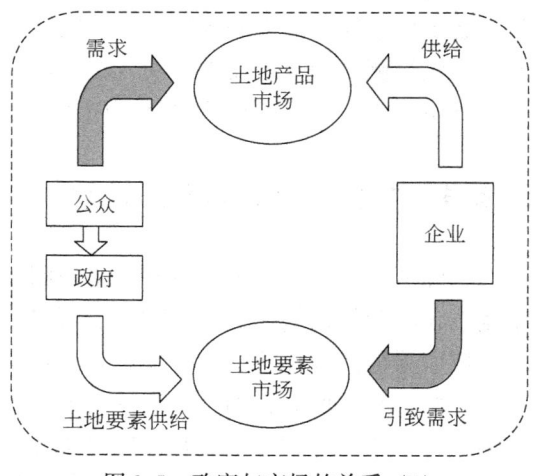

图 3-5　政府与市场的关系（3）

西方经济学理论认为,按照图3-2中完全竞争的理想化市场运行中,土地产品市场中释放出来的需求是"有效"的,供给也是"有效"的,企业在实现土地产品市场和土地要素市场角色转变和产品投入产出中,能够准确地传达土地产品市场中的消费需求信号,并且能够通过投入产出的方式满足公众在土地产品市场中的消费需求,结果能够使得土地要素市场供需的平衡满足土地产品市场的供需平衡,最终实现土地市场的总体平衡。同时,也使得符合土地市场需求的企业和行业获得效益和发展的空间,不符合土地市场需求和经济结构发展需求的企业和行业在完全竞争市场中得到抑制,从而优化了土地市场结构和经济发展结构,实现了一种良性的市场和经济发展循环。

但是在图3-4和图3-5表达的土地市场框架下,土地市场的运行规则也相应发生了改变。由于政府成为土地市场的主体之一,并实际承担了土地要素市场的供给责任,成为事实上的土地要素市场中的单一供给方。同时,这一结果,又将土地要素市场进一步细分为以政府为核心的土地要素征收市场和土地要素让渡市场,如图3-6所示。政府在土地要素征收市场中的角色也进一步转换为需求方,并将其对土地市场供需信号的判断和作为土地要素让渡市场供给方的角色需求带进了土地要素征收市场,从而使公众对土地要素的供给,由根据土地产品市场需求信号转变为根据政府对土地产品市场需求的判断和导向上,一方面截断了公众对土地要素市场供需信号的直接反应(图3-4),降低了土地要素市场对土地产品市场的反应灵敏度;另一方面也强化了政府对土地产品市场供需信号的研判责任和地位,政府直接承担了对土地产品市场供需信号的研判和调控的责任,并通过土地要素让渡市场的供给,调控企业的土地需求和产业结构的发展,不仅增加了市场的运行成本,也增加了政府对市场供需信号研判和调控的责任和成本。这对政府把握土地市场的供需结构、土地供需数量和质量的调控能力和效率,提出了很大的挑战。如果政府做出的研判出现偏差,政府对土地要素市场供需的调控效率也将会下降,并引致土地市场所有主体

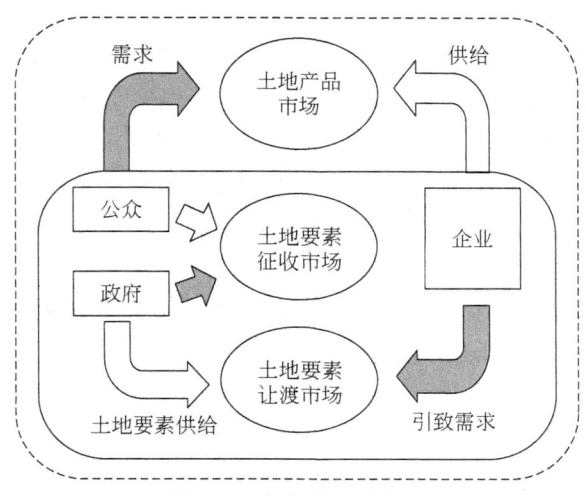

图3-6 变化的土地市场

可能按照政府对市场供需信号的有偏判断和决策，放大偏差（比如通过加杠杆的方式①②），迎合有偏的市场供需信号的判断，放大偏差，甚至造成泡沫），使得市场"看不见的手"难以发挥自动调节市场的功能，从而使得土地市场失灵，引起土地市场效率的下降。地方政府成为土地市场中的主体并发挥主导作用，形成了我国土地市场的特殊性。

问题是，我国实行土地的社会主义公有制，如何构建一种有效的土地公有代理人的制度是正确发挥政府在土地市场中作用的一个基本前提。因此，对于土地市场供给侧结构性改革的研究实际上存在两个重要的方面，一方面是如何构建起有效的土地公有代理人制度，直接行使公有土地的权利，使政府可以退出行使土地公有代理人的地位，回归土地市场的规制者和监管者的地位；另一方面是在政府继续行使土地公有代理人的权责条件下，如何构建并正确发挥政府在土地市场中的作用。

3.3 土地市场供需信号失灵的原因

3.2节的讨论，提出了我国出现了土地市场供需信号失灵的问题，本节将重点分析导致我国土地市场供需信号失灵的原因。

土地市场供需信号失灵并不是说土地市场不能反映或表达真实需求了。事实上，土地市场中的真实需求是客观存在的，但是这一真实需求的信号为什么会失灵甚至被屏蔽呢？

3.3.1 土地市场供需信号失灵来自于土地要素让渡市场

土地市场供需信号并不是由土地产品市场直接发送到土地要素市场的，中间经过了土地产品生产企业的接收、过滤和选择，然后由土地产品生产企业经过选择后，再传递给土地要素市场，因此土地要素市场反映出的土地要素供需信号就存在真实性和准确性的问题。

在完全竞争的理想化市场中，由于土地产品市场的需求直接来自于公众，而土地要素市场的供给又由公众直接提供，公众通过在土地要素市场的供给结构和数量，约束土地产品生产企业生产产品的结构和数量，土地产品生产企业为实现自身利润最大化，必须生产符合公众需求的土地产品才能满足公众在土地产品市场中的需求，也才能生产出能够满足土地产品市场需求的适销产品，这样才能获得土地产品市场中的利润，进而保证土地产品市场的真实需求能够反映到土地要素市场中，从而逐步实现供需结构和数量的平衡，如图3-7所示。

图3-7是一个收敛型的蛛网模型，尽管蛛网模型有其不足之处，但作为一种工具，分析商品产量和价格波动的手段还是可行的。实现蛛网收敛的前提是供给曲线的斜率要大于

---

① 于祥明．杠杆上的楼市：一二线城市房价已现"非理性上涨"．中国证券网．http：//news.cnstock.com/news/sns_yw/201609/3900555.htm，2016-09-14

② 楼继伟：财政杠杆率不容忽视当前最大威胁是过度杠杆化．凤凰财经网．http：//finance.ifeng.com/a/20170421/15314099_0.shtml

需求曲线斜率的绝对值，或者从弹性的角度说，就是供给价格弹性小于需求价格弹性，这在一定程度上意味着能够保证供给满足需求。这也是一部分人坚持主张通过扩大供给的方式能够改善土地市场失衡观点的原因所在。

按照图3-7所示，假设土地市场是一个完全竞争的市场，在其运行的第一期由于某种原因导致土地产品的实际产量由均衡水平 Q_e 减少为 Q_1，根据需求曲线，土地产品的需求者愿意支付 P_1 的价格购买全部的土地产品 Q_1，结果土地产品的实际价格上升为 P_1。之后，土地产品生产者就会根据第一期的价格水平 P_1，按照供给曲线，将第二期的土地产品生产量增加到 Q_2。

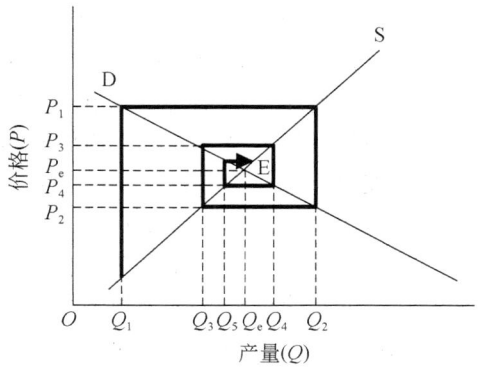

图3-7 土地市场供需平衡的蛛网收敛

在第二期时，土地产品生产者为了出售全部的土地产品 Q_2，根据需求曲线，接受土地产品需求者所愿意支付的价格 P_2，这样土地产品的实际价格将下降为 P_2。然后，按照供给曲线，土地产品生产者又会根据第二期的较低的价格水平 P_2，安排第三期的土地产品的产量，并减少到 Q_3。

在第三期时，土地产品消费者根据需求曲线，愿意以 P_3 的价格购买全部的土地产品 Q_3，结果使得土地产品的实际价格上升到 P_3。于是，按照供给曲线，土地产品生产者又会根据第三期较高的价格水平 P_3，安排第四期的土地产品产量，并增加到 Q_3。

经过上述不断的循环，土地产品的实际产量和价格的波动会逐渐收敛，最终达到均衡点E，从而实现土地市场的供需均衡状态。

西方经济学认为，在完全竞争的市场中，"由于外在的原因，当价格和产量偏离均衡数值（P_e 和 Q_e）后，经济制度中存在着自发的因素，能使价格和产量自动地恢复均衡状态。"[①] 这也正是很多人主张建设完全竞争化市场的理论基础和主要的理由，认为只要靠市场这只"看不见的手"的力量就可以实现市场的供需均衡。

但是，由于图3-6中显示的变异的土地市场的特殊性，公众并不能直接参与土地要素让渡市场，一方面无法通过土地要素供给约束土地产品生产企业生产满足公众在土地产品市场中所需求的土地产品，这使得土地产品生产企业一部分可以忽视公众需求而追求企业利润最大化的生产，另一部分受到产业保护的特殊生产企业可以在不会受到市场惩罚的基础上，在获得非正常市场补贴的条件下，继续维持低效的生产活动，产出不符合土地产品市场需求的产品，浪费市场和社会资源；另一方面，公众面对缺乏满足自身需求产品的土地产品市场，不得不寻找自身刚性需求的土地产品的替代品，从而又导致了这些替代品的短缺和价格提升，而公众的刚性需求不得不转化为对替代品的刚性需求，迫使公众在力所不能及的条件下，通过加大杠杆的方式，购买刚需土地产品的替代品，生产企业也通过加

---

① 高鸿业. 西方经济学（上册）[M]. 北京：中国经济出版社，1996：69

杠杆的方式，形成了"失灵"的信号，加大对刚需土地产品替代品的生产，并把这种有偏的土地产品市场需求带进土地要素让渡市场，对土地要素让渡市场的土地供给结构和数量产生错觉，这使得土地要素让渡市场中的供给方，将满足土地产品生产企业的需求作为让渡市场平衡的目标，从而导致土地要素市场的供需结构与土地产品市场的真实供需结构和数量发生偏离，也会引起社会经济发展失衡的危机。

从土地要素让渡单个市场看，土地要素的供给和需求存在一种平衡，但是如果仅把土地要素让渡市场的情况当作土地市场的情况，很容易一叶遮目，据此确定的土地要素供给策略不仅会导致土地要素市场和土地产品市场的供需错配，也会导致对土地产品生产企业和生产领域土地要素的供给错配，从而导致土地产品市场的失衡，进而引致土地市场的整体失衡。结果是，地方政府越从满足土地要素让渡市场中企业需求的角度考虑供需结构和数量，越会破坏整体土地市场的平衡，形成一种无效的市场，一者造成某些生产过剩，一者造成某些生产出现"泡沫"。实践中，许多地方政府有关部门常常出现这种情况，较为重视土地要素让渡市场的供需信号，错将土地要素让渡市场的供需信号当作了整体土地市场的供需信号，较少分析和重视将土地产品市场的供需信号引入土地要素市场。比如一些城市政府有关部门的领导常常流露并表达出来，所在地区土地市场并不存在供给端的问题，其市场需求旺盛，供不应求；还有一些地方政府简单使用供需平衡的理论，把高地价的结果归于供应不足，而实际上由于土地市场信号不真实，导致市场已经失灵，在市场自我调整机制失灵的条件下，土地要素市场上的引致需求已不能通过简单的增加供给实现土地要素市场的平衡了，如图3-8所示。这样市场条件下对土地市场中出现结构失衡原因的分析也就难以真实了①。

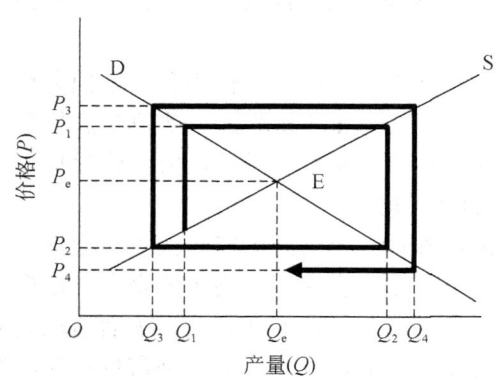

图 3-8　土地市场供需平衡的蛛网发散

图 3-8 是一个发散型的蛛网模型。形成发散型的蛛网模型，也有一个前提条件，即供给曲线的斜率小于需求曲线斜率的绝对值，或者从弹性的角度说，供给价格弹性大于需求价格弹性，意味着供给会与需求失衡。从这个意义上看，我国推进供给侧结构性改革的战略是非常正确的，抓住了我国当前社会经济发展和改革的主要矛盾。

图 3-8 还表明，在不能改善供给的条件下，如果对于市场信号的传导再出现偏差，并由此制定一些"短视性"的政策，那就会雪上加霜，加剧市场价格和产量的波动范围，甚至造成某些方面的大起大落，进一步加剧供需失衡。

---

① 北京将公布土地供给情况：证明楼市是由货币推升. 中国青年网. http://finance.youth.cn/finance_gdxw/201609/t20160911_8644531.htm

3.3.2 市场失灵导致企业可以追求高利润，过滤真实需求信号

在图 3-6 表达的市场框架下，由于公众不能直接参与土地要素让渡市场的供应，从而不能按照公众对土地产品市场的实际需求，在土地要素征收市场中供应土地要素，只能按照政府通过企业在土地要素让渡市场中表达出来的失灵的土地产品市场需求供应相应的土地要素，尽管满足了企业在土地要素让渡市场中的需求，但是这种供给结构和数量实际上已经偏离了土地产品市场的真实需求。因此，在土地要素让渡市场中表现出来一种畸形现象，即供需平衡规律失效，某些公众需求的土地产品种类用地得不到供应或供应很少，某些公众需求较少甚至不需求的土地产品种类用地却供应过度，结果供给土地的数量并不能平衡土地产品市场的供需，不合理的土地供应种类越多，对土地产品市场造成的失衡也越大。

为什么在这样的土地市场中，企业可以忽视或无视公众在土地产品市场中的真实需求呢？主要原因就在于，在原本完全竞争的市场中，公众可以通过土地要素市场供应自身对土地产品市场需求的土地要素结构和数量，约束、调控企业土地产品生产结构、数量的功能丧失，企业并不会因为生产的土地产品不适应公众需求而受到惩罚，相反部分企业在产不对销的情况下还会得到一些地方政府的补贴、支持和地方政府依据失灵信号做出的调控的引导和鼓励，使得企业不断开展低效的土地产品生产，造成某些不是真实需求种类土地产品生产的大量库存、浪费和某些真实需求种类的土地产品生产不能得到支持的结果。同时，由于公众无法获得"真实需求"的土地产品，只能通过加杠杆的方式购买其替代品的方式，也在一定程度上造成了土地产品生产企业的"错上加错"，导致许多企业形成有偏预期，形成无效产能和产品，也导致许多公众和有关方面形成有偏预期，只能以有偏供给产品满足"真实刚需"，两者共振，形成土地市场的整体有偏预期，加大了土地市场的失衡和调控的难度。目前我国正在大力开展的"三去（去产能、去库存、去杠杆）一降（降成本）一补（补短板）"正是针对解决这一问题而展开的。

3.3.3 地方政府市场错位放大市场有偏信号

一些人把我国土地市场的特殊性归咎于土地的所有制形式，笔者并不完全赞同这样的观点。实际上，西方经济学家中也有许多人认为政府在市场中的作用也是重要的，比如曼昆也认为公有制是"政府用来解决垄断问题的第三种政策"[1]。

我国土地市场的特殊性并不都是土地的所有制形式引出的。不管什么样的土地所有制形式，都不可能构成一个完美的完全竞争的市场，"市场势力"和市场"外部性"[2] 都可能导致市场失灵，完全依赖市场自身的修正不仅需要较长的时间成本，而且实际上也是不

---

[1] 曼昆. 经济学原理（上册）[M]. 梁小民译. 北京：机械工业出版社，2006：274
[2] 曼昆. 经济学原理（上册）[M]. 梁小民译. 北京：机械工业出版社，2006：130

可能完全实现的。在市场自身修正的过程中，市场的外部性也会改变市场内部性平衡的条件，从而导致市场自身力量的平衡变得非常困难。因此，不论土地所有制形式如何，有关土地市场的健康发展，都需要市场之外的力量加以平衡，比如发挥政府在市场中的作用①，所以政府发挥调控作用的方式、机制和目标才是关键。特别是，对于我国的情况而言，这种现实市场的特殊性既是历史发展的选择，有其客观性；又是我国经济发展和社会治理道路的现实基础，存在政治、经济和社会的必然性和合理性，无视甚至抛开这一历史发展和现实存在的基础，效颦学步并不是理性的研究思维和研究方式。

我国土地市场不是一个完全竞争的市场，其特殊性主要来源于地方政府并不仅仅是土地市场的监管者，而且事实上也成为身兼土地市场监管者和土地市场重要参与者的身份，这使得政府在土地市场中的功能和作用都发生了相应的变化，具有了其他市场主体的一些基本属性和自身的特殊性。地方政府需要在兼顾土地市场监管者身份追求整体市场的社会效益、经济效益和生态效益的同时，还需要考虑作为一个土地市场主体平衡自身利益的问题，前者应当着眼于整体市场的供需信号和供需平衡，后者则需要着眼于自身的社会和经济利益。

在我国现实的土地市场中，地方政府实际上负有对土地市场运行的监管责任，是调控土地市场健康运行的"一只看得见的手"，在市场出现失灵、市场自身平衡出现问题时，地方政府担负着维护整体市场健康、协调、平衡运行的责任。如果地方政府置身于市场主体之外，居于整体市场之上，有利于并能够维护以整体市场的经济、社会、生态效益的协调发展；如果地方政府也成为市场的主体，一方面不得不考虑其作为市场主体的自身利益，另一方面也很容易受到自身市场主体地位的影响，将自身利益融进判断和调控市场的运行之中，在一定条件下，很容易忽视或错误判断市场需求的信号，从而做出不符合市场需求的供给决策，引致土地要素供给结构和数量远离土地产品市场的需要，导致土地利用结构和土地产品生产出现结构性错配。这种情况很像乔治·斯蒂格勒所说的"政治失灵"②。而如何让这种"政治失灵"能够在大多数情况下，小于"市场失灵"是尤其重要的。

为了方便分析，假设在图3-9中，在土地产品市场中，公众释放出来的需求信号为A、B、C，如果在完全竞争的市场条件下，企业提供的土地产品也应当是A、B、C，但在非完全竞争市场中，企业在市场中追求自身利益最大化，选择了能够实现自身利益最大化的B，过滤掉了A、C，然后将生产B的自身需求释放到土地要素让渡市场中，由于地方政府在土地要素让渡市场中成为唯一的供给方，一方面必然考虑作为土地要素让渡市场供给主体的责任，需要提供能够满足企业对生产B产品的土地要素需求；另一方面也必然会考虑土地要素供给的来源和成本，也需要提供能够满足企业对生产B产品的土地要素需求。这样，地方政府必然将土地要素让渡市场的供给平衡作为主要的目标和考虑，即使看到土地产品市场的需求包括A、B、C，也会忽视甚至无视产品A、C的需求，这是其陷身土地要

---

① 曼昆. 经济学原理（上册）[M]. 梁小民译. 北京：机械工业出版社，2006：9-10
② 曼昆. 经济学原理（上册）[M] 梁小民译. 北京：机械工业出版社，2006：274

素让渡市场供给主体的"理性必然"。所以，我们在一些地方常会听到和看到，地方政府有关人士主要关心土地要素让渡市场的供需情况，而对土地市场的判断又都主要来自要素让渡市场，这样的结果必然是放大了市场失灵的信号，并使土地市场失衡。

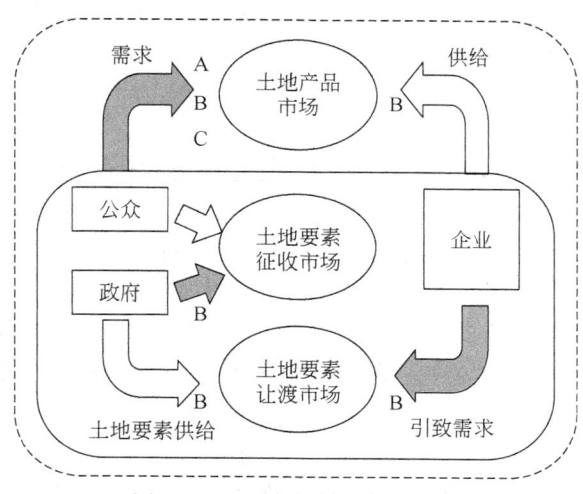

图 3-9　土地市场供需信号失灵

由于地方政府身为土地要素让渡市场中供给方的唯一主体，又必然将其满足土地要素让渡市场中企业的需求 B 转变为土地要素征收市场中的需求信号 B，尽管公众明知土地产品市场中的真实需求是 A、B、C，但是由于隔断了公众与土地要素让渡市场的联系，无法通过供需机制平衡企业生产土地产品的供给和自身对土地产品市场的需求，不得不服从于地方政府在土地要素征收市场中释放出来的需求 B，使得市场这只"看不见的手"失去效率。这样的结果，又使得公众无法在土地产品市场中得到所需的产品，不得不在土地产品市场中寻找刚需产品的替代品，如果企业提供的土地产品 B 可以作为公众的刚需替代产品，则会导致 B 的供需矛盾，引起价格上涨和企业追加生产，再次传导到土地要素市场，继续强化这一有偏的信号，使得公众、企业和政府都形成有偏的上涨预期，一再追加杠杆，推动 B 的价格上涨，使得土地要素让渡市场中的供需平衡规律失效，在土地要素供给临界点前，供给并不能抑制需求，更不能平抑价格。如果企业提供的土地产品 B 不能被作为公众刚需的替代产品，企业提供的产品 B 就会形成大量积压，生产越多的 B 产品，企业亏损越大。假设生产企业因为各种原因需要保护，地方政府就不得不继续满足这些生产企业的需求，地方政府越保护这些生产企业，造成的社会负效用越大。但是，如果不保护这些生产企业，又可能会引起生产企业的破产和工人失业。实际上，这正是我们目前所面临的困难。这种困难，已经很难按照满足需求的规则解决了。需求是存在的，但是这种需求被多种原因转变成了有偏需求，不能反映真实需求。满足这种有偏需求的生产是低效的，供应这种有偏需求生产的要素配置也是低效的。公众的真实需求得不到满足，供给与真实需求不符，使得整个土地市场效用下降。

改变这种情况，需要根据土地市场的真实需求信号，打破这种循环。但是，依靠现实土地市场自身的力量，打破这种循环也是困难的。在土地市场中占据主导地位的地方政府，是当前唯一具有这种力量的土地市场主体，在充分意识现实市场失效的原因和危机的前提下，必须通过改革土地要素让渡市场供应的方式，改变现有的土地市场供需逻辑和平衡方法，不能仅仅从满足土地要素让渡市场平衡的角度供应土地要素，而必须通过满足土地产品市场中的真实需求的角度供应土地要素，引导和约束企业回归满足土地市场真实需求的起点。

3.3.4 我国土地供给侧结构性改革的关键在政府

综上讨论，可以很容易得出这样的基本判断，提高我国土地市场效率的关键并不能完全依赖于现实市场自身的力量，现实市场供需信号的判断和传输出现偏差，必然会使现实市场给出的供需信号失灵，依此制定的土地要素供给策略，不能实现提高土地市场效率的目标。同时，也会诱导市场主体在迎合这种土地要素供给策略的同时，加大杠杆①②，放大偏差，导致土地市场出现失灵。

实施供给侧结构性改革的战略，实际上反映了政府对这一特殊市场"市场失灵"现象的反思和对经济运行调控方法和效果总结分析的结果。表面上看，是市场需求信号失灵，按照失灵的市场需求信号引导的供给调控，加剧了市场的失灵；实质上则是反映了对市场信号的研判机制和方法出现了失灵，急需撤除失灵的信号，以真实的市场需求信号，作为制定正确的供给政策的依据，以正确的供给策略满足真实的市场需求。这反映了我国推进供给侧结构性改革策略的本质和矛盾，即凸显并进一步发挥政府在市场中的主导作用和需要承担更大的责任，但这也带来一个问题，即如何才能使政府对市场的把控优于建设一个相对竞争充分的市场。在这一问题上，存在明显的对立观点，虽然对市场失灵的判断是一致的，但对消除失灵的途径却是针锋相对的③④。

但是，非常明确的是，李克强总理在2017年1月4日的国务院常务会议上指出了方向："我们推进供给侧结构性改革，最基本的内容就是推进简政放权、加快结构性减税。只有使这些改革不断推向纵深，才能真正激发出市场活力和社会创造力。""我们之所以紧紧扭住简政放权这个'牛鼻子'不放，就是要逐步厘清政府和市场的边界，进一步激发市场活力和创造性，切实解放和发展生产力。"⑤

---

① 于祥明. 杠杆上的楼市：一二线城市房价已现"非理性上涨". 中国证券网. http：//news.cnstock.com/news/sns_yw/201609/3900555.htm.

② 楼继伟：财政杠杆率不容忽视当前最大威胁是过度杠杆化. 凤凰财经网. http：//finance.ifeng.com/a/20170421/15314099_0.shtml

③ 张维迎. 为什么产业政策注定会失败？人民论坛网. http：//www.rmlt.com.cn/2016/0907/439314.shtml

④ 林毅夫. 经济发展有产业政策才能成功. 中国经营网. http：//www.cb.com.cn/linyifu/2016_0913/1168706.shtml

⑤ 李克强为何连续5年把简政放权作为"当头炮"？中国政府网. http：//www.gov.cn/xinwen/2017-01/04/content_5156522.htm

3.3.5 从郑州"熔断制"看市场信号失灵

河南省郑州市为了控制房价过快上涨,2016年10月31日发布了《郑州市国有建设用地(住宅)使用权网上挂牌交易限价竞买暂行办法》,开始实施国有建设用地(住宅)使用权出让新政"熔断制"[①]。按照郑州市发布的这一暂行办法的规定,郑州市国有建设用地(住宅)使用权出让过程,原则上被分为两个阶段。第一个阶段是使用郑州市国土资源网的网上交易系统先进行网上竞价,当价格达到政府制定的限价时,转入第二个阶段;第二个阶段采用现场一次竞价或采用网上一次竞价的方式。在国有建设用地(住宅)使用权出让过程中,任何一位竞买人在网挂系统中的报(竞)价首次达到国有建设用地(住宅)使用权出让起始价的150%时,网挂系统报(竞)价就被中止,被称为"网挂熔断",网挂熔断的那一时点被称为熔断点,网挂熔断时国有建设用地(住宅)使用权出让起始价的150%被称为熔断地价,而熔断地价的报价竞买人被称为熔断人。

但是,实施国有建设用地(住宅)使用权出让"熔断制"的结果却令人意外,据新华社报道[②],郑州市一块土地被以1元/平方米的综合房价拍出,另外几块土地也出现了综合房价低于楼面价或仅高出楼面价2元/平方米的情况。成交记录显示,牟政出[2016]198号土地综合房价仅为1元/平方米,但是地价为5.4亿元,而郑东15号地块以23631元/平方米的最低房价报价拍出,这一综合房价仅比楼面价高了2元/平方米。这意味着如果这些地块国有建设用地(住宅)使用权成功出让后,这些地块上的房屋销售价格仅分别为1元/平方米、2元/平方米。牟199号地块的综合房价报为4100元/平方米,更低于楼面价333元/平方米。这样的结果不仅出乎很多人的意外,也大大偏离了郑州市土地产品市场的实际情况。当然,当郑州市政府意识到这一问题的严重性后,终止了这一国有建设用地(住宅)使用权的出让。

这一案例有几个方面可以讨论。

第一,郑州市政府为什么制定国有建设用地(住宅)使用权的出让"熔断制"?很明显,这是政府的职责使然。在面对土地市场供需失衡的情况下,政府一方面作为市场的监管者,要制定土地市场的运行规则,规制土地要素让渡行为;另一方面,作为身兼市场监管者和市场运行主体的政府,既要保证土地要素让渡市场中土地产品生产企业的需求,又要保护国有土地使用权的价值实现和其中提供土地要素的成本及合理的利润,还要防止出现地价新高,三者权衡的结果引出制定国有建设用地(住宅)使用权出让的"熔断制",应该也在情理之中。但正是这样的身份和考虑,才导致了国有建设用地(住宅)使用权出让结果的意外。

房地产企业为什么会出这么低的竞拍价格呢?有分析人士道出了其中的原因,指出这

---

① 郑州出台土地竞拍"熔断制". 新华网. http://news.xinhuanet.com/house/2016-11-01/c_1119828206.htm.
② 郑州土地出让拍出1元房价 涉不正当竞争被叫停. 新华网. http://news.xinhuanet.com/2017-01/24/c_1120376636.htm.

些房地产企业可以通过采取变通搭售的方式来弥补报低的房价，比如如果建完的一套住房实际价值为 300 万元，当初竞拍的房价只有 1 元/平方米，为了弥补房价差，房地产企业在销售这套住房时，便可采取搭售一个 300 万元的新风系统，或搭售一个 200 万元的车位和 100 万元的装修等方式，结果又赚回来了报低的房价。

第二，理清政府与市场的边界，正确发挥政府在市场中的作用十分重要。目前，政府在土地市场中的定位比较特殊，导致与土地市场的边界并不清晰，承担的职责也较多。首先，政府是土地市场的监管者，一定要制定有利于土地市场均衡发展的规则；其次，政府是土地要素市场的供给者，一定要考虑土地要素供给的均衡价格；再次，政府是土地要素市场的主体，一定要考虑土地要素供给的成本和合理的利润；还有，这里的政府如果只是土地市场中的政府，其注意力则会更多考虑土地要素让渡市场中土地产品生产企业的需求和自身作为土地市场主体的利益，很容易忽视甚至无视土地产品市场的运行，即使考虑了土地产品市场中供给和需求的关系，也是研究不足，导致制定规则百密而一疏。在土地要素让渡市场中只有政府作为唯一供给者的条件下，如何建立让市场在资源配置上起决定性作用并正确发挥政府在市场中作用的机制，是十分重要的问题，也是本书研究的重点。

第三，土地市场系统性的管理还需加强。前面已经指出了土地市场是一个复合市场，可以细分为多个层级的子市场，比如土地要素征收市场、土地要素让渡市场、土地产品生产市场、土地产品销售市场等等。按照时空锥理论[①]，土地市场中各个子系统的变化都会影响其他子系统的变化，也会最终导致土地市场整体的变化；土地市场中各个子系统的优化并不等于土地市场整体的优化。因此，在规制土地市场运行中，需要统筹土地市场整体的运行。另外，土地市场相对于社会经济发展的大市场而言，又是其中的一个子市场，规制土地市场运行又必须放眼整个社会经济系统的发展，避免顾此失彼。

3.4　供给侧结构性错配的概念、类型及其纠正

根据本章前几节的讨论，我们可以发现，对我国供给侧结构性改革的基本判断和出发点，都是基于供给侧与需求侧出现了结构性错配的原因，并认为由此导致了我国市场供需结构性的失衡。因此，研究认识供给侧结构性错配的问题，对于推进我国土地供给侧结构性改革具有重要意义。

但是，由于目前尚没有发现对供给侧结构性错配的概念和种类的系统性研究，所以本节将基于供给侧结构性改革的视角，尝试对供给侧结构性错配的概念做出分析和分类，并提出针对性的建议。

---

① 冯广京. 时空锥理论研究 [J]. 中国土地科学，2017，31（4）：22-32

3.4.1 供给侧结构性错配的概念

供给侧结构性错配，是基于供需平衡理论，在商品市场条件下，分析商品市场中能够提供商品（服务）的产业（行业）在数量、种类、品质、布局等方面，与能够满足商品市场中的有效需求（商品、服务）相匹配的程度而得出的结果。因此，便可以根据涉及需求和供给的不同，将商品市场划分为需求侧一方和供给侧一方。

由于商品市场的特殊性，既存在单一商品的单个市场，也存在多个商品市场复合而成的不同种类、区域等多种多样的复合市场。而商品生产具有的特殊性，又会导致商品生产企业在其整个商品生产链条中，既可能处在供给侧，也可能处在需求侧。因而，讨论和研究供给侧结构性错配问题时，会因研究层面和商品生产的不同，既会有单个市场供给侧结构性的问题，也会有不同层面的复合市场供给侧结构性的问题。本章研究讨论的供给侧结构性错配问题，主要是指国家层面的整体规模的宏观经济市场，特别是国家层面的土地宏观经济市场中出现的结构性错配问题。

研究供给侧结构性错配的问题，表面上看是研究供给侧的问题，但本质上是基于供需平衡理论，从需求侧的角度，围绕能否满足有效需求的核心，研究供给侧相应产业（行业）的配置结构合理性及重配的问题。即，从需求侧出发，优化供给侧；通过优化供给，促进供需平衡。

综上讨论，有关供给侧结构性错配的概念可以做出如下的定义：供给侧结构性错配是指基于供需平衡理论，在均衡市场中，需求侧存在某种有效需求时，供给侧不能提供满足这种有效需求的供给或不能提供与这种有效需求相匹配的有效供给而导致供需结构失衡的情况。

从上面的分析可以看出，这一概念与西方供给学派有关供给侧、需求侧关系的概念，具有本质的区别。其根本原因是两者的理论基础完全不同。

3.4.2 供给侧结构性错配的类型

按照前面有关供给侧结构性错配的概念，分析梳理供给侧结构性错配具有哪些类型，其中哪些类型对于均衡市场的发展是有害的，对于研究供给侧结构性改革是非常必要和重要的。

根据供需平衡理论分析，供给侧结构性错配存在多种类型，本章主要从宏观经济市场的层面和需求侧的角度进行分析，并尝试做出分类和定义：

第一种，布局结构性错配。如果在市场中存在着一种客观需求，但由于忽视或无视其需求的原因以及制度和经济等其他方面的原因，在供给侧没有配置能够满足这种需求的产业（行业），因而无法提供能够满足这种需求的产品（服务）。这种供需错配的现象，表现出一种产业（行业）布局结构上的"供需错配"。这种布局结构性的错配，将会引起供给短缺的结果。

第二种，技术结构性错配。如果在市场中存在着一种客观需求，但由于生产技术和工艺的原因以及制度和经济等其他方面的原因，在供给侧无法配置能够满足其需求的产业（行业），同样也无法生产（提供）满足其需求的产品（服务）。这种供需错配的现象，表现出一种产业（行业）技术结构上的"供需错配"。这种技术结构性的错配，既会引起有效需求的供给短缺，也会引起不符合需求的供给过剩。

第三种，产能结构性错配。如果市场中存在着一种客观需求，供给侧虽然配置了有可能满足或超过其需求的相应产业（行业），但由于生产能力不足或超过其需求的原因以及制度和经济等其他方面的原因，却不能按其需求生产（提供）足够的或与其匹配的能够满足其需求的产品（服务）。这种供需错配的现象，表现出一种生产能力结构上的"供需错配"。这种产能结构性的错配，将会引起供给不足或供给过剩的结果。

第四种，数量结构性错配。如果市场中存在着一种客观需求，供给侧也配置了能够满足其需求的产业（服务），但在这种需求的数量出现变化时，由于技术、规模、经营的原因以及制度和经济等其他方面的原因，供给侧不能做出相应的调整而继续长期维持原有的生产（服务）规模。这种供需不匹配的现象，表现出一种生产数量结构上的"供需错配"。这种数量结构性的错配，将会或者引起供给不足的结果或者引起供给过剩的结果。这种数量结构性错配和产能结构性错配有类似的地方，也有不同的地方。

第五种，质量结构性错配。如果市场中存在着一种客观需求，供给侧配置了能够满足其需求的产业（服务），但是当对应其供给的需求出现升级后，由于产业升级能力、技术工艺的原因以及制度和经济等其他方面的原因，导致供给侧没有相应升级，也会造成供给配置错位。这种供需错配的现象，表现出一种生产质量结构上的"供需错配"。这种质量结构性的错配，既会引起有效需求的供给短缺，也会引起不符合需求的供给过剩。

第六种，政策结构性错配。除了上述五种错配中隐含的政策性影响外，还会出现一种由于政策性的原因引致供给结构性错配。即，如果市场中存在着一种客观需求，应当在供给侧配置能够满足其需求的产业（服务），但是主要由于市场政策的原因，导致不能配置或者不利于配置与其相适应的产业（服务），甚至将产业（服务）错配到其他的地方，也会导致供给性错配。这种供需性错配的现象，表现出一种产业政策结构上的"供需错配"。这种政策结构性的错配，既可能会引起供给短缺，也可能会引起供给过剩。

第七种，发展结构性错配。如果按照当时社会经济发展的现实看，随着新技术、新经济的出现，初期尚不存在符合新技术、新经济产品（服务）的市场需求，但由于新技术、新经济的发展，逐渐又会引导、提升甚至创造市场对这种新技术、新经济产品（服务）的新需求，从而带动新产业（行业）的出现。这种情况也会在短期内表现出一种发展结构上的"供需错配"，但这种发展结构性的错配根本不同于前面所定义的其他类供需错配，这种发展结构性的错配大多会由这种新供给引起新需求，即所谓新供给创造新需求。当然，还应当注意的是，这种发展结构性的"供需错配"，也有可能存在一种风险。即，发展结构性的错配除了有可能创造出真实有效的新需求外，也有可能由于某种原因引致新技术、新经济中途夭折而导致不能产生其可能创造的市场新需求。

上面主要从宏观经济市场的层面和供给侧的角度，尝试性分析梳理出了七种供给侧结构性错配及其原因，以及可能对宏观经济市场的影响，其中前六种供给侧结构性错配都是相对于宏观经济市场中存在着有效需求而言的，它们都会对宏观经济市场带来不同程度的负面影响，而其影响的大小主要取决于这六种供给侧结构性错配程度的大小和时间的长短。第七种供给侧结构性错配是一种例外，是在宏观经济市场中没有或者还没有形成有效需求下的配置，存在着两种情况，相对应地也存在着对宏观经济市场健康发展的正负两方面的影响。其中，第一种情况是具有新技术、新经济支撑的"错配"，将会促进新技术、新经济引起的新需求，并带动新产业（行业）、新经济的进一步发展，从而拉动经济的进一步发展；第二种情况则是不具备新技术、新经济支撑的盲目错配，不仅不会创造新需求，而且相反还会导致市场资源和社会资源的浪费。显然，前六种供给侧结构性错配，都会影响宏观经济市场的健康发展，都是应当从供给侧进行结构性调整或重配的方面，应是供给侧结构性改革重点解决的问题。而第七种供给侧结构性错配中的两种情况，则应该分别情况，创造有利于其发展配置的条件，在供给侧结构性调整中重点支持有新技术、新经济支撑的新需求的发展。

3.4.3 供给侧结构性改革的任务是纠正供给侧结构性错配

从 3.4.1 节和 3.4.2 节中对供给侧结构性错配的定义和种类的划分中，还能够发现，尽管导致供给侧结构性错配的原因非常多，但都主要集中在各类供给者的供给决策和能力上，以及市场治理者的治理策略和能力上。这一结果，对分析供给侧结构性改革的本质、把握供给侧结构性改革的重点和方向、促进供给侧结构性改革，提供了一种思路和方法：从需求侧的视角出发，研究供给侧的配置结构合理性及重配的问题，最终再回到需求侧，从而实现供给满足有效需求、新供给创造新需求的供需平衡。这反映了我国供给侧结构性改革的基本逻辑和分析路径。

按照我国供给侧结构性改革的基本逻辑分析，引致我国供需结构性错配的原因，主要来自于供给侧，成为我国供需结构性错配的主要矛盾方面。而解决供需结构性错配的方法也主要依赖于供给侧结构性重配，即供给侧结构性改革。因此，我国供给侧结构性改革的任务是非常明确的：一方面要通过供给侧结构性重配，满足客观存在的市场需求，实现供需平衡；另一方面要通过供给侧结构性改革，鼓励科技创新和制度改革，以新机制为保障，以新技术为动力，以新经济为引擎，促进发展并配置新产业（行业），从而创造提升民众生活生产品质的市场新需求，实现更高水平上的供需平衡。

由于我国土地市场结构和运行规则的特殊性，决定了我国土地供给侧结构性改革的主要方向是改革土地要素的供应方式和质量，重点是正确发挥政府在土地市场中的功能和作用。

导致我国供给侧结构性错配的原因有很多，供给侧结构性错配的现象也并不完全取决于土地市场本身。但毫无疑问的是，土地市场是影响和改变供给侧结构性错配的一个重要方面，具有不可替代的作用。对于布局结构性错配、产能结构性错配、数量结构性错配和政策结构性错配，土地市场都可以通过改革土地供给方式和土地供给数量与质量的方式，影响和改变供给侧结构性错配；对于技术结构性错配、质量结构性错配和发展结构性错配，土地市场也都可以通过改革土地供给方式和土地供给数量与质量的方式，影响和改变供给侧结构性错配。而改革土地供给方式的关键环节，主要在土地要素的征收市场和土地要素的让渡市场上；改变土地供给数量和提高土地供给质量的重要手段，主要是在转变政府职责的基础上，加强土地利用规划的规制作用和土地整治的改良作用。基于这样的分析，本专著研究在分析和认识土地供给侧结构性改革的机理基础上，将重点开展土地要素征收市场、土地要素让渡市场、土地利用规划、土地整治和正确发挥政府作用方面的研究。

3.5 本章小结与政策建议

3.5.1 研究结论

1. 我国土地要素市场由土地要素让渡市场和土地要素征收市场构成

一般而言，土地市场由土地产品市场和土地要素市场构成。在土地要素市场中，一般由土地要素的拥有者将自己拥有的土地权利让渡给土地要素的需求者，即土地产品的生产企业。

由于我国实行的是土地的社会主义公有制，同时存在国有土地和农村集体所有土地的二元结构，个人和企业并不拥有土地的所有权，国有土地所有权由政府代行，农村集体土地所有权不能直接进入土地要素市场交易，需由政府采取征收的手段将其转变为国有土地后，才能进入土地要素市场交易，因此围绕政府的核心地位和作用，我国的土地要素市场事实上又被细分为土地要素让渡市场和土地要素征收市场，而且两者相互脱节，形成了我国土地要素市场的特殊结构性，并引致了我国土地市场的许多特殊性。

2. 政府在土地市场中的多重身份和职责，构成了我国土地市场的特殊性

由于我国实行土地社会主义公有制，政府在土地市场中身兼多种职责，既是土地市场的监管者，也是土地要素让渡一级市场中的唯一供给者，还是土地要素征收市场中的唯一征收者，也还是土地市场中的重要参与主体，政府在土地市场中的身份、职责和目标都具有多重性，构成了我国土地市场的特殊性，也对政府把握土地市场的供需结构、土地供需数量和质量的调控能力和效率，提出了很大的挑战。这既是一种历史发展的结果，也是我国社会经济发展和改革的一种前提和基础。

如何构建一种有效的土地公有代理人的制度是正确发挥政府在土地市场中作用的一个基本前提。因此，对于土地市场供给侧结构性改革的研究，实际上也存在着两个重要的方面：一方面是如何构建起有效的土地公有代理人制度，直接行使公有土地的权利，使政府可以退出行使土地公有代理人的地位，回归土地市场的规制者和监管者的地位；另一方面是在政府继续行使土地公有代理人的权责条件下，如何构建并正确发挥政府在土地市场中的作用。

3. 土地供给侧结构性改革的主要问题都聚焦于市场信号的形成和传导上

我国土地供给侧也存在结构性失衡的问题，导致这种失衡的原因是多方面的，但最终都反映到了土地市场信号的形成和传导机制上，许多现行的机制、体制一方面直接造成了有偏的土地市场信号，一方面又间接助长或扩大了其他因素引致的有偏的土地市场信号，土地市场自身的修正机制难以被发挥，引致了土地市场参与者的有偏预期，加剧了土地市场的失衡状态，从而影响了整体市场的供需平衡。

我国土地市场供需信号失灵的产生，主要来自于土地要素让渡市场，引致土地产品生产企业可以追求高利润，过滤土地产品市场的真实需求信号而又不受到市场的惩罚，地方政府在市场中的多重定位和职责也放大了土地市场的有偏信号。

4. 供给侧结构性失衡带来七种供给侧结构性错配，需分别对症下药

我国实施供给侧结构性改革的基本判断，是供给侧结构性失衡。而供给侧结构性失衡导致出现了七种类型的供给侧结构性错配。供给侧结构性错配，是指基于供需平衡理论，在均衡市场中，需求侧存在某种有效需求时，供给侧不能提供满足这种有效需求的供给或不能提供与这种有效需求相匹配的有效供给的情况。

尽管导致供给侧结构性错配的原因有很多，但都主要集中在各类供给者的供给决策和能力上，以及市场治理者的治理策略和能力上。这一结果，对分析供给侧结构性改革的本质、把握供给侧结构性改革的重点和方向、促进供给侧结构性改革，提供了一种思路和方法：从需求侧的视角出发，研究供给侧的配置结构合理性及重配的问题，最终再回到需求侧，从而实现供给满足有效需求、新供给创造新需求的供需平衡。这反映了我国供给侧结构性改革的基本逻辑和分析路径。

5. 土地供给侧结构性改革的方向是改革土地供应方式和质量，重点是正确发挥政府的职责

由于我国土地市场结构和运行规则的特殊性，决定了我国土地供给侧结构性改革的主要方向是改革土地要素的供应方式和质量，而重点是正确发挥政府在土地市场中的功能和作用。

改革土地供给方式的关键环节，主要在土地要素的征收市场和土地要素的让渡市场上；改变土地要素供给数量和提高土地要素供给质量的重要手段，主要是在转变政府职能的基础上，加强土地利用规划的规制作用和土地整治的改良作用。

我国供给侧结构性改革的主要任务是，一方面要通过供给侧结构性重配，满足客观存在的市场需求，实现供需平衡；另一方面要通过供给侧结构性改革，鼓励科技创新和制度改革，以新机制为保障，以新技术为动力，以新经济为引擎，促进发展并配置新产业（行业），从而创造提升民众生活生产品质的市场新需求，实现更高水平上的供需平衡。

3.5.2 政策建议

1. 加强我国土地市场条件下更好发挥政府作用的研究

我国政府在土地市场中的定位具有特殊性，也突破了西方经济学派对政府在市场中的定位，既有其历史发展的结果性，也有其存在的合理性，但都不应成为构建并实施"使市场在资源配置中起决定性作用和更好发挥政府作用"机制的障碍。现代社会经济的发展，政府的功能和作用都发生了很大的变化，政府和市场的关系既存在着天然的矛盾性，也存在着发展的一致性，特别是我国社会经济发展的现实基础是客观存在的，建设符合我国社会经济发展客观实际的土地市场机制也是一种现实和历史的必然。因此，应该在我国土地市场发展现实的基础上，进一步研究如何"简政放权"的原则和方法，划清土地市场机制发挥作用和政府规制发挥作用的边界，逐步弱化政府在土地要素让渡市场和土地要素征收市场中的市场主体地位，逐步强化并发挥政府在土地市场中的管理、监督和调控的作用。

2. 逐步实现土地要素征收市场与土地要素让渡市场的对接

土地市场中难以发挥市场本身具有的自我修正的功能，是我国土地市场发展的一个现实问题。市场"看不见的手"能够发挥作用的前提，是市场的主体能够切实发挥市场主体的功能和作用。土地要素的供给者也是土地产品市场的需求者，他们可以通过在土地产品市场中的选择性和土地要素市场中的供给选择性，约束土地产品生产企业的生产供给和需求，从而能够发挥土地要素市场供给者和土地产品市场需求者的双重作用，促进土地市场的均衡发展。如果将他们的这种双重约束性相分离，也就打破了土地市场的均衡循环，无法实现土地市场的均衡发展，供给侧结构性错配的现象就会经常发生。同时，我国社会经济发展的长期目标是建设一体化的城乡土地市场，其原因和理论基础也在于此。因此，应当考虑逐步实现土地要素征收市场和土地要素让渡市场的接轨，恢复土地要素供给者的功能和作用。

与此同时，在土地要素征收市场逐步接轨土地要素让渡市场的同时，还需要加强土地市场的建设，以土地市场的运行规则规制土地产品生产企业的各种生产活动，逐步放弃政府对部分企业的保护，这样也才能使土地市场的机制能够保证市场的均衡循环。

3. 将实现土地要素让渡市场均衡发展的均衡点扩大到土地产品市场均衡发展的均衡点上

土地市场是一个由土地产品市场和土地要素市场构成的复合市场，实现其均衡发展，就要放眼整个土地市场运行的均衡点，这样才能实现土地市场的整体均衡循环。但是，由于我国行政体制的条块化和碎片化，以及政府利益考量的问题，经常可以看到一些地方政府把更多的注意力放到了土地要素市场运行的均衡点上，结果常常做出与土地整体市场均衡发展不相符的"短视性"政策规定，不仅难以实现土地要素市场的平衡，也很容易引起土地市场甚至更大市场的失衡。如果不能实现这种转变，改革现有的土地市场的管理体制机制，就将成为一种必然的选项。

实现这种转变，关键在于政府基于对市场的认识和判断的基础上，通过供给侧结构性改革，逐步引导土地市场向满足公众真实需求的方向转化，逐步引导生产企业向转变生产方式和发展方向转变，实现土地供需信号畅通传导并有效指导企业开展满足公众需求的生产活动，从而逐步实现土地市场的均衡发展。

4. 强化政府在土地利用规划、土地市场建设、土地供应方式、农地制度改革中的规制作用

推进土地领域供给侧结构性改革的方向，是转变政府在土地市场中的地位和作用，弱化并逐步退出在土地要素让渡市场和征收市场中的市场主体地位，强化并发挥政府在土地市场中的管理、监督、服务和调控的作用。实现这种转变的主要途径是，继续强化和充分发挥政府在土地规划、土地市场、土地供应、农地制度改革和土地整治中的规制作用，使政府这只"看得见的手"在规制市场运行的方面发挥更大的作用，从而保障土地市场的均衡发展，促进土地资源的可持续利用和社会经济的可持续发展。

主要参考文献

毕宝德.2006.土地经济学（第五版）[M].北京：中国人民大学出版社

冯广京.2015.土地科学独立性及学科体系研究框架[M].北京：中国社会科学出版社

冯广京.2016.土地领域供给侧结构性改革的重心和方向[J].中国土地科学，30（11）：4-12

高鸿业.2007a.西方经济学（微观部分）第四版[M].北京：中国人民大学出版社

高鸿业.2007b.西方经济学（宏观部分）第四版[M].北京：中国人民大学出版社

林毅夫.2016-09-13.经济发展有产业政策才能成功.中国经营网.http：//www.cb.com.cn/linyifu/2016_0913/1168706.html

曼昆.2003a.经济学原理（上册）（原书第三版）[M].梁小民译.北京：机械工业出版社

曼昆.2003b.经济学原理（下册）（原书第三版）[M].梁小民译.北京：机械工业出版社

张维迎.2016-09-07.为什么产业政策注定会失败？人民论坛网.http：//www.rmlt.com.cn/2016/0907/439314.shtml

第4章　我国土地要素征收市场供给侧结构性改革

> 土地要素征收市场供给侧结构性失衡的主要表现：①公共利益界定不清导致征收市场征地结构和主体结构失衡；②计划补偿原则和补偿标准造成征收市场分配结构失衡；③征收主体和监督主体合一造成征收市场监督结构失衡。
>
> 土地要素征收市场供给侧结构性改革的主要方向：①严格区分纯公共用地、准公共用地和非公共用地，分别采用不同的土地供应方式；②鉴于目前征地尚不具备完全市场化补偿的基础，应积极推进渐进式的市场化补偿制度的改革；③针对监督结构失衡的问题，应加快建设基于平等和法制体系下的土地征收运行监督体制和机制。

4.1 研究土地要素征收市场供给侧结构性改革的目的与意义

4.1.1 研究目的

1. 高质量地满足国民经济发展对土地的多种需求

在改革开放之后,我国就逐渐形成了农村土地要素(产品)市场和城市土地要素(产品)市场。土地要素征收市场供给侧与城市土地要素让渡市场供给侧息息相关,因此必须从城市土地要素让渡市场供给侧结构入手,才能清楚地认识土地要素征收市场供给侧结构。而城市土地要素让渡市场供给侧大体上可以分为三类土地要素和产品:公共土地产品、私人土地产品、准私人土地产品。

(1)公共土地产品供给侧结构性改革的目的。公共产品是私人产品的对称,是指具有消费或使用上的非竞争性和受益上的非排他性的产品。与公共土地产品相关的公共物品包括国防、外交、公安、环保、科技、文化,以及义务教育、基础设施、公共福利事业用地等。这种土地产品的特点是一些人对这一产品的消费不会影响另一些人对它的消费,具有非竞争性。或者说某些人对这一产品的利用,不会排斥另一些人对它的利用,具有非排他性。从土地产品来看,这类公共产品用地形成了"公共土地产品"。根据产权理论,该类公共土地产品因为它可获得的租金低于实施排他性私人产权的成本,所以,一般都将此类公共土地产品交由各级政府或者非盈利性的社会团体提供,那么这种公有产权配置下的租金消散就不是一种浪费。所以,我国公共土地产品供给侧结构性改革的目的是建立起一套由政府或者非盈利社会团体高质量实施的供给制度。从土地要素征收市场来看,如何高质量并以合理的成本满足对公共土地产品的需求同时又让农民集体和农民获得相应的财产性收入,已成为当前我国土地制度尤其是土地征收制度改革的重点。

(2)私人土地产品供给侧结构性改革的目的。一般来说私人产品是指具有竞争性和排他性的物品。所以,一般可以对私人产品简要的归纳为,凡是具有盈利性的产品都应该属于私人产品范畴。从其内涵和外延分析,在完全的市场经济条件下,私人土地产品以及私人土地要素必须由建立在生产要素自由流动上的市场来提供。然而,我国的现实是,一方面,我国的法律规定,城市土地要素让渡市场上的增量土地要素必须由政府通过征收农民集体土地获得,其他任何个人或团体无权进入该市场;另一方面,通过征收市场获取的土地要素只能由政府独家进行出让。从经济学理论分析,垄断与竞争天生是一对矛盾,城市土地让渡市场缺少竞争压力和创新发展动力,加之缺乏外部制约监督机制,在土地财政的激励下,一些地方政府通过法律以低价获得农村土地生产要素,然后又以市场竞争下的垄断价格出让国有经营性建设用地。由于土地要素直接渗透到国民经济的各行业,这些行业最后生产的商品和服务价格的高低便关系到整个社会的成本,这种土地供应方式必然拉高整个社会的生产经营成本。对于房地产业来说,过高的土地价格必然拉高房价,由于房地产除了居住的属性外，也客观存在着一定的投资和投机属性。由于一段时间以来，我国民众的投资渠道匮乏，在住房商品化、市场化的改革和鼓励民众分享改革开放红利、增加资产性收入的政策背景下，民众满足住房刚需和投资房地产的热情，持续推高了房地产投资的利润率，而过高的利润率预期又使得供给商进一步加大了利润率更高的高档房地产行业的投入，降低了满足基本民众刚需住房的投入，最终导致了市场有效需求与供给的脱节，其结果就产生了大量的房地产商品库存。所以，从这样的角度来看，城市土地要素让渡市场供给侧结构性改革的重要任务和目的之一，就是必须要建立合理的供地结构和市场主体结构，即建立起城乡统一的建设用地市场，逐渐使市场机制在配置土地要素中发挥决定性作用。

（3）准私人土地产品供给侧结构性改革的目的。在特殊的国情下，原本属于私人土地产品的一类特殊土地产品却成为了准私人土地产品，这就是目前我国各地工业仓储等用地产品。国土资源部令（第11号）《招标拍卖挂牌出让国有土地使用权规定》第四条规定："商业、旅游、娱乐和商品住宅等各类经营性用地，必须以招标、拍卖或者挂牌方式出让"。该规定却把工业及仓储用地等排除在经营性用地之外。实践中出于"地方政府强烈的发展诉求、工业用地的可替代性强，导致'低价'竞争吸引投资、工业企业给地方政府带来长期收益、工业用地使用存在大量获利甚至寻租空间"① 的目的，国家以及各地方政府均采取了以协议方式出让工业及仓储用地的方式，并在法律法规上给予其便利。这种协议供地制度，无疑助长了各种工业仓储业特别是重化工业的产能扩张，使工业仓储用地等成为产能过剩的主要帮凶。在市场经济条件下，任何工业仓储的发展都是以盈利为目的的。所以，组成工业的一个重要的基础——工业土地产品也应该属于私人产品。但是，我国各地政府为了大力发展当地经济，以优惠的土地资源来进行招商引资，就成为各地政府工作的常态。这样原本属于私人土地产品的工业地产就成为了一种特殊的准私人产品。首先，各工业投资商可以通过协议或者更优惠的价格从政府手中获得相关的土地要素，无形中获得了一种不通过市场竞争就能获取土地要素的权利；其次，他们在该土地产品上所形成的工业生产出来的产品又是一种典型的竞争性和排他性商品。可见，准私人土地要素市场供给侧结构性改革的目的就是要求各地政府改革现行工业仓储用地供地模式，让工业仓储投资商也必须通过市场竞争获得土地要素。而作为征收市场上提供此类土地要素的供给侧结构性改革的主要目的也是必须全方位引入市场机制。

2. 科学界定公共利益，建立起多元的市场供地和主体结构

新中国成立60多年来，我国相关法律规定了城市土地市场包括征收市场上的供地主体只有国家政府，其土地来源只有将农村集体土地转为城市土地。即国家根据公共利益，通过征收农民集体的土地来满足国民经济发展用地的需要。在计划经济时代，这种独家垄断的供地主体和征地结构形成了一种低效均衡。即政府征收农村集体的土地并没有在进行出让，而是通过无偿无期的划拨方式向国有企事业单位供地，从政府到各类用地单位的主

---

① 许超诣等. 从城市工业用地"低价"出让的动机和收益看土地出让结构调整的方向 [J]. 发展研究，2014，（1）：17-21

体并没有在土地产品上获得相应的利益，仅仅是为了满足国家建设（各类企事业单位建设）的需要。应该说，这种征地制度在计划经济时代是一种"合意"的选择。然而，改革开放以来，我国已经从完全的计划经济向市场经济逐步转型，但是在计划经济时期形成的征地制度依然没有发生变革。第一，国家的法律依然规定地方政府可以根据没有清晰界定的公共利益和以农业用途低价补偿机制征收农民集体的土地；第二，国家在城市建立起了以划拨、协议、招标、拍卖、挂牌等方式出让国有土地使用权的城市土地要素市场；第三，政府逐渐建立起了可以通过多种行政手段进行调控的且让市场供需决定的土地商品市场。从农村集体土地→征收市场→城市土地要素市场→城市土地商品市场这一单向行驶通道来看，各级政府在土地财政和政绩考核晋升的激励下，可以较低的价格征收农村土地→城市土地要素市场高价出让→城市土地商品市场高价销售。由于农村集体土地只能以计划规定的地价转为国有土地，并在转换为城市土地的过程中形成了巨大的级差地租，从市场经济理性人假设来看，这种征地制度最终只能收敛于农村土地全部转换为城市土地。可见，从耕地和资源环境保护以及社会经济可持续发展等目标出发，目前的征地制度是不可持续的。所以，土地要素征收市场供给侧结构性改革的目的之一就是要从根本上清晰界定公共利益的内涵和外延，改变政府在土地市场中的供地主体地位，尽快建立城乡统一的建设用地市场，让土地要素市场上形成符合市场竞争规律的多个供地主体格局。

3. 建立土地增值收益在国家、集体和农民的科学合理的分配结构

如果将公共利益清晰界定为公共利益产品用地和非公共利益产品用地以后，土地征收就只能限定在公共利益产品用地范围内，而作为非公共利益产品用地就可以在统一的城乡建设用地市场上通过市场交易的方式获取土地要素。由于市场上形成了多个土地供给主体，土地要素形成了自由流动，依照市场规律形成的市场供给与需求就会在市场机制的作用下实现长期均衡。但这里的问题是，此时原来仅仅作为农村建设用途的集体经营性建设用地由于拓宽了其用途，产生了比原有集体建设用地更高的溢价，这就必须建立土地增值收益在国家、集体和农民之间的分配结构和分配机制。所以，在土地要素征收市场供给侧改革的过程中，建立起针对集体经营性建设用地入市交易产生的土地增值部分在国家、集体和农民之间的分配结构，这无疑成为本章的研究目的之一。

4.1.2 研究意义

1. 有效地保护耕地，为提供高质量的农业产品奠定基础

改革开放以来，由于工业化和城镇化的快速推进，我国大量耕地被非农化，其中耕地非农化最为重要的渠道就是国家通过征收，将大量的耕地转变为国有建设用地，见表4-1。

表4-1 我国2004~2015年城市土地面积变化情况 （单位：平方千米）

年份	征收土地面积	城区面积	建成区面积	备注
2015	1 548.53	191 775.54	52 102.31	
2014	1 475.88	184 098.59	49 772.63	

续表

年份	征收土地面积	城区面积	建成区面积	备注
2013	1 831.57	183 416.05	47 855.28	
2012	2 161.48	183 039.42	45 565.76	
2011	1 841.72	183 618.02	43 603.23	
2010	1 641.57	178 691.73	40 058.01	
2009	1 504.69	175 463.61	38 107.26	
2008	1 344.58	178 110.28	36 295.30	
2007	1 216.03	—	35 469.65	
2006	1 396.48		33 659.80	
2005	1 263.50	—	32 520.72	
2004	1 612.56		30 406.19	
合计	18 838.59		485 416.14	

资料来源：表中数据均来自国家统计局网站，并经计算整理归纳而得，http://www.stats.gov.cn/

根据国家统计局公布数据（表4-1），2004~2015年，我国共计征收土地18838.59平方千米，折合为2826万亩[1]；如果包含农村耕地非农化的数据，这种情况更为严重。1996年年底，国土资源部公布的全国土地利用变更调查结果显示，全国耕地面积为19.51亿亩[2]。到2011年底，我国耕地保有量为18.2476亿亩[3]，15年间，全国耕地面积净减少1.2624亿亩。所以，加快对土地要素土地征收市场供给侧结构性改革，特别是对公共利益进行清晰界定和加强农村集体建设用地的管理，就能够通过缩小征地面积，从而实现对城市土地市场上的公共产品用地、私人产品用地，以及准私人产品用地的科学合理地供给，同时保障耕地红线为提供高质量的农业产品奠定土地要素基础。

2. 为国家宏观经济"三去、一降、一补"做出基础性贡献

"三去、一降、一补"是我国宏观经济供给侧结构性改革的主要任务，而土地要素征收市场供给侧结构性改革，一是可以从源头上对工业仓储等用地进行合理和高质量供给；二是从法律法规上明确政府提供公共产品用地的责任，并根据经济的发展、社会公众的合理需求以及财政预算的能力等提供公共产品用地，杜绝地方政府过度追求土地财政下的城市扩张；三是逐步建立起以市场机制配置为主的城乡统一建设用地市场中的土地增量供给为主，与以政府提供国有土地存量配置为辅的私人产品用地的供给机制，让市场来调整以各类房地产为主的私人产品用地，实现市场供给与需求的长期均衡。

---

[1] 1亩≈666.7平方米。
[2] 国土资源部，国家统计局，全国农业普查办公室. 关于土地利用现状调查主要数据成果的公报. 中国统计信息网. http://www.cnstats.org/nypc/2015/98.html
[3] 2011年度全国土地变更调查数据. 中华人民共和国国土资源部网站. http://www.mlr.gov.cn/xwdt/jrxw/201212/t20121213_1165052.htm

3. 充分发挥市场机制在配置土地资源中的决定性作用

通过清晰界定公共利益，减少非市场机制配置土地，同时改变政府独家垄断城市土地要素市场供给的做法，构建城乡统一的建设用地市场，从法律法规上确认土地要素市场上多个供地主体，充分发挥市场竞争在配置土地资源要素中的决定性作用，实现土地要素市场中土地供需均衡价格下的供需平衡。在转型经济下的土地市场上，土地价格的形成是由土地的供给与需求来决定的，土地的供求机制和价格决定机制是土地市场运行机制的核心。而土地价格和地租是由市场的供给与需求共同决定的。当土地市场上的土地价格持续上涨时，国有土地的存量和集体经营性建设用地的增量供给就会增加。由于供给与需求的关系，此时土地的需求量就会开始逐渐减少，在需求与供给相互作用下，最终使土地的供给和需求会在某一价格上实现均衡，形成相应的均衡价格。

4. 国家、集体和农民获得合理的土地增值收益

从我国20世纪在计划经济时代形成到改革开放的转型期实施的征地补偿机制来看，一方面，征地补偿机制没有依照市场规律实现供给与需求的价格均衡，尽管在征地实践中地方政府不断根据农民的现实需求来提高补偿标准，但总不能满足集体和农民的诉求；另一方面，从计划经济形成的补偿标准看，也剥夺了农民集体和农民应获土地发展权下的土地财产的增值收益。这就要求必须建立起明确界定公共利益、以市场机制补偿为主、相互监督制约以及公正的争议裁决机制的征地制度，政府可以通过对区位优势投入的增加获得相应的投入租金溢出，集体可以获得相应的土地所有权补偿，农民的土地使用权益也将得到合理的保障。

4.1.3 研究方法及相关概念

4.1.3.1 研究方法

（1）文献资料研究法。本章主要通过查阅 CNKI、图书期刊等数据资料库，广泛收集我国征地制度、农村土地要素和产品市场、城市土地要素和产品市场、宏观经济及农业供给侧结构性改革等方面的资料数据，经过归纳整理、分析鉴别，对我国征收市场以及相关联的土地要素市场的研究成果和进展进行系统、全面的叙述和评论。同时，还要对改革开放以来我国土地要素市场的研究成果进行深入分析，并指出当前与土地要素市场和土地产品市场目前的发展水平，明确解决的问题和未来的发展方向，为研究提供支持和论证，最后为提出创新的观点、建议和对策奠定基础。

（2）系统分析法。在本章中，由于研究对象主要是征收市场，但征收市场的后端与农村土地联结，前端又与城市土地市场联结，而城市土地市场供给侧结构性改革直接关系宏观经济的健康发展。由于土地要素是宏观经济供给侧系统的重要子系统之一，该系统又由土地产品市场、土地要素市场组成。而土地产品市场又包括城市土地产品市场和农村土地产品市场，土地要素市场也分为城市土地要素市场和农村土地要素市场。又由于我国特殊的土地制度安排，城市土地要素上的增量部分是通过征收农村土地，在征收市场上实现的。所以，本章应用系统分析方法的思路，以全面和准确地把握土地要素征收市场在整个土地供给侧结构性改革中的地位和作用，同时，所提出的改革措施也必须放在整个土地供给侧结构性改革中去进行思考并与之协调。

（3）法经济学分析法。法经济学是运用有关经济学的理论、方法，研究法学理论和分析各种法律现象的学说。由于征收市场既是土地问题也是土地制度问题，这就涉及法经济学分析的相关内容。因为法经济学的核心在于，所有法律活动，包括一切立法、司法及整个法律制度，事实上是在发挥着分配稀缺资源的作用。因此所有法律活动都要以资源的有效配置和合理利用，即效率最大化为目的。可以说，土地征收市场供给侧结构性改革必须应用法经济学的方法来分析和指导。

（4）理论研究与实证研究相结合。本章综合运用经济学，包括宏观和微观经济学、土地经济学、发展经济学、制度经济学，以及管理学、土地资源管理等方面的理论，设计本章的研究思路和分析框架。同时，也通过实践案例进行归纳和提升，使理论与实践更好地结合，最后提出具有科学性合理性以及针对性的改革建议。

4.1.3.2 土地征收市场供给侧结构的概念

从目前我国土地要素征收市场来看，它的作用就是为城市土地要素市场提供增量国有建设用地，从整个城市土地市场大系统来看，它是其中一个必不可少的环节。土地要素征收市场主要影响的是国有建设用地的数量和质量，形成了征收市场供给侧结构。

（1）征地结构。一方面，在城市土地要素市场上为土地商品市场提供的国有建设用地大体上可以分为经营性建设用地（商业、旅游、娱乐和商品住宅等）、工业仓储用地、基础设施用地及其他用地等。另一方面，从供地方式来看，国有经营性建设用地采用的是完全的市场化方式（招、拍、挂）供地；工业仓储用地采用的是半市场化方式（协议）供地；公共基础设施等用地采用的是划拨方式供地。但在征收市场上，上述三种类型的土地都是依据《土地管理法》规定进行征收和补偿，并没有对上述供地分类进行征收和补偿，从而导致了一系列损害农民集体和农民利益的行为。

（2）主体结构。在征收市场上，目前的征地主体是国家（各地方政府）。由于政府独家垄断造成了城市土地要素市场供给侧结构失衡，即地方政府为了土地财政和政绩（GDP）等为城市工业用地、经营性用地和基础设施用地等过多的征地，使城市土地要素市场供给侧结构达不到市场均衡，产生了过多的库存、产能和高杠杆、高成本等。从征收市场来看，这种过量供地一个重要的因素就是征地的公共利益被滥用，以及征收补偿的计划性和城市土地市场供地的垄断等导致的。

（3）分配结构。我国在征地过程中，依据计划经济条件下形成的征地补偿标准和机制进行。由于完全计划经济下并没有形成相应的土地要素市场和土地产品市场，那时的征地形成了一种利益上的低效均衡。但在市场经济条件下，再利用计划补偿机制就会导致补偿结果出现发散性。这种发散性表现为：一方面，无论政府在现有补偿框架下如何提高征地补偿标准，总是不能完全满足农民和集体对利益的无限追逐，况且还涉及过去低价征地补偿的对象，以至于出现了大量的上访和群体事件等社会问题。另一方面，我国目前的补偿机制容易造成自由裁量权的滥用。由于立法实践的滞后，征地范围和补偿标准在很多时候被政府行政机关认定为权利自由裁量范围[①]。在土地征收的实践中，征地审批的机关由于拥有解释权，他们为实现征收的目的，可能会对公共利益或者补偿标准做出夸大的解释，这就可能会导致相关部门滥用征收权[②③]）。

（4）监督结构。一是公共利益界定作为法律程序的实质性和程序性缺失。表现为征收权是典型的授权式立法，公共利益的解释权归于政府，最终使国家土地征收被排斥在司法范畴之外，成为行政征收滥用的法律根源。二是土地征收方案及补偿方案等的制定均缺少正当法律程序的程序要件公众参与。三是征收救济制度以行政救济机制为主，违背了正当法律程序第二条基本规则"偏见排除"。

征收市场供给侧结构性改革必须紧紧抓住上述四方面结构失衡问题，从深层次上对其进行分析，寻找问题和原因并提出相应改革的对策和建议。

4.2 我国土地要素征收市场运行机理及改革思路分析

目前，从经济学相关理论和研究方法探讨我国土地要素征收市场供给侧结构性改革的理论文献则相对稀少，仅有冯广京（2016）[④]、鲁玉秀（2016）[⑤]、殷少美（2016）[⑥] 等少量学者对土地市场供给侧结构性改革作了一定探索研究。关于土地要素征收市场发展及供给侧运行机理等目前还没有相关研究成果可供参考。因此，本章的思路是，从土地要素征收市场的发展演变入手，然后分析在不同体制下的土地要素征收市场的运行机理，并为以后分析征收市场供给侧结构存在的问题和提出对策建议奠定基础。

4.2.1 计划经济时期农村土地要素和土地产品的运行机理分析

1. 计划经济时期农村土地要素配置的特征

（1）农村土地：三级所有，队为基础。新中国成立以来，特别是 1956~1978 年，我国实行计划经济制度，按照相关法律法规规定，农村土地形成了"三级所有，队为基础"的基本土地制度。1956 年颁布的《高级农业生产合作社示范章程》（简称《章程》）关于农村土地所有权进行了比较详细的论述。《章程》规定："把私有的土地等主要生产资料转化为合作社集体所有；社员土地上附属的私有的塘、井等水利设施，随土地转化为合作

---

① 姜明安. 关于法律界定"公共利益"含义和范围的必要性和可能性的对话[C]. 修宪之后的中国行政法——中国法学会行政法学研究会2004. 2004：418-423
② 刘硕朋. 土地征收过程中公共利益的界定标准[D]. 郑州：郑州大学法律（专业学位）硕士学位论文，法律学，2013：22
③ 邹跃. 土地征收的公共利益及其实现[J]. 思想战线，2013, 39 (6)：39-43
④ 冯广京. 土地领域供给侧结构性改革的重心和方向[J]. 中国土地科学，2016, 11 (30)：4-12
⑤ 鲁玉秀. 基于农民增收的土地供给侧改革探讨[J]. 农业经济，2016, (9)：83-85
⑥ 殷少美. 关于土地供给侧结构性改革的思考[J]. 中国物价，2016, (11)：50-52

社集体所有",该规定将农村土地生产要素的所有权全部划归集体所有。随后,上海会议纪要《关于人民公社的十八个问题》(简称《十八个问题》)中明确规定:'以生产队为基础、三级所有'是人民公社的根本制度。"《农村人民公社工作条例修正草案》(简称《六十条》)进一步确认"三级所有,队为基础",并规定:"生产队范围内的土地,都归生产队所有;生产队所有的土地,包括社员的自留地、自留山、宅基地等,一律不准出租和买卖;集体所有的山林、水面和草原,凡是归生产队所有比较有利的,都归生产队所有。生产队所有的土地,不经过县级以上人民委员会的审查和批准,任何单位和个不得占用"。这些文件在制度上进一步明确和强化了农村土地属于集体所有。

(2) 农地使用:集体统一生产经营和分配。"一穷二白"是新中国成立后我国经济发展的基本现状,从20世纪50年代中期开始,国家根据当时农业生产发展需要,在农地使用上实施集体统一生产经营和分配。《章程》第二条规定:"实施'各尽所能,按劳取酬',不分男女老少,同工同酬";第四条和第五条分别规定:"要把集体利益和个人利益正确地结合起来,要把全社利益和国家利益正确地结合起来";第二十九条规定:"农业生产合作社应该制定全面的生产计划,有计划地进行生产";第三十条规定:"农业生产合作社应该根据生产经营的范围、生产上分工分业的需要和社员的情况,把社员分编成若干个田间生产队和副业生产小组或副业生产队,实行生产当中的责任制"。可见,《章程》在农地使用上关于生产报酬、利益分享、生产计划、生产分工等都作了详细规定,在当时国家实行计划经济统筹社会发展大背景下,统一生产经营和分配农村土地要素的经营模式与计划经济制度相匹配,但由此也埋下了土地公有产权天生的搭便车、外部性及产权拥挤等弊病。

2. 计划经济时期农村土地产品的生产和分配

(1) 农村宅基地:集体所有,农民无偿无期使用。关于计划经济时期农村宅基地的分配,《中共中央关于各地对社员宅基地问题作一些补充规定的通知》(简称《通知》)规定:"社员的宅基地,包括有建筑物和没有建筑物的空白宅基地,都归生产队集体所有,一律不准出租和买卖;但仍归各户长期使用,长期不变,生产队应保护社员的使用权,不能想收就收,想调剂就调剂;……,但宅基地的所有权仍归生产队所有;社员需新建房又没有宅基地时,由本户申请,经社员大会讨论同意,由生产队统一规划,帮助解决,但尽可能利用一些闲散地,不占用耕地,必须占用耕地时,应根据《六十条》规定,报县人民委员会批准,社员新建住宅占地无论是否耕地,一律不收地价;社员不能借口修建房屋,随便扩大墙院,扩大宅基地,来侵占集体耕地,已经扩大侵占的必须退出"。可见,该《通知》对宅基地的所有权和使用权进行了全面界定,其关于农村宅基地制度可以简要地概述为"集体所有,农户使用,无偿无期,面积控制"。

(2) 土地产品:村民所有,自建自用。关于计划经济条件下农村土地产品,相关法规也进行了充分说明。《十八个问题》规定:"公社、生产大队和生产队向社员借用的房屋可以归还的应当归还,还要继续借用的,应当开给借条,承认原主的所有权,或者订立租约,付给低额的租金"。该规定明确了社员房屋的所有权和使用权属于社员,公社、生产大队和生产队占用社员房屋应当归还或支付租金使用。《六十条》规定:"社员的房屋,永远归社员所有;社员有买卖或者租赁房屋的权利;社员出租或者出卖房屋,可以经过中间人评议公平合理的租金或者房价,由买卖或者租赁的双方订立契约;任何单位、任何人,都不准强迫社员搬家;不经社员本人同意,不付给合理的租金或代价,任何机关、团体和单位,都不能占用社员的房屋;如果因为建设或者其他的需要,必须征用社员的房屋,应该严格执行国务院有关征用民房的规定,给以补偿,并且对迁移户作妥善的安置。"该规定进一步强化了社员对房屋的所有权和使用权以及征用社员房屋的补偿及其安置事项。《通知》针对贯彻落实《六十条》关于社员土地产品所有权与使用权问题给出了详细的补充解释:"社员有买卖或租赁房屋的权利"。"宅基地上的附着物,如房屋、树木、厂棚、猪圈、厕所等永远归社员所有,社员有买卖或租赁房屋的权利;房屋出卖以后,宅基地的使用权即随之转移给新房主,但宅基地的所有权仍归生产队所有。"综上所述,当时以党的名义制定的相关制度和政策均规定,农村土地产品属于农民自建自用,其所有权和使用权均属于农村居民个人所有,国家和集体如若占用或征用农村土地产品,应当给予补偿。

3. 计划经济时期农村土地要素与城市土地产品

1953年《国家建设征用土地办法》颁布并于1958年修正,其中第三条规定:"国家建设征用土地,既应该根据国家建设的实际需要,保证国家建设所必需的土地,又应该照顾当地人民的切身利益,必须对被征用土地者的生产和生活有妥善的安置,如果对被征地者一时无法安置,应该等待安置妥善后再行征用,或者另行择地征用"。第六条规定:"遇到临时抢险或者紧急用地的情况,可以先进行入地内施工,同时尽快补办征用土地的手续"。第十四条规定:"已经征用的土地,所有权属于国家"。可见,农村土地征用制度成为连接农村土地要素与城市土地要素和产品的桥梁,也是转变土地性质的中介。在此时期,国家对农村土地要素的征用[①]、"企业"对土地要素的需求、"企业"对土地产品的供给及其"企业"对土地产品的分配,其全过程都是在计划下形成的指标和依据行政命令性的经济过程,该过程从经济利益上确实可以实现供求平衡,但却是一个对国民经济发展(GDP增长)只有少量增进的平衡,是一种低效平衡(图4-1)。

(1)计划经济时期农村土地要素和土地产品供求平衡分析。对图4-1经济过程作以下假设,政府征用农村土地要素成本(也就是农民获得征用土地要素的收入,假设所有交易成本为零)为c_1,"企业"获得土地要素成本为c_2,"企业"获得土地产品成本为c_3,消费者获得土地产品配给成本为c_4。据此可得出计划经济时期土地要素征用和土地产品生产与配给过程的三个特殊恒等式:一是政府征用农村集体土地的成本与将土地划拨给"企业"的收入是相等的,即$c_1 = c_2$(事实上大多数均是"企业"直接支付征用成本),政府是土地要素流通的纯粹主导者和服务者,并不获取任何利润。二是"企业"获得生产所需土地要素的成本与"企业"获得土地产品的成本是相等的,即$c_2 = c_3$(不考虑建筑成本等);需要强调的是,这里的"企业"不是一般意义上的企业,而是作为计划经济时期为国民经济计划发展服务而存在的政府下属企事业单位,其特殊性就在于它不是以盈利为目的而存在和发展的企业,仅是以城市居民生活和为国家经济社会发展服务的"企业"。三

[①] 2004年《土地管理法》修改之前,国家的法律法规中没有区分征收和征用,此处也沿用这种表达。

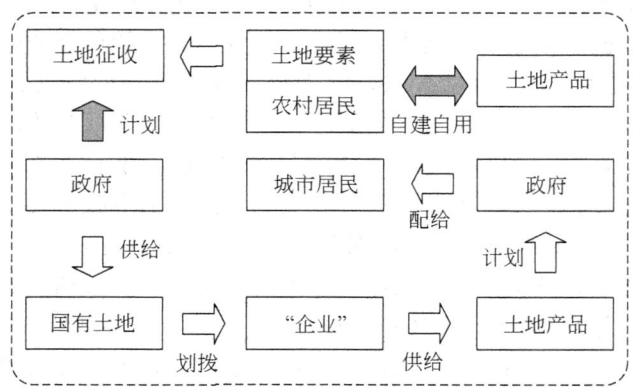

图 4-1 土地要素征收、产品生产与分配低效平衡

是"企业"获得土地产品的成本与将土地产品分配给消费者获得的收益是相等的,即 $c_3 = c_4$(事实上是相关"企业"代表政府将土地产品无偿配给城市居民使用,城市居民仅获得使用权和象征意义上的财富),政府作为纯粹的主导者再次在土地产品分配过程中体现出来。从土地要素征用到城市土地产品分配全过程上看,等式 $c_1 = c_2 = c_3 = c_4$ 成立,政府土地要素征收、"企业"获得土地要素供给、"企业"供给土地产品、消费者获得土地产品通过计划实现了短期平衡,即计划经济下土地要素征收、土地产品生产与配给的平衡是存在的。

(2) 计划经济时期农村土地要素与城市土地产品的低效平衡分析。由于该时期实施的是土地要素和土地产品计划管理模式。政府将征用的土地以划拨方式给"企业","企业"依照计划指标生产土地产品并依据国家制定的政策配给给城市居民使用。整个生产和配给过程从政府—"企业"—城市居民没有任何的土地附加值的提升,特别是当时的"企业"在土地要素生产活动中是以按时按质按量完成国家安排的计划任务作为生产分配活动的唯一依据。因此,"企业"自身发展壮大的动力也就必然丧失。另外,由于 c_1 非常小,故 c_2、c_3、c_4 也非常小,土地要素的流通、土地产品的生产和分配带来的经济产值也很小。最后,被国家控制的"土地要素"由于无盈利性也不可能有效吸引其他社会资源进入该投资生产过程,所有的资源进入该生产过程都是政府计划驱动。总之,政府的征地和"企业"的生产以及城市居民的使用土地产品活动都不以盈利为标准,其整个生产活动必然是消极的循环。但是从土地要素和土地产品的价格上看,整个过程确实实现了供求平衡,因此将该过程称之为低效平衡。

4.2.2 转型经济时期土地要素征收市场的运行机理分析

在转型经济时期,土地市场运行过程表现为:各级政府根据相关部门作出的城市规划及国民经济发展等以年度计划指标方式,下达在规划区范围内和依据国家制定的征收补偿标准与征收程序等,依法将农村集体所有、农民使用的土地转为国有建设用地,再通过相应的开发整理和储备后，在城市土地要素市场上以划拨、协议、招标、拍卖、挂牌等方式出让。该时期土地要素征收市场与城市土地产品（商品）市场是紧密相连的，基于经济学理论分析土地要素征收市场、城市土地要素市场以及城市土地商品市场，得出该时期不能形成稳态均衡的结果。

1. 土地要素征收价格与城市土地要素市场供地价格关系

（1）城市土地市场上以不同方式供地成本与征地成本的关系。根据前面对政府征收农村土地要素的征地价格、政府在城市土地要素市场上对各类企事业单位的供地价格分析，土地征收价格与城市土地要素市场上各类供地价格存在下述关系：

一是划拨出让。设在城市土地市场上以划拨方式供应公共土地产品的用地成本为 c_2^1，大体上有 $c_2^1 = c_1$（这里不考虑开发和整理等成本，下同），即政府以划拨方式供应公共土地产品的用地成本大体上等于征地价格。

二是协议出让。设政府在城市土地要素市场上以协议方式供应的工业仓储等用地成本为 c_2^2，一般情况下，以协议出让方式供地的成本 c_2^2 略大于 c_1（一些地方采取负地价出让工业仓储用地等极端情况除外），即 $c_2^2 \geq c_1$。

三是招、拍、挂出让。设政府在城市土地要素市场上以招、拍、挂方式供应的经营性建设用地成本为 c_2^3，由于市场规律的作用，招、拍、挂中的 c_2^3 远远大于 c_1，即 $c_2^3 \gg c_1$。

（2）各类供地价格之间的相关关系。首先，c_2^1 和 c_2^2 是影响 c_2^3 的关键因素。从土地经济学理论分析可知，决定 c_2^3 的因素主要来自区位，区位优势越高，c_2^3 就越高，反之则越低。一般来说，影响区位优势的因素主要有交通运输以及各种生产和生活设施的改善，同时产业的聚集和人的聚集也是决定 c_2^3 的重要因素。所以，政府亏本投入 c_2^1、基本不赚钱投入 c_2^2，其本质在于改善和提升经营性用地的区位优势，为 c_2^3 的大幅增加创造有利条件，最终各级地方政府均可以从获得巨额土地财政 c_2^3 中拿出一部分来弥补前期投入的 c_2^1 和 c_2^2 的亏损。其次，c_2^1 和 c_2^2 的投入所获得的区位改善并没有影响到 c_1。由于政府在土地征收市场上是根据土地原用途制定标准来补偿农民及集体，尽管 c_2^1、c_2^2 的投入提升了区位优势，使 c_2^3 获得巨大提升，但却对 c_1 没有产生影响。不可否认的是，区位优势的提升和按原用途补偿造成的巨大落差使农村土地产生了极大的外部利润。从理性经济人出发，农村集体和农民必然要通过各种方式去争取实现这种外部利润，这也是我国小产权房和各种集体土地隐性市场产生的外部条件。最后，由于划拨出让和协议出让皆是由政府行政计划管控，而招拍挂方式出让则完全是由城市土地市场上的供求决定。与计划经济时期相比，转型经济时期政府的征地模式和本质并未发生变化，但从城市土地要素市场到城市土地产品（商品）市场过程中的生产与分配过程，则由完全的计划生产与配给模式转化为政府主导（征地与供地）与市场化运作（企业独立生产经营）并存的生产经营模式，c_2^3 得到了巨幅的增值，当然，这一现象也充分揭示了市场机制在土地资源配置中的决定性作用（图4-2）。

2. 城市土地要素市场与城市土地商品市场的关系

设城市土地市场上的公共土地产品的价格为 c_3^1、工业仓储类土地产品的价格为 c_3^2、商业及住宅类土地商品的价格为 c_3^3，此时便有 $c_3^1 = c_2^1$、$c_3^2 = c_2^2$，$c_3^3 > c_2^3$（为简化分析，暂不考虑

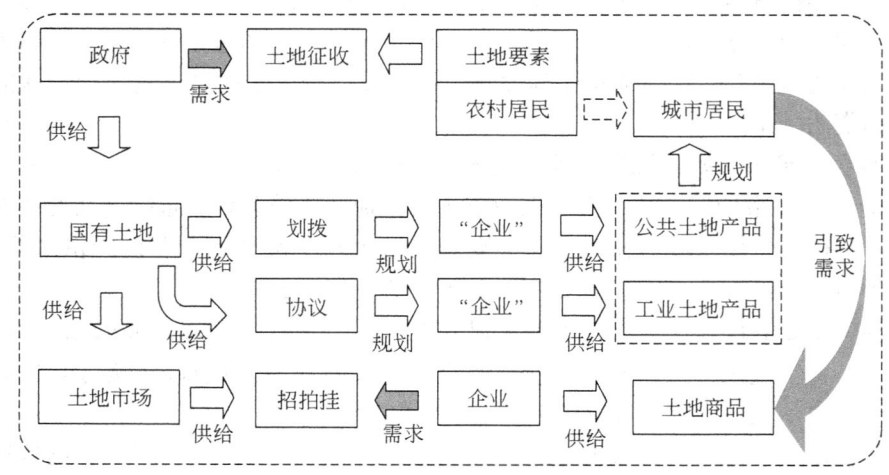

图 4-2 土地要素市场和土地产品市场供求关系

各类土地商品（产品）的建筑成本和其他成本）。从实践上看，政府和开发商都可以对土地商品价格施加影响。

从政府角度看，政府主要可通过以下四种手段提升 c_3^3 的价格。一是投资手段。也是最重要的手段，通过基础设施建设等投资改善和提升区位优势，增加 c_3^1 和 c_3^2 均可以实现此目的。二是供求手段。通过减少增量土地 W，由于土地要素征收市场与城市土地要素市场是政府独家垄断，政府可以通过各种宏观调控来实现增量土地 W 的供应减少，也可以少征收土地等。三是财政金融手段。由于房地产商品具有投资性质，国家在短期内可以通过财政和货币等多种手段调节房地产资本化率进而实现影响 c_3^3 的走势。四是综合手段。金融危机以来，出于促进宏观经济增长的目标，在面临外需不足与内需乏力条件下，以土地商品作为内需的重要组成部分被国家通过金融、土地、税收等优惠政策直接推出来，这也是"十一五"以来我国城市土地市场蓬勃发展的根本原因。从长期来看，城市土地商品市场也必须服从市场的供求规律，当房价上涨到一定的极限后，就会出现回落并形成库存。

从城市土地商品市场的供给者（开发商）来说，由于房地产商品的生产具有周期性，信息不对称给企业采取各种不正当的短期市场行为提供了条件。如企业或捂盘销售，或托儿销售，或饥饿式的涨价销售，以及出钱让专家代言，等等，也可以通过高价拿地增强涨价预期，消费者获知土地商品有涨价趋势，加之投资渠道匮乏，市场上便出现抢购并形成恶性循环，这进一步推动了土地商品价格的上涨，使得开发商获得高额利润。另外，城市土地市场是不完全竞争市场，若干大企业把控着市场，形成进入门槛垄断，小企业难进并难以做大，这进一步强化大企业利用品牌等优势并与垄断的土地供给方——地方政府合谋抬高土地价格。

3. 征地制度下的土地市场的均衡不可能性分析

在城市土地要素市场中，政府通过招拍挂方式出让经营性用地获得了高额财政收入。

在土地商品市场中，企业通过销售土地商品获得高额利润，而作为农村土地要素的所有者和使用者的农村居民却只得到根据农业用途的补偿收入。在市场经济条件下，理性的农村居民第一反应就是"坐地起价"。假设政府、企业和消费者获得原始土地要素价格或土地产品价格分别为 c_{11}、c_{21} 和 c_{31}，再假设农村居民"坐地起价"的原则是按照上一轮土地要素价格的上涨比率 r_1（$r_1>0$）来维护自己的利益；由于征收土地要素价格上涨，政府为维持土地财政收入以及促进经济发展需要，也必然会在城市土地市场上通过多种方式涨价出售土地要素，设相对上一轮价格的比率 r_2（$r_2>0$）上涨；同理，由于要素成本提升，企业出售土地商品将相对上一轮价格的比率 r_3（$r_3>0$）上涨。经历 n 轮涨价后（暂不考虑其他成本）：

（1）农村居民（含集体）在征地中获得收入 c_{1n}^* 为

$$c_{1n}^* = c_{1n} = c_{11}(1+r_1)^n \tag{4-1}$$

（2）政府在征地中获得土地财政净收入 c_{2n}^* 为

$$c_{2n}^* = c_{2n} - c_{1n} = c_{21}(1+r_2)^n - c_{11}(1+r_1)^n \tag{4-2}$$

（3）企业在土地商品生产过程中获得利润 c_{3n}^* 为

$$c_{3n}^* = c_{3n} - c_{2n} = c_{31}(1+r_3)^n - c_{21}(1+r_2)^n \tag{4-3}$$

（4）消费者购买土地商品需要支付成本 c_{4n}^* 为

$$c_{4n}^* = c_{3n} = c_{31}(1+r_3)^n \tag{4-4}$$

当 $n \to \infty$ 时，由式（4-1）至式（4-4）推算，c_{1n}^*、c_{2n}^*、c_{3n}^* 和 c_{4n}^* 均将趋向于无穷大，完全不可能收敛①，因此转轨经济背景下的土地市场稳态均衡是不存在的，整个土地市场供求是发散的，或者说目前征地制度下的土地要素市场价格将于农村土地全部转为国有土地时实现稳态均衡（此时农村居民已无"坐地起价"的资本，政府无地可征）。所以，目前土地征收制度下的城市土地要素市场发展到一定阶段，对农村居民、政府、企业、城镇居民都是一种损害。一般的情况为：一是当农村居民将土地要素价格上涨到 c_{1k}，达到政府征地所能容纳成本的上限而无法偿付征收价格时，农村居民就会形成"钉子户"，以极端的方式阻碍政府征地拆迁，或是撇开政府，直接和企业交易，形成隐形土地市场；政府为完成征地任务也就会采取特殊措施来进行，甚至是暴力拆迁，导致社会不稳定事件频发。二是政府在城市土地市场上以招拍挂方式出让土地要素价格上涨到 c_{2m}，达到企业所能接受土地要素成本的上限，企业就会放弃从城市土地要素市场购买土地，或者直接对接农村土地要素的所有者和使用者，走向隐形土地要素市场。三是当土地商品价格上涨到 c_{3p}，达到城市居民购买土地商品能力的上限，城市居民消费者消费土地商品的能力和欲望就会下降，由于土地商品生产的周期性等土地商品就会出现大量库存，作为替代需求，消

---

① 柯西收敛原理：数列 X_n 收敛的充分必要条件是数列中足够靠后的任意两项都无限接近。仅对式（4-1）的发散性进行论证。证明：$\Delta c_{1n}^* = c_{1n}^* - c_{1(n-1)}^* = c_{11}(1+r_1)^n - c_{11}(1+r_1)^{n-1} = c_{11}(1+r_1)^{n-1}(1+r_1-1) = c_{11}r_1(1+r_1)^{n-1}$，在 n 足够大时，由于 $r_1>0$，故 $1+r_1>1$，即 $\Delta c_{1n}^* = c_{11}r_1(1+r_1)^{n-1} > c_{11}r_1$，当 n 足够大时，Δc_{1n}^* 不趋向于 0，因此，c_{1n}^* 和 $c_{1(n-1)}^*$ 不能够无限接近，所以数列 c_{1n}^* 在 $n \to \infty$ 时不收敛。其他三式同理。

费者转而进入隐形土地商品市场。这种发展模式最终结局就是农村居民、政府、企业、城市居民消费者形成"囚徒困境",政府在土地市场被"出局",土地市场发展畸形、异化,整个土地市场的社会福利就会下降。

4.2.3 转型经济时期土地要素征收市场的运行困境分析

从图4-2和上述微观经济学分析可看出,转型经济时期的土地要素市场相对于计划经济时期的低效平衡无疑是一个巨大的帕累托改进。地方政府运用市场机制供地改变了原有计划经济时期统一划拨的供地模式,城市土地(商品)市场逐渐形成,市场机制在土地要素和土地商品配置中起到了决定性作用。然而,上述分析也证明了将计划时期形成的征地制度完全用于转型经济时期将导致无论是城市土地市场还是土地商品市场,其供求关系均是发散的,这是因为上述两个市场中出现了"囚徒困境",致使城市土地(商品)市场不能持续发展。从经济学理论分析和实践运行情况来看,产生"囚徒困境"的原因可以归纳如下。

1. 征地制度中的公共利益无界定形成了政府公权过度使用

我国相关法律都只是对公共利益做了一般性的规定,没有具体阐述公共利益的内涵和外延。如《宪法》第10条第3款规定:"国家为了公共利益的需要,可以依照法律规定对土地实行征收或者征用并给予补偿";《物权法》第42条规定:"为了公共利益的需要,依照法律规定的权限和程序可以征收集体所有的土地和单位、个人的房屋及其他不动产";《土地管理法》第2条第4款规定:"国家为了公共利益的需要,可以依法对土地实行征收或者征用并给予补偿"等。正是由于相关法律没有对公共利益的范围进行界定,在我国地方政府以GDP增长考核为主的区域经济发展中,公共利益的范围就会被肆意扩大化,形成"公共利益是个筐,什么都可往里装"的畸形现状,同时政府可以通过多种手段和方式将手中掌握的征地权力无限放大来满足城市土地市场上多种用地的需求。正如上节分析所示,政府可以通过大量征收土地来满足经营性建设用地的需求,为了提高经营性建设用地的价格,又可以大量征地来投入基础设施建设和工业及仓储用地并用于增加区位优势。所以,严格界定公共利益和缩小征地范围,发挥市场机制在经营性土地市场资源配置的决定性作用和政府在公益性土地市场市场上的主导作用就成了破除政府征地公权过度使用的合意选择。

2. 法律赋予了政府独家垄断城市土地要素市场的权利

《土地管理法》第四十三条规定:"任何单位和个人进行建设,需要使用土地的,必须依法申请使用国有土地"。可见,法律赋予了国家垄断城市土地市场的权利。同时,国家用途管制制度也弱化或者剥夺了农民对于农村土地要素所拥有的土地发展权。如《土地管理法》第三十一条规定:"国家保护耕地,严格控制耕地转为非耕地"。总之,国家通过依法征收农村土地、限制农村土地流转和买卖、对农村土地实施用途管制等规定,致使:一是城市土地要素市场供给形成独家垄断。由于土地征收是农村土地进入土地市场并获得增量建设用地的唯一渠道,可以说,政府通过土地征收制度对土地要素供给渠道形成的垄断是城乡二元土地市场形成的根源。二是法律为政府获得丰厚的土地财政提供了低价征地和高价出让的法理依据。法律规定土地征收按原用途补偿，在农地征收中农民集体和农民也就只能得到按照农业用途的补偿。上述分析可见，政府垄断城市土地市场的根源就是为了获得最大的经济利益。

3. 现行征地补偿制度导致了土地增值收益分配严重失衡

从征地补偿看，《土地管理法》第四十七条对此作了具体规定："征收土地的，按照被征收土地的原用途给予补偿；……，土地补偿费和安置补助费的总和不得超过土地被征收前三年平均年产值的三十倍"。首先，该规定表明，即使当前农村土地事实上存在其他收益更高的用途，政府仍然可依法规定按农业用地予以补偿，而不会按照当前的实际用途给予补偿；其次，《土地管理法》还规定土地补偿费和安置补助费之和不得超过原用途年产值的30倍，这里隐含的一个事实是，政府用30年的农业收益补偿将农村集体土地的所有权（包含农民的使用权）转为国有土地。第三，城市土地要素市场特别是经营性土地使用权出让价往往几倍、几十倍甚至几百倍地高于征地价格，但这些增值收益部分全部归政府所有，原被征收土地的所有者和使用者并没有直接得到任何土地增值收益。由于征收土地的总量和城市土地市场随着区域经济的发展而越做越大，但农民的征地补偿额相对值却是越来越小。

4. "监管合一"与征地过程的监督失衡

《土地管理法》和《土地管理法实施条例》关于土地征收市场的建设项目用地申请审批程序、土地征收补偿公示公告等制定了详细规定。然而，在实践中，由于建设项目申请审批流程繁杂、土地征收及补偿方案等的制定均缺少正当法律程序的程序要件和公众参与、土地征收救济制度以行政救济为主，违背了正当法律程序基本规则中"偏见排除"、土地征收补偿信息不透明、农民群体在乡（镇）和村委会面前的弱势性等现实问题，作为征地决策者；集监督者和管理者于一体的地方各级政府往往并不会按照按法律规定办事，加上在征地过程中缺乏公平的社会机构监督政府的征地行为，极容易形成"权力大于法律"的结果。

4.2.4 渐进式改革下土地征收市场供给侧结构性改革思路

4.2.4.1 构建公益性和经营性的双平行土地市场

从转型经济时期的土地市场发展过程可知，土地要素征收市场不是独立存在的，土地要素征收市场与城市土地市场相伴而生。但是，由于法律规定的公共利益被地方政府无限地放大、城市土地市场政府独家垄断以及征收主体和监管主体均是政府，造成了土地征收市场存在供地主体、征地主体以及监督主体结构失衡；同时，计划式的征地补偿原则和标准也造成土地增值收益分配结构失衡，产生了土地要素（商品）市场价格不能收敛，以及在征过程中出现一系列不稳定的社会问题，因此现行的征地制度必须进行改革。根据诺斯路径依赖理论，由于规模经济、学习效应、协调效应、适应性预期以及既得利益约束等要素制约，会引致该体制朝着既有的方向自我不断强化，很难实现跳跃式的改革；从实践上看，当前我国地方政府已经形成以土地财政收入来发展区域社会经济的路径依赖，因此，建立完全竞争的土地要素市场改革在当前还不现实，只有遵循渐进式原则来统筹改革土地要素市场和土地商品市场。其基本路径为：必须破解现行征地制度下的农民土地要素征收垄断以及市场供求关系下的土地要素供给垄断，改革征地补偿带来的土地增值收益分配严重失衡的现状，构建涵盖以政府为主导的公益性土地市场和以农民集体为供给主体、企业为需求主体的经营性土地市场，即实施土地要素征收市场与城市土地市场统筹改革路径（图4-3）。从图4-2到图4-3可以发现，双平行市场是在土地产品（商品）市场分化的基础上又向土地征收市场（要素市场）进一步变革形成的，符合渐进式改革的思路。

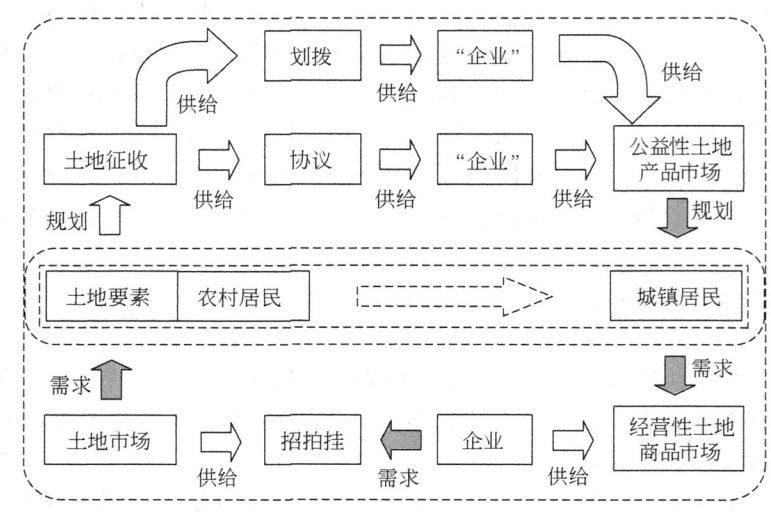

图4-3 双平行土地市场供求关系

4.2.4.2 双平行土地市场存在可行性分析

渐进式改革下双平行土地市场在满足土地要素供给与需求及其土地商品（产品）供给与需求均衡的条件下，有效解决了市场机制下生产什么、如何生产和为谁生产这三大关键问题（图4-4）。在这三大问题的驱使下，企业以利润最大化为目标，以市场需求为导向，逐渐进入高利润率的经营性土地市场（私人产品市场），离开低利润率、完全无利润甚至是明显亏损的公益性土地市场（公共产品市场），进而促使土地市场出现分化，形成经营性土地商品市场（房地产等）和公益性土地产品市场（基础设施等），即图4-4的外环和内环。在经营性土地市场中，由于土地商品的私人产品特性，企业便可以在价值规律的作用下通过生产经营土地商品获得利润。相反，在公益性土地市场，由于土地产品不具有排他性和竞争性，设存在外部性、搭便车、产权拥挤等问题[①]，因而必须由政府或非盈利性

---

① 高鸿业. 西方经济学：宏观部分（第三版）[M]. 北京：中国人民大学出版社，2004：693-706

的社会团体来进行配置。所以公益性土地市场和经营性土地市场将具有成为两个同时存在市场的可能性。

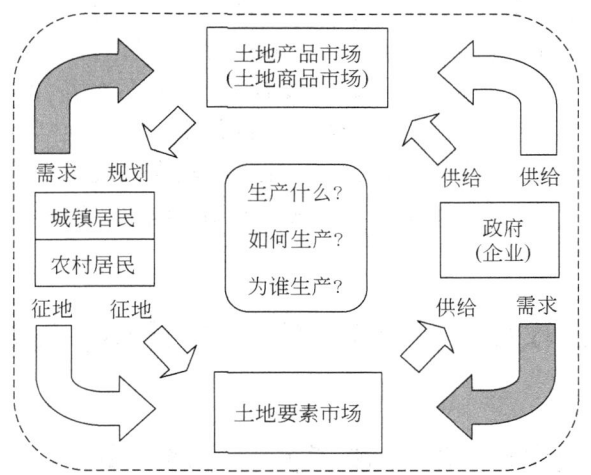

图 4-4 双平行土地市场三位一体的经济学分析

4.2.4.3 双平行土地市场供求分析

（1）城乡统一的建设用地市场稳态均衡分析。首先，在市场机制作用下，企业生产的土地商品完全是依据城市居民需求进行的。其次，企业根据城市居民的需求从城乡统一的建设用地市场购置土地，在该市场上，由于供给主体的多元化，即国有土地存量是政府供给、增量土地可以由农民集体供给，在一个地区由于存在多个农民集体，就形成了竞争市场。在竞争市场上的供求规律和价值规律的作用下，城市土地商品供给和城市居民对土地商品需求上实现了稳态均衡；同样，企业根据土地商品市场供求均衡情况形成土地要素的引致需求与农村集体和政府对土地要素供给上实现了稳态均衡。因此，多元化的竞争主体的土地商品市场和土地要素市场同时实现稳态均衡，并且该稳态均衡是在市场这只"看不见的手"的作用下自发运转，不需要政府干预（政府依然是守夜者）就实现有效运转，而实现这一效果的一个必要条件就是市场不具有外部性或外溢性，可以看到经营性土地市场正好可满足这一要求。由于经营性土地市场提供的土地要素和土地商品市场上提供的土地商品均属于私人产品，因此可以在市场这只"看不见的手"作用下，实现稳态均衡（图 4-3、图 4-4）。所以，通过建立城乡统一的建设用地市场来满足土地商品市场对经营性建设用地的需求。

（2）公益性土地市场的供求平衡分析。公益性土地市场由于存在"搭便车"、"产权拥挤"等弊病，具有明显的外部性，市场这只"看不见的手"就会失灵。针对公益性土地市场的社会重要性和必要性，只有采用公有产权的制度安排，通过获得的租金低于实施排他性私人产权的成本甚至是零租金这一企业不可能参与作"赔本生意"的土地市场生产活动，以达到维护市场公平和提高社会整体的公共福利的目的。因此，在公益性土地要素市场和公益性产品市场就需要政府直接参与，以"看得见的手"实现公益性土地市场的供求平衡（图4-3、图4-4）。首先，政府以城市规划、财政预算和国民经济发展等为依据，预测公益性土地产品的需求量；其次，根据公益性土地产品对土地要素的需求，通过征收市场获取相应需求量的国有建设用地；最后，政府可以通过划拨和协议的方式将该土地委托相应的"企业"进行生产，就可以为政府按需生产相应的公益性土地产品，这就实现了公益性土地要素和公益性土地产品的生产过程中的供求平衡。同计划经济时期的低效平衡土地市场相比，在双平行土地市场中，公益性土地市场在实现供求平衡的基础上通过提升区位优势推动了经营性土地市场的发展，实现了帕累托改进，因而公益性土地市场的供求平衡是一个积极平衡。

4.3 土地征收市场供给侧结构存在的问题和原因分析

4.3.1 公共利益界定不清导致了征收市场征地结构和主体结构失衡

从城市土地要素市场上供应土地方式的类型可见，我国用统一的计划经济标准征收农村土地，然后在城市土地要素市场上分别以市场方式、计划方式进行供地，造成了征收市场征地结构和主体结构不合理。上述困境产生的原因主要在于没有对《宪法》规定的公共利益进行界定，导致垄断主体在实践中拥有了无限大的征地自由裁决量。

4.3.1.1 我国征地制度中的公共利益存在的主要问题

我国《宪法》、《物权法》、《土地管理法》等相关法律虽然都规定了土地征收必须以公共利益为前提，但是在立法中却没有对公共利益进行明确的界定，使得公共利益的范围明显被扩大，导致了征收市场上征地结构和主体结构不合理。

（1）公共利益的内涵范围界定不清晰。从公共利益的内涵可知，对于公共利益首先必须确定其相应的深度界定。但是，我国《宪法》第10条第3款规定："国家为了公共利益的需要，可以依照法律规定对土地实行征收或者征用并给予补偿。"《物权法》第42条规定："为了公共利益的需要，依照法律规定的权限和程序可以征收集体所有的土地和单位、个人的房屋及其他不动产。"《土地管理法》第2条第4款规定："国家为了公共利益的需要，可以依法对土地实行征收或者征用并给予补偿。"第58条规定："国家为了公共利益需要使用土地，可以依法收回国有土地使用权。"上述法律条款都只是对公共利益做了一般性的规定，没有具体阐述其内涵和外延。正是没有对公共利益概念进行界定，导致了实践中各地方政府认为"公共利益是个筐，什么都可以往里面装"。

（2）目前公共利益实质上就是计划经济形成的国家建设需要的翻版。在公共利益范畴中，涉及一个关键的问题是哪个团体的利益是公共利益，即公共利益必须解决的"广度"或者是"量"的问题。我国《土地管理法》第43条规定："任何单位和个人进行建设，需要使用土地的，必须依法申请使用国有土地。"从该条可见，《宪法》规定的是"国家为了公共利益的需要，可以依照法律规定对土地实行征收或者征用并给予补偿"。但《土地管理法》的规定就隐含着凡是国有建设用地均是符合公共利益需要的逻辑，由于《土地管理法》规定中提到的"任何单位和个人进行建设必须申请国有土地"，事实上就包括了所有的公共利益或者非公共利益的建设。法律上的这种规定，实质上是计划经济时代确立的国家建设需要就是公共利益的翻版。

（3）公共利益界定不清晰导致自由裁量权的滥用。早在1936年，学者Herring就已经发现，公共利益有时候会被用作专制暴行的借口，当官僚被质询要为特定政策抉择辩护时，公共利益往往成为最佳的理由，但有时这只是假公共利益之名来追求特定团体的私利而已[①]。由于我国立法实践的滞后，公共利益很多时候被行政机关认定为权利自由裁量范围[②]。在和土地有关的实践中，征地审批的机关由于拥有解释权，为实现征收的目的，会对公共利益做出夸大的解释，这就可能会导致相关部门滥用征收权[③][④]。政府机关作为征收的执行者，在利益的驱使下很多时候无法坚守职责和本心，有意无意地扩大了公共利益的范围。

（4）公共利益的随意性为政府官员寻租提供了空间。一方面公共利益的界定不清晰或者不界定，给政府提供了征地自由裁决量的权力空间，"这样的界定为政府提供了很大的解释和操作空间，也使政府在征地权的行使方面，自由裁量权达到了最大化"[⑤]。这种空间也为一些政府官员带来了机会主义行为和道德败坏的可能。由于法律无界定，也给一些人带来了可乘之机，通过各种方式让政府把一些不属于公共利益的建设项目，纳入公共利益范畴，结果将带来的巨大负外部性成本转移给了公众。

4.3.1.2 现行征地制度中公共利益界定不清晰的原因分析

（1）理论研究滞后。由于公共利益本身具有高度抽象性，我国宪法也未对公共利益做出具体解释，仅提到"为了公共利益的需要，某主体可以依法获得某权利"，这是公共利益所承担的价值指引的使用和功能所带来的必然性后果[⑥]，我国宪法中提到了"依法"，实际上是把界定公共利益的任务委托给了相关法律，但由于具体立法未跟上，对"公共利益"缺乏明确的相应的配套制度。我国理论界的研究成果，也长期无法为公共利益界定乃至征地改革实践做出有效的指导，这也导致了中共十八届三中全会并没能延续十七届三中全会提出的要"严格界定公益性和经营性建设用地"的主张，改为了"缩小征地范围，

---

① Pendleton Herring（1936）. Public Administration and the Public Interest. New York, London：McGraw-Hill Book Company, Inc. 转引自李春成. 公共利益的必要性与不充分性——个案分析 [C]. 中国政法大学. 中国法学会行政法学研究会2004年年会. 北京：中国政法大学出版，2008：328-339
② 姜明安. 关于法律界定"公共利益"含义和范围的必要性和可能性的对话 [C]. 修宪之后的中国行政法——中国法学会行政法学研究会2004. 2004：418-423
③ 刘硕朋. 土地征收过程中公共利益的界定标准 [D]. 郑州：郑州大学，法律（专业学位）硕士学位论文，2013：22
④ 邹跃. 土地征收的公共利益及其实现 [J]. 思想战线，2013，39（6）：39-43
⑤ 徐琴，张亚蕾. 论征地权过度使用的防止与中国征地制度改革 [J]. 中国土地科学，2007，（2）：70-75
⑥ 赵良杰，当代中国公共利益的法律表达研究 [D]. 长春：吉林大学硕士学位论文，2013

规范征地程序"的要求。

（2）公共利益立法实践滞后。公共利益作为法律制度中的规定，其有效运行必须具备可救济性、可预测性、可行性和明确性四个要素，但是公共利益的内容和范围、权利义务主体、实现方式和实现程序[①]等，大部分都没有明确的法律规定。这主要是由以下几个原因导致的：一是从法学理论层面来看，未认识到公共利益的根本属性是法定利益。二是完全忽略了程序界定的重要性。公共利益的程序阶段界定与实体界定同样重要，但从土地征收相关的法律规定上看，在程序的规定上，也没有任何具体法律法规对因公共利益的原因进行土地征收的过程中，对哪个单位有权征收土地、征收土地依照何种程序进行、如果有异议应依照何种程序提出，异议者有何种权利等相关问题做出专门的规定[②]。三是立法者的主观规避。宪法并未对公共利益加以解释，而是把这个任务委托给了相关法律，但具体法律也未对其配套制度进行规定，这就不应只是技术上的问题，而可能是立法者的问题。这种情况可能的解释有两种：第一，立法者受"公共利益界定否定说"的影响，认为公共利益无法清晰界定，因此不应该将其具体内容和范围写入法律中；第二，立法者主观不希望公共利益的内容和范围写入法律中。虽然无法辨别真伪，但是土地征收为地方政府创造了巨额的财富，这其中非公共利益的征收不在少数，规范征地制度的公共利益前提势必使土地财政减少，土地财政依赖使得政府并不热衷征地制度改革，导致其进展缓慢。

（3）执法不成熟。在行政管理实践中，存在着两种不同的公共利益方面的违法现象：一种现象是假借公共利益之名维护非公共利益，利用行政权力从事维护自身利益、企业利益、团体利益甚至个人利益的非法活动；另一种现象是对于真正确需加以认真维护的公共利益，行政维护主体缺位、维护行为不到位，这特别反映在诸如环境和资源破坏、国有资产流失、公共资源浪费等方面。我国一直忽略公共利益的程序界定，也没有对公共利益的实体进行研究。但是在建设法治国家的过程中，程序能否发挥有效的功能意义重大，而能够按照法定程序治国是依法治国的重要标准，土地征收的基本要求是依照法定程序进行征收。国家公共利益的实现，是在公民同意的前提下进行的，而程序的正当性是社会契约设立和实现的必然要求。"在一个缺乏自然法信仰的社会建立法治秩序，法律的权威更有赖于程序法的合理和公正。"[③]

4.3.2 计划补偿原则和补偿标准造成了征收市场分配结构失衡

4.3.2.1 我国现行土地征收补偿制度的主要内容评析

从《土地管理法》及其他法律的相关规定来看，可将我国长期以来法律设定的补偿原则理解为"不完全补偿"或者计划补偿，以下是对其补偿内容进行的主要评析。

[①] 高志宏．公共利益立法模式研究［J］．江苏社会科学，2012，(6)：120-126
[②] 赵良杰．当代中国公共利益的法律表达研究［D］．长春：吉林大学硕士学位论文，2013
[③] 季卫东．法律秩序的建构［M］．北京：中国政法大学出版社，2001：35

(1) 规定"按原用途补偿",实质上是剥夺了农民集体的土地发展权,同时现行征收补偿标准明显是把土地的征收价格定义为了农村土地所有权价格。首先,我国《土地管理法》第47条规定:"征收土地的,按照被征收土地的原用途给予补偿……土地补偿费和安置补助费的总和不得超过土地被征收前三年平均年产值的三十倍。"从规定来看,实质上是沿用原来的计划补偿理念,即国家建设需要是第一位的,个人利益必须服从国家利益和集体利益。但这样也就使农村集体和农民丧失了对被征土地上的发展权。其次,我国农村土地征收补偿主要包括土地补偿费、安置补助费以及地上附着物和青苗补偿费。《土地管理法》第47条规定:"征收耕地的土地补偿费,为该耕地被征收前三年平均年产值的六至十倍。第三,征收耕地的安置补助费,按照需要安置的农业人口数计算。需要安置的农业人口数,按照被征收的耕地数量除以征地前被征收单位平均每人占有耕地的数量计算。每一个需要安置的农业人口的安置补助费标准,为该耕地被征收前三年平均年产值的四至六倍。但是,每公顷被征收耕地的安置补助费,最高不得超过被征收前三年平均年产值的十五倍。征收其他土地的土地补偿费和安置补助费标准,由省、自治区、直辖市参照征收耕地的土地补偿费和安置补助费的标准规定。第四,被征收土地上的附着物和青苗的补偿标准,由省、自治区、直辖市规定。征收城市郊区的菜地,用地单位应当按照国家有关规定缴纳新菜地开发建设基金。依法律规定支付土地补偿费和安置补助费,尚不能使需要安置的农民保持原有生活水平的,经省、自治区、直辖市人民政府批准,可以增加安置补助费。第五,土地补偿费和安置补助费的总和不得超过土地被征收前三年平均年产值的三十倍。国务院根据社会、经济发展水平,在特殊情况下,可以提高征收耕地的土地补偿费和安置补助费的标准。"

从经典的土地所有权价格公式: $p = \dfrac{W}{(1-r)^n}$ ①来看,土地所有者转让土地所有权后,可以通过取得同地租一样多的利息的货币额来补偿其失去土地所有权的损失。这样带来同地租等量的利息的货币额,就是土地所有权价格。这里,决定土地所有权价格的因素有三个:一是地租,地租的大小直接影响土地所有权价格。但在征地市场上,由于我国征地制度规定依照原用途征地,给予农民的补偿是遵循农业用途,但政府将以农地补偿征收得到的土地转变为国有建设用地,并在城市土地要素市场上以市场化的高价出让。二是从法律规定的土地补偿时间计算来看,土地补偿费和安置补助费在年农业产值的基础上最多不超过30倍,如果依据年产值计算,这就等于现行征地标准是一次性支付了30年使用权的价格就将集体所有的土地转为国有土地了。三是利率,限于篇幅的关系,不做展开讨论。

(2) 现行征收补偿对象的规定,实质上是将补偿中利益分配的矛盾转移给了农民。补偿对象是指在土地征收过程中因为征收行为而导致土地的损害,从而可以向征收机构提出赔偿请求的主体②。尽管《土地管理法实施条例》第26条规定了土地补偿费的对象是农村集体经济组织;土地改良物(地上附着物和青苗)补偿对象是土地改良物的所有者;而

---

① 其中:p是土地所有权价格;W是地租;r是贴现率;n是以年计算的时间单位。
② 柳志伟. 农地征收的补偿问题研究 [D]. 长沙:湖南大学博士学位论文,2007

安置补助费的对象则视安置情况而定，农村集体经济组织、安置单位和被安置的人员都可以成为安置补助费的对象。但2007年作为上位法的《物权法》第59条第1款规定，"农民集体所有的不动产和动产，属于本集体成员集体所有"，即集体土地属于"集体成员集体"；依据"新法优于旧法"和"上位法优于下位法"的效力冲突规则，现今我国土地补偿费的对象应是"'集体成员集体'、安置单位、土地改良物的所有者和被安置人员"。其中尤其是土地补偿费要交给农村集体经济组织，这无疑造成了农民在征收补偿分配中的不确定性和一些地方政府侵占农民利益的现象。

(3) 现行征收补偿安置方式流于形式。征收补偿安置方式是指国家承担土地征收补偿责任的各种形式。我国法律政策对征收补偿方式主要有以下规定：一是《土地管理法》第47条规定："征收耕地的补偿费用包括土地补偿费、安置补助费以及地上附着物和青苗的补偿费。"第50条规定："地方各级人民政府应当支持被征地的农村集体经济组织和农民从事开发经营，兴办企业。"二是国土资源部《关于加强征地管理工作的通知》规定："各级土地行政部门应积极探索货币安置、社会保险安置等途径，形成以市场为导向的多种途径安置机制。经济发达地区或城乡结合部，可按照规划用途预留一定比例的国有土地，确定给被征地的农村集体经济组织使用，发展农业生产或从事多种经营。有条件的地区可允许被征地的农村集体经济组织以土地补偿费入股，兴办企业。"三是国务院"国发〔2004〕28号"《关于深化改革严格土地管理的决定》也规定："县级以上地方人民政府应当制定具体办法，使被征地农民的长远生计有保障。对有稳定收益的项目，农民可以经依法批准的建设用地使用权入股。在城市规划区内，当地人民政府应当将因征地而导致无地的农民，纳入城镇就业体系，并建立社会保障制度；在城市规划区外，征收农民集体所有土地时，当地人民政府要在本行政区域内为被征地农民留有必要的耕作土地或安排相应的工作岗位；对不具备基本生活条件的无地农民，应当异地移民安置。"众所周知，任何兴办企业都要具有相当的要素作为支撑，在征地补偿的安置中，国家仅仅定性地规定了相关措施，但在实际中很难得到实施。

4.3.2.2　现行征收补偿制度存在的主要问题及原因分析

(1) 沿袭计划经济方式制定补偿标准，无法与现有的市场经济体制相适应。现阶段的征收制除了带有明显的强制性之外，从20世纪50年代制定的《国家建设征用土地条例》一直到后来多次修改的《土地管理法》，虽然都在逐步的改革过程中不断提高征收补偿标准，但是却一直继续沿用农业用途的年均产值的倍数来确定征收补偿标准，导致进入市场经济体制下的征收制度也带有明显的计划经济特征。同时对于被征地农民的补偿大多数都实行货币补偿。根据《土地管理法》规定，耕地补偿费用以该耕地被征收前3年平均年产值的6~10倍；征收耕地的安置补偿按照每一个安置人口按照被征收前3年平均年产值的4~6倍，安置补助费及土地补偿费之和不得超过被征收土地前3年平均年产值的30倍的标准来计算，对于因为土地被征收而获得货币补偿款的被征地农民而言，并不能很好的保障由于土地被征而造成的生活水平的下降。因为农民被征地而失去的不仅仅是土地，还包括因此而产生的居住问题、就业问题、社会保障问题，改变了其原有的生活方式及发展方式，由此所造成的损失是难以量化的。原国务院发展研究中心副主任陈锡文指出，"继改革开放以来通过低价征用农民的土地，最少使农民蒙受了2万亿元的损失"[①]。这表明，现有的对失地农民的补偿测算方式及补偿标准已经凸显出无法与经济发展速度和人民生活水平提高相适应，更不利于发挥市场机制配置土地资源的作用。

（2）土地增值收益并未真正惠及失地农民，地方政府成为最大收益者。我国国有土地所有权由国务院代表国家行使，县市人民政府代表国务院对土地进行管理。地方政府作为土地管理者的代理者行使土地征收权利，以不能反映土地真实价值的较低征收价格对农民集体土地进行征收，通过征收后对其进行简单整理，改变其用地性质，变为国有建设用地，之后，地方政府又作为国有土地所有者的身份高价出让。一方面国家成为国有土地让渡一级市场的唯一的供给者，是一种变形的计划配置土地资源的手段；另一方面，在用计划形成的征收手段获得了农村土地并转为国有土地之后，政府又采用市场机制中的招标、拍卖、挂牌等手段，在国家垄断的土地一级市场上进行交易。由于多方面的机制联动，其土地使用权出让价格比原征地时的价格翻了十倍甚至上百倍，由此依靠这种扭曲的资源配置机制获得了巨大的土地增值，从而使地方政府从征地制度中获取了大量的"土地财政"。"部分市、县、区的土地出让金收入已占到当地财政收入的30%以上"[②]。从相关学者研究的结论可知，我国依靠土地征收获得土地增值收益分配格局为："农民只得5%～10%，农村集体经济组织得25%～30%，60%～70%为地方政府及各级部门所得"[③]。土地增值收益分配格局严重倾斜地方政府，是导致目前由征地而引发的一系列社会矛盾不断激化的主要原因。

（3）过低的征收价格造成了城市用地不断扩张，土地利用效率低下。从经济学角度看，过低的征地补偿费会导致政府用地需求的不断扩张，政府会通过各种机会主义行为推高地价。例如，一些地方开展的城市经营和将"土地资源变为土地资本"的行动，导致了城市无序扩张，许多城市以"摊大饼"的形式扩张，用地铺张浪费，城市土地闲置严重，据国土资源部咨询研究中心副主任刘文甲介绍："我国城乡建设用地已达24万平方公里，城市人均建设用地已达130多平方米，远远高于发达国家人均82.4平方米和发展中国人均83.3平方米的水平。2004年全国村庄建设用地2.48亿亩，按当年农业人口计算，人均村庄用地218平方米，高出国家定额最高值（150平方米/人）45.3%"[④]。一方面，过低的征地补偿费与农地转用后增值收益之间的巨大差额成为地方政府继续大规模征收农村土地的激励，导致我国各地在征地过程中普遍存在着多征少用或者征而不用、迟用等现象。显然，这种现象是地方政府在追求低廉的征收土地成本和国有土地使用权出让利润最大化的必然结果。在我国当前土地资源，特别是耕地十分稀缺的情况下，城市建设用地的无限制扩张是一种不可持续发展的浪费。另一方面，在暴利和政绩的双重驱动下，政府变成一

---

① 陈锡文. 低价征用土地至少使农民损失2万亿元[N]. 中国经济时报, 2002-10-17
② 刘忠庆. 改革和完善土地管理制度的财税建议[J]. 中国土地, 2004, (12): 19
③ 宋斌文, 樊小钢, 周慧文. 失地农民问题是事关社会稳定的大问题[J]. 调研世界, 2004, (1): 22-24
④ 经济参考报. 我国城市人均建设用地居世界之首[J]. 广西城镇建设, 2006, (3): 71

个牟利的市场主体而不是监督主体。在财政分权体制下,各级政府有了各自的财产和收益,尽快完成地方政府的资本原始积累过程,是财政分权后地方政府重要的行为特征。从地方经济发展和地方政府追求利益最大化的做法来看,"资本积累"迅速扩大的最佳选择和最为简便、最有效的途径就是动用国家土地征用权,通过农村土地非农化和所有权转移,从而大量获取土地资本增殖收益,实现地方政府土地财政的快速膨胀。

4.3.3 征收主体和监督主体合一的体制造成了征收市场监督结构失衡

4.3.3.1 我国现行土地征收程序和监督体制评析

(1)建设项目用地申请审批程序繁杂,为权利寻租提供了空间。我国《土地管理法》第53条规定:"经批准的建设项目需要使用国有建设用地的,建设单位应当持法律、行政法规规定的有关文件,向有批准权的县级以上人民政府土地行政主管部门提出建设用地申请";根据第44条规定的"建设占用土地,涉及农用地转为建设用地的,应当办理农用地转用审批手续……"。同时,《土地管理法实施条例》第21条规定:"具体建设项目需要使用土地的,建设单位应当根据建设项目的总体设计一次申请,办理建设用地审批手续;分期建设的项目,可以根据可行性研究报告确定的方案分期申请建设用地,分期办理建设用地有关审批手续。"第22条规定:"建设项目可行性研究论证时,由土地行政主管部门对建设项目用地有关事项进行审查,提出建设项目用地预审报告;可行性研究报告报批时,必须附具土地行政主管部门出具的建设项目用地预审报告。"第23条规定:"涉及农用地的,建设项目可行性研究论证时,由土地行政主管部门对建设项目用地有关事项进行审查,提出建设项目用地预审报告;可行性研究报告报批时,必须附具土地行政主管部门出具的建设项目用地预审报告;建设单位持建设项目的有关批准文件,向市、县人民政府土地行政主管部门提出建设用地申请……"如果是按批次报批的建设用地,即市、县人民政府为实施城市规划,统一将城市规划区内部分农地转为建设用地,则由市、县人民政府直接拟定各类用地方案附具城市规划图上报审批。从上述建设用地申请的条款来看,申请国有建设用地必须首先根据相关法律条款,按照相应的审批权利机关进行申请;其次,如果要使用该建设用地,还必须依据相关法律、行政法规规定,拟定各种相关文件资料;然后,还要将这些相关文件材料,报县级以上人民政府土地行政主管部门,提出用地申请;最后,由于具体的建设用地项目种类繁多,相关法律法规对此不厌其烦的将之分为农转用、一次性审批和多次审批,还要经过预审以及需要用地单位编制可行性研究报告等材料等,这里就涉及各级审批部门、主管部门,再加上根据法律法规制定若干烦琐的文件资料。因此,一方面,任何一个单位都不可能对未来建设用地作出准确的相关文件资料,很容易衍生用地者在制定各种相关文件资料时,必须迎合审批者的偏好,导致事前的各种文件资料在实际用地的过程中种成为一纸空文;另一方面,太多的审批单位都有否决权,又使得用地单位不仅要迎合太多的审批者对文件资料要求的偏好,而且有时还必须迎合某些审批者的利益偏好,这就给审批部门提供了很大的权利寻租空间。

（2）尽管我国法律法规制定了征地的公告和登记程序，但是实践中往往流于形式。《土地管理法实施条例》第 25 条规定："征用土地方案经依法批准后，由被征用土地所在地的市、县人民政府组织实施，并将批准征地机关、批准文号、征用土地的用途、范围、面积以及征地补偿标准、农业人员安置办法和办理征地补偿的期限等，在被征用土地所在地的乡（镇）、村予以公告。被征用土地的所有权人、使用权人应当在公告规定的期限内，持土地权属证书到公告指定的人民政府土地行政主管部门办理征地补偿登记。市、县人民政府土地行政主管部门根据经批准的征用土地方案，会同有关部门拟订征地补偿、安置方案，在被征用土地所在地的乡（镇）、村予以公告，听取被征用土地的农村集体经济组织和农民的意见。征地补偿、安置方案报市、县人民政府批准后，由市、县人民政府土地行政主管部门组织实施。对补偿标准有争议的，由县级以上地方人民政府协调；协调不成的，由批准征用土地的人民政府裁决。征地补偿、安置争议不影响征用土地方案的实施。"国土资源部《征用土地公告办法》进一步对征收公告和补偿安置公告和登记做出了规定。但在实践中，由于地方各级政府，特别是乡镇政府以及村委会（村民小组）等为实现征地进行开发和换取政绩的需要，这些条款在实践中很少得到全部执行，大多数都流于形式。这种形式主要反映在：第一，由于各级政府无法制定出农民满意的"征用土地方案，征地补偿、安置方案"，各级农村集体村委会、村民小组干部仅仅是口头上给少部分人进行简单的介绍。第二，由于信息不对称等原因，农民无法了解政府关于征地的各种公告程序。国土资源部文件明确规定："有关市、县人民政府土地行政主管部门会同有关部门根据批准的征用土地方案，在征用土地公告之日起 45 日内以被征用土地的所有权人为单位拟订征地补偿、安置方案并予以公告"。但笔者在成都市金牛区保利两河森林楼盘项目调查了 30 多位因征地搬迁到"拆迁安置房"居住的农民，异口同声地回答，从来没有看到过这样的公告。究其原因，农民的文化素质不高以及信息不对称是最为主要的因素，二是村委会（村民小组）等不愿公布公告和敷衍了事。三是农民虽然依据国家法规，可以有权拒绝办理征地补偿、安置手续，但实际上地方政府、村委会等与房地产商等开发机构结盟，采取各种不正当的手段压制农民的该项权利。在笔者对成都市兴隆镇征地的调查中，就出现了这样的事例，由于一户被征地农户没有看到公告，依据该条规定拒绝签订合同，但是当该户农民出门后，其家却被强拆了，且政府没有任何解释。当该农户到村政府评理时，半路还被莫名其妙地打伤。可见，由于征地涉及各级政府、村委会、开发商的利益，对于个别农民的这种不配合，他们中的一些人可以无视法律和法规的规定，肆意侵占农民的权益。

（3）村委会对农民的征地补偿支付为所欲为。我国《土地管理法实施条例》第 25 条规定："征用土地的各项费用应当自征地补偿、安置方案批准之日起 3 个月内全额支付。"用地单位未按期全额支付到位的，政府不发放建设用地批准书，农村集体经济组织和农民有权拒绝建设单位动工用地。如征收农村集体土地，征地补偿款也可由国土资源局委托用地单位直接向被征地农村集体经济组织支付。在被征收者领取补偿费后，被征收者也应该在政府规定的期限内移交对土地的占有。事实上，农村征地的实际情况与此公布的条款大相径庭。例如，笔者在成都市金牛区、双流区、温江区等地的调查中往往发现以下情况：

第一，村委会肆意扣留征地补偿款项。在双流区的某征地农村的调研中，一些农民反映，村委会扣留了应给农民的 30% 的青苗补偿费作为建房的保证金，但是当六年后农民搬进安置房后向村委会要求返还该保证金时，得到的回答却仅仅是一句"不见了"。第二，实践中，一些乡镇政府及村委会挪用农民的征地补偿款。在调查中，笔者还发现，许多乡镇政府以及村委会以多种名义进行了一些投资，但由于经营不善，基本上都处于亏损或者破产的边缘，当政府把征地补偿款划到村委会以后，他们就迫不及待地把该资金用作补充其投资的亏损。这些钱大部分都成了"泥牛入海"。

4.3.3.2 现行土地征收运行机制存在的主要问题分析

（1）公共利益界定作为法律程序的实质性和程序性缺失。表现为征收权是典型的授权式立法，"公共利益"的解释权归于政府，最终使国家土地征收被排斥在司法范畴之外，成为行政征收滥用的宪法和法律根源。一是我国《宪法》第 13 条第 3 款规定"国家为了公共利益的需要，可以依照法律规定对公民私有财产征收或征用必须给予补偿"，其立法目的是保障行政权力的有效运作而非控制和约束公权力。而如何实现该条，也没有相应的程序法来决定，导致《土地管理法》完全避开了此条规定。二是在公共利益内涵的界定上，首先，我国从国家性法律到地方性法规条例都沿用宪法的方式，只对公共利益进行原则性和概括性的规定；其次自新中国成立以来，我国公共利益的内涵几乎没有发生变化，在公有经济框架下，所有的土地征收都可以视为"公益性"的；三是公共利益的界定主体是政府机构，而立法和司法机关在地位上与行政机关不对等，不能对行政机构权力进行有效监督，这就导致政府的征收权成为绝对的主导权，而司法机构不仅放弃对公共利益的界定，甚至拒绝受理有关土地征收的诉讼。

（2）我国土地征收方案及补偿方案等的制定，均缺少正当法律程序的程序要件"公众参与"。这其实是正当法律程序中的第一条基本原则"意见听取"的缺失。我国农村土地征收、城市房屋拆迁的相关法律法规一直缺少公众参与的相关规定，只要求"广大干部做好说服教育工作，广大群众积极配合政府工作"；直至 2001 年公布的《征用土地公告办法》开始，才有被征地相关权利人对征地补偿、安置方案有异议或要求举行听证会时，于公告之日起 10 个工作日内向有关政府主管部门提出。该项规定一是没有将举行听证会作为征地单位的一项必须履行的义务，二是缺少程序性规定，只有将听证会的笔录作为附件（而非要件）的规定。2004 年《土地管理法》第 48 条，规定了征地补偿安置方案需听取被征地农民集体经济组织和农民的意见，但也明确规定，关于补偿安置的争议不影响征地方案的实施；同年公布的《国土资源听证规定》赋予了"权利人对征地补偿标准和安置方案有要求举行听证的权利，并且具体设置了一些有关举行听证的详细规定，但听证的事项仅限听证项目的当事人或其代理人"[①]。但也必须看到，尽管我国大部分法律都没有规定有关公众参与的内容，没有听从公众意见进行决策的法治理念传统，但 2011 年新《房

---

① 叶芳. 冲突与平衡：土地征收中的权力与权利 [D]. 上海：华东政法大学博士学位论文，2010

屋征收与补偿条例》的第3、10、11、19条[①]关于公共参与的强制性设定（尽管行政机关在方式上依然有一定的自由裁量权），体现了中央政府及立法机关对保障公民参与权的逐步重视及向正当法律程序发展的趋势[②]。

（3）土地征收救济制度以行政救济机制为主，违背了正当法律程序第二条基本规则"偏见排除"。我国是中央集权制国家，行政权一枝独大，立法权和司法权相对弱小，独立性受到制约。由于司法机关不独立，在地位上也与行政机关不对等，因而无法有效监督和制约行政权力。因此，在面对土地征收案件时，法院迫于压力，普遍不愿管也不敢管，由此导致我国土地征收司法救济效果普遍不彰，土地征收纠纷的最后解决不得不依靠行政机关自行其是，或者不得不依靠上级行政机关对下级行政机关的监督和制约。此外，我国是后发国家，目前正处于努力追赶先进国家的阶段，在对待公平和效率的问题上，主要偏向于效率而非公平。由于司法救济方式既要追求程序的公正，也要追求结果的公平，所以难免耗费大量的时间，导致效率低下。而采用行政救济的方式可以依靠行政机关熟悉征收案件，采用简易程序，可以提高解决问题的效率。然而，事与愿违，目前我国政府，尤其是各级地方政府严重依赖土地财政。各级地方政府已经成为目前征收制度制定与执行过程中的最大利益集团，由它们作征收纠纷案件的裁判者难以做到真正的公平公正，导致了我国采用行政救济的方式效率不高。

4.4 本章小结与政策建议

4.4.1 土地征收下的公共利益分类界定

在经济新常态中，曾经作为我国经济飞速增长的支柱产业之一的房地产业也表现出新的发展趋势：一方面，大中型城市存量地产的存在，使土地开发对区位的要求日益增高，很难再出现过往"有地便能暴利"的现象；另一方面，小城镇乃至中小城市的房地产业，面临着科学合理的产业化的严峻考验。由于资源约束增强，原本征地制度中由低土地成本取得土地要素驱动经济发展并带来巨额垄断收益的时代已经过去，而能否改革征地制度乃

[①] 《国有土地上房屋征收与补偿条例》第3条：房屋征收与补偿应当遵循决策民主、程序正当、结果公开的原则。第10条：市、县级人民政府应当组织有关部门对征收补偿方案进行论证并予以公布，征求公众意见。征求意见期限不得少于30日。第11条：市、县级人民政府应当将征求意见情况和根据公众意见修改的情况及时公布。因旧城区改建需要征收房屋，多数被征收人认为征收补偿方案不符合本条例规定的，市、县级人民政府应当组织由被征收人和公众代表参加的听证会，并根据听证会情况修改方案。第19条：对评估确定的被征收房屋价值有异议的，可以向房地产价格评估机构申请复核评估。对复核结果有异议的，可以向房地产价格评估专家委员会申请鉴定。房屋征收评估办法由国务院住房城乡建设主管部门制定，制定过程中，应当向社会公开征求意见。

[②] 在2010年《国有土地上房屋征收与补偿条例（征求意见稿）》中，还有第11条"房屋征收范围较大的，公告时间不少于60日"，第13条"因旧房改造需要征收房屋的……90%以上被征收人同意进行危旧房改造的，县级以上人民政府方可做出房屋征收决定；未达到90%被征收人同意的，不得作出房屋征收决定"的内容，但最终公布法规中没有。

至土地供给相关制度，对公共利益的准确合理界定成为必须的前提。

4.4.1.1 征地制度中公共利益界定的目标和原则

1. 公共利益界定的目标

（1）明确界定公共利益的内涵、范围和内容。作为征地制度实施的先决条件，必须以法律语言将征地制度中公共利益内涵科学和准确的概括，清晰界定公共利益的范围和内容。由于法律具有相对的稳定性和长期性，也由于公共利益随着社会经济的发展以及人类的需求不断变化的特点，所以在采取枚举法来确定的公共利益的内容时，必须充分考虑公共利益发生变化的各种情况。

（2）必须制定公共利益的界定和实施程序。从法律角度来看，实体法侧重于公共利益的内容和范围界定，程序法侧重于公共利益实现过程的规范。长期以来我国一直是重视实体而轻程序，但公共利益的内涵和范围等是开放性的，更是历史性的，即使结合现阶段某领域的实际情况清晰的界定出来这个阶段的公共利益内容，也不能永远套用一样的情况。因此，程序界定尤为重要。有学者认为，"在公共利益及其相关问题上，程序评断价值远比实体界定价值更大"[①]，因此不必坐等公共利益何时被研究清晰或者大家的意见一致才精确界定。其实，只要解决了集团之间的利益问题，就可以循序渐进地构建相应的公共利益界定的实施程序，"构建合理严密的公共利益程序制度就如同给强大且易于滥用的土地征收权加上一道紧箍咒"[②]。

2. 征地制度下的公共利益界定原则

征地制度下的公共利益界定原则与一般的法律制定的原则应该是等同的，所以公共利益的界定原则应是指立法者在法的制定过程中应该遵循的基本准则，它是立法的指导思想在法的制定过程中的具体化，我国现阶段立法的基本原则主要包括：

（1）科学性原则。公共利益的界定首先应体现科学性原则。公共利益作为法律条款体现的是国家意志，它必须为政府、社会以及公民确立一种规范的行为模式，或者是正确的价值选择。这就决定了公共利益的界定必须建立在科学的基础之上：该原则首先表现为它的理性化方面，公共利益必须是一种有确定性、明确性、普遍性的规范，它的制定是建立在当下社会能够鉴别、判断、评价和认识客观事物真理基础之上的一种高度自觉性的行为。其次，公共利益界定的科学性原则的另一表现是合理化。同理性化相比，合理化则更进一步地体现了科学性原则。合理性是对事物相互关系的恰当界定。科学原则的第三个体现就是主观符合客观。公共利益的界定既不是一种纯粹主观的现象，也不是一种纯粹客观的事物，它必须是一种主观同客观、理性和经验相结合的产物。

（2）民主性原则。在公共利益的界定过程中，必须严格贯彻民主原则，由于公共利益

---

① 方乐坤. 我国土地征收中的公共利益评断模式分析：兼及代议均衡型公益评断模式的成立 [J]. 河南社会科学，2010，(5)：218-220
② 陈年冰，王凯峰. 论集体土地征收中"公共利益"的程序控制：以农民土地权利的保护为视角 [J]. 暨南学报（哲学社会科学版），2009，31 (5)：47-52+153

除了维护民主本身的价值外，还对其他的一些法律的价值诸如平等、自愿、自由、契约乃至法治等都奠定了一个基础性的条件和保证。民主性原则的要义为：一是只有在一个民主的法律体制内，才能为全体公民提供一个平等的享受权利和履行义务的权利机制，保证公民在立法上和司法上一律平等的法律地位，实现其平等权利；二是民主可以为公民提供自愿和意志的机会，自愿地从事在法律规定和允许的范围内作为和不作为的事项，免受外力的强迫去干自己所不愿干的事情；三是一个体现民主原则的公共利益界定体制，可以最大限度地发挥公民的自主性；四是民主机制本身便意味着将为公民行使自由权利提供保证，没有民主，便没有自由，没有民主机制的确认和保障，一切自由权利便会落空，与民主相对应的专制只能扼杀和窒息自由；五是对于公共利益的界定，民主就显得更为重要，公共利益作为一种价值选择，其本身就必须是民主的产物。

（3）稳定性、连续性和适时性相结合原则。公共利益作为一种法律条款的出现必须具有稳定性，因为稳定性是公共利益界定的生命之源，公共利益只有长期稳定才有真实的效力。但是社会是不断变化的，为协调公共利益的稳定性与社会发展的变动性之间的矛盾，就要求我们在界定公共利益时，必须坚持稳定性与适时性相统一的原则。公共利益的稳定性和连续性，是指公共利益作为法律条款一经制定和颁布，必须保持其严肃性和权威性，决不能随意修改、中断、废弃；在修改、补充或制定新的公共利益条款时，应注意保持与原来的公共利益条款的承继关系。而适时性原则，就是指一个公共利益的制定必须不断地顺应历史发展和时代的变化，及时地、适时地根据这种变化，去制定出符合时代需要的公共利益。

（4）合宪性和法制统一原则。首先公共利益的制定必须实现合宪性原则。合宪性原则是指公共利益制定必须符合宪法的精神和规定，包括立法主体的合宪性、内容的合宪性和程序的合宪性等。立法主体的合宪性，是指在所有公共利益法律条文的制定过程中，其制定主体都必须有宪法赋予的权力，或经过特别授权，其制定的内容必须是属于该职权范围，不能越权制定。凡没有法定职权或经授权制定公共利益的行为，均属于无效行为。内容的合宪性，是指经过法律程序制定产生出来的公共利益内容要符合宪法原则、宪法精神和宪法具体规定，不得有同宪法原则、宪法精神、宪法规定相违背、相冲突、相抵触的内容。程序的合宪性，是指公共利益的制定过程都要依照法定程序进行。最后法制统一原则，则要求立法机关所创设的公共利益法律条款应内部和谐统一，做到整个法律体系内各层级法律法规都能一致。

4.4.1.2 公共利益的界定方法、范围及供地方式

1. 公共利益范围的界定方法

由于公共利益内涵和外延的不确定，因此无法穷尽列举所有的公共利益，那么，当有一种新的利益需要判断是否属于公共利益时，除了程序界定外，就必须有一种切实可行的方法从理论上来判断其是否属于公共利益。公共利益的概念不确定表明内涵式、公式化的方法行不通，因而外延式方法成为唯一的可能性。具体操作方法是选取一个公共利益的特点，结合具有同样特点的另一种较为成熟或者内容较为明确的理论来进行比较并枚举界

定,用比较枚举法来确定公共利益也符合上述公共利益制定的原则。

2. 纯公共利益用地范围界定

由公共利益的界定思路得出,纯公共利益对应的是纯公共产品,即提供纯公共产品的公共利益才能称之为纯公共利益。纯公共利益的定义是:在一个国家范围内,如果因一种不可分割的利益而提供的产品同时具有非竞争性与非排他性,那么这种利益就是纯公共利益。首先,通过比较法选择纯公共利益的具体内容范围,一是可以通过在2011年出台的《国有土地上房屋征收与补偿条例》(本章简称《条例》)中枚举的公共利益范围中通过公共产品理论界定方法分析得出,选择《条例》中枚举的公共利益范围的理由是:《条例》是所有与土地相关的最新出台的具有具体公共利益范围的法律条文。通过逐个对《条例》中列举的公共利益所能提供的公共产品,再根据使用不可分割性、非竞争性和非排他性进行分析,得出同时满足以上三个特点的纯公共利益建设用地内容。具体包括以下建设用地。

(1) 国防用地。国防伴随国家的产生而产生,全部服务于国家和社会的整体利益,现代国防是一个庞大而复杂的系统,以军事力量为核心,还包括与军事有关的政治、经济、外交、科技、教育等方面的内容,目的是捍卫国家主权、维护国家安全、保卫国家领土完整。国防是我国社会发展与安全需要的产物,关系到一个国家和民族生死存亡的根本大计。我国的国防类型是主要依靠本国力量、广泛争取国际支持、防止外敌入侵、维护本国安全的自卫型国防。由于国防具有不可分割性,我国所有的公民都在国防的保护范围之内,具有非竞争性和非排他性,因此,只要是遵循自卫型国防所采取的军事或军事相关的政治、经济、外交、科技、教育等用地都是基于纯公共利益用地。

(2) 外交用地。外交是指一个国家在国际关系方面的活动,能够进行外交事务是一个国家的基本元素,外交承认的多寡,是国家是否独立的重要标准。主权国家外交的宗旨是以和平方式通过对外活动实现其对外政策的目标、维护国家的利益、扩大国际影响和发展同各国的关系。新中国成立以后坚持的是独立自主的和平外交,形式主要有访问、谈判、交涉、缔结条约、发出外交文件、参加国际会议和国际组织等。外交具有不可分割性、非竞争性和非排他性,但因为外交的内容涉及很多方面,不能将所有方面内容所涉及的项目都列入纯公共利益中,只有当我国外交机关办公用地和各国驻我国大使馆项目用地时才可以启用征地程序。

(3) 政府行政办公用地。从理论上来说,政府行政公办用地也具有完全的非排他性性、非竞争性,且是完全不盈利的公共产品,故应属于纯公共利益范畴。

(4) 法律规定的其他公共利益用地。

3. 准公共利益用地的界定

由公共利益的界定思路得出,准公共利益对应的是准公共产品,即提供准公共产品的公共利益可以称之为准公共利益。与纯公共利益类似,准公共利益的定义是:在一个国家范围内,如果因一种不可分割的利益而提供的产品具有非竞争性或非排他性,那么这种利益就是准公共利益。与纯公共利益相比,准公共利益的界定稍显复杂,在满足不可分割性的前提条件下,再满足非竞争性或非排他性之一的利益就能称之为准公共利益。准公共利益用地具体包括以下几类。

(1) 政府组织实施的文化和文物保护用地。文化是一种不可分割的精神财富，这种文化的分享是非排他性和非竞争性的，而文物则是文化的载体，但从现实中来看，它带有一定的竞争性，所以应该列为准公共利益范畴。

(2) 政府组织实施的能源用地。能源的定义有很多种，概括地说，能源是自然界中能为人类提供某种形式能量的物质资源，亦称能量资源、能源资源，包括煤炭、原油、天然气、水能、核能、风能、太阳能、地热能、生物质能等一次能源和电力、煤气、热力、成品油等二次能源，以及其他新能源和可再生能源。在全球经济高速发展的今天，国际能源安全已经上升到了国家的高度，各国都制定了以能源供应安全为核心的能源政策，是国民经济的重要物质基础，未来国家命运取决于能源的掌控，能源的开发和有效利用程度以及人均消费量是生产技术和生活水平的重要标准。能源作为稀缺的自然资源，在开发和供给时产生的巨大的经济利益，所发生的土地行为，并不应该启用征地制度。但由于能源对人类发展的重要性，国内能源必须掌握在国家手中，将政府组织实施的能源的基础设施建设的需要界定在公共利益范围内，最终将国家对能源开发时的基础设施，包括将自然资源转化为能源时所用到的设施用地和能源开发研究时的科研用地，划定为准公共利益范围内，若是其他社会主体对能源进行开发则不划入公共利益范围内。

(3) 政府组织实施的交通运输用地。交通的生产活动是实现人和物的位移及信息传输。交通设施有固定设施和流动设施，固定设施有线路、港、站、场、台、管道、水空航道等，流动设施有车、船、飞机等。交通的目的有三个，实现人的位移、物的位移和信息传输。信息传输可以分为个人信息传输和国家专属信息传输通道，国家专属信息传输通道属于国防范畴内的纯公共利益，而个人信息传输不符合公共产品特点，其项目属于非公共利益。人和物的位移载体是各种交通设施，交通中的是固定设施满足不可分割性、非竞争性和部分排他性，为准公共利益范畴。

(4) 政府组织实施的水利设施用地。水利是指人类社会为了生存和发展的需要，采取各种措施，对自然界的水和水域进行控制和调配，以防止水旱灾害，开发利用和保护水资源。水利具有不可分割性和非竞争性，但是其范围是有限的，因而水利范围外的人口天然地被排他了，因此水利是准公共利益。

(5) 政府组织实施的科技用地。传统认为，科学是人类所积累的关于自然、社会、思维等的知识体系；技术泛指根据自然科学原理生产实践经验，为某一实际目的而协同组成的各种工具、设备、技术和工艺体系，但不包括与社会科学相应的技术内容。科技是不可分割的，作用在军事上和政治上时具有完美的非排他和非竞争性，为纯公共利益；作用在社会进步上时，因并非每一个人都能同等的享受到科技带来的成果而具有部分排他性，为准公共利益；作用于经济发展中时，具有竞争性和排他性，为非公共利益。

(6) 政府组织实施的教育用地。教育是以知识为工具教会他人思考的过程，思考如何利用自身所拥有的创造更高的社会财富，实现自我价值。现代的教育组织呈现多元化，不仅有全日制的学校教育，也有半日制的、业余的学校教育，函授教育，刊授教育，广播学校和电视学校的教育等，所有教育的实体是教学场所——学校。由于教育的重要性，国家制度规定适龄儿童必须接受九年义务教育，这部分学习用地属于非排他性非竞争性的纯公共利益；义务教育之外的学校，由政府设立的属于非排他性但具有竞争性的准公共利益；私人设立的属于商业利益。

（7）政府组织实施的医疗卫生用地。卫生指个人和集体的生活卫生和生产卫生的总称。一般指为增进人体健康、预防疾病、改善和创造合乎生理、心理需求的生产环境、生活条件所采取的个人的和社会的卫生措施，公共利益中的卫生主要指医药医疗，由政府提供的医药医疗具有排他性和非竞争性，并非所有人能够享受平等的医疗条件，从个人差异性而言每个人所生的病也不相同，因此卫生是准公共利益。

（8）政府组织实施的文化体育用地。文化体育活动分为竞技体育和大众文化、体育，大众文化、体育是非排他性和非竞争性的，但其实体即活动场所由于地域限制具有天然的排他性，为准公共利益；竞技体育本身是竞争且排他性的，但是由于我国将文化、体育视为衡量国家、社会发展进步的标准，作为国家间外交及文化交流的重要手段，成为外交的一个部分，但又因竞技体育本身的特点，因此归为准公共利益。

（9）政府组织实施的社会福利用地。广义的社会福利是指提高广大社会成员生活水平的各种政策和社会服务，旨在解决广大社会成员在各方面的福利待遇问题，广义的社会福利如果覆盖到全体社会成员则为纯公共利益，如果非覆盖到全体社会成员，那么意味着一定程度的排他性，则属于准公共利益。狭义的社会福利是指对生活能力较弱的儿童、老人、母子家庭、残疾人、慢性精神病人等的社会照顾和社会服务，内容十分广泛，因其服务对象是特定人群，具有排他性和非竞争性，为准公共利益。

（10）政府组织实施的市政公用事业和旧城区改造。一般政府组织实施的市政公用事业包括城市供水、供气、供热、污水处理、垃圾处理及公共交通事业，是城市发展水平和文明程度的重要支撑，是城市经济和社会协调发展的物质条件。市政公用事业具有非竞争性和排他性、不可分割性，因此属于准公共利益。旧城区改造属于市政公用事业，为准公共利益。

（11）政府组织实施的保障性安居工程用地。保障性安居工程属于广义的社会福利范畴，但也具有不完全的排他性和非竞争性，属于准公共利益。

（12）法律规定的其他准公共利益用地。

4. 公共利益用地的供地方式

从上述分类来看，公共利益包括纯公共利益和准公共利益，其供地方式可以通过征地制度获得。

4.4.1.3 非公共利益的范围及供地方式

（1）非公共利益的范围界定。非公共利益是不符合公共产品界定原则的利益，具有可分割性、竞争性和排他性。明确的界定非公共利益，可以杜绝此类利益违法征地的可能性，可以进一步完善征地制度，规范征地行为，限制政府自由裁量权。根据非公共利益的界定标准，首先，非公共利益提供的产品效用是可以分割的，其次，该种产品具有排他性和竞争性，内容非常广泛，如吃、穿、住房等个人利益，如企业、封闭社会利益团体等集体利益。非公共利益包含商业利益，也许有学者认为在美国有过因大型超市入驻当地而采用征地地价获得土地的案例，但是我国与美国国情不同，不存在因经济不景气高失业率而导致的大量闲置劳动力，也不会因为这样的大型超市入驻而解决大量的就业问题，从而拉动经济发展的状况，至少并不适用于我国目前国情，这也是前文中部分准公共利益中将政府以外的主体提供产品时的利益从公共利益中剔除的原因。

（2）非公共利益用地分类。根据《城市用地分类与规划建设用地标准（GB50137-2011）》和以上分类，我们可以将非公共利益用地分为以下几类。一是居住用地。包括一类居住用地、二类居住用地、三类居住用地。二是商业服务业设施用地。包括商业用地、商务用地、娱乐康体用地、公用设施营业网点用地、其他服务设施用地。三是工业用地。包括一类工业用地、二类工业用地、三类工业用地。四是物流仓储用地。包括一类物流仓储用地、二类物流仓储用地、三类物流仓储用地。

（3）非公共利益项目用地不能使用征地取得，只能通过以下途径取得。一是在现有的国有土地交易一级市场，取得原有的存量国有建设用地使用权；二是在统一的城乡建设用地市场上，通过土地使用转让取得。

4.4.2 渐进式改革视角下土地征收补偿机制构建

4.4.2.1 我国土地征收补偿完全市场化的现实困境

1. 征地制度中完全市场化补偿的前提条件不成立

从美国等发达国家的经验来看，尽管市场化补偿制度具有诸多优势，且在西方国家（特指美国）有多年的运行基础和值得借鉴的经验，但由于我国土地产权制度本质上区别于资本主义国家，且法制基础也与发达的资本主义国家有很大的差别。

（1）我国土地所有制是建立在公有制基础上的国家和集体所有，与构成市场经济的私有产权很难相容。从产权理论可知公有产权存在诸多弊端，其中一个在征地制度中体现的最为典型的，是公权力代理人在利用公权力的时候，可能会给社会或者其他不能利用公权力的人带来外部性，即公权力代理人可以利用公权力进行寻租或者出现机会主义行为。作为一个团体就会在行使该公权力的时候，维护该团体的集团利益，这在我国征地制度中得到充分的体现。客观地说，我国目前仍然处在计划经济向市场经济转型时期，作为计划经济天然伙伴的公有制，在我国各级政府的价值理念中已经固化，行使公权力已经成为各级政府的一种路径依赖。而市场经济的基础或者细胞在于产权的私有化，因为只有私有产权才能做到平等公正的市场交易，而公平和公正的交易才是市场经济的本质。所以，在我国土地公有制没有发生改变的前提下，征地中完全的市场化补偿几乎是不可能实现的。

（2）社会主义的本质决定了我国各级政府，事实上已经成为必须对辖区范围的社会经济活动承担无限责任。由于我国几千年来的非正式制度（社会文化）中形成的国家利益至上，集体利益至上的本位观念盛行，国家利益和集体利益凌驾于个人利益之上，对私有财产保护的意识薄弱的观念已经深入人心，要想在征地过程中实现完全的市场化补偿，不仅在政府中有强大的阻力，即便是农村集体和农民中也会对此感到极不适应。因为长期以来，我国政府已经成为一个无限责任政府，包括农村集体和农民在内的全社会已经养成了依赖政府的惯性。这是由于我国几千年来，特别是新中国成立以来，在其各个发展阶段中一直保留下来的思想基础和心理基础所决定的。由于我国实行社会主义，而社会主义对政治、经济和社会活动所采取的基本态度和基本方针是：第一，生产资料（事实上就是财产）主要归公有（国有和集体所有）。在公有制下，政府必然担负着发展经济社会的职能，换句话说，国家必须对社会经济发展负责。第二，国家的计划（规划）和意志（决策）是社会主义经济活动的主要动力。换句话说，在社会主义国家，任何一项财富的创造都是政府引领或者是国家决策的结果。第三，在社会主义国家中，所有利益主体必须为创造国家的财富而使用公有财产，或者说在国家指导下占有和使用公有财产必须为国家创造财富。可见，我国政府承担无限责任完全是由社会主义的本质决定的，而我国实行的征地制度就是这种本质的最好体现。在目前我国社会主义制度下，征地制度要完全实现市场补偿几乎是不可能的。

（3）现行农村土地集体所有和农民拥有土地使用权的产权初始界定，本来就是国家的主观意志，农民集体和农民并没有通过交易获得产权，这也是无法完全引入市场补偿的重要内因。从我国60多年的农村土地产权制度的演变可以看出，农民的土地使用权和农村集体土地的所有权是随国家的政策调整而改变的。例如，20世纪50年代初期，《中华人民共和国土地改革法》第一条规定："废除地主阶级封建剥削的土地所有制，实行农民的土地所有制"，国家界定农民拥有土地的所有权。但是，1956年《高级农业生产合作社示范章程》第二条规定："农业生产合作社按照社会主义的原则，把社员私有的主要生产资料转为合作社集体所有。"1978年《中国共产党十一届三中全会报告》、1979年十一届四中全会通过的《关于加快农业发展若干问题的决定》，以及1982年1月1日《全国农村工作会议纪要》，又将农村原来的"三级所有，队为基础"变更为"家庭联产承包责任制。"从我国土地产权尤其是农村土地产权的发展演变来看，农村集体和农民并没有通过市场交易的方式获得农村土地产权。从本质上来说并没有真正的拥有土地所有权和使用权。所以，在征地制度中引入完全的市场化补偿在理论上和实践中也是行不通的。

2. 征收制度中实行完全的市场补偿，有待于我国土地产权制度实质性的改革以及其他相关配套制度的改革

单就完全的市场机制引入征收制度的补偿中，其顺利运行是需要一系列客观条件来保证的，包括农村土地产权制度改革，比如必须清晰地确定产权主体，建立科学的价格形成机制、平等公平的的竞争机制以及公正的利益协调机制等，但纵观我国目前土地征收制度和现实，这些条件都还不成熟。

（1）农村土地产权主体泛化，难以形成有效的市场主体。我国集体所有土地的产权主体主要为村集体经济组织，而村集体经济组织虚置是不争的事实，决定了村集体经济组织在土地征收中难以有效发挥市场主体的作用。虽然我国对于农村土地产权的确权颁证工作已基本完成，村集体拥有土地所有权证，农户拥有农地承包经营权证、宅基地使用权证以及地上附着物等的所有权证。但是因为村集体拥有所有权，因此现实中往往村集体经济组织（往往是村委会）承担着谈判主体的角色。由于土地征收对农户权益影响最大也最直接，但是现有产权制度下其又不能直接参与到土地征收的相关谈判中去，也就不能形成确定的和有效的市场主体。

（2）缺乏科学的价格形成机制，征收制度中的土地公平价值的市场评估机制短期内又难以建立。土地征收往往伴随大量农用地转为建设用地，而我国一直实行严格的土地用途管制，农用地转为城镇建设用地的唯一途径就是征收，在传统的土地征收制度下，是不存在自然形成的被征收土地的市场价格的，只存在土地原用途下按照产值倍数法计算的土地征收价格。参考国外土地征收制度和我国国有土地上房屋征收的规定，我们会发现，土地征收市场价格的实现主要是依托公正合理的市场评估价格。我国虽已基本建立完整的国有土地及房屋评估机制，但是因为集体土地征收往往伴随着用途的转变以及巨大的增值收益，涉及利益主体众多、情况复杂多变，传统的不动产评估机制难以完全适用。需要根据土地征收的特殊情况建立独立客观的评估主体、完善现有评估技术与方法等，以一种适合于土地征收的评估机制来形成科学的土地征收市场价格。

（3）城市国有土地一级市场依然被政府垄断，集体建设用地依然无法与国有建设用地同权同价，平等的竞争机制尚未形成。虽然我国已决定初步尝试集体经营性建设用地入市，这对于形成土地的市场价格和构建平等的土地市场竞争环境有很大作用。但是，建设用地一级市场政府垄断的根本国情没有改变，大量农村土地转为城镇建设用地还是必须要通过地方政府的征收。竞争机制是继市场评估之后形成市场价格的又一途径，公正平等竞争的机制能够最大程度地实现土地的最佳收益，最大程度地保证被征地农户的权益。相对于地方政府，被征地农户在谈判中具有先天的劣势。政府逐步退出土地征收的前线，增强农户在土地征收中的话语权，是构建平等公正竞争机制的首要内容。

（4）现有的土地征收利益分配机制虽有很大的不合理性，但是如果实行完全的市场机制，就会造成利益分配格局的重大变化。在我国土地征收现实中，如果骤然实行市场化补偿，会带来一系列问题：一是政府"土地财政"收益会大幅减少，各级地方财政就会入不敷出，各类惯性依赖的城市及基础设施建设资金将无来源；二是土地征收成本增大，政府将无力支付因为公共利益需要征地的各项开支；三是对于营利性的企业用地必须从统一的城乡建设用地市场获得，可能会导致各类经营性企业用地承担更大的土地成本；四是由于政府的公共财政不足，很难满足公共用地和各种公益事业等非营利性的单位用地。这些问题直接导致了市场机制在短期内不可能完全引入到土地征收补偿中来。

（5）政府作为土地征收补偿纠纷的处理者，有悖于完全市场化补偿的内在要求。在土地征收完全的市场化补偿中，需要有公平公正的土地评估机构和公平公正的法制体制，来解决土地征收过程中出现的各种利益纠纷问题。但从我国目前的实际情况来看，我国法律在处理土地征收纠纷中显得苍白无力，其主要原因是因为我国的有关土地征收的相关法律法规之间存在着矛盾性，加上司法机构不能与行政机构脱离，引致在裁决的时候，无法公平处理好政府与被征收土地权益人的关系。所以，目前主要的解决机制是政府部门的协调或者行政裁决。在政府既作为土地征收者又是纠纷的处理者双重身份下，这显然等同于运动场上既是裁判员又是运动员，这种比赛是无法进行的。因此，由政府部门协调土地征收纠纷，明显违背市场机制的内在要求。市场机制要求建立独立于各利益相关方之外的利益协调机构，主要是司法机制。但是我国目前的司法机构对于土地征收相关纠纷还难以有效发挥其作用。贸然实行土地征收补偿的市场化，有可能会导致新的更大的冲突的发生。

3. 在土地征收制度改革中，实行渐进式的市场化补偿是现实的唯一选择

从上述分析可见，在我国只有采取渐进式改革原则才是现阶段土地征收补偿制度改革比较合意的选择。所谓渐进式改革，就是在集体土地征收市场化补偿的大方向下，紧密结合我国土地征收现实，采取一种温和的过渡式的改革方案，既要缓解或消除当前土地征收补偿制度存在的弊端，同时也要为土地征收补偿完全市场化创造条件。渐进式改革方案既可以逐步达到土地征收补偿市场化的目的，同时又可以平衡各方利益，减少改革阻力。我国土地征收制度近些年来虽在不断改革，但一直没有取得实质性进展，主要就是因为地方政府、开发商等从土地征收中获益巨大，征地补偿市场化可能会极大地减少其从土地征收中获得的收益，因此往往会极力阻碍土地征收补偿制度市场化改革，而热衷于采取一些短期手段如提高补偿标准等暂时缓解土地征收中存在的矛盾，从现实和理论分析可见，提高补偿标准的做法已经陷入我国现行体制下的机制陷阱①。渐进式改革方案采取的是一种过渡式手段，给予各相关利益主体充分的适应和缓冲时间，因此，可以最大程度的减少改革阻力提升改革绩效。

4.4.2.2 我国土地征收补偿：渐进式改革方案的构建思路

为了解决以上困境，提出以下土地征收补偿的渐进式改革方案。图4-5是土地征收补偿渐进式改革的走向及关键属性变革图，图4-6是土地征收补偿渐进式改革方案的具体内容、必须考虑的影响因素及因此而形成的要件。

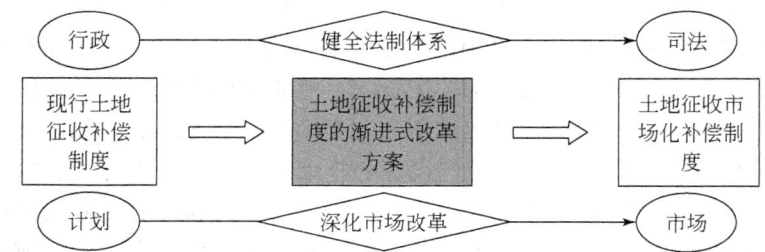

图4-5 土地征收补偿渐进式改革走向及关键属性变革（灰色表示研究内容）

4.4.2.3 土地征收补偿机制渐进式改革方案的主要内容

通过图4-6，土地征收补偿机制市场化渐进式改革方案应该包含以下主要内容：

---

① 征地补偿中的机制陷阱是指通过不断提高补偿标准，不断平息农民对征地补偿不满意的做法，这种做法的不断循环会出现政府只有将全部土地出让收益给给土地权利人为止，此时政府也无法再进行征地。其原因是，由于人的私利是无限大的，本期提高补偿，下期权利人会有更多的期望，同时前期得到较低补偿的也会产生不满，要求提高补偿，这是一种陷阱式的循环。这种机制继续循环到最后，将使得现行的征地收益必须全部让渡给土地权利人，这对于政府来说，也就陷入了无法接受的结局。

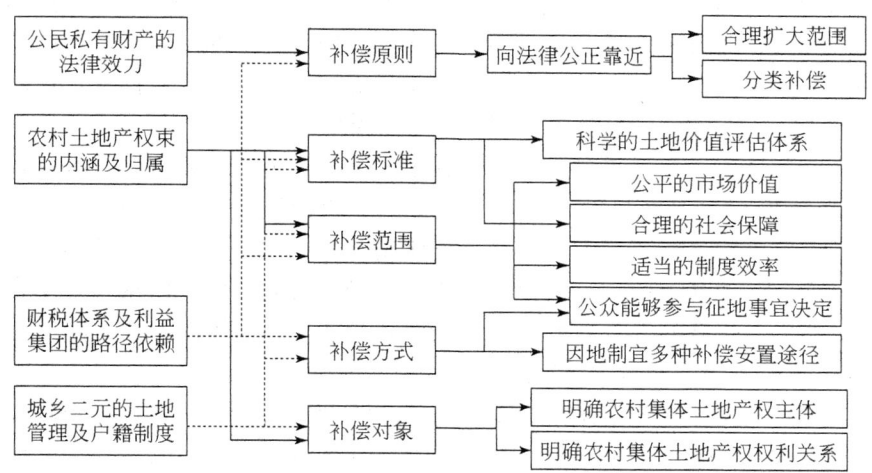

图 4-6 土地征收补偿渐进式改革方案内部关系图

1. 土地征收补偿原则的确定

"市场化是指经济资源要素由计划配置为主向市场配置为主的根本性转变，以及由此所引起的企业行为、政府职能等一系列经济关系与上述转变相适应的过程①。"但是在我国土地征收中，当国家这个行政主体要作为征收者参与到"游戏"之中，必然要求建立一个中立于"游戏双方"且具有权威性的"游戏规则"和机构，即独立于行政权力之外的土地司法权力。否则，国家（政府）依然把握了价格制定的话语权，并没有实现国家与农民在产权主体这一层面的地位平等。对平等的要求，源自国家法律对私有财产乃至个人权益保护的重视程度，是现代法制社会建设的重要基础。但是，由于我国现在城乡二元的土地管理和户籍管理制度，在达成个人和国家之间的纵向平等前，城乡平等是必须解决的问题。因此，土地征收补偿的渐进式改革应以实现法律上的公正（即土地征收补偿的相关事宜是属于司法范畴而非行政范畴）为目标，并遵循以下原则。

（1）合理扩大征收补偿范围原则。土地征收中，农村土地产权应与国有土地产权做到"同地、同权、同质、同价"。在横向上，由于我国城乡差别的存在，农民和市民的文化程度、劳动技能等方面具有一定的差距，失地农民再就业比较艰难，土地不仅承担了生产要素和生活要素的职能，还承担着社会保障的职能。因此，从城乡居民平等的角度，农村土地征收补偿范围应较城市土地上房屋征收补偿增加关于社会保障的内容，在保障被征地农民生活水平不降低的基础上，使其长远生计得到保障，这里的关键是要对生活不降低以及长远生计得到保障有具体的界定。同时，对于部分特殊土地，也需要适当考虑农民的主观价值判断，如祖居、坟地等有精神寄托的土地。

（2）分类补偿原则。我国《土地管理法》规定征收其他土地的土地补偿费和安置补助费的计算标准（即耕地的农业产值），由省、自治区、直辖市参照征收耕地的土地补偿

---

① 朱明芬. 杭州市郊失地农民利益保障问题及对策 [J]. 中共杭州市委党校学报，2003，(4)：17-19

费和安置补助费的标准规定。这种间接的处理原则在方便征收主体实施征地行为的同时，却忽略了被征收土地原用途的差异。而对于同属于农用地范围的土地，用途的差异往往伴随着收益的巨大差异。一般而言，园地、养殖水面等用途的农地收益往往远远高于耕地的收益，如按照耕地产值标准来计算往往难以完全弥补农民合理合法收益，又何以保障农民原有生活水平不降低。因此，征收补偿制度在下一阶段改革的过程中，应区别补偿不同农业用途的土地、不同区位的宅基地和房屋等，这就要求依据分类补偿原则，建立起对农村土地分类补偿的各种基础性工作。因为市场化价格（市场化不畅）就是要对土地质量、区位条件、农业生产前期成本投入、可能变更为非农经营潜力等诸多因素进行综合考量。因此，分类补偿既是充分考虑不同用途土地之间的差异，又是市场化补偿的内在要求。

2. 土地征收补偿标准和范围的确定

（1）建立科学的农村集体土地价值评估体系和土地最低保护价制度。市场经济发展到今天，农村也深受影响，经济发展速度较快的农村地区特别是城市近郊，其土地往往用于高附加值农业或第三产业开发，收入远高于原始的种植业用途，以土地原用途为标准的补偿体系不符合客观实际，是对农民的又一次剥夺。而要建立市场决定的失地农民补偿标准，必须按照国有、集体土地同质同价的原则，建立农村集体土地价值评估体系，同时规定对低于评估补偿价格的集体土地实行最低保护价制度。然而，如果我们将可采用征收形式的土地限定在前面所界定的"纯公共利益"和"准公共利益"范围内，我们会发现，纯公共利益的建设工程缺乏可类比财产的价格和可计算的租金价值，被征收土地的价值是很难确定的；准公共利益的建设工程尽管具有盈利性质（如当前逐步市场化的能源、医疗、教育行业），但其产值的主要贡献源自其他要素，很难准确计量土地在其收益的贡献比例。这使得常用的固定资产评估方法难以应用于被征收土地的价值评估。因此，建议忽略农用地和建设用地的当前使用类型，在统一采用征地区片综合地价作为基数的基础上，综合考量土地所有权人的间接损失（交易成本及主观价值）以及被征土地征收后收益，确定土地的最终补偿。例如，在能源开发建设的征地中（如埋于地下的矿藏开发），首先以当地政府所制定的征地区片综合地价作为基准地价 P，将征地对原所有权人所造成的间接损失（譬如祖居或祖坟遭到损坏、家居的搬迁费用、重新就业产生的空窗期、家庭工坊因无法按时付货所造成的违约金甚至商业信誉的损失）赋予一个加权系数 X（如综合考量后赋值50%），再将矿藏开发后产生的经济效益赋予一个加权系数 Y（如低品质锡矿赋值20%，高品质铁矿赋值80%），最终补偿为 $P\times(1+X+Y)$。需要说明的是，被征土地征收后收益由于产业的不同，其加权系数的评价标准也不同：对于生产垄断性特产的产业（如矿山、葡萄酒、陶瓷制品等），其加权系数由产品的价值决定；而其他一般性产业则取决于土地的区位因素。

（2）为了实现向公正补偿发展的目标，土地征收标准及范围必须兼顾市场价值、社会保障和制度效率。首先，从公平市场价值角度，一方面由于财产权利–收益的对应关系，不同土地产权的所有者应当享有其产权让渡所产生的对应收益（除非有合约另做约束），或者得到对土地征收造成的损失的合理补偿；另一方面，由于城乡的割裂，土地与农村劳动力还不能自由流动，农业不能取得社会平均利润率，现在要剥夺农民的土地而且让他们融入取得社会平均利润率的市民社会，显然要对这其中的差距进行弥补。其次，从社会保障的角度分析，由于现阶段农村土地履行着生产要素、生活要素和未来发展的三重职能——农地收入是农民的基本生活来源，宅基地是农民的基本居住保障，而超出生活保障的部分可视为对农民文化教育健康的投入，因此，被征地农民失去农地不仅意味着失去生产资料和生活保障，也意味着失去了或者说减小了今后发展的空间，加大了发展的风险。这些因素都应该被纳入土地征收补偿的范畴。最后，从制度效率的角度分析，由于我国现行财税体系的设置和地方政府对地区发展原始资本的渴求，形成了依赖于"土地财政"的地方经济发展路径和以地方政府为核心的错综复杂的利益集团，不可能贸然地将现行征收制度强制套上"市场配置"的模板将土地增值收益全部或大部分返还给农民集体，因此补偿标准的制定还需要考虑地方政府预算外收入的来源，使农民依然承担征地造成的部分成本，而征地产生的直接或间接收益能够满足地方政府财政支出的需求，直到地方财税体系改革完成为止。

（3）为了逐步实现法治社会以及土地征收中个人和政府的纵向平等，在司法上必须赋予公众参与征收事宜的权利，被征土地所有者享有充分的知情权、参与权和申述权，进而影响补偿标准、范围、方式的制定。由于被征土地所有权人参与征地相关事宜的权利是公共参与这一征收程序的结果，所以其具体内容放在征收机制中阐述。

3. 土地征收补偿方式的确定

在与被征土地所有权人（农村集体）和使用权人（农民）充分协商补偿方式的前提下，应积极探索货币补偿、留地安置、社会保险安置、土地权益入股等多种补偿安置途径。这是由于：一是在经济新常态下，社会生产成本上升、技术进步方式变化、投资收益率下降、出口导向型增长不可持续，导致经济增长率下降、"滞胀"隐患出现、就业压力减小、消费占比提高、产业结构从劳动密集型向资金密集型和知识密集型转换、对自主研发的需求增加，种种转变意味着政府必须投入相应的成本进行制度创新和社会维持，财政收入的压力迫使政府必须采取多种途径进行征收补偿安置以确保农村社会稳定，降低制度成本。二是尽管改革开放以来，我国社会主义市场经济体制改革已经逐步深入社会各个领域，但是在农村地区，农民依然不能视作市民社会中的理性经济人，单一的货币补偿难以确保失地农民未来长期的生活保障；同时，由于城乡二元管理体制依然存在，一方面，为使进城的失地农民能够适应从政府做主的"家长社会"向政府监管的"市民社会"的环境转变；另一方面，为使依然保留农民身份的失地农民迅速就业，多种补偿安置途径是满足生活保障和社会保障的"最不坏"途径。

4. 土地征收补偿对象的确定

土地征收补偿对象的核心在明晰农村集体土地产权主体及明确权利关系，这里我们提出相应的改革思路。

（1）重构农地产权制度。"现行农地产权安排缺乏明晰性、排他性、安全性、可转让性以及权、责、利缺乏对称性，同时其可实行性受到限制"[①]，并在土地征收中形成了农

---

① 钱忠好.农村土地承包经营权产权残缺与市场流转困境：理论与政策分析[J].管理世界，2002，（6）：40-42

地产权公共域，农民的权益因此而受到侵害。因此，必须明确土地所有权主体，如此才能充分调动所有权人经营土地的积极性，并保证在权利受到侵害时，真正的以权利主体的身份行使权利，维护合法权益。根据《物权法》第60条规定，我国土地集体所有权人有三个，即村农民集体、村内农民集体（组农民集体）和乡（镇）农民集体，其权利行使组织分别为村集体经济组织或村民委员会、组集体经济组织或村民小组、乡镇集体经济组织。当前，大多数地区的乡镇农民集体已经名存实亡，其名下的土地由乡（镇）政府代为行使权利；而村农民集体和组农民集体的权利并不独立，事实上，由于村委会的"双重代理人"身份，组农民集体的权益（特别是在征地补偿中）受到村农民集体的侵犯。而在理论和实践中，以"村民小组"作为农村土地的实际所有权人更具有效率：一方面，从组织管理理论角度看，成员较少的组集体在决策和管理上显然较庞大的村集体支付更少的组织成本；另一方面，在改革开放后全国实行包产到户中，以"村民小组"名义进行土地发包的占绝大多数，而且土地承包过程中农户承包土地的调整也仅局限于"村民小组"之内[①]。因此，以"村民小组"作为统一的集体土地所有权主体具有合理性和现实性；并在此基础上，在法律上赋予农民的永久承包权，让农民成为农村土地所有权的实际主体。

（2）虚化集体所有权。基于社会主义国家的性质和对应的农村集体所有的土地制度，目前，农村集体土地难以单纯的私有化或国有化。因此，渐进式改革的策略是必要的，这便是虚化所有权，强化使用权。在土地产权束中，如果使用权期限趋于无限，用途不受限制并且可以自由交易，它实质上和所有权已无区别。为了虚化所有权的最终目的是使集体"村民小组"仅保留名义上的所有权，又让农民得到了实际的所有权。它包括：一是承包权的永久期限，排除"村民小组"的干预机会；二是减少直至取消"村民小组"来自土地的直接经济收益，保护使用权主体的经济收益；三是建立有限政府，保证农民的利益不受到公权力的侵犯。

（3）强化土地使用权。在虚化所有权的基础上，使农民的土地承包经营权物权化，成为一个独立的真正的用益物权。它包括土地承包权的法定化、固定化、长期化、可继承化和市场化：一是强化土地承包权的物权性，使农民享有准所有权；二是家庭承包经营制向家庭永包制过渡，增加稳定性；三是加快集体土地所有权证和农民使用权证的登记发证工作，将承包权证换成永久使用权证。

4.4.3 构建基于平等和法治体系下的土地征收运行监督体制和机制

4.4.3.1 建立公共利益的程序界定机制

本章在前面已经结合我国实际情况对公共利益进行了理论上的研究，并根据渐进式改革的原则枚举了"纯公共利益"、"准公共利益"以及"非公共利益"的范围和对应的土地权属取得方式。但由于公共利益的不确定性，比较枚举加概括式的立法规定也难以保证

---

① 朱米均. 我国征地制度市场化改革研究［D］. 南京：南京农业大学博士论文，2007

到细微方面，因此通过采用程序机制来弥补立法界定的不足——绝对的公正也不能由程序保证，但至少程序是唯一一种令人信服的"看得到的公正"。从正当法律程序的两个基本原则出发，公共利益界定的程序机制主要包括两个核心思想：一是独立于执行者行政机关的审查和监督者，保证"偏见排除"原则；二是公共参与的听证程序，保证"意见听取"原则。从内容上，公共利益界定的程序机制应该包括：

（1）界定程序。即通过行政程序界定公共利益，主要方式包括：一是听证程序，保证行政机关在做出公共利益决策前广泛听取并充分尊重公众、特别是权利相关人的意见，以保证公共利益的界定基于广泛的民意；同时，公众的积极参与也可以有效遏制征收权力的滥用。二是调查与咨询程序，即通过行政机构或权威的第三方机构通过广泛的调查或向具有一定独立性和专业性的机构和专家学者进行咨询，以判断行政机关即将实行的土地征收是能够给公众带来重大公共利益的，并确定一种或多种方案，来保证被征收人的损失最小化（或兼顾公平的情况下促使征收效率最大化）。

（2）审查程序。即对已经确定的公共利益结果进行审查，看其是否符合公共利益。现行法律中，是由省级人民政府或国务院进行审查；但是由于土地征收与一个地方政府的土地财政密切相关，由更高级的行政机关进行审查不仅中立性不够，各级政府的纵向结构也使得审查的信息成本增大。因此，有必要建立一个独立、权威的专门机构来保证公共利益审查的中立、公正和效率。例如，在立法机关中设立公共利益审查委员会，由人大代表、律师、专家学者及权利相关者组成；在审查中，不仅要进行书面审查，还应该到征地现场调查，对征地双方的举证进行综合分析。

（3）监督程序。即对公共利益的界定结果和实施过程进行监督。从产权理论的视角来考察，由于公共利益的界定和实施直接决定被征地权利相关者的权益，因此，公共参与是最有效的监督方式。为了保护被征收土地权利相关者的知情权，同时也是让公众能够有效监督政府征收行为，加大征地公告的执行力度是必要的。在公告中明确征收行为的公益性目的，定期公开被征收土地的使用情况和财务状况，让公众切实监督征收用途；同时要发挥新闻媒体的批评监督作用，使违法征地尽快被曝光。

（4）救济程序。即对公共利益的错误界定和实施结果进行公正裁决和处理。由于我国征地中司法机关的缺席，使得行政机关在具体裁量公共利益时往往将这种权力滥用，因此我国的关于土地征收中公共利益界定的相关法律中应当设置司法救济程序，在征收双方对"公共利益"存在争议时，由法院根据被征个案的具体情况判定是否符合"公共利益"的目的并进行最终裁定。司法机关的裁定有权决定最终征收方案是否实施。

由于公共利益在实践中的不确定性，完全没有漏洞的法律界定条款是不存在的；因此只能通过以上程序机制进行过程控制，尽可能做到科学、公开、公正和透明，才能让公众特别是被征地的权利相关人参与到整个过程中，有效地监督和制约政府的征收权。

4.4.3.2 探索土地征收程序机制改革

在法治社会中，程序公正是保证实体公正的前提，只有保证程序的正当性，才能防止公权力的滥用和对私权利的肆意侵犯。借鉴国外土地征收市场化补偿的经验，结合我国的实际国情，设计出正当合理的征收程序，是土地征收制度改革的重要内容。

（1）将征收权从行政权向立法权转变。立法征收是指由全国或地方立法机关通过制定专门的征收法律法规，就某一具体的征收事项做出直接的可操作的征收决定，征收单位只需依法实施征收。"立法征收表现为立法机关决定、行政机关执行、被征收主体参与和司法机关居中裁判。"① 由于立法过程中有多方主体参与，保证了权力互相监督和制衡，避免了行政机关"既是游戏的参与者也是游戏的裁判"，从程序公平正义出发，立法征收模式优于行政征收模式，也更能维护被征收人的权益。

（2）增设紧急征收程序。与行政征收相比，立法征收尽管更为公平正义，但由于立法过程普遍耗时较长，当发生特殊的公共利益问题时，正常程序容易耽误公共利益的实现。因此，紧急增收程序在立法征收模式中极为必要。我国目前的紧急程序仅适用于使用权的剥夺（即临时征用）；但实际上紧急程序还适用于涉及所有权剥夺的征收情形。紧急征收程序一般适用条件是紧急情况下的公共利益需要；左平良（2008）对紧急情况的界定是："发生地震、洪水等严重自然灾害时；发生桥梁垮塌、火车倾覆和环境污染等严重事故时；发生传染病突发公共卫生事件时；发生战争、动乱、暴动、严重骚乱等严重危及国家、社会安全事件时；其他具有非常性质，需要紧急征收的情形。"②

（3）完善告知程序。告知程序是对被征收人知情权和参与权实现的保障措施。从我国当前征收告知实践存在的问题③出发，告知程序的完善包括：一是告知方式多样化，不仅有指定地点书面公告，还应该包括在当地主流新闻媒体上发布，同时通过函件送递的形式通知所有涉及的农民和集体，保证被征收权利相关者能够切实了解征收方案并有效参与征收程序；二是公告内容详细说明征收方案的内容，包括公益性目的、征收范围、补偿安置标准的确定理由和依据、被征收财产的具体情况、财产的评估方法、被征收人行使异议和听证权的规定等内容；三是公告时限延长，确保书面函件的送达，被征收人能够理性思考是否行使异议权利，以及相关机构对公众意见、建议和异议有足够时间进行终局决定。

（4）设立独立的征地调查程序。科学合理的征地决策要求全面广泛的调查，而现阶段只调查土地及附着物自然状况和权属状况的调查，显然越来越不能满足土地征收的要求。因此，有必要将征收调查委托给一个独立、权威的专门机构（包括行政机关代表、调查专家、被征地人代表）实施，以帮助征收方案的批准者做出科学合理的最终决策。同时，也应该设立针对征收调查的损失救济程序。

（5）健全听证程序。为了保证对公权力的约束和私权利的保护，听证程序应当考虑由当前的选择性的行政程序转变为强制性的法律程序，并允许相关人对听证结果提出行政复议或诉讼。首先是扩大听证范围，听证会的适用性不仅仅局限在补偿安置方案，同样适用于具体的征收方案，在公共利益（即征收的合法性）上也应该举行听证会接受被征地人的

---

① 张玉东. 公益征收若干法律问题研究——以土地征收为主要考察对象[D]. 烟台大学硕士学位论文，2006

② 左平良. 紧急需要下的土地征用法律问题探析——关于《物权法》第44条的一个解释[J]. 湖南师范大学学报（社会科学版），2008，（3）：49-52

③ 实践反映，我国的公告程序存在缺少书面通知程序、公告时间的事后性、公告方式单一、内容不详细和征收公告时限过短等弊端。

意见；其次是延长听证的申请时间，以确保被征收权利人有重组的时间准备；最后是保证听证的中立性，应该选择独立于行政单位的听证主持人。

（6）增加协商购买程序。从国际经验来看，绝大多数国家和地区征收立法都必备协商购买程序，如美国便将"协议购买程序"作为行使征收权的先行程序；从国内实践来看，由于征收涉及了所有权的转变，对于一些有时效周期的公共项目（如不可再生能源的开采），完全征收所需的补偿金额极大，用地单位往往采用"核心生产区域征收，安全或环境保护区域流转"的形式，即使这样依然会因为生产周期的结束而造成土地的闲置。因此，无论从程序正义的角度还是经济效率的角度，协商购买程序都有其存在的必要性，只有当双方当事人事先协商购买未果而又为公共利益的目的，且在给予公正的补偿的情况下才实施强制的征收权。而对于经营性的"非公共利益"用地，则纳入集体经营性建设用地交易的范畴。

4.4.3.3 土地征收救济机制的重构

征地纠纷是一种复杂的社会现象，随着我国"土地财政"的形成和在地方政府中的重要作用，相关利益集团之间的矛盾越演越烈，已成为我国社会矛盾中的主要方面之一。如何有效的完善和重构科学合理的救济机制，是从权利救济到解决征地纠纷的最终保障。然而，由于法治社会尚未完全建立的社会背景，完全由行政救济转为司法救济在当下是不现实的。结合当前我国土地征收救济制度，我们认为应该从以下方面进行土地征收救济机制的重构。

（1）调解优先。行政调解是化解社会矛盾纠纷的重要手段。由于乡（镇）政府特别是村委会作为行政机关事实上的最基层单位，对当地的实际情况最为了解，可以提高纠纷处理效果。具体做法为：首先，为保证程序的正当性，应在行政调解中引入简便灵活的调解听证程序，并借鉴行政法的相关内容规范行政调解的各细节程序；其次，强化政府的行政调解职能，对相关人员进行谈判、协商、说服、劝导的技巧培训，在调解中避免强制性手段以免激化矛盾；再次，在法院审查确认后，行政调解协议具有司法效力，纠纷双方若认为其违反自愿和法律原则必须依法提出申诉而不能单方面撕毁协议。

（2）改革现行的行政裁决制度。我国当前的行政裁决使行政机关集征收者、交易者、仲裁者身份于一身，如果土地征收纠纷裁决只能算是行政机关内部的自我纠错行为，就会往往流于形式。因此，征地中的行政裁决制度的改革，首先是构建独立、权威的专门机构，以提高行政裁决的公正性和公信度；其次是通过立法的形式合理的规定裁决的范围和程序，并适度扩张行政裁决的范围；再次是行政裁决应采用准司法程序独立办案，结合行政程序和司法程序的优点，保证裁决的高效和公正。

（3）完善行政复议制度。行政复议制度具有专业性、有效性、高效性的特点[①]；但当

---

① 首先，土地征收纠纷具有很强的专业性，由具有相关专业知识的行政机关处理能够更快查清事实，准确使用法律并做出公正处理；其次，行政复议单位是征地单位的上级机关，对下级有监督管理权，在纠错上更为有效；再次，行政复议不仅可以纠错还能重新做出具体的行为决策，救济效率更高（许迎春，2011）。

前由于有权进行行政复议的机构多而分散，容易造成责任推诿的尴尬局面。因此，行政复议制度的完善要求为：首先是统一现行的行政复议机构，由各级人民政府法制机构承担，并采取垂直和横向管理相结合的管理模式；其次是建立开庭制度，保障双方当事人质证、辩论和聘请代理人的权利；再次是行政复议中要引入调解程序，将强制性措施作为最后手段；最后细化复议程序，根据案件的复杂程度分类处理。

（4）构建司法救济机制。司法救济机制应是社会主义法治社会中解决土地征收纠纷的最主要的途径。应改革现行司法救济模式，加强对行政权的制衡，更好地保障被征收人的合法权益。一是扩大司法救济范围，被征收人在包括公共利益的认定、征地程序的合法性、补偿标准和范围的确定、补偿费的支付方式等内容上存在异议的，均可以向法院起诉；二是原告的起诉资格放宽，允许农民以个人名义提起诉讼；三是健全诉讼执行程序，原则上诉讼期内土地征收行为必须停止（允许例外存在）；四是设立土地纠纷专门法庭，提高法官和办事人员的相关专业素质，缩短审理周期、提高效率，减低诉讼成本；五是推进司法独立的改革；六是为被征收人设立专门的法律援助措施，为弱势群体提供法律援助，减少其救济成本。

（5）健全信访制度。尽管部分学者认为，信访功能存在"信访功能错位，责重权轻，人治色彩浓厚，消解了国家司法机关的权威，从体制上动摇了现代国家治理的基础"的风险[①]，但当前我国立法机关还不能真正起到监督政府的作用，司法机关也未能完全独立，因此农民在征地中的权益受到损害时仍需要通过信访机制来维护自己的权益，这是我国在社会转型时期解决纠纷和救济机制的不可缺少的一种救济途径，是正规行政救济和司法救济的重要补充。同时，信访制度的完善需要分阶段进行：当前仍然需要强化政府机关的信访职能，充分发挥行政机关处理纠纷的积极作用；待到立法制度完善和司法机关独立，取消行政机关内部的信访机构，而在立法机关中建立专门的信访部门，使人民代表能够以信访的形式听取民意。

（6）协调行政救济和司法救济的有机衔接。在重构农村土地征收纠纷解决机制时，需要协调行政救济机制与司法救济机制之间的相互关系，只有通过它们之间各组成部分的密切配合，才能使得整个土地征收纠纷解决机制有条不紊的运作，实现整体大于部分之和的预期效果。

4.4.4 建立农村集体经营性建设用地入市的体制机制

征地制度改革的一个很重要的互补内容，就是要建立起非公共利益获得土地的方式和路径。随着我国社会经济的持续发展，工业化和城镇化快速推进，各类非公共利益用地呈现逐步增加的趋势，因此，结合我国经济体制改革的进一步深化，市场经济体制框架和内容已经形成的条件下，建立起土地生产要素市场配置的体制和机制势在必行。当下应结合以清晰界定公共利益为基础的征地制度改革，尽快建立起农村集体经营性建设用地入市的

---

① 于建嵘. 对信访制度改革争论的反思 [J]. 中国党政干部论坛, 2005, (5)：26

体制和机制，在此基础上，建立起城乡统一的建设用地市场。

4.4.4.1 构建农村集体经营性建设用地入市的主体、客体和决策机制

1. 以组集体为基本单元，组建具有法人资格的新型农村集体经济股份合作组织

集体经营性建设用地入市的关键之一必须要有明确的市场主体，并形成科学合理并合法的内部决策治理结构。结合目前改革的进程和土地所有制现状，建立起以农村土地为基础的股份合作制的集体经济组织不仅形成了合法的决策主体，也可以建立起农村集体经营性土地入市的科学合理的内部决策机制。借鉴公司法人制度设计组建新型农村集体经济组织。即建立以农村集体经营性建设用地为主以及其他农村集体资产为资本的能够独立承担民事责任，具有独立法人资格的新型农村集体经济组织。

尽管我国农村土地实行"三级所有"，但组建以组集体为基本单元的新型农村集体经济股份合作组织较为符合我国农村实际。

首先，乡镇集体可以参照国有土地入市交易的运行主体来行使决策权。乡镇集体所有的（实质上是乡镇政府代管）土地较少，且乡镇政府组建土地股份合作制集体经济组织没有相关的法律依据。从目前的实际来看，大多数符合当前政策规定入市的存量集体经营性建设用地都属于乡镇集体（乡镇政府代管）的管辖范畴，但由于已经属于乡（镇）政府代管，我们认为乡镇集体所有的经营性建设用地入市完全可以参照国有土地的决策主体和程序办理，没有必要组建相应的机构。

其次，大多数村集体并不具备组建符合经营性集体建设用地入市的基础条件。一是一般的村集体所有的农村土地比较少。从调查的情况来看，属于村集体所有的土地大多数为村公共设施和公益事业用地，此类土地并不符合入市的规定。二是尽管在名义上村集体也有一定数量的乡镇企业用地，但从实际调查来看，最终这些属于村集体的乡镇企业用地都可以追溯到到组集体，真正享受由于流转带来利益分配的也都是组集体成员。三是一般的村集体都包含了一定数量的组集体，如果不是整村都属于乡（镇）土地利用总体规划确定的建设用地范畴，由于各组形成经营性集体建设用地的位置不同，或者数量上有差异，等等，以村为基本单元组建的土地股份合作制企业在内部特别是分配上会产生许多难以解决的矛盾。当然由于《中华人民共和国村民委员会组织法》第五条规定："村民委员会依照法律规定，管理本村属于村农民集体所有的土地和其他财产，教育村民合理利用自然资源，保护和改善生态环境。"这也成为以村集体组建法人实体的依据。

最后，以组集体为基本单元组建新型农村集体股份制经济组织具有极大的优越性。一是依据产权理论，由于组集体成员比村集体成员少，在组集体资产的产权界定中产生的交易费用比村集体要小，因而其配置效率比村集体更高；二是农村中属于组集体所有的土地远远比村集体多，以组集体组建具有法人资格的集体经济组织其土地资本来源比较稳定且鲜有各种纠纷问题，特别是在增量集体经营性建设用地入市方面，组集体比村集体更能处理好由于乡镇规划中的各类土地转性（农转用）问题；三是由于组集体成员在历史上已经形成了比较认可的集体资产分配模式，这样可以容易处理好集体经营性建设用地入市带来的内部成员的利益分配。当然，值得注意的是组集体组建具有法人资格的集体经济组织在

法律法规上尚有缺失。

2. 建立以组集体股份制法人治理的集体经营性建设用地入市的决策机制

要真正建立起代表农民利益的集体经济组织，就必须让能够代表农民利益的集体经济组织对集体经营性建设用地入市有决策、管理和运作的权利，这是当前建立以农民自愿为基础进行的集体经营性建设用地入市的关键。借鉴公司法人制度的设计来组建新型农村集体经济组织。即建立起以存量或增量经营性集体建设用地为主要集体资本，能够独立承担民事责任，具有法人资格的新型农村集体经济组织，通过股份法人治理在内部形成集体经营性建设用地入市运作且科学合理的内部决策机制。

首先，农民以存量和增量经营性建设用地（或者建设用地指标）使用权入股，形成新型集体经济组织的主要资本。作为法人必须拥有独立的财产，这是其独立参加民事活动的物质基础。而独立的财产，是指法人对特定范围内的财产享有相应的产权和经营管理权，能够按照自己的意志独立支配，同时排斥外界对法人财产的行政干预。在集体经济组织成立初期，这一独立的财产主要由组内农民以存量或增量经营性建设用地使用权（或建设用地指标）入股的形式产生，并在入市或者以后的经营过程中逐步通过盈利积累等途径增加。该独立财产与入股农民的土地资产是相对独立的，入股农民只享有股权或股份，对这一财产没有直接的支配权。

其次，新型农村集体经济组织独立承担民事责任。新型农村集体经济组织在经营管理其独立财产的同时，以其全部财产对外承担法律责任。由于该组织"有限责任"的性质，其承担的责任与入股农民的责任相互独立，其债务不涉及入股农民的私人财产，入股农民只以其投入存量或增量经营性建设用地使用权所认购的股份为限，对该经济组织承担有限责任。由于集体经济组织是独立从事经济活动，其责任与村委会等其他组织也是相互独立，不涉及其他组织。

最后，引入公司治理机制，建立独立的内部决策机制。组集体经济组织作为拥有独立法人资格的组织，还必须建立起独立的组织机构。可以借鉴公司制，建立类似于公司治理结构来形成权力制衡的决策机制。即由全组入股农民组成股东大会，其拥有该组织经营方针和投资计划，选举更换董事、监事，审议批准董事会、监事会报告、公司年度财务预（决）算方案以及章程修改等重大事件的决定权；由股东大会选举产生的董事会，代表该经济组织并行使经营决策的常设机关；由依法产生的监事组成的监事会，是对董事和经理的经营管理行为以及对该经济组织财务进行监督的常设机构，它代表全体股东行使监督职能；由董事会聘任的经营管理人员，负责该经济组织日常经营活动的常设业务执行机关。此时，入股农民与董事会、董事会与经营管理者之间形成双层委托代理关系。入股农民按持有股份的份额对该集体经济组织重大事件拥有相应的表决权，在集体经营性建设用地是否入市和增值收益如何分配等，只有经过持2/3以上股份的农民表决同意才能予以通过，这种公平、公开、公正和透明的决策机制可以保证农民参与处分集体资产的权利。

3. 明确界定农村集体经营性建设用地对象和范围

农村土地市场的客体是非公益性的农村集体经营性建设用地，即具有生产经营性质的农村建设用地，包括农村集体经济组织使用乡（镇）土地利用总体规划确定的建设用地。

建立城乡统一的建设用地市场，采取渐进式的改革方式，逐步推进农村集体生产经营性质的土地入市，其入市的前提条件是符合规划和用途管制，在满足了这两个基本条件的前提下，允许农村集体经营性建设用地出让、租赁、入股，实现与国有土地同地、同权、同价。在具体的推进过程中，为避免在短期利益驱使下，造成过度的农村集体经营性建设用地不理性的扎堆入市，而造成土地市场的混乱，导致资源配置低效，土地浪费现象，必须把握好集体经营性建设用地入市的节奏。应该在乡镇土地利用总体规划和其他产业发展规划等确定的农村产业用地范围内，按照存量优先、增量补充的原则顺序入市，即原则上优先安排原有用于非农经济生产、建设的农村集体经营性建设用地，如原乡镇企业用地等，先行进入市场交易；在存量基本消耗完毕后，且确有新的需求时，再通过整理宅基地的方式，形成新的集体建设用地，以补充增量集体经营性建设用地。

4.4.4.2　构建一元化的农村集体经营性建设用地市场的监管机制

中共十八届三中全会提出："建立城乡统一的建设用地市场。在符合规划和用途管制前提下，允许农村集体经营性建设用地出让、租赁、入股，实行与国有土地同等入市、同权同价。"这也就从顶层设计论证了必须建立一元化监管的城乡统一的建设用地市场，从目前的实际来看，一元化的建设用地市场最大的优点是可以全部借鉴国有土地市场上长期形成的各种规章制度，因而能极大地降低集体经营性建设用地二元化市场上的交易成本，提高土地配置效率。当然，随着我国经济体制改革的不断深入以及全面向市场转轨，特别是房地产税逐步开征并成为地方政府稳定的财政收入之后，各级地方政府作为专司国家地方管理职能的主体，理应逐步从土地市场上退出。在一元化监管的城乡统一的建设用地市场中，各级政府应对集体经营性建设用地与国有经营性建设用地一视同仁制定统一的入市交易监管制度，具体可以分为以下内容：

（1）建立和完善集体经营性建设用地规划管制许可制度，加强对土地出让入市的监督。参照国有建设用地的土地规划以及城市规划许可，建立和完善集体建设用地的相关规划许可制度以及规划审查责任制，对因规划许可审查不规范而造成建设用地的违法入市和利用，要制定各种经济处罚措施。如果是通过土地整理而形成的集体建设用地或是土地指标，要明确出让范围，凡是商业、旅游、娱乐、商品住宅等经营性用地必须纳入有偿使用，采取招标拍卖挂牌的方式公开出让。

（2）建立和完善城乡建设用地扩张和利用的监督机制。一方面，各级土地管理部门设立专门的监测机构，将国家、省、市、县、乡（镇）若干层次组成有机整体，各级监测机构相互关联，加强信息化建设，对土地整理和土地出让信息进行公开，接受社会的监督；另一方面，赋予社会大众参与监督和维护规划实施的权利，通过互联网建立相应的平台设立社会监督信息反馈渠道，建立相应的激励和约束机制。社会监督机制和政府监测机制相辅相成全面监督集体经营性建设用地的利用，保障集体经营性建设用地依照规划扩张和高效利用。

（3）建立集体经营性建设用地入市的交易主体、交易客体的审查和登记制度。首先，对于具有集体经营性建设用地入市资格的各类主体，统一交易市场监管中必须建立起依法确认制度和入市主体资格审查和登记制度，确保集体经营性建设用地入市的合法合规性。其次，建立城乡统一的土地登记体系。由于集体经营性建设用地的产权多元化，权属相对国有土地更为复杂，因此集体经营性建设用地的所有权、使用权的登记是入市交易的基础。对未完成集体土地特别是集体建设用地所有权和使用权确权、登记和发证的，应明确规定不准上市交易。最后，应将农村土地物权及其变动事项纳入我国不动产统一登记范畴，与其他不动产一样统一登记机构、规范登记内容和登记簿形式确保土地登记资料的正确和完整性，积极推行土地登记资料公开查询制度，为集体经营性建设用地入市交易的各类主体服务。

（4）加强对拟出让的农村集体经营性建设用地的地价评估及备案的监督。凡拟出让集体经营性建设用地的评估，必须以公开招标的方式确定评估机构，并由县级有关部门对土地评估机构的资质进行审查。

4.4.4.3 构建农村经营性建设用地入市的分配机制

土地增值是由于多种因素共同作用形成的：土地自身稀缺性，优越的地理位置，由农用地转为建设用地，政府和社会的投资以及社会经济发展对土地的需求等，其中有的是由内部增值有的是由外部条件变化引起的增值，土地增值收益应当合理分配。农民作为土地使用权的拥有者，应当分享土地增值的收益。中共十七大报告指出，初次分配和再分配都要处理好效率和公平的关系，再分配更加注重公平。这一原则同样适用于土地增值收益分配。中共十八届三中全会要求"建立兼顾国家、集体、个人的土地增值收益分配机制"，由于在集体经营性建设用地入市交易中，初次分配发生在国家和集体之间，而再次分配则发生在集体内部即农民个人之间，处理好公平与效率的关系是入市的前提。

（1）国家（包括地方政府）应通过税收获取集体经营性建设用地入市的增值收益。如上述税收制度所述，在土地增值、保有、闲置、用途改变、流转等环节，国家通过确定合适的税率对土地增值收益的分配进行调节，不仅要保证土地入市的农村集体享受合理的土地增值收益，同时也要保证区域的社会经济可持续发展，以及土地用途管制所引起的村组之间的土地资产性收益差异，并确保土地利用效率高效环保。县（区）、市政府取得的集体经营性建设用地增值收益及其他税收收益，要严格规范收支管理，在符合国家相关法律的基础上，专项用于法律规定的相关用途。

（2）集体及集体内部成员在缴纳相应的税收之后获得经营性建设用地入市的收益。在集体内部、农民个人之间的再分配时，国家应尊重集体的民主自治权利和村庄社区的非正式制度，集体和农民应遵循组集体经济股份合作组织制定和通过的章程进行分配，在留足保证集体经济组织发展的前提下，通过股东代表大会以及在监督机构监督下，由组集体经济经济组织股东代表在公开、公平、公正、民主的原则下自行决定收益分配方式。对于专项留给组集体作为发展部分，要严格规范收支管理，在政府监督、银行代管、村（组）集体代表大会民主决策下，专项用于农民社会保障、农村基础设施建设、农村公益事业以及等农民集体成员能够公平分享的地方。

4.4.4.4 构建农村经营性建设用地入市的基础性制度

集体经营性建设用地入市要遵照"同等入市、同权同价",建立起与国有土地平等的各种基础制度。

首先,集体经营性建设用地使用权出让期限应与国有土地大致相同,考虑一些农村的特殊性,使用权期限可以缩短,但最长期限应与国有土地使用权期限相同。

其次,建立起与国有土地交易相同的"招拍挂"制度。对于经营性用地的,参照国有土地使用权出让规定,在统一的土地一级市场上以招标、挂牌、拍卖方式供地。

最后,探索集体经营性建设用地与国有建设用地相协调的税收制度。农民集体经济组织作为集体经营性建设用地所有权主体,在获得相应的收益前提下也要依据国家制定的税收政策缴纳相应的税收,如土地增值税,农地转用审批环节的税费,逐步开征集体经营性建设用地的土地闲置税、不动产保有税等。

主要参考文献

陈书荣,陈宇. 2016. 土地审批制度的供给侧改革:征批分离 [J]. 中国土地,(2):21-23

冯广京. 2016. 土地领域供给侧结构性改革的重心和方向 [J]. 中国土地科学,30(11):4-12

高鸿业. 2004. 西方经济学:宏观部分(第三版)[M]. 北京:中国人民大学出版,693-706

华桂宏,李子联. 2016. 中国供给侧结构性改革的维度框架与路径选择——新古典经济学与新制度经济学的耦合视角 [J]. 江海学刊,(6):74-80+238

黄燕芬,李怡达,夏方舟. 2016. 土地领域供给侧结构性改革研究——基本内涵、关键问题与核心对策 [J]. 价格理论与实践,(9):14-17

梁亚荣,刘燕. 2008. 构建正当的土地征收程序 [J]. 中国土地科学,22(11):20-25

刘玲,邹文涛,林肇宏,等. 2015. 农村集体经营性建设用地入市定价空间的经济学分析 [J]. 海南大学学报(人文社会科学版),33(4):51-56

龙开胜. 2009. 农村集体建设用地流转:演变、机理与调控 [D]. 南京:南京农业大学博士论文

卢为民. 2016. 推动供给侧结构性改革的土地制度创新路径 [J]. 城市发展研究,(6):66-73

鲁玉秀. 2016. 基于农民增收的土地供给侧改革探讨 [J]. 农业经济,(9):83-85

齐睿,李珍贵,李梦洁. 2014. 被征地农民安置制度探析 [J]. 中国土地科学,28(3):39-45

谭术魁. 2002. 中国频繁爆发征地冲突的原因分析 [J]. 中国土地科学,22(6):44-50

唐烈英. 2014. 征收集体土地补偿费分配问题研究 [J]. 农村经济,(3):3-8

温世扬. 2015. 集体经营性建设用地"同等入市"的法制革新 [J]. 中国法学,4:66-83

吴爽. 2010. 土地征收过程中农民平等权的保护 [J]. 农村经济,(6):16-21

姚丽. 2017. 土地政策如何支持农村新业态发展 [J]. 中国土地,(1):19-23

叶建平,陈锋. 2007. 从权利到救济——完善我国农地征收纠纷解决机制的思考与建议 [J]. 法治研究,(11):9-15

殷少美. 2016. 关于土地供给侧结构性改革的思考 [J]. 中国物价,(11):50-52

周婧. 2015. 关于集体经营性建设用地入市的思考 [J]. 华北国土资源,(2):47-48

第 5 章　我国土地要素让渡市场供给侧结构性改革

> 土地要素让渡市场供给侧结构性失衡的主要表现：①土地要素二元来源、一二级市场不均衡，导致土地要素出让方式失衡；②新增建设用地"低进低出"、存量低效建设用地难以有效重配，导致土地出让价格失衡；③政府双重身份，导致土地市场决策机制失衡；④土地要素二元结构，导致土地要素分配机制失衡。
>
> 土地要素让渡市场供给侧结构性改革的主要方向：①加大供给侧结构性改革的政策供给力度，明确改革的主体和结构；②正确认识政府在市场中发挥作用的阶段性，逐步形成多元的土地供给格局，平衡多方利益；③发挥市场的决定性作用，破解土地要素让渡市场计划管理单一问题，实现多元改革价值取向。

5.1 研究土地要素让渡市场供给侧结构性改革的目的与意义

5.1.1 研究目的

本章专题研究新中国建立以来土地要素让渡市场的演变及运行机理，分析各阶段土地要素让渡市场的特点和可能存在的问题及原因，讨论分析我国土地要素让渡市场供给侧结构性改革的总体思路；结合现阶段土地要素让渡市场的运行状况，提出我国土地要素让渡市场供给侧结构性改革的政策建议。

5.1.2 研究意义

1. 提高土地要素让渡的市场化水平，推进城市土地的节约集约利用

改革开放以来，在我国城镇化和工业化的快速推进背景下，城市建设用地规模快速扩张。由于土地要素让渡市场长期缺乏市场化的运作，导致建设用地价格低于其实际价值。在生产要素替代作用下，土地作为生产要素被大量投入，导致建设用地利用效率低下。开展土地要素让渡市场供给侧结构性改革，有利于提高建设用地的市场化配置水平，使土地价格能够反映其价值，有助于推进建设用地的节约集约利用。

2. 从土地要素配置领域发力，推进产业结构和整体经济转型升级

土地要素让渡市场供给侧结构性改革，是土地要素配置领域的"三去一降一补"的过程。去的是长期低效配置产生的"高污染、高耗能、低效率"的产业用地，降的是土地交易成本，补的是创新型、环保型的产业。土地要素让渡市场供给侧结构性改革，从土地要素供给配置端发力，有利于推进我国产业结构和整体经济的转型升级。

3. 促进市场与政府的科学定位和合理分工，建立健全城乡一体、一二级联动的土地要素让渡市场

清晰界定公共利益，划清政府与市场的边界，转变政府职能，减少非市场机制配置土地。发展多元主体参与的城乡统一的一级土地要素让渡市场，规范并壮大二级土地市场，促进存量土地优化盘活。市场与政府合理分工，政府逐步退出直接的土地要素交易，发挥好其土地市场"守夜人"的职能，坚持市场机制在配置土地资源中的决定性作用，实现土地要素让渡市场中土地要素供需均衡价格下的市场均衡。

4. 改革现有交易规则和收益分配方式，实现政府、集体和农民合理分享土地增值收益

政府目前通过征地的方式垄断土地要素让渡一级市场供应的策略，不利于实现国有土地与集体土地"同地同权同价"的城乡一体化的长期战略目标，也不利于实现国家、集体和农民合理分享土地增值收益的公平原则。从推进我国实现城乡一体化发展、促进社会经济可持续发展的目标出发，应当通过改革现有的交易规则和收益分配方式，合理界定政府在土地要素让渡市场中的角色，在多元化的土地让渡市场上通过有效竞争来实现土地要素让渡相关主体的增值收益。

5.1.3　研究方法

（1）系统分析法。土地是我国社会经济宏观调控的一个重要手段，土地要素让渡是土地配置到土地使用者的关键阶段，土地要素让渡市场供给侧结构性改革直接关系宏观经济的健康发展。因此，研究将土地要素让渡市场供给侧结构性改革放在宏观经济发展的大背景下加以考察，更加全面和准确地把握土地要素让渡市场的地位和作用，并以确保宏观经济健康有序发展作为土地要素让渡市场供给侧结构性改革的方向。

（2）规范分析法。研究基于土地要素让渡的发展历程、运行机理，不同阶段土地要素让渡的主要工作重点和特征，以及土地要素让渡市场存在问题和改革思路，提出丰富土地要素让渡市场供给侧结构性改革内涵，正确处理政府和市场的作用，破解单一计划管理模式，构建多方利益平衡等土地要素让渡市场发展完善的政策建议。

（3）文献资料法。研究查阅大量土地要素让渡市场相关的文献资料，收集、整理新中国成立以来我国城市土地要素让渡市场的演化、特征、计划管理机制、市场交易机制发展的研究文献，对我国土地要素让渡市场进行系统、全面的总结研究。对转型时期城市土地要素让渡市场的运行机理、土地要素让渡市场供给侧结构性改革的思路进行重点深入分析，为指出土地要素让渡市场存在的问题并提出政策建议奠定基础。

（4）比较分析法。我国城市土地要素让渡经历了由无偿到有偿，从政府行政划拨为主到市场化有偿出让为主的历程。研究将整个发展历程分为计划经济时期和转型经济时期两个阶段，对这两个阶段的演变、运行机理进行总结比较，以明确我国土地要素让渡市场供给侧结构性改革的基本方向。

5.1.4　基本概念

1. 土地要素让渡

土地要素让渡包括所有权让渡和使用权让渡。我国《宪法》规定："城市的土地属于国家所有。农村和城市郊区的土地，除由法律规定属于国家所有的以外，属于集体所有；宅基地和自留地、自留山，也属于集体所有。"土地所有权的让渡主要在土地征收过程中，由集体所有变为国家所有，是推动要素让渡的前一阶段，不是本章研究的重点。

本章研究所指的土地要素让渡，是指城市建设用地使用权的出让和转让。主要包括两个方面：一是城市政府将征收的集体土地进行前期开发后，通过协议、招标、拍卖、挂牌等方式出让给用地需求者；二是城市存量土地所有者，将达到转让条件的土地放入流通领域进行交易的市场，是土地要素使用权的再次让渡。

2. 城市土地的概念及分类

简单来说，城市土地是指城市区域内的陆地、水面以及它们上下一定空间所构成的时空综合体,我国宪法和土地管理法都规定城市土地属于国家所有。但是,随着城市的扩张,城市范围内的土地类型更加多样化、复杂化。

城市土地可以从多个角度进行分类。从用途上,根据《全国土地分类(试行)》(国土资发〔2001〕255号),可分为农用地、建设用地和未利用地;根据《土地利用现状分类标准(GB/T 21010—2007)》,可分为耕地、园地、林地、草地、商服用地、工矿仓储用地、住宅用地、公共管理与公共服务用地、特殊用地、交通运输用地、水域及水利设施用地、其他土地12个大类[①]。根据土地利用的目标,城市土地又可以分为以公共利益为目标的公益性用地和以个体利益为目标的经营性用地。

尽管我国规定了"城市土地属于国家所有",但是,在工业化和城镇化快速发展推动下,城市规模急剧扩张,城乡界线日渐模糊,在已建成的城市化区域,也包含大量集体用地。因此,从实际利用的土地权属角度来看,城市土地包括国有土地和集体土地。

5.2 土地要素让渡市场供给侧结构性改革的内涵和分类

5.2.1 土地要素让渡市场在土地供给侧结构性改革中的地位和作用

根据经济学理论,完全竞争市场下的长期均衡中,行业中生存下来的厂商都具有最高的经济效率,最低的成本,要素得到优化配置。而我国土地市场是一种非完全竞争化的市场,如图5-1所示,地方政府成为土地经济活动中重要的参与主体进入土地市场的各个环节。特别是在土地要素供给时,地方政府基本垄断了集体土地的征收和土地要素的让渡,阻断了市场根据土地供需状况进行价格调节的信号路径,地方政府承担了土地要素市场的供给责任,成为事实上的土地要素市场中的单一供给方[②]。

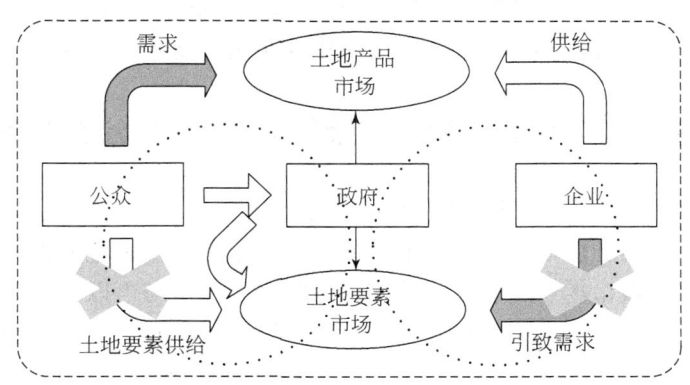

图5-1 我国土地市场现状

---

① 虽然城市土地主要以建设用地为主,但仍存在部分农用地和未利用地。
② 冯广京. 土地领域供给侧结构性改革的重心和方向[J]. 中国土地科学,2016,30(11):4-12

地方政府已经形成"以地生财"的机制，具有积极参与土地市场、垄断土地要素让渡市场的强烈动机[1]。在现行土地市场中，由于市场调节土地市场的信号路径不畅通，对政府研判土地和土地产品的供需状况的能力有很高要求。政府根据研判结果，通过土地要素让渡市场的供给，调控企业的土地需求和产业结构的发展，不仅增加了市场的运行成本，也增加了政府对市场供需信号研判和调控的责任和成本，增大了土地市场"失灵"的概率[2]。

土地市场供需信号失灵来自于土地要素让渡市场。由于公众无法直接参与土地要素让渡市场，公众对土地产品的需求无法反映到土地要素投入和利用方式上，低效过剩的生产与刚性需求产品不足同时存在，产生"失灵"的土地要素供需信号。

土地要素让渡市场，直接关系到土地要素供给的数量与方向，是土地要素让渡市场供给侧结构性改革的重点。政府弱化并逐步退出在土地要素让渡市场中的市场主体地位，强化其管理、监督和调控作用，实现土地要素的让渡与公众需求之间信号畅通传导，是推进我国土地市场改革的关键[2]。

5.2.2 土地要素让渡市场供给侧结构性改革的内涵

土地要素让渡市场供给侧涉及土地规划、整治、储备、流转和利用等环节，以及其中所涉及的土地产权制度、土地规划制度、土地开发利用制度、用途管制及其他的土地管理制度[3]。土地要素让渡市场供给侧结构性改革，就是通过改革土地制度，创新土地要素供给方式，推进用地结构调整，矫正土地要素配置扭曲，通过供给端发力来进一步释放土地要素红利，进而推动我国整体经济的转型升级。具体来说，土地要素让渡市场的供给侧结构性改革主要有三个方面的目标：第一，发挥市场机制在土地资源配置中的决定性作用，提高土地资源配置效率和土地节约集约利用水平。第二，调整用地结构，通过用地结构的调整推动经济结构调整，实现经济结构的转型升级。第三，推动我国新型城镇化发展，打破城镇建设用地与农村建设用地分割的局面，统筹城乡用地布局，促进城乡区域协调发展。

5.2.3 土地要素让渡市场供给侧结构性改革的分类与研究重点

1. 土地要素让渡市场供给侧结构性改革的分类

结合我国土地要素让渡市场现状及上海市、重庆市等地方土地要素让渡市场实践和探索，根据土地要素让渡市场供给客体，我国土地要素让渡市场可以分为土地指标市场和土地实体市场两个子市场。土地实体市场包括城市土地市场和农村土地市场，土地指标市场

---

[1] 左翔, 殷醒民. 土地一级市场垄断与地方公共品供给[J]. 经济学（季刊）, 2013, 12 (2): 693-718
[2] 冯广京. 土地领域供给侧结构性改革的重心和方向[J]. 中国土地科学, 2016, 30 (11): 4-12
[3] 何芳. 低效工业用地市场化退出的制度供给改革. 中国土地科学网. http://www.chinalandscience.com.cn/uploadfile/zgtdkx/20161109/低效工业用地市场化退出的制度供给改革.pdf

包括计划指标市场和减量化指标市场，具体如图 5-2 所示①。

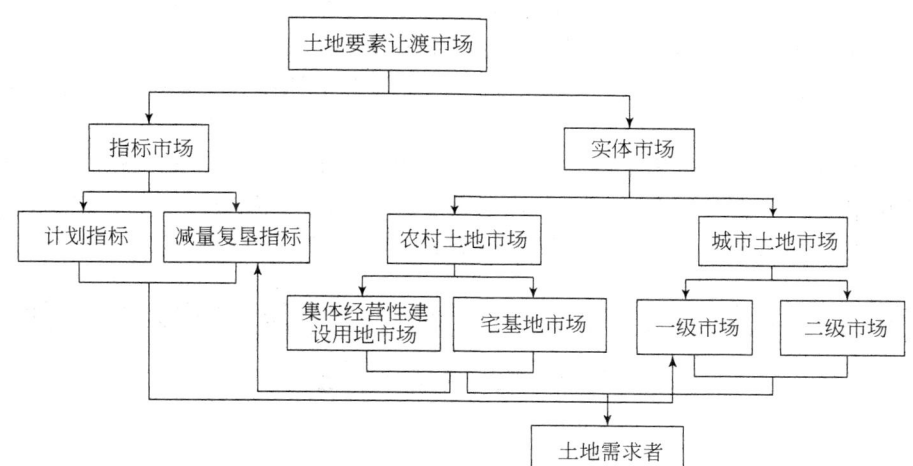

图 5-2　我国土地要素让渡市场体系②

根据不同的划分标准，土地要素让渡市场的供给侧结构性改革分类也各有不同。

（1）根据市场体系分类：主要包括城市土地市场供给侧结构性改革和农村土地市场供给侧结构性改革。其中，城市土地市场供给侧结构性改革主要包括一级土地市场改革和二级土地市场改革。

（2）根据土地用途分类：主要包括住宅用地市场供给侧结构性改革、工矿仓储用地市场供给侧结构性改革和商服用地市场和其他用地市场供给侧结构性改革。

（3）根据土地使用的环节分类：主要包括征地市场供给侧结构性改革、土地收储市场供给侧结构性改革、供地市场供给侧结构性改革和土地流转市场供给侧结构性改革。土地从征收到投放市场会经历较多环节，不同的环节所对应的土地市场都有必要进行供给侧结构性改革。征地市场的供给侧结构性改革注重以市场的手段进行征地和补偿；收储市场供给侧结构性改革要去除政府垄断性收储地位；供地市场供给侧结构性改革是对一级土地市场中土地出让的市场化改革；流转市场供给侧结构性改革以二级土地市场改革为重点。

（4）根据土地要素让渡市场交易客体分类：主要包括指标市场供给侧结构性改革和实体市场供给侧结构性改革。土地指标交易市场的供给侧结构性改革是对土地指标如用地整治挖潜指标、耕地占补平衡指标、建设用地增减挂钩指标等进一步进行规范，建立土地指标有形交易市场。实体市场供给侧结构性改革主要是针对现阶段的城市一二级土地市场的供给侧结构性改革。

---

① 马克星，刘红梅，王克强，等. 上海市土地市场供给侧改革研究［J］. 中国土地科学，2017，31（1）：37-47
② 农村宅基地只能在集体经济组织内部流转，并存在一定的"隐性流转"；计划指标使用基本为政府无偿指令性分配，因此，这两个市场尚未真正建立。但是，这两个市场将是未来土地市场建设的重要方向，同时为保证市场结构的完整性，研究将这两个市场列入土地要素让渡市场体系。

2. 土地要素让渡市场供给侧结构性改革的研究重点

根据图 5-2 我国土地要素让渡市场体系，指标市场最终服务于城市土地一级市场，农村土地市场还处于试点探索阶段，目前，城市土地要素让渡市场是我国土地配置的最主要的市场。根据图 5-1 反映的我国土地市场现状，土地要素让渡供给是我国土地市场改革的关键。

因此，本章研究重点聚焦于城市土地要素让渡市场供给侧结构性改革，分析其发展和建立的历史沿革、特点及运行机理，探索其供给侧结构性改革的思路。并探讨其运行过程中具体存在的现实问题，有针对性地提出改革的政策建议。

5.3 我国土地要素让渡市场运行机理及供给侧结构性改革思路

5.3.1 计划经济时期城市土地要素让渡市场的运行机理分析

5.3.1.1 计划经济时期城市土地所有制的特征

1949 年新中国成立至 1978 年改革开放，我国分阶段采取不同形式实施土地所有权的国有化。

1. 接管和没收帝国主义、官僚资本主义等占有的城市土地，无偿变为国有

1949 年 3 月，毛泽东在中国共产党第七届中央委员会第二次全体会议上的报告中指出，要接管帝国主义在中国的资产，没收官僚资本，一切收归国有。

此后，根据《中国人民解放军布告》、《中国人民政治协商会议共同纲领》等政策、法令和文件，接管了一批国民党政府所属的城市土地，接管或没收了帝国主义在我国占有的大批地产，没收了一批官僚资本家、战犯、汉奸及反革命分子在城市中的土地。

2. 采用赎买政策，将民族资本主义工商业、私营房地产公司和私人拥有的土地变为国有土地

对民族资本主义工商业的地产，从 1950 年开始，随着对民族资本主义工商业的加工订货、经销代销到公私合营的改造中一并收归国有。1956 年后，在全行业的公私合营中，私营企业的房地产估价后，由国家每年支付 5% 的定息，土地的占有和使用实际上转归国家。1966 年 9 月，中共中央转批《关于财政贸易和手工业方面若干政策问题的报告》，提出取消定息，资本家的土地所有权完全被取消，地产完全变为国有财产。

私营房地产公司和私人所拥有的土地是随着土地上的房屋在社会主义改造中一起收归国有的。对房地产业的改造，除少数实行公私合营外，绝大多数采用国家经租的方式由国家统一租赁、统一分配使用和统一修缮维护。这种方式一直持续到 1966 年停止付租，私营房地产公司和私人所拥有的土地所有权收归国有。

3. 采用征收方式把部分城乡非国有土地变成城市国有土地

随着城市建设的推进，城市规模不断扩大，原有的国有土地不能满足发展的需要。

1953年12月，政务院颁布《国家建设征用土地办法》，国家以城市建设征用土地的方式，将城市郊区非国有土地转变为国有土地。

5.3.1.2 计划经济时期城市土地让渡的特征

1. 新中国成立初期，国有和私有两种所有制形式并存，土地流转方式多样

新中国成立初期，我国城市土地存在国有和私有两种所有制形式，1949~1956年，私有土地可以买卖、出租、入股、典当、赠与、交换，但需缴纳契税。1953年12月以前，甚至国家机关、部队、学校、国有企业等国家性质的土地使用者在使用私人土地时也是通过购买和租赁，并支付地价和地租[①]。

2. 国家性质的土地使用者使用国有土地，建立无偿划拨土地使用制度

1953年12月，《国家建设征用土地办法》规定，国家机关、部队、学校、团体、公私合营企业或私营文教企业等土地使用者使用私人土地，需经批准采用征用的方式取得。1954年7月，国家不允许国家性质的土地使用者使用私人土地。

新中国成立后，国家机关、学校、部队等在使用国有土地时，采用政府无偿划拨的形式。而国有企业、公私合营企业使用国有土地时，采用有偿划拨的方式，需缴纳租金或土地使用费。直到1954年2月24日，政务院做出批示："国营企业经人民政府批准占用的土地，不论是拨给公产或出资购买，均应作为该企业的资产，不必再向政府缴纳使用费；机关、部队、学校经政府批准占用的土地，亦不缴纳租金和使用费。"1954年4月27日，中央人民政府内务部在关于执行国家建设征用的土地办法中几个问题的综合回复中也做出类似规定。到1955年，在城市土地上基本形成了无偿、无期限和无流转性的"三无"土地制度，我国计划经济时期城市土地利用最主要的土地利用模式——先征为国有，再划拨分配（如图5-3所示）形成。

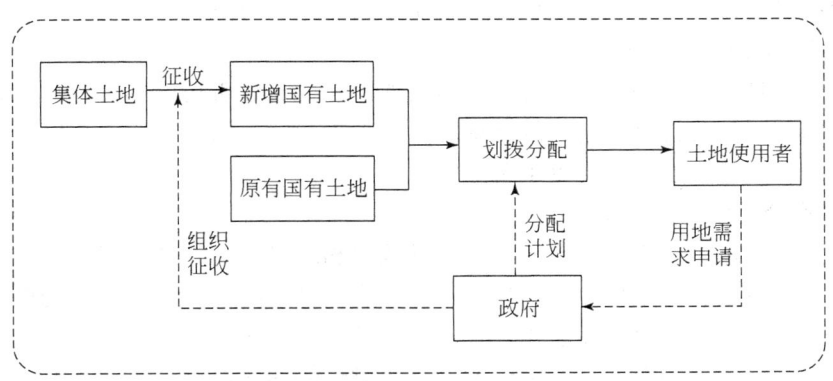

图5-3 计划时期土地划拨流程图

---

① 甘超英. 新中国宪法财产制度的历史回顾 [J]. 中国法学, 2010, (4): 132-157

3. 国家垄断国有土地，土地使用人不得自行转让

中华人民共和国成立后，即规定任何使用者对其使用的国有土地都不得自行转让。中央人民政务院于1953年颁布《国家建设用地征用土地办法》规定："凡征用之土地，产权属于国家。用地单位不需要时，应交还国家，不得转让。"直至改革开放之初的1982年的《中华人民共和国宪法》，依然明确规定："任何组织或者个人不得侵占、买卖、出租或者以其他形式非法转让土地。"

5.3.1.3 计划经济时期城市土地要素让渡的弊端

1. 没有形成真正的土地要素让渡市场

计划经济体制下，土地作为生产基础资料被政府管理、配置的方式是单一的行政主导型，城市土地管理采用行政手段和无偿使用方式，市场手段和准市场手段均未被利用，城市土地承担了过多的社会职能[①]。

2. 城市土地利用和配置的效率低下

计划经济时期城市土地要素通过行政方式划拨，土地使用是无偿的，不存在价格机制。土地要素让渡失去了有效的信号传递机制，在土地配置时，政府难以知道土地需求方的确切需求，土地配置难以保证使用效率。

土地使用者从政府获得的土地是无偿、无期限和无流转性的，因此，使用者缺乏高效利用土地的动力，土地利用不充分，土地荒芜、闲置现象比较严重，土地利用效率十分低下，而另一方面，许多土地需求者却得不到土地，城市土地短缺与低效并存。

3. 不利于我国城市的建设和发展

无偿划拨土地，土地的价值得不到体现，土地应有的价值收益得不到实现，政府缺乏城市建设资金，城市的发展不能通过土地的开发利用来支持。城市建设长期处于一种低水平建设和维护的状况，城市居民居住、生活水平得不到有效改善。

4. 土地违法事件屡见不鲜

计划经济时期城市土地要素让渡，土地的取得不是通过市场引入竞争，而是通过各级行政部门的审批。这种计划经济下的土地配置导致大量的寻租行为，土地需求者通过各种手段获得土地，土地违法事件屡见不鲜。

5. 形成不公平的企业竞争环境

土地是产业发展的三大基本要素之一，其数量和质量的差异会带来企业生产结果的差异。在计划经济时期，由于生产、销售等都是国家计划分配任务，企业之间的不公平还不明显。改革开放后，我国逐步发展市场经济，无偿划拨配置产生的企业之间的差异显现，占有较多和较优质土地的企业在竞争中就处于相对优势的地位。

---

① 曹飞. 转型期中国城市土地市场运行机制研究 [D]. 郑州：郑州大学硕士学位论文，2009

5.3.2 转型经济时期城市土地要素让渡市场的运行机理分析

1982年以前,我国城市土地中的绝大部分土地已转为国有,但仍有少量属于集体和个人所有。1982年12月,第五届全国人民代表大会通过的《宪法》第十条规定:"城市的土地属于国家所有。"明确了城市原国有土地的所有权归属,并且把城市少量非国有土地在法律上也宣布为国有。至此,在全国范围内(香港、澳门、台湾地区除外)实现了城市土地国有化,而新增的城市用地则需采用征收集体土地的方式获得。直到2013年11月《中共中央关于全面深化改革若干重大问题的决定》,提出在符合规划和用途管制的前提下,允许农村集体经营性建设用地出让、租赁、入股,实行与国有土地同等入市、同权同价,并陆续开始地方试点。转型经济时期城市土地要素所有制基本未发生太大变化,而土地要素让渡则经历了从无偿到有偿、由计划到市场的演化历程。

5.3.2.1 转型经济时期城市土地要素让渡市场的演化

改革开放以来,随着工业化和城镇化的快速发展,土地要素成为关键性的生产资料,我国地方政府逐步通过控制土地配置来经营城市,以实现普遍的经济增长。我国的城市土地要素出让,经历了由无偿到有偿、由计划到市场的过程,土地要素让渡在灵活性和透明度的平衡中不断演化发展[1]。

1. 打破无偿使用,征收城市土地使用费(1980~1986年)

改革开放以前,我国长期使用计划配置、无偿划拨的方式使用城市土地要素。这种计划模式不能实现土地要素的优化配置,难以保障城市土地的高效利用。1979年7月,第五届全国人民代表大会第二次会议通过《中华人民共和国中外合资经营企业法》;1980年10月,国务院颁布《关于中外合营企业建设用地的暂行规定》,国家改变过去城市土地无偿使用的规定,开始对中外合营企业用地计收场地使用费。

1982年,根据《深圳特区土地管理暂行规定》,深圳经济特区成为首个按年度和土地等级向土地使用者收取不同标准土地使用费的地区。1983年,抚顺市制定《抚顺征收土地使用费暂行办法》,试点征收城市土地使用费,并从1984年起开始向包括国内企业和个人的土地使用者全面征收土地使用费(行政及公益事业单位等用地免收)[2]。

深圳和抚顺向土地使用者收取土地使用费,迈出了我国城市土地产权制度改革的第一步。随后,广州、上海、重庆等城市也先后开始征收土地使用费。到1988年初,全国已有100多个城市开征城市土地使用费[3]。

2. 城市土地要素有偿使用制度基本建立(1987~1991年)

城市土地使用费虽然开始了有偿使用土地的探索,但是没有改变城市土地划拨配置的

---

[1] 王媛,杨广亮.为经济增长而干预:地方政府的土地出让策略分析[J].管理世界,2016(5):18-31
[2] 艾建国.中国城市土地问题研究[M].武汉:华中师范大学出版社,2001:123
[3] 赵贺.中国城市土地利用机制研究[M].北京:经济管理出版社,2004:99

性质。1987年9月，深圳市在全国率先开展土地使用权有偿出让和转让试点，以协议的方式将5321.8平方米住宅用地使用权有偿出让。这是我国城市土地使用制度的根本性改革，打破了土地长期无偿、无期限、无流动的使用制度，开始引入市场机制配置土地资源。1987年11月，深圳市政府首次公开招标出让土地使用权，土地有偿使用制度向更加公开、透明的方向发展，更有利于体现土地的价值。

1988年4月，《中华人民共和国宪法》修正案，将宪法中规定的不得出租土地改为"土地使用权可以依照法律的规定转让"；《中华人民共和国土地管理法》也做出相应调整，规定"国家依法实行国有土地的有偿使用制度"。城市土地使用制度改革有了法律依据。1988年11月1日开始，城市土地使用费改为征收土地使用税。

1990年5月，国务院颁发《中华人民共和国城镇土地使用权出让和转让暂行条例》，对土地使用权出让、转让、出租、抵押、终止以及划拨土地使用权等问题做出明确规定，为我国土地市场的发育提供法律条件，为二级市场的发展提供法律依据。

这一阶段，国家在保留土地所有权的前提下，主要以协议的方式将土地使用权出让给使用人，出让后的土地可以转让、出租、抵押。土地要素配置中引入市场机制，改变了单纯依靠行政划拨的方式，开始向行政划拨与有偿使用并重的方向转化。土地逐步成为社会主义市场经济中的一种重要生产要素，国有土地以有偿出让方式进入土地市场的数量激增。

3. 城市土地使用权出让形式多样化（1992~1998年）

中共十四届三中全会决定把土地使用制度改革作为整个经济体制改革的重要组成部分。通过市场配置土地范围不断扩大，实行土地使用权有偿、有期限出让的方式扩展到全国。城市土地使用权的有偿出让方式越来越加多元化，主要方式除了协议、招标和拍卖等基本形式外，还探索尝试"年租制"、使用权作价入股等方式。

1994年，湖北襄樊、河南许昌和山东青岛等地率先试行年租制，取得一定成效。1996年，《股份有限公司土地使用权暂行规定》允许将一定期限的国有土地使用权作价入股，由新企业持有并用于转让、出租、抵押。1997年年底，全国试行年租制用地管理的县（市、区）已达到860个[①]。1998年，国家土地管理局发布的《国有企业改革中划拨土地使用权管理暂行规定》，进一步肯定和明确了国有企业逐步实行年租制。国务院颁布的《土地管理法实施条例》，首次从法规的角度明确规定，国家可以以出租的方式向用地者有偿提供土地[②]。

4. 建设用地招标、拍卖、挂牌出让制度初步建立（1999~2007年）

招标、拍卖、挂牌出让，是更加符合市场机制、更能显化土地要素价值、更有效配置土地要素的出让方式。但是随着土地市场的迅速发展，协议出让中政府过度干预带来的腐败、土地浪费等负面影响也逐渐突出。从20世纪90年代后期开始，中央政府再次要求推进土地出让方式的市场化改革，改革的重点为建立和完善土地招、拍、挂的出让方式。

国土资源部1999年1月发布的《关于进一步推行招标拍卖出让国有土地用权的通知》和2001年5月发布的《关于加强国有土地资产管理的通知》，均明确要求扩大国有土地使

---

① 刘建华，王兆华，勾鲁增. 土地年租制的几个问题 [J]. 中国土地，1998，(6)：37-38
② 岳晓武. 有偿用地多元化土地租赁势必行 [J]. 北京房地产，1999，(8)：9-12

用权招标、拍卖的比例。

2002年，土地市场化改革要求经营性用地公开竞价出让，《招标拍卖挂牌出让国有土地使用权规定》规定商业、旅游、娱乐和商品住宅等各类经营性用地招拍挂出让；2004年，《关于深化改革严格土地管理的决定》要求工业用地也要创造条件逐步实行招、拍、挂出让的方式；而《关于继续开展经营性土地使用权招标拍卖挂牌出让情况执法监察工作的通知》，叫停了经营性土地的协议出让方式；2006年，《全国工业用地出让最低价标准》出台，明确要求工业用地必须采用招标、拍卖、挂牌的方式出让。

2007年，《招标拍卖挂牌出让国有建设用地使用权规定》，对我国土地招、拍、挂做出了详细的规定，再次明文规定工业、商业、旅游、娱乐和商品住宅等经营性用地以及同一宗地有两个以上意向用地者的，应当以招标、拍卖或者挂牌方式出让。我国建设用地招标、拍卖、挂牌出让制度初步建立起来。

5. 集体建设用地入市试点（2008年以后）

改革开放以前，我国禁止集体土地出租、买卖，但农村集体建设用地入市的隐形市场一直存在[1]。改革开放至2008年，集体建设用地经历了自发入市、乡镇企业推动入市、规范入市试点等入市形式，《土地管理法》在历经了"放"和"收"后的制度倾向还不明朗。总体来看，农村集体建设用地入市未取得全局性的突破[2]，其规范管理还需要更清晰明确的顶层设计和配套改革[3]。

2008年后，中央明确改革目标，大力推动集体建设用地入市配套制度改革和试点工作。中共十七届和十八届三中全会提出要"建立城乡统一的建设用地市场"，集体建设用地"在符合规划的前提下与国有土地享有平等权益"，"实行与国有土地'同等入市、同权同价'"。中共十七届三中全会决定缩小征地范围，明确"城镇规划区范围外的非公益性项目"不再征地，并开启试点。

2013年，中共十八届三中全会《中共中央关于全面深化改革若干重大问题的决定》要求在符合规划和用途管制前提下，允许农村集体经营性建设用地出让、租赁、入股，实行与国有土地同等入市、同权同价，并陆续开始地方试点。

2014年、2015年，中央两次出台集体经营性建设用地入市的文件通知，选择北京市大兴区、上海市松江区等33个试点县（市、区）行政区域进行试点，2016年，银监会制定农村集体经营性建设用地使用权抵押贷款管理暂行办法，规范推进农村集体经营性建设用地使用权抵押贷款工作。

5.3.2.2 转型经济时期城市土地要素让渡市场运行机理

1998年，土地管理法明确要求我国实行建设用地总量控制，严格执行土地利用总体规

---

[1] 李景刚，张效军，高艳梅，等．我国城乡二元经济结构与一体化土地市场制度改革及政策建议［J］．农业现代化研究，2011，32（3）：297-301
[2] 高圣平，刘守英．集体建设用地进入市场：现实与法律困境［J］．管理世界，2007，(3)：158-159
[3] 丁琳琳，孟庆国，刘文勇．农村集体建设用地入市的发展实践与政策变迁［J］．中国土地科学，2016，30(10)：3-10

划和土地利用年度计划,建设单位使用国有土地应当以出让等有偿使用方式取得。经过不断的发展和完善,我国转型经济时期城市土地要素让渡市场形成了图 5-4 所示的运行流程,可以看出,我国土地要素让渡市场的运行主要包括土地利用年度计划、土地储备计划和土地供应计划三个计划管理机制以及土地一级市场、土地二级市场两个市场交易机制。

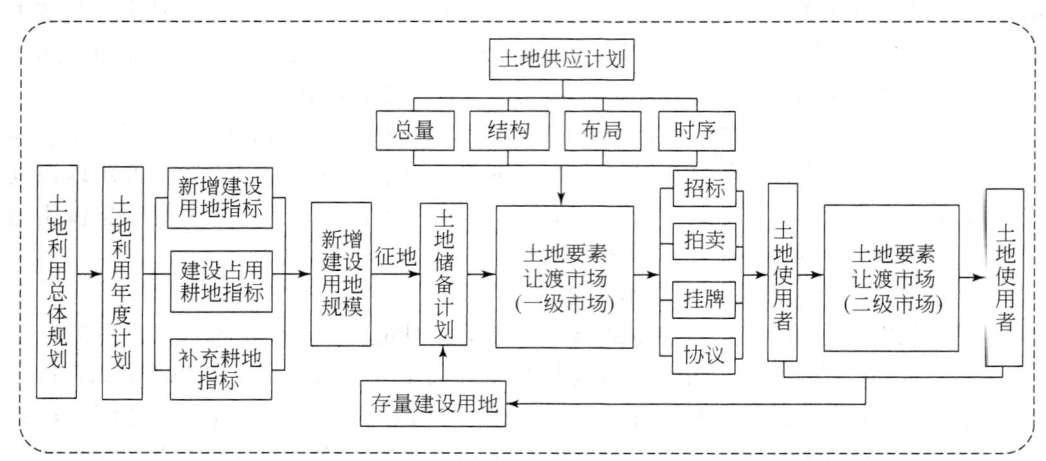

图 5-4 转型经济时期城市土地要素让渡市场运行流程示意图

1. 计划管理机制

1) 土地利用年度计划

土地利用年度计划,是指国家对计划年度内新增建设用地量、土地整治补充耕地量和耕地保有量的具体安排。我国 1999 年 2 月就通过《土地利用年度计划管理办法》,通过年度计划管理合理控制建设用地总量。

由图 5-4 可知,土地利用年度计划在我国土地总体利用规划的基础上,根据每年经济、社会发展状况,分配土地总体利用规划中的新增用地空间。土地利用年度计划控制我国每年的新增建设用地总规模,是编制土地储备计划和供应计划的重要基础依据之一①。在土地利用年度计划确定新增建设用地量、土地整治补充耕地量和耕地保有量三个指标之后,才能确定土地的储备计划,进而确定土地的供应计划。

2) 土地储备计划

2001 年 4 月 3 日《国务院关于加强国有土地资产管理的通知》发布,明确要求"有条件的地方政府试行收购储备制度",土地储备工作在全国迅速展开。由图 5-4 可知,土地储备包括新增建设用地和部分存量建设用地,土地储备规模决定了土地要素一级市场能够让渡土地的最大规模。

土地储备制度是我国地方政府和国土部门,顺应"经营城市,经营土地"的需要所进行的土地制度创新。土地储备实行计划管理,市、县相关部门根据当地经济和社会发展计

---

① 代兵,王克强,陈立俊. 省级土地利用年度计划执行考核监管制度深化研究[J]. 中国土地科学,2011,(7): 3-8

划、土地利用总体规划、城市总体规划、土地利用年度计划和土地市场供需状况等编制年度土地储备计划。土地储备制度通过收购—前期开发储备—供应三个环节来实现对城市土地市场的调控和管理[①]。收购一般是通过征收集体土地、回收存量建设用地等方式取得土地使用权；前期开发储备是对收购的土地进行整理以达到出让条件；供应是根据供地计划、城市规划等向社会提供达到出让条件的土地，出让土地使用权。

3）土地供应计划

2002年5月公布的《招标拍卖挂牌出让国有土地使用权规定》要求编制土地出让计划。2010年，《国有建设用地供应计划编制规范》（试行）发布，指出国有建设用地供应计划，是指市、县人民政府在计划期内对国有建设用地供应的总量、结构、布局、时序和方式做出的科学安排，是土地市场稳步发展的重要保障。

土地供应计划编制要求对土地利用现状和土地利用总体规划、城市规划进行对比分析，初步确定国有建设用地供应潜力，确定计划期内可实施供应的国有建设用地；科学预测国有建设用地需求总量和结构，确定各地类国有建设用地的需求量。土地供应计划按行政辖区、城市功能区、住房和各业发展用地需求、土地用途和供应方式，对国有建设用地供应计划指标进行分解，基本确定计划期内国有建设用地供应总量、结构、布局、时序和方式。

2. 市场交易机制

1）土地一级市场

土地一级市场是土地使用权出让市场，土地所有者将土地使用权让渡给土地使用者，即政府部门将城镇国有土地或将农村集体土地征为国有土地后出让给使用者的市场，体现的是土地所有者与使用者之间围绕土地交易产生的责、权、利的关系。

招标、拍卖、挂牌（"招拍挂"）出让方式是土地一级市场的主要交易形式。我国土地招标、拍卖、挂牌的出让方式确立较晚，2004年，国土资源部等《关于继续开展经营性土地使用权招标拍卖挂牌出让情况执法监察工作的通知》规定，2004年8月31号以后所有经营性用地出让全部实行招、拍、挂的制度；2006年，《国务院关于加强土地调控有关问题的通知》规定，工业用地必须采用招标、拍卖、挂牌的方式出让。我国土地一级市场招、拍、挂出让制度得以确立。

招标、拍卖、挂牌的出让方式，因其引入市场机制、竞争机制，防止国有资产的流失，提高土地利用效率[②]等优点，迅速成为我国土地一级市场最主要的交易形式（图5-5）。根据《2015中国国土资源公报》，2015年全国共出让国有土地22.14万公顷，出让合同价款2.98万亿元。其中，招标、拍卖、挂牌出让土地面积20.44万公顷，约占出让总面积的92.3%；招标、拍卖、挂牌出让合同价款2.86万亿元，约占出让合同总价款的96.0%。

2）土地二级市场

土地二级市场，即土地使用者将达到转让条件的土地放入流通领域进行交易的市场，

---

① 曹飞. 转型期中国城市土地市场运行机制研究[D]. 郑州：郑州大学硕士学位论文，2009

② 王克强，熊振兴，高魏. 工业用地使用权交易方式与开发区企业土地要素产出弹性研究[J]. 中国土地科学，2013，27（8）：4-9

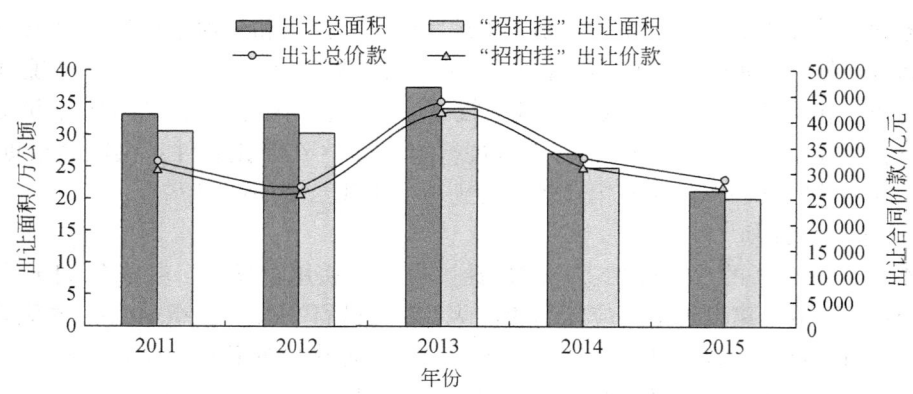

图 5-5 2011~2015 年国有建设用地出让面积和出让合同价款变化情况

是土地使用权的再转让,体现了土地使用者之间因土地交易而产生的责、权、利的关系。

土地二级市场主要包括土地用途管制、土地流转和土地税费。在二级土地市场上,土地用途管制是对于之前确定用途的土地在转变用途过程中的审核管理,对于严格控制土地用途、提高土地利用效率和城市发展规划具有重要作用[1];土地流转是二级市场对转变用途土地、闲置土地、违规用地等进行二次投放利用;土地税费是政府针对土地的流转征收税费,以规范土地流转行为。

土地的二级市场交易方式灵活多样。交易类型上,既有转让,又有抵押和租赁;交易形式上,既有土地使用权的直接交易,也有通过股权转让等变相交易和以作价入股、联营等其他形式的交易[2]。二级市场对活跃建设用地市场,提升建设用地再配置效率具有重要作用,中共十八届三中全会明确提出要完善土地租赁、转让、抵押二级市场。

5.3.3 土地要素让渡市场供给侧结构性改革的思路

遵循我国土地要素让渡市场运行和发展的历史沿革,结合我国土地资源利用、开发和保护现状,我国土地要素让渡市场供给侧结构性改革应继续沿着市场化、多元化的方向发展,改革的重点包括四个方面:出让方式改革、出让价格改革、决策机制改革和分配机制改革。

5.3.3.1 出让方式改革:要素出让路径多元化

1. 土地要素来源由征收到不征收,建立城乡统一的一级土地市场

1998 年新修订的《土地管理法》规定,"任何单位和个人进行建设,需要使用土地的,必须依法申请使用国有土地;但是,兴办乡镇企业和村民建设住宅经依法批准使用本集体经济组织农民集体所有的土地的,或者乡(镇)村公共设施和公益事业建设经依法批

---

[1] Du Jinfeng, Thill Jean-Claude, Richard B. Peiser, et al. Urban land market and land-use changes in post-reform China: A case study of Beijing [J]. Landscape and Urban Planning, 2014, 124: 118-128

[2] 卢为民. 我国土地二级市场存在的问题及其规范路径 [J]. 城市问题, 2015, (3): 31-36

准使用农民集体所有的土地的除外"。基本关闭了集体建设用地合法入市的通道。

目前，土地一级市场基本被政府垄断。集体土地进入市场需要沿图 5-6 中的路径①，必须先经过征收转变为国有土地后才能进入，而集体建设用地直接进入市场的合法通道（图 5-6 中的路径③）基本关闭[①]。

土地要素让渡市场供给侧结构性改革应建立城乡统一的一级土地市场，扭转集体土地与国有土地在一级市场上的不平等地位，逐步实现国有土地和集体土地在一级市场的"同地、同价、同权"。一级市场土地出让，应严格区分公益性土地利用和经营性土地利用，公益性土地利用需求可继续实行政府征地后出让的方式（图 5-6 中路径①）；而经营性土地利用，应在城乡统一的一级土地市场上，通过有效竞争获得。

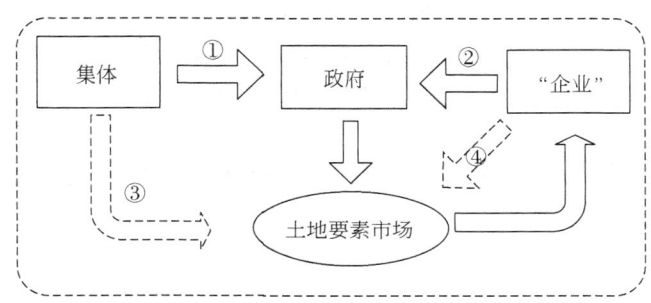

图 5-6　土地要素让渡方式分析图

2. 建立一二级联动的要素盘活市场

我国土地二级市场发育程度低，建设用地使用权转让交易不够活跃，一级市场的土地储备范围过大。大部分存量建设用地的流转，政府都要进行再次收储与出让，大部分地区的土地储备量甚至占到了存量供地量的 80%~90%，严重挤占了二级市场中土地转让的空间[②]。

土地要素让渡市场供给侧结构性改革应逐步建立起一二级联动的要素盘活市场。首先，要素让渡主体多元，尤其是存量建设用地流转主体的多元，有助于存量建设用地的盘活利用，改变我国土地资源紧张与建设用地利用低效状况并存的用地"窘况"。其次，多元主体的参与有助于土地要素真实价格的显化，防止土地要素让渡价格长时间偏离价值，造成土地让渡市场及土地产品市场的较大波动。

5.3.3.2　出让价格改革：要素出让价格市场化

1. 增量建设用地出让"高进高出"，真实反映土地价值

为促进社会经济快速发展，我国建设用地长期采用行政划拨无偿、无限期提供给企业使用，新增建设用地出让"低进低出"，土地利用效率低下。无论是征地价格还是出让价格，都无法反映真实的土地价值。2007 年，国土资源部令第 39 号《招标拍卖挂牌出让国

[①] 高圣平，刘守英. 集体建设用地进入市场：现实与法律困境 [J]. 管理世界，2007，(3)：158-159

[②] 卢为民. 土地市场供给侧结构性改革与二级市场建设. 中国土地科学网. http://www.chinalandscience.com.cn/uploadfile/zgtdkx/20161109/土地市场供给侧结构性改革与二级市场建设.pdf

有建设用地使用权规定》再次明文规定，工业、商业、旅游、娱乐和商品住宅等经营性用地以及同一宗地有两个以上意向用地者的，应当以招标、拍卖或者挂牌方式出让。我国建设用地招标、拍卖、挂牌出让制度初步建立起来。

尽管如此，我国土地要素价格仍处于"低进低出"的扭曲状态，不能反映土地要素的供求关系。首先是征地价格过低，我国《土地管理法》第47条规定："征收土地的，按照被征收土地的原用途给予补偿……土地补偿费和安置补助费的总和不得超过土地被征收前三年平均年产值的三十倍。"其次，土地出让价格偏低。出让价格应该等于征地成本与社会成本的总和，在实际土地征收出让过程中，社会成本具有滞后性和不确定性，政府出让建设用地时，在获得直接收益的同时，还考虑后续的就业、税收等收益。因此，土地会低于真实价值而出让给用地企业，这种状况在工业用地出让时尤为突出。

土地要素"低进低出"，农民只能获得有限的土地出让收入，政府负担较多的社会成本，企业的土地要素成本降低，导致企业对土地需求量的增加，不利于我国的耕地保护和建设用地节约集约利用。

如图5-7所示，土地出让应严格区分公益性用地和经营性用地，逐步减少土地征收的规模。

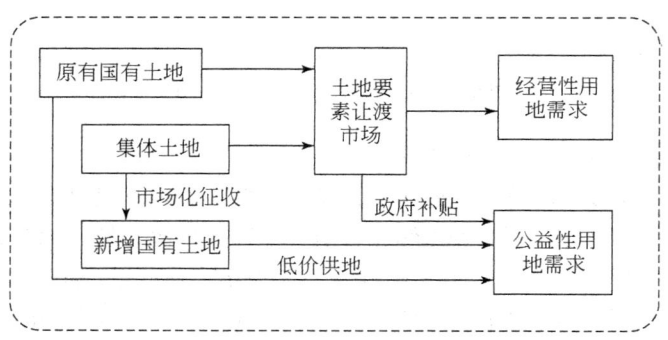

图 5-7 增量土地出让"高进高出"示意图

公益性用地可通过征地和从土地要素让渡市场竞争获得。通过征地途径时，征地价格按照市场化价格征收，为实现社会公益目标，政府将征收的土地通过协议等低价供地方式供应；从土地让渡市场竞争获得土地，政府对公益性用地项目进行补贴。公益性用地实现事实上的"高进高出"，其用地成本由政府负担。

经营性用地通过在完全竞争的土地要素让渡市场中竞争获得，土地价格反映实际的土地供需。采用"高进高出"的土地要素出让方式，农民除获得基本的农业生产、安置补偿外，还能获得因被征地而产生的社会成本，政府作为土地所有人的权益得到保障。土地要素价格反映真实的土地供需，企业根据要素的价格选择是否落地，并合理使用建设用地，有助于区域产业能级的提升和建设用地的高效利用。

2. 明晰存量建设用地权益，允许并鼓励高价转让

由于我国长期的土地划拨、协议出让等低地价供地，我国存在大量的低效存量建设用地。这部分土地产权不清，并且可能经过原使用权人的多次转让，再加上国有企业破产、文物保护、产权纠纷等多种遗留问题，权利关系非常复杂。在这种状况下，这些土地很难通过土地二级市场进行有效配置，提高其利用效率。

因此，必须加大对存量低效用地的产权梳理和权益界定，在补缴土地相关税费之后，鼓励其在二级市场根据市场供需状况进行高价转让交易。交易所得收益，由土地所有者、原使用者等各相关主体进行再次分配；土地增值收益在政府、开发商、原土地使用权人等利益主体间的分配，关系存量土地再利用的制度核心①。必须建立合理的存量土地利用的利益分配格局，保证存量建设用地流转收益的社会共享，促进其高效利用。

5.3.3.3 决策机制改革：地方政府干预减小化

在完全竞争的市场中，供需平衡逐步收敛，市场趋于稳态均衡。稳态均衡是在市场这只"看不见的手"作用下自发运转，不需要政府过多干预而实现有效运转。在土地让渡市场建立之初，市场机制不健全，地方政府的积极干预有助于市场的运行与逐步健全。

我国城市土地使用制度改革以来，土地要素让渡市场已发生了很大变化。但是在现有土地制度框架内，地方政府具有产权主体、行政主体、监管主体、市场主体等多重角色，具有"政府人"和"经济人"的双重行为特征②，其对要素市场的干预程度依然很深。地方政府往往通过"政府人"的行政和规划计划等手段，压低土地征收价格、控制土地要素让渡方向、改变土地产品需求等方式，谋求"经纪人"的利益，如图 5-8 所示。地方政府行为失范，导致土地要素让渡市场始终处于发散的非平衡状态。

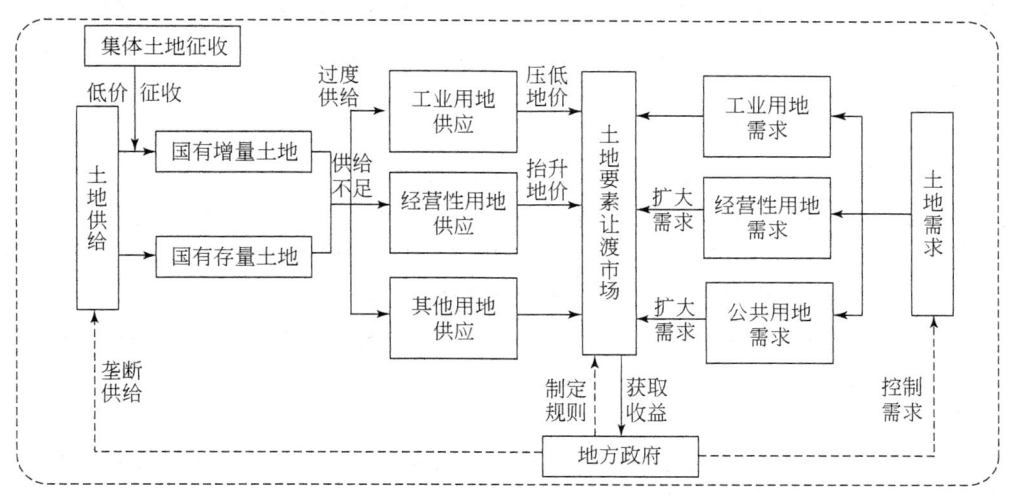

图 5-8　地方政府城市干预土地市场示意图③

---

① 谭术魁，张路，王斯亮，等. 土地二次开发中政府分享土地增值收益研究 [J]. 资源科学，2015，37（3）：436-441
② 李俊丽. 城市土地出让中的地方政府经济行为研究 [D]. 成都：西南财经大学博士学位论文，2008
③ 张飞，曲福田. 土地市场秩序混乱与地方政府竞争 [J]. 社会科学，2005，(5)：21-26

土地要素让渡市场的供给侧结构性改革，要把地方政府的干预控制在合理的范围之内，以市场机制来决定土地要素的供需。对地方政府行为的改革主要包括以下三个方面：

1. 保护国有土地所有者的合法权益

城市土地属于国家所有，是政府的宝贵资产。在城市土地出让方面，国家与地方政府之间，存在着委托与代理的关系，管好城市土地，避免国有资产的流失，对于城市的开发与建设具有重要意义。

在现有地方官员的选拔和提升与地方经济发展绩效挂钩的考核体系下[①]，地方官员可能会在城市土地出让过程中采取"低地价出让"等措施吸引企业落地，以促使地方经济的发展[②]，损害政府作为土地所有者的权益，造成国有资产流失。

国家没有制定相应的制度保障和监督，缺乏有效的约束机制。因此，必须强化对地方政府在国有土地要素让渡时的规范和监督制度，引导地方政府的经济行为，确保科学化、合理化的利益格局的形成[③]。

2. 政府退出直接的土地经济活动

作为土地要素让渡市场中一个独立的利益主体，地方政府符合"经济人"的一般特征。在经济发展和国家对地方政府考核的双重压力下，地方政府凭借其掌控的资源去获取最大化垄断租金，导致地方政府行为与中央政府保护耕地、高效利用土地的政策目标不一致。

按照市场经济的普遍规律，地方政府应退出直接的土地经济活动，只有剥离了地方政府土地政策的制定者和市场参与者的双重身份，地方政府才能在土地要素让渡市场成为公平、公正的"裁判员"，使地方政府与中央政府的土地管理目标相一致，共同实现健全土地要素让渡市场、监督市场主体的行为。

3. 合理定位政府的管理者职能

地方政府通常将发展地方经济放在首位，并通过整合一切地方政府可以支配的资源来促进地方经济的发展，具有发展型和趋利性的特征[④]。而我国土地市场中对政府作为管理者的职能范围没有清晰的界定，导致地方政府运用国有土地垄断供应和集体土地征收权，操纵土地数量和土地价格等来发展地方经济和获取自身的利益。

在这种非完全竞争的土地要素让渡市场中，供需平衡逐步发散。为维持让渡市场的运转，地方政府不得不制定更多的干预政策，甚至导致政府由市场管理者成为过度干预的市场主导者。

在土地要素让渡市场供给侧结构性改革中，地方政府应改变这种扭曲的管理者职能。让市场成为配置土地资源的主要机制，作为管理者，地方政府应定位于规则的制定者和规

---

① 徐恒周，吴冠岑，郭玉燕. 耕地非农化与中国经济增长质量的库兹涅兹曲线假说及验证——基于空间计量经济模型的实证分析[J]. 中国土地科学，2014，(1)：75-81

② 蒋南平，徐慧. 地方政府对城市土地供给的影响研究：理论与实证[J]. 经济理论与经济管理，2015，(1)：55-66

③ 贾凤凤. 城市土地出让中的地方政府经济行为研究[J]. 商，2015，(24)：38

④ 许根林. 城市土地供给制度变迁中的地方政府行为[J]. 改革，2007，(2)：28-31

则执行的监督者和服务者，为土地要素让渡市场提供优质的服务。

5.3.3.4 分配机制改革：产权主体权力平等化

1. 集体土地与国有土地地位平等

《中华人民共和国宪法》第十条规定："城市的土地属于国家所有。农村和城市郊区的土地，除由法律规定属于国家所有的以外，属于集体所有；宅基地和自留地、自留山，也属于集体所有。国家为了公共利益的需要，可以依照法律规定对土地实行征收或者征用并给予补偿。"

从法律上看，集体所有和国家所有只是所有权主体的不同，而两者在法律地位上是平等的。我国的土地征收制度，扩大了"公共利益"的范围，规定的"任何单位和个人进行建设，需要使用土地的，必须依法申请使用国有土地；……"，在事实上将集体所有置于国家所有之下，与我国的《宪法》精神不符，土地要素让渡时，极大损害了集体所有土地的权益。

因此，在土地要素供给侧结构性改革中，必须对此进行纠正，尊重集体土地与国有土地地位平等，制定集体土地入市规则，建立与国有土地"同地、同价、同权"的土地市场。

2. 有效确立并合理分享土地发展权

广义的土地发展权涉及土地利用和再开发的用途转变和利用强度的提高而获利的权利[①]，是从20世纪50年代初开始在英、美、法等国相继设置的一项重要土地产权制度。国外发展权实践表明，土地发展权起到了一定的保护农地、自然资源、生态环境和提高城镇建设区土地利用效率的目的。

目前，我国还没有土地发展权的制度设置，但是在征地、出让、转让、建设用地增减挂钩、节约集约利用等诸多土地管理中都存在与土地发展权配置相关的问题。按照我国现行的要素让渡制度安排，征收土地时，政府侵占了农民集体的土地发展权，土地发展权实际为政府所有，收益为政府获得。

土地要素让渡市场的供给侧结构性改革中，应基于效率和公平兼顾的原则，推进我国土地发展权制度的有效确立，建议将国家作为国有土地发展权的权利主体，农民作为集体土地发展权的权利主体，均衡地设立土地发展权，国家和集体合理分享土地增值收益。

5.4 我国土地要素让渡市场存在的问题及原因分析

5.4.1 计划管理机制为主的土地要素让渡市场受到挑战

5.4.1.1 我国土地要素让渡市场计划管理机制阶段性存在的合理性分析

计划经济时期，我国土地要素让渡基本上以行政划拨的方式进行配置。转型经济时

---

① 王永莉. 国内土地发展权研究综述[J]. 中国土地科学, 2007, 21 (3): 69-73

期，土地要素让渡市场开始建立，市场机制的作用不断加强，但是土地利用计划、储备计划、供应计划等政府参与的计划管理机制仍然存在。这些计划管理机制曾经对我国社会经济的繁荣和稳定起到积极作用，其存在仍具有一定的合理性：

（1）我国土地要素让渡市场的建立是渐进性的。从计划经济向市场经济转型过程中，市场化的管理经验不足，需要政府逐步让位于市场。

（2）土地要素让渡具有很大的外部性，其价格长期难以量化。这种情况下，政府承担了安置、就业等较多的社会职能，通过计划方式弥补土地要素让渡产生的外部性。

（3）土地要素让渡市场发育不成熟，对土地要素价格潜力的发现能力不足，需要政府参与回收部分土地要素价格，然后由社会各主体分享。

（4）定价机制不完善，政府根据社会宏观经济运行，研判土地供需状况，通过计划管理调控经济。

（5）长期依靠土地促发展，土地密集型产业发展的建设用地需求旺盛，土地供给难以完全满足，需要政府通过土地利用计划进行需求控制。

5.4.1.2 我国土地要素让渡市场计划管理机制受到挑战

政府参与土地要素让渡，通过计划管理机制调控土地要素让渡市场，在土地要素让渡市场建立初期发挥了积极作用，有助于土地要素的优化配置和其价值的实现。但是，随着社会主义市场经济体制的完善，土地要素让渡市场计划管理机制受到挑战。

（1）土地要素让渡市场体系基本建立。随着社会主义市场经济体制的完善，我国大多数领域的市场体系都已建立完善，市场化运作管理的经验不断丰富。虽然土地要素让渡市场体系已基本建立起来，但是政府的计划管理干预仍然过强，在很大程度上弱化了土地要素让渡市场功能的发挥。

（2）我国产业发展已经进入转型期，产业发展由劳动密集型、土地密集型向资本密集型和技术密集型转变，对土地要素的利用，越来越加强调其利用强度。土地节约集约制度、增减挂钩、增值税、物业税等对土地要素需求的管理手段变得越来越重要，传统的计划管理思维和方法已经难以满足土地市场发展的需求。

5.4.2 一级市场供给存在问题及原因

5.4.2.1 土地一级市场路径单一

我国《土地管理法》规定，"国家为了公共利益的需要，可以依法对土地实行征收或者征用并给予补偿"。1998年和2004年修订的《土地管理法》进而规定，"农民集体所有的土地的使用权不得出让、转让或者出租用于非农业建设"；"任何单位和个人进行建设，需要使用土地的，必须依法申请使用国有土地"。对于存量土地，我国土地储备制度要求优先储备闲置、空闲和低效利用的国有存量建设用地，这些土地均在一级土地市场中重新出让。通过这些规定，土地一级市场基本挤占了集体建设用地市场、土地二级市场的空间。

土地一级市场路径单一的原因主要有以下几个方面：

第一，公共利益界定不清。"公共利益"的概念仍然较为模糊，虽然卢丽华①、李珍贵②、汪晖③等诸多学者都对"公共利益"进行了不同的界定，但在我国实践中还是处于被泛化、虚化和绝对化的状态④，目前公共利益实质上就是计划经济形成的国家建设需要的翻版。地方政府为了基础设施建设或者工商业开发的需要，就可将土地征用，通过土地一级市场再将土地供给出去。

第二，地方政府"土地财政"的驱动。理论上，"土地财政"包括"以地生财"的土地出让差价和由土地开发引致的税收收入，即所谓的"以地引资增税"⑤。土地出让差价为地方政府的发展建设提供了资金，"以地引资"吸引工业企业的进入，带来了经济增长，创造了就业机会，推进了城市土地的后续经营和"滚动开发"。而这些，必须是地方政府在一级市场上能够掌控大规模的土地要素出让权，才可能实现的。

5.4.2.2 政府垄断土地一级市场

从2004年开始，我国政府就逐步掌控了城市土地要素让渡市场，并对城市与农村土地的使用进行了严格的规定⑥。政府垄断城市土地要素让渡市场，主要体现为集体土地转为国有建设用地必须由政府审批和征收、土地征收补偿标准由政府制订、土地供应由政府统一计划安排等，政府采用计划、行政、法律等手段决定土地供应的区位、时间、规模、空间等要素⑦。政府基本垄断土地出让一级市场，并且各地方政府之间并不存在良好的沟通和协调机制，相反却存在大量无视市场规律进行恶性竞争的情形，导致我国土地一级市场较为混乱⑧，很大程度上阻碍了土地要素让渡市场供给侧结构性的改革。

由于这种垄断机制，企业无法自由进入一级土地开发市场，即使是自有土地（使用权），若要转性或调整规划，也必须通过动迁、土地收回等程序。政府成为土地一级市场垄断供给者，土地供应的实际主体地方化，甚至可能个体化，存在代理人的道德风险问题——地方主要官员可能损害土地供应与利用效率以实现个人目标⑨。同时，政府垄断供应由于其自身能力的限制，往往不能对土地市场整体的运行进行及时、有效的把控，无法

---

① 卢丽华. 加拿大土地征用制度及其借鉴 [J]. 中国土地, 2000, (8): 44-46
② 李珍贵. 美国土地征用制度 [J]. 中国土地, 2001, (4): 45-46
③ 汪晖, 黄祖辉. 公共利益、征地范围与公平补偿——从两个土地投机案例谈起 [J]. 经济学（季刊）, 2004, 4 (4): 249-262
④ 刘宗劲. 中国征地制度中的公共利益：异化、反思及超越 [J]. 当代经济研究, 2009, (10): 59-63
⑤ 左翔, 殷醒民. 土地一级市场垄断与地方公共品供给 [J]. 经济学（季刊）, 2013, 12 (1): 693-718
⑥ Yan Siqi, Xin Janet Ge, Wu Qun. Government intervention in land market and its impacts on land supply and new housing supply: Evidence from major Chinese markets [J]. Habitat International, 2014, 44: 517-527
⑦ 马小刚. 房地产土地一级市场的政府管控制度分析 [J]. 中国行政管理, 2009, (2): 32-36
⑧ 王功慧. 从香港土地一级市场谈起——内地土地一级市场中的问题及对策思路 [J]. 中国土地, 2006, (4): 33-35
⑨ 杨遴杰. 土地市场供给侧结构性改革：供应模式与主体——杭州的尝试与改革的思考. 中国土地科学网, http://www.chinalandscience.com.cn/uploadfile/zgtdkx/20161109/土地市场供给侧结构性改革：供应模式与主体——杭州的尝试与改革的思考.pdf

准确地反映土地市场的需求,造成土地供应的低效甚至无效。

政府垄断一级市场的原因主要有以下几个方面:

第一,土地产权和市场制度的缺陷造成地方政府垄断。1982年《宪法》明确规定,"城市的土地属于国家所有。农村和城市郊区的土地,除由法律规定属于国家所有的以外,属于集体所有;宅基地和自留地、自留山,也属于集体所有"。在1986年颁布的《中华人民共和国土地管理法》、1998年和2004年修订通过的《土地管理法》中规定,"农民集体所有的土地的使用权不得出让、转让或者出租用于非农业建设";"任何单位和个人进行建设,需要使用土地的,必须依法申请使用国有土地"。征收制度和土地出让制度存在明显的"双轨"特征[1],土地进入一级市场只有通过征收,地方政府成为集体土地唯一的"买家"和一级市场唯一的"卖家"。

第二,政府在土地市场的多重角色定位。公有制下,国家是土地供应的名义主体,但它是一个虚拟的主体,具体的土地供应授权给地方政府来实现,地方政府既是公共品的提供者,又是"经营"土地的"企业家"[2],还是土地市场的监管者。

第三,政绩考核中"自上而下的标尺竞争"。在地方政府"为增长而竞争"的过程中,土地是地方政府掌握的最有价值的经济资源之一。地方政府主要官员作为土地的实际供应主体,土地交易虽然不能成为其个人的收益,但是可以借土地供应行为来实现政绩等个人的追求[3],所以表现为地方政府更倾向于"为增长而控制",垄断和控制土地供给,获得高额财政收入与更高的GDP增长率[4]。

5.4.2.3 土地一级市场供给决策中土地价格和供需信息不准确

地方政府在供给侧的决策受到要素市场中需求信息的影响,而供需双方存在信息的不对称性,真实的需求在市场中被过滤,地方政府获取的土地价格和供需信息往往不真实。政府在对不真实的信息进行决策的同时就带来了很多的问题。

地方政府获取的土地价格和供需信息不真实的主要原因是土地属性和土地市场的异化。城市用地和商业住宅具有城市使用功能,也可进行商品交易。经过多年的市场化运作,用地和住宅的商品属性逐渐强化乃至异化,土地成为投资甚至投机的商品,而其具有的公共属性逐渐模糊或者严重缺失。在这种市场环境下,土地市场供需关系失真,不能反映城市发展的真正需求。

---

[1] 鲍海君,方妍,雷佩. 征地利益冲突:地方政府与失地农民的行为选择机制及其实证证据[J]. 中国土地科学, 2016, 30 (8): 21-27

[2] 左翔,殷醒民. 土地一级市场垄断与地方公共品供给[J]. 经济学(季刊), 2013, 12 (2): 693-718

[3] 杨遴杰. 土地市场供给侧结构性改革:供应模式与主体——杭州的尝试与改革的思考. 中国土地科学网, http://www.chinalandscience.com.cn/uploadfile/zgtdkx/20161109/土地市场供给侧结构性改革:供应模式与主体——杭州的尝试与改革的思考.pdf

[4] 许恒周,吴冠岑,郭玉燕. 耕地非农化与中国经济增长质量的库兹涅茨曲线假说及验证——基于空间计量经济模型的实证分析[J]. 中国土地科学, 2014, 28 (1): 75-81

5.4.2.4 土地招、拍、挂出让，价高者得，价格长期脱离土地资产价值

2006年8月开始，我国实行招标、拍卖、挂牌出让国有土地使用权。国有土地使用权"招拍挂"制度是将国有土地使用权作为一种特殊商品，采用市场化的运作模式，利用市场竞争机制显化土地的价格。根据《招标拍卖挂牌出让国有土地使用权规定》，中标人遵循"价高者得"的规则。

由于土地交易存在外部性，市场规则下的"价高者得"的方式，可能忽略社会公平，并非总是最有效的资源配置方式[1]。"价高者得"造成土地价格竞争上涨，为了产出平衡，企业提高土地产品价格，土地价格长期脱离土地资产价值。而在美国，土地以招标为主，但不以价格为主导，而是充分考虑规划意图、对城市建设的贡献等多方面因素。

5.4.3 二级市场供给存在的问题及原因

5.4.3.1 市场发育程度低，交易不够活跃

从一、二级市场交易量来看，土地二级市场整体上不够活跃。从一线城市的转让与出让土地的宗数与面积的比值来看，目前转让与出让的交易宗数比值是2∶5，交易面积是1∶10[2]。对上海、北京、广州、深圳四个城市的统计显示，二级市场转让宗数仅为一级市场成交宗数的40%左右，转让面积仅为一级市场成交面积10%左右。而同时期香港土地以存量的转让供地为主[3]，转让宗数占土地供应总量的99%以上[4]。二级市场发育程度过低，不仅增加了一级市场的供地压力，而且影响了存量用地的盘活和节约集约用地。

二级市场发育程度低，主要原因是土地储备范围过大。土地储备基本垄断了二级市场，大部分地区的土地储备量占到了存量供地量的80%~90%，严重挤占了二级市场中土地转让的空间[5]。

5.4.3.2 缺乏综合服务场所和服务渠道，交易信息分散，交易具有盲目性和自发性

二级市场由于具有交易主体多元性和交易方式多样性的特点，对交易制度的需求更高[6]。但是，与土地一级市场相比，二级市场土地市场交易信息较分散，相关服务的配套也不足，评估、公证、保险、金融、登记等相关服务均有欠缺。这些导致了我国土地二级市场交易具有较大的盲目性和自发性，不利于土地的价格发现，影响了土地资源的配置效率。

---

[1] 王媛，杨广亮．为经济增长而干预：地方政府的土地出让策略分析[J]．管理世界，2016，(5)：18-31
[2] 卢为民．土地市场供给侧结构性改革与二级市场建设．中国科学网．http://www.chinalandscience.com.cn/uploadfile/zgtdkx/20161109/土地市场供给侧结构性改革与二级市场建设.pdf
[3] 同②
[4] 卢为民．香港城市土地供应机制和运行机制[J]．上海房地，2008，(6)：19-20
[5] 同②
[6] 叶明权．城市土地二级市场的制度缺陷及对策[J]．中国土地，2005，(9)：21-22

二级市场配套服务不足，集中体现在缺乏统一的信息发布平台和交易平台。信息发布平台的缺失，造成土地市场中供给与需求错位，影响资源配置效率；交易平台的缺失，引致市场竞争不充分，不利于价格发现，造成部分国有资产的流失①，同时增加了交易风险，阻碍土地转让。

5.4.3.3 土地转让成本高，保有成本较低，违规交易较多

土地税收种类主要分为土地取得环节（耕地占用税）、土地保有环节（城镇土地使用税和房产税）和土地流转环节（土地增值税、城市维护建设税、契税、印花税、营业税、各类所得税及各种附加税等），我国的土地税负主要集中在土地流转环节②。

目前，二级市场土地转让重流转税而轻保有税，转让成本较高。据测算，土地转让需缴纳30%~60%的土地增值税、3%~5%的土地交易契税等。进入市场流通的土地要承受过高的税负，导致土地闲置浪费现象严重，抑制了土地的正常市场交易③。

5.4.3.4 土地"隐性流转"，增加转让风险

二级市场是相对自由的市场，交易多数是自发的行为，由于信息不对称等原因，政府对土地二级市场的监管不到位。为获得土地流转收益，土地供给者和需求者之间采用隐性交易和私下交易等方式，甚至将通过定向方式受让土地等享受政府优惠的土地擅自出让，有些农村宅基地等不符合流转条件的集体建设用地也进入二级市场。这样既增加了转让的风险，也造成了国家土地收益的流失。

在建设用地供需矛盾和土地利用政策不断完善推进、试点的基础上，我国土地要素让渡市场也在逐步健全，逐步提高了建设用地供给的质量。但是，由于长时期的外延式发展，我国仍面临建设用地资源不足、用地结构不合理、生态空间被压缩、建设用地闲置、产出效益低效等问题，形成了土地资源利用领域的多库存和低产能。相对国外建设用地的高效利用，我国还有很大的提升空间。以建设用地利用效率在全国居于领先水平的上海市为例，2009年，上海市工业用地产出强度仅为30.77亿元/平方千米，与新加坡（2007年，23.29亿美元/平方千米）、伦敦（2005年，工商业用地，38.64亿美元/平方千米）、东京（2007年，2489亿日元/平方千米）、香港（2007年，119.26亿港元/平方千米）等发达国家城市和地区相比，上海市工业用地产出效益只有它们的几分之一甚至十几分之一④。

一个高效的土地要素让渡市场对土地的调控具有逆周期性、整体性和动态性，对土地

---

① 卢为民. 土地市场供给侧结构性改革与二级市场建设. 中国土地科学网. http://www.chinalandscience.com.cn/uploadfile/zgtdkx/20161109/土地市场供给侧结构性改革与二级市场建设.pdf
② 陈宇琼，钟太洋. 中国地方政府土地租税收入变化对城市建设用地扩张的影响［J］. 中国土地科学，2016，30（2）：41-50
孟成，卢新海，彭明军，等. 基于土地税收的土地利用效率计算方法研究［J］. 中国土地科学，2016，30（7）：56-63
③ 曹飞. 论城市土地租税费体系的调整与完善［J］. 现代商贸工业，2009，21（4）：67-68
④ 陈伟，彭建超，吴群. 基于容积率指数和单要素DEA方法的工业用地利用效率区域差异研究［J］. 自然资源学报，2015，30（6）：903-916

市场的健康运行具有促进作用。但我国目前的土地要素让渡市场还不具备这些特征,土地调控机制供给"迟钝"。这个问题主要表现在有利于刺激地方经济发展倾向的土地供应制度、服务于地方经济发展的土地管理制度以及限制公平竞争和公共利益保障的土地市场制度[1]等造成的土地要素各个子市场发展的不完善。

因此,必须及时发现各类土地市场供给存在的问题和原因,及时改革供给结构,清除无效供给,加快低效供给的新陈代谢。通过土地要素让渡市场的供给侧结构性改革,不断提升土地循环利用的效能和效率。

5.5 本章小结与政策建议

5.5.1 进一步丰富土地要素让渡市场供给侧结构性改革的内涵,加大政策改革力度

我国的供给侧结构性改革始于2015年11月的中央财政领导小组会议,土地要素让渡市场的供给侧结构性改革亦是如此。由于时间较短,其改革内容和方向一直都在不断地完善,相关的支持政策和法律法规都处于摸索阶段,尚未形成完善的体系。因此,对于土地市场供给侧结构性改革,要厘清改革的关键仍旧有很长的路要走。

在丰富土地要素让渡市场供给侧结构性改革的内涵的同时,加大改革的政策供给力度。政策是土地市场供给侧结构性改革的重要保障,在土地要素让渡市场供给侧结构性改革的探索期,制定全面、有针对性的政策是改革顺利进行的必要条件。政府首先应着重在土地市场供给主体、供给结构等方面出台相关政策文件,明确改革的主体和结构。其次应该在土地供给机制上出台相关政策文件,规范土地市场供给的方式和运行机制。最后是在改革的保障方面出台相关政策,保证改革后有较强的保障力度。

5.5.2 正确认识政府在土地要素让渡市场中发挥作用的阶段性特征

政府在土地要素让渡市场中的作用应该具有阶段性。在土地要素让渡市场建立初期,法律法规不健全、市场发育不完善,政府通过计划管理等系列手段在一定程度上参与土地要素让渡,发挥参与者与监管者等多重角色,对稳定市场有积极作用;随着土地要素让渡市场化水平的提高,以价格为核心的市场机制可有效配置土地资源,政府应逐步转变为土地市场的监管者和服务者。

随着社会主义市场经济体制的发展完善,地方政府应逐步由发展型政府向服务型政府

---

[1] 黄贤金. 从供给"迟钝"到供给"给力"——土地市场供给侧结构性改革的反思与建议. 中国土地科学网. http://www.chinalandscience.com.cn/uploadfile/zgtdkx/20161109/从供给"迟钝"到供给"给力"——土地市场供给侧结构性改革的反思与建议.pdf

转变，由经营土地、经营城市转向服务市场，营造市场机制有效运转的外部环境。各级政府应逐步放弃对土地收益的垄断，与市场合理分工①，强化市场决定性作用与政府保障作用。

5.5.3 减少政府对土地要素让渡市场的垄断，形成多元的土地供应格局，发挥市场的决定性作用

土地要素让渡的是土地使用权，在所有权和使用权分离的情况下，减少政府对土地供给的垄断，创造出真正负责任的市场交易主体。完善的土地市场具有的供给主体是多元化的，供给结构是多层次的，供给手段是多类型的。这样社会公众才能充分参与到土地要素的让渡市场中，才可以有效反映真实的市场需求变化，及时对供给做出调整。

土地供应主体的多元化，有助于土地要素让渡供给的多样化，提升土地资源的供应效率。多元的土地供应主体，可包括政府、集体、原土地使用者。创造真正负责任的市场交易主体，实现土地供应主体的多元化，提升土地资源供应效率，其实质是让土地产权交易的主体就是交易获利的主体。由于公有制仅仅是所有权的一种设定，在所有权和使用权分离的情况下，公有制不是使用权主体的唯一形式，而市场交易的恰恰又是使用权，所以土地交易主体的设定问题并不是什么障碍。实现土地价格的市场化特征，用地行为就会大大被规范，土地市场供给侧结构性改革也可以较为顺利地推进②。

政府未来应缩小征地范围，政府只征收公益性用地，集体建设用地由相应的集体组织主导进入市场，城市内部的存量由原来使用者补交差价后进行市场流转③。土地的供应方式，更多的是采用置换、租赁、入股、互换的新方式，充分发挥市场在土地资源要素配置中的决定性作用。

5.5.4 进一步丰富土地要素供求矛盾解决途径，破解计划管理单一的问题

我国产业发展进入转型时期，产业发展由劳动密集型、土地密集型向资本密集型和技术密集型转变。土地要素管理应由总量控制为主转变为强度控制为主，不断探索破解单一计划管理控制土地要素规模的问题。现有能够解决这一问题的途径主要包括：

（1）建设用地节约集约制度。2008年，国务院《关于促进节约集约用地的通知》明确要求，通过调整规划和用地标准、提高现有建设用地利用效率、强化农村土地管理等多个手段，提高土地利用效率，减少建设用地需求。

---

① 唐健，谭荣. 农村集体建设用地价值"释放"的新思路——基于成都和无锡农村集体建设用地流转模式的比较 [J]. 华中农业大学学报（社会科学版），2013，（3）：10-15

② 杨遴杰. 土地市场供给侧结构性改革：供应模式与主体——杭州的尝试与改革的思考. 中国土地科学网. http://www.chinalandscience.com.cn/uploadfile/zgtdkx/20161109/土地市场供给侧结构性改革：供应模式与主体——杭州的尝试与改革的思考.pdf

③ 同②。

(2) 城乡建设用地增减挂钩。城乡建设用地增减挂钩，通过农村地区建设用地减少与城镇地区建设用地增加相挂钩，以建设用地再配置的方式，提高建设用地利用率，做到城镇建设发展中建设用地"总量不增加"。

(3) 推进增值税、物业税等税费制度改革，建立二级市场的信息发布和交易平台，盘活二级市场存量土地供给。建立二级市场的信息发布和交易平台，将城市土地利用规划公开透明化，使市场主体获得有效的信息，同时，推进土地税费制度改革，建立不动产登记制度，加大持有环节成本，减少土地流转成本，提高二级市场中存量土地交易的积极性。

5.5.5 多种手段结合，构建完善的土地市场供给多方利益的平衡机制

我国应该多角度、多手段的推进土地要素让渡市场供给侧结构性改革，从建立新的资源配置体制机制入手，针对现阶段不完善的土地供给机制，构建市场起决定性作用、有利于提高资本回报率的土地资源配置体制机制，而不是单纯着眼于满足数量指标进行"三去一降一补"[①]；建立全覆盖、调控性加强的土地储备机制和全成本、退出性加强的土地征收制度等在内的完善的土地供给体系。

在土地市场的供给侧，规划是先导，价格是核心，法律法规是基础，财政金融是保障，公共参与实现项目决策的民主公平，负面清单确保土地供给与使用的刚性与弹性结合。

土地市场供给侧结构性改革应综合运用价格、法规、规划、财政、金融、公共参与、负面清单等多种手段，多角度发力，建立既"诱之以利"规范引导，又"绳之于法"监管执法的"共建、共治、共享、共赢"机制[②]。

5.5.6 经济效益、生态效益和社会效益并重，土地要素让渡市场供给侧改革的价值取向由单一转向多元

土地具有不可再生性，土地市场是一个特殊的市场。除了市场属性以外，城市土地还要兼顾公平性、公益性、生态性等多种效益和功能。土地要素让渡不能简单地利用市场的规则来控制，要回归城市的发展需要，即融合产业、人口、环境容量，确保城市安全需要。必须改革政府考核机制，改变在土地出让和管理中过度追求经济效益的倾向，增强对土地市场供给对社会、生态效益贡献的重视程度，推进土地供给侧结构性改革的价值取向由单一向多元转变。

---

① 蔡昉. 从中国经济发展大历史和大逻辑认识新常态[J]. 数量经济技术经济研究，2016，（8）：3-12
② 胡国俊，邵一希，范华. 土地供给侧结构性改革——上海政策设计与实践探索. http://www.chinalandscience.com.cn/uploadfile/zgtdkx/20161109/土地供给侧结构性改革——上海政策设计与实践探索.pdf

主要参考文献

鲍海君,方妍,雷佩.2016.征地利益冲突:地方政府与失地农民的行为选择机制及其实证证据[J].中国土地科学,30(8):21-27

曹飞.2009.转型期中国城市土地市场运行机制研究[D].郑州:郑州大学硕士学位论文

曹正汉,史晋川,宋华盛.2011.为增长而控制——中国的地区竞争与地方政府对土地的控制行为[J].学术研究,(8):76-84

丁琳琳,孟庆国,刘文勇.2016.农村集体建设用地入市的发展实践与政策变迁[J].中国土地科学,30(10):3-10

丰雷,魏丽,蒋妍.2008.论土地要素对中国经济增长的贡献[J].中国土地科学,22(12):4-10

冯广京.2016.土地领域供给侧结构性改革的重心和方向[J].中国土地科学,30(11):4-12

高圣平,刘守英.2007.集体建设用地进入市场:现实与法律困境[J].管理世界,(3):158-159

蒋南平,徐慧.2015.地方政府对城市土地供给的影响研究:理论与实证[J].经济理论与经济管理,(1):55-66

李景刚,张效军,高艳梅,等.2011.我国城乡二元经济结构与一体化土地市场制度改革及政策建议[J].农业现代化研究,32(3):297-301

李俊丽.2008.城市土地出让中的地方政府经济行为研究[D].重庆:西南财经大学博士学位论文

李涛,邹一南,谷继建.2015.城市用地扩张中地方政府的土地财政行为选择与制度优化——基于土地收益与供求的分析[J].中国行政管理,(2):114-119

卢为民.2016.推动供给侧结构性改革的土地制度创新路径[J].城市发展研究,23(6):66-73

卢为民.2015.我国土地二级市场存在的问题及其规范路径[J].城市问题,(3):31-36

马克星,刘红梅,王克强,等.2017.上海市土地市场供给侧改革研究[J].中国土地科学,31(1):37-47

汪晖,黄祖辉.2004.公共利益、征地范围与公平补偿——从两个土地投机案例谈起[J].经济学(季刊),4(4):249-262

王媛,杨广亮.2016.为经济增长而干预:地方政府的土地出让策略分析[J].管理世界,(5):18-31

王克强,王洪卫,刘红梅.2014.土地经济学[M].上海:上海财经大学出版社

左翔,殷醒民.2013.土地一级市场垄断与地方公共品供给[J].经济学(季刊),12(2):693-718

Du Jinfeng, Thill Jean-Claude, Richard B, et al. 2014. Peiser, Changchun Feng. Urban land market and land-use changes in post-reform China: A case study of Beijing [J]. Landscape and Urban Planning, 124: 118-128

Yan Siqi, Janet Ge Xin, Wu Qun. 2014. Government intervention in land market and its impacts on land supply and new housing supply: Evidence from major Chinese markets [J]. Habitat International, 44: 517-527

|第 6 章| 我国土地利用规划管理供给侧结构性改革

> 土地利用规划管理供给侧结构性失衡的主要表现：①规划依据不科学，土地供给缺乏法律约束；②规划体系不完善，土地供给有较大波动；③规划调控弹性不足，土地供应以增量为主；④规划协调配制不合理，土地市场供需失衡；⑤土地发展权赋予不充分，土地供给来源存在垄断；⑥规划空间布置不尽合理，土地供给结构需要优化；⑦规划监控技术落后，违规供地和闲置用地现象严重。
>
> 土地利用规划管理供给侧结构性改革的主要方向：①明确未来土地利用规划的主要功能——服务市场、设定底线、引导未来；②完善土地利用规划体系——横向分工、纵向分级、外部协调；③建立土地利用规划落实机制——刚弹结合、疏堵结合、因时因地。

6.1 研究土地利用规划管理供给侧结构性改革的意义和目的

6.1.1 研究意义

1. 土地利用规划制度是土地领域供给侧结构性改革中的关键制度

土地领域的供给侧涉及土地利用规划、整治、储备、流转和利用等环节,以及其中所涉及的土地权籍制度、土地利用规划制度、土地开发利用制度、用途管制及其他土地管理制度。土地领域的供给侧结构性改革,就是用改革的办法通过土地制度创新推进结构调整,矫正土地要素配置扭曲,通过供给端发力来进一步释放土地要素红利,进而服务于整体的我国经济转型升级。

土地利用规划是时空上对土地资源的总体配置安排,是土地利用的龙头,不仅直接涉及用地结构调整、空间布局优化、用途管制落实和资源配置引导,更是土地市场发展的基础、规范土地市场行为的前提、推进市场发育的动力、纠正市场失灵的抓手和平稳市场运行的保障,能够有效调节土地供需结构错配,在土地要素供给侧结构性改革中具有举足轻重的重要作用。

2. 土地利用规划制度供给侧结构性改革问题相对突出、研究不足

首先,当前土地利用规划上位法缺位、权威性不足,导致规划朝令夕改,常常面临修编,无法在供给侧实现持续恒定、一以贯之的整体调控;其次,尽管规划在技术和方法方面进行了模型完善,其科学性仍待商榷,往往面临着刚性过强、弹性不足,有较强的指令性和强制性,仍然以指标控制和土地用途分区控制为主,缺乏供给的应变"弹性",也导致了政府部门的权力失衡,规划体现的领导意愿大过市场意愿和科学本质;最后,现实中空间规划种类繁多、规划内容多有重合,规划利益多有冲突,导致规划之间衔接耦合不足,规划体现部门利益多于整体利益,彼此之间矛盾较为突出[1],无法有效实现对土地资源的宏观供给侧的科学调控。

同时,当前对于土地利用规划供给侧结构性改革的研究较少[2],缺乏在深入探讨供给侧内涵本质的基础上对土地领域供给侧结构性改革中的核心制度——土地利用规划制度的供给侧结构性改革的整体研究和系统分析。因此,本章在明晰土地利用规划管理应当在土地市场供需平衡中发挥作用的基础上,剖析土地利用规划管理在土地市场供需平衡中存在的主要问题,整合依照供给侧结构性改革背景下的政府职能转变方向,从系统论视角下深入研究土地利用规划管理的供给侧结构性改革路径,并以北京市海淀区和长春市的土地利

---

[1] 孟鹏,冯广京,吴大放,张冰松."多规冲突"根源与"多规融合"原则——基于"土地利用冲突"与"多规融合"研讨会的思考[J].中国土地科学,2015,29(8):3-9+72

[2] 冯广京,土地领域供给侧结构性改革的重心和方向[J].中国土地科学,2016,30(11):4-12

用规划方案调整修编为例进行佐证。

6.1.2 研究目的

1. 明晰土地利用规划管理在土地领域供给侧结构性改革中的作用

土地利用规划管理在我国的应用有悠久的历史，是合理配置资源、解决未来问题的重要手段。因此，土地利用规划的供给侧结构性改革亟须在追溯土地利用规划管理在计划经济时期、经济转型期的历史脉络的基础上，结合现阶段发展现状，明晰土地利用规划管理在土地领域供给侧结构性改革中应当具有的理想作用。

2. 明确土地利用规划管理供给侧结构性改革中面临的主要问题

针对土地利用规划管理在土地领域供给侧改革中应当具有的理想作用，总结归纳现阶段土地利用规划管理在土地市场供需平衡中面临的主要问题，基于问题导向，提出土地利用规划供给侧结构性改革急需解决的核心问题。

3. 揭示土地利用规划管理供给侧结构性改革中的政府职能转变方向

我国经济下行压力增大的主要矛盾集中在供给端，转变政府职能是供给侧结构性改革的必然要求，而规划管理改革的核心也是政府的职能转变。因此，急需从横向、纵向和时间三个视角，剖析土地利用规划管理供给侧结构性改革所面临的各级政府的职能转变重点和趋势。

4. 提出土地利用规划管理的供给侧结构性改革路径

基于土地利用规划管理理想作用和现实问题的对比，结合政府职能的转变方向，从系统论视角出发，分析系统论在土地利用规划管理中的应用，分别从明功能、定体系和立机制三个方面来探究土地利用规划管理的供给侧结构性改革的路径。

6.1.3 研究方法与技术路线

1. 研究方法

（1）文献分析法。通过文献及项目资料的收集、归纳与整理来分析和明确土地利用规划管理的历史发展脉络，总结土地利用规划管理在土地供给侧结构性改革中存在的具体问题。

（2）比较研究法。通过对比我国土地利用规划管理在各个历史阶段的发展特点，与现阶段发展土地利用规划管理进行比较，提出土地利用规划管理的理想作用。

（3）系统分析法。系统分析法的重点是分析系统结构与功能。土地利用规划管理的对象是人地关系权籍时空系统，存在着要素组成结构、数量比例结构、时间动态结构和空间分布结构。其系统功能是通过该系统与外部环境大系统间的物质、能量、价值、信息的传递而实现的，运用系统分析法有利于分析和揭示不同层次规划之间的内在联系。

（4）实证分析与规范分析。规范分析揭示问题的内在因素及其规律性，回答"为什么"的问题，而实证分析是对客观过程的描述，回答"是什么"的问题，两种方法相结合便于土地利用规划管理供给侧结构性改革路径的构建与实证。

2. 技术路线

本章研究技术路线如图 6-1 所示。

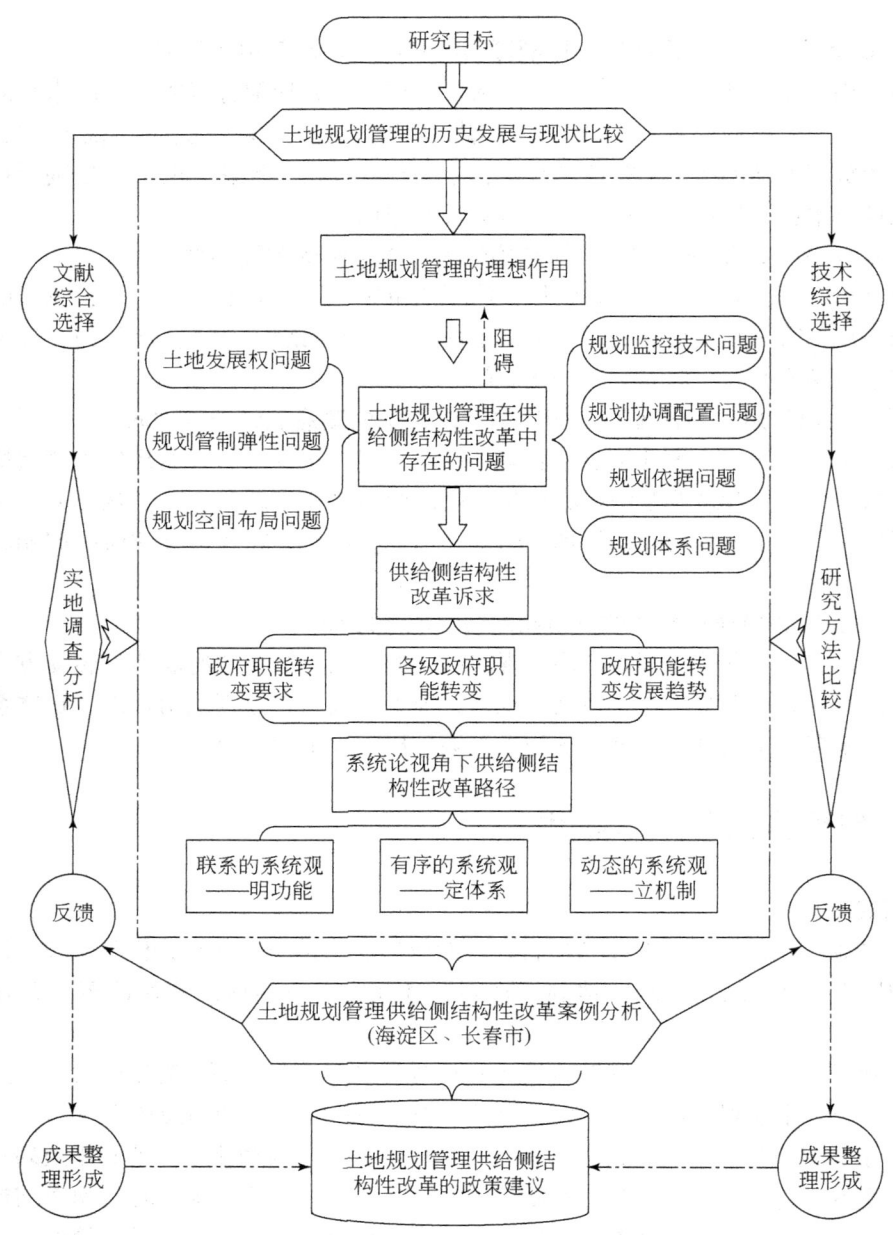

图 6-1　本章研究技术路线图

6.2 土地利用规划管理应当在土地市场供需平衡中发挥的作用

6.2.1 土地利用规划管理的历史发展

6.2.1.1 计划经济时期的土地利用规划管理

我国土地利用规划管理若从殷周时期的井田制算起，已经有 2900 多年的历史，但我国第一次有组织地进行土地利用规划工作是 1954 年在黑龙江建立的第一个国营农场，即从新中国成立初期的 20 世纪 50 年代直到 20 世纪 70 年代被称为计划经济时期的土地利用规划管理。在计划经济时期，土地被作为不具有商品属性的简单生产资料，其所有权和土地使用权不可以分离，政府的权力在土地利用规划过程里占主导地位。

20 世纪 50 年代起，国家对黑龙江省农垦系统的农场编制了土地利用规划，主要针对小农经济遗留下的土地利用不合理现象，通过规划对土地利用现状进行分析，对土地适宜性进行评价，再根据农场发展的目标和任务对土地利用结构布局进行合理的优化，力图最大化土地利用的效益价值。人民公社化阶段，即 1958 年夏到 1962 年，农业部土地利用局向全国发布《关于开展人民公社利用规划工作的通知》，土地利用规划设计要配合《关于人民公社若干问题的决议》和《农业发展纲要四十条》，其主要内容是：合理安排农、林、牧、渔等各项用地，以适应水利化、机械化、电气化要求和贯彻农业"八字"方针需要。1963~1966 年，土地利用规划的任务是继续巩固人民公社经济，为实现农村技术改造创造土地组织条件。"文化大革命"期间，土地利用规划的研究基本处于停滞状态，社会迫切需要建立完善和合乎时代要求的土地利用规划体系，因此党的十一届三中全会提出了"十分珍惜、合理利用土地和切实保护耕地"的基本国策，并于 1986 年 2 月成立了国家土地管理局作为土地管理的专门机构。

计划经济时期土地利用规划的编制和实施，主要在农场土地利用规划和人民公社土地利用规划两个方面，且规划主要服务于特定的土地利用主体，对社会其他群体或个人没有约束[①]。这一时期的土地利用规划改变了中国传统小农经济的土地利用模式，注重国土综合整治，提高土地利用效率，对推动土地集约利用和农业机械化起到了积极作用[②]，明显的缺点是政府主导力量过强，极大程度上抑制了土地市场的作用。

6.2.1.2 经济转型期的土地利用规划管理

经济转型期的土地利用规划，是指改革开放以后在我国经济由计划经济向市场经济转

---
① 刘群利. 中国土地规划管理工作的回顾与展望 [J]. 中国土地科学，2009，23（8）：58-61
② 同①

型期间,即20世纪70年代末期至20世纪末编制的土地利用规划的总称。在经济转型时期,对于土地利用规划的认识也在发生变化,土地的商品属性逐步受到重视,土地的使用权和所有权分离,允许实行土地使用权的有偿出让、转让,土地的配置不再仅仅依靠计划经济,市场的作用逐步显现出来,且规划愈加注重生态环境保护与人地关系协调。

经济转型时期的土地利用规划主要指我国第一部《土地管理法》颁布实施以后,在全国开展的一系列土地利用总体规划,主要目的和任务是保护耕地和提高粮食生产能力,同时解决各部门之间的用地矛盾,即一要吃饭、二要建设。1987年1月1日,《中华人民共和国土地管理法》正式实施,国务院办公厅颁发了国家土地管理局在全国开展土地利用总体规划的通知,其后国家、省、市、县、乡五级土地利用总体规划(1990—2000年)开展起来。1988年12月29日,第七届全国人大常委会第五次会议根据宪法修正案对《中华人民共和国土地管理法》做了相应的修改,规定"国有土地和集体所有土地使用权可以依法转让;国家依法实行国有土地有偿使用制度",这些规定为国有土地进入市场奠定了法律基础。1997年,中共中央国务院发出了11号文件,即《关于进一步加强土地管理,切实保护耕地的通知》,此后以耕地保护为重点的新一轮土地利用总体规划(1997—2010年)又在全国蓬勃开展。为适应市场经济体制下严格保护耕地的需要,1998年8月29日第九届全国人民代表大会常务委员会第四次会议再次对《中华人民共和国土地管理法》进行了修订,明确规定"国家依法实行国有土地有偿使用制度;建设单位使用国有土地,应当以有偿使用方式取得",并于1999年1月1日正式施行。到2000年年底,全国五级规划基本完成,并开始正式实施。

在经济转型时期,我国的土地利用规划体系处于发展完善阶段,建立了自上而下的国家、省、市、县、乡五级土地利用总体规划,各层级之间的职责分工更加明确,但这一时期土地利用规划管理的相应法规没有健全,规划未充分考虑实际,在现实中很难得到实施,且规划编制中有关问题的研究仍局限在如土地需求量预测、土地利用现状分析和土地适宜性评价等单纯与土地相关的问题上,而相应的专项规划、部门用地规划、规划设计等没有受到重视①,同时土地利用规划要求的相关技术水平也较为落后。

6.2.1.3 现阶段的土地利用规划管理

在社会主义市场经济时期,随着改革开放的进一步深入,我国社会主义市场经济体系得到逐步完善,党中央国务院根据国家经济和社会发展的进程,提出了全面建设小康社会、构建和谐社会的奋斗目标。21世纪以来,我国土地利用出现诸多问题,如可供利用的土地特别是优质土地有限的情况下,土地供需矛盾日益突出,保护耕地和粮食的生产能力要求愈加迫切,城乡土地制度体系结构不均衡等,这些就要求在土地利用规划中既要发挥市场机制的配置作用,又要发挥土地对经济和社会发展的宏观调控作用。在这一阶段的规划编制过程中,土地利用规划的综合性特征凸显,开始注重与其他相关规划的协调,一方面是土地利用规划与空间规划的协调,主要指城市规划、国土规划等;另一方面是与结

---

① 刘群利. 中国土地规划管理工作的回顾与展望 [J]. 中国土地科学, 2009, 23 (8): 58-61

构规划的协调，主要指国民经济和社会发展规划、环保规划等①，各种规划在规划理念、行政体系、运作机制等方面要尽可能做到协调统筹。

这一阶段的土地利用规划主要指 21 世纪初在全国开始探讨和编制的相关规划，从编制、调整、修改到实施的全过程都已纳入法制化管理轨道，土地利用总体规划是所有土地利用和管理工作的准则。2004 年 6 月 21 日，国土资源部发布《关于开展土地利用总体规划实施评价和修编前期调研工作的通知》，要求报国务院审批的省级和城市土地利用总体规划必须先对规划实施情况进行全面评估，初步建立了我国土地利用总体规划实施评价制度。根据 2004 年 3 月 4 日第十届全国人民代表大会第二次会议通过的《宪法修正案》第二十条关于"国家为了公共利益的需要，可以依照法律规定对土地实行征收或者征用并给予补偿"的规定，2004 年 8 月 28 日第十届全国人民代表大会常务委员会第十一次会议对《中华人民共和国土地管理法》进行了第三次修正，规定"国家为了公共利益的需要，可以依法对土地实行征收或者征用并给予补偿"。2005 年 5 月 30 日，国务院颁布《国务院办公厅转发国土资源部关于做好土地利用总体规划修编前期工作意见的通知》（本章简称《通知》），进一步明确了土地利用总体规划实施评价的基本内容和预期目标，提出要研究建立规划实施的动态监测、评价和管理的保障体系。这两项文件建立了现阶段我国土地利用总体规划实施评价制度的基本框架体系，将土地利用总体规划作为城乡建设的纲领性文件，把土地利用总体规划的编制与建立社会主义市场经济，贯彻落实科学发展观、调控经济发展等新要求紧密结合起来。

在社会主义市场经济时期，尤其是在随着人口急速膨胀导致用地需求更加突出的情况下，土地利用规划的重要性不言而喻，为适应市场经济的发展需要，需增加土地利用规划的弹性和灵活性，因此在专题研究中除研究与土地利用有关的自然因素外，更多地关注了社会经济发展中的重大问题，如土地利用规划战略设计、统筹城乡用地结构、协调区域发展、生态环境保护效益等。现阶段我国土地利用规划管理仍存在欠缺，主要体现在产权改革、土地市场机制建立和政府土地利用规划管理三个方面，这三者是相互依存，需要协调统筹的，突破口就在于政府的土地利用规划管理改革②。

6.2.2　土地利用规划管理的理想作用

在人类文明发展过程中，规划始终是人们合理配置资源、解决未来问题的重要手段。严金明（2012）从历史、权利等 6 个角度对土地利用规划的本质进行了阐述，土地利用规划缘起于人们对于土地和土地利用行为的认知，体现了对土地发展权分配的态度，约束土地利用行为，从而优化土地资源配置，纠正市场失灵，是一门综合性、管理性的科学③。

我国土地制度决定了我国政府对于土地市场进行宏观调控的必要性，土地利用规划正

---

① 蔡玉梅，谢俊奇，赵言文，杨枫. 2000 年以来中国土地利用规划研究综述［J］. 中国土地科学，2006，20（6）：56-61
② 党国英，吴文媛. 土地规划管理改革：权利调整与法制构建［J］. 法学研究，2014，(5)：57-75
③ 严金明，刘杰. 关于土地利用规划本质、功能和战略导向的思考［J］. 中国土地科学，2012，26（2）：4-9

是进行宏观调控的重要工具。在计划经济时代，政府发挥绝对主导的土地利用规划管理方式，在很大程度上抑制了土地市场的活力，改革开放之后随着对土地属性的认识发生转变，土地利用规划管理出现明显的变化，实现了土地所有权和使用权的分离，逐步建立了我国土地利用规划体系，土地市场的活力得到释放，时至今日，我国土地利用规划管理工作更加强调市场的因素，充分发挥土地利用规划对于市场发展的正向积极影响。

6.2.2.1　土地利用规划是土地市场发展和运行的基础

从历史角度来看，在土地利用过程中，土地利用规划起到了非常重要的作用。规划源于人们对土地开发利用的认知，是人们价值观的直观体现。不同时期，对土地利用的不同认知导致了土地利用规划理念的各异，进一步影响了当时土地资源的利用方式和利用程度，可以说，土地利用规划在土地市场形成中发挥了基础性作用。

从权利角度来看，土地利用规划本质上是对土地发展权的分配，决定了我国土地市场的基本运行形态，是土地市场发展的基础。通过明确土地产权的分配，土地利用规划为土地利用行为设定了基本规范，为土地市场的发展制定了基本规则。土地市场的运行不能脱离土地利用规划的基础性作用而单独存在，土地利用规划中土地利用的基本理念、战略导向和具体原则决定了土地市场的形态，明确了市场发展的方向。实践中，土地产权获取的规划实施形式有两种，在土地私有制中，土地所有者通过立法获取土地权利，公有制中土地使用者通过行政审批获取权利，这两种不同的实施形式体现了不同的规划理念，也决定了两种制度下土地市场的差异。当规划理念发生变化，市场也会随着发生变化，改革开放后，我国将土地使用权和所有权分离，丰富了土地市场的实践，在维持土地公有制的前提下激活了市场的活力，由此催生了当今土地二级市场的发展。

6.2.2.2　土地利用规划管制是规范土地市场行为的前提

在推进土地市场化的过程中，土地用途管制、三条"红线"管制等规划管制手段确保了土地利用规划的实施，是土地市场健康发展的前提条件，对市场行为起到规范作用。

土地用途管制是国家依据土地利用规划对土地使用进行的强制性规定，使用权人不得擅自改变土地用途，另做他用。土地用途管制依据土地管理法律和相关法规对土地进行分类，进行潜力评价和适宜性评价，确定效益最高的土地利用方式，指导土地利用行为，构造合理的土地利用布局，既保证国家粮食安全、生态安全和土地资源的有效利用，也保证地方政府和使用者有良好的经济效益，实现市场的可持续发展。三条"红线"的划定是形成土地利用空间开发格局的重要指导：控制城市扩展边界，避免城市的盲目扩张、"摊大饼"式的城市发展模式；切实保护耕地，守住耕地红线和基本农田红线，保证粮食安全，发挥基本农田的生态功能；严守生态保护红线，经济发展不能以破坏生态环境为代价。

在土地问题上，不能完全任由市场自行配置资源，市场的运行必须基于土地利用规划管制的前提之下，不能重复建设用地盲目扩张、耕地减少、生态破坏的老路，要在土地用途管制、三条"红线"等土地利用规划管制的规范下，走经济发展、生活改善、生态良好之路。同时，土地利用规划管制对于土地市场的约束作用应当是动态、弹性的。市场发展存在很大的不确定性，在规划制定中应当增加规划的弹性，预留弹性用地，同时也要对规划定期进行修编，避免出现规划僵化失灵、无法适应社会经济发展实际情况的问题，束缚市场的发展。

6.2.2.3 土地利用规划对土地利用的导向指导着土地市场的发展

当前我国土地利用规划推进市场化、构建空间规划体系的导向，对土地市场的发展起到了重要的指导作用。土地利用规划中体现了政府在土地资源利用中的导向，即土地资源配置和时空组织的整体思路[①]，土地利用规划体现了政府对未来一段时间内土地资源利用的把握，对各个层面上的生产活动做出指导：各级土地利用总体规划确定了未来一定时空内土地利用的宏观战略布局，相应的土地利用详细规划和专项规划确定某一个具体问题或者特定地段的土地利用安排，各个层面土地市场的发展都是在土地利用规划基本思路的指导下开展的。

市场化的土地利用规划导向推动土地市场化发展。近年来，土地利用规划更加强调市场化的概念，在实施规划管制的同时，努力发挥市场在资源配置上的优势，完善土地流转的制度体系、完善法律法规，保证信息公开透明，健全产权制度，降低土地市场的交易成本，解除过去存在的对市场的种种束缚。在此导向下，我国土地使用制度由原来行政划拨为主的模式转变为市场配置为主的模式，呈现出一级市场和二级市场并行不悖、共同繁荣市场的运行状态。

空间规划体系的综合性思路推动国土资源布局优化，促使土地市场发展更加科学、更加系统。土地利用规划与国民经济和社会发展规划、城乡发展规划相契合，形成同时兼顾环境保护、水资源等规划的空间规划体系，对于土地市场发展有着重要的指导作用。当今社会世界各国越来越意识到空间规划体系建设的重要性，将其作为综合管理国土资源的重要手段，我国也着力协调各个规划的关系，构建空间规划体系。规划体系的综合性导向将改善我国原有规划体系冗杂繁复的旧疾，消除地方土地资源利用中的困境，从而大幅度提升土地资源利用的效率，改善土地市场的环境，优化土地利用布局和结构，实现生态宜居、生产高效、生活美好的"三生和谐"目标。

6.2.2.4 土地利用规划是市场良好运行的监督与保障

规划实施是规划管理中极为重要的一环，通过土地利用规划的严格落实，确保土地利用规划充分发挥指导和规范土地市场行为的作用，发挥土地利用规划的宏观调控功能，纠正土地市场中的市场失灵，落实土地行政目标，保障市场的良好运行。

土地利用规划的实施监督不仅仅发生在土地督查阶段，而是存在于土地利用规划实施的整个过程，既能通过动态巡查和监管保证秩序，也能在规范基层土地管理工作中发挥作用：一方面，在土地监察中通过航片、卫片等技术手段，加强动态巡查和监管，及时发现土地违法行为，维护市场秩序；另一方面，在基层土地管理工作中，通过规范土地使用权

---
① 严金明，刘杰. 关于土地利用规划本质、功能和战略导向的思考［J］. 中国土地科学，2012，26（2）：4-9

的流转行为，进行土地年度计划管理、基本农田保护区规划管理和土地征用、农用地转用等规划审查，确保土地利用规划的实施，保证市场良好运行。

6.2.2.5 土地储备制度从供给侧为市场发展注入活力，实现供需平衡

在改革新阶段，强调供给侧发力，土地储备系统控制供地总量，调整土地利用结构，改善市场供需失衡的情况。当前地方政府普遍存在土地供应总量失控的情况：一方面，供应过剩导致了土地利用效率低下、大量土地闲置；另一方面，供应不足使得土地价格快速上涨，供需失衡。

我国土地储备制度是国家通过征收、收购、置换等形式从原土地所有者和使用者手中将土地收归国有，进行土地开发后将其纳入储备库统一管理，根据社会经济发展需求出让土地的制度。石晓平、曲福田（2005）在研究中指出土地储备制度具备增强政府调控土地市场能力的作用，且在土地市场出现价格扭曲情况的时候体现得更为明显[①]。土地储备制度对于市场供需平衡的调整主要体现在控制供给总量和调整结构两个方面，能够发挥统筹增量和存量土地、切断土地供给的隐形途径的积极作用。一是控制土地供给总量，提升土地利用效率。严格执行土地利用总体规划，通过土地储备系统将存量用地和新增用地进行统一管理，根据社会经济发展的实际情况和市场需求供应土地，以控制供地总量，发挥土地供应在经济调控中的作用，保证土地市场的正常运行。二是调整土地结构。当前部分城市出现的土地供过于求情况的原因并非需求不足，而是供需结构失衡。当前我国土地供给结构不够合理，且过于粗放，无法匹配市场的需求结构，是市场发生扭曲的重要因素。应当从供给侧入手，在供应土地时根据经济和社会发展计划、城市总体规划等规划和当地经济发展的实际情况，调整各类用途土地的供应结构，合理引导市场需求，减少资源错配。同时完善区域间土地资源流动机制，通过跨区域的资源调整改善供给结构，在保证耕地数量、生态用地数量不减少、质量有增加的前提上，通过建设用地发展权等指标的形式，鼓励机制创新，合理调整供需结构，维持价格稳定。

6.3 土地利用规划管理在土地市场供需平衡中存在的主要问题分析

6.3.1 问题1：规划依据不科学，土地供给缺乏法律约束

城市土地供给应当以规划为依据，以供给引导需求，通过市场来实施规划[②]。但是，在实际的土地开发利用过程中，由于收集的社会经济发展数据口径不一，预测方法的差异和规划期限的滞后，规划修订时间间隔较短，规划结果缺乏科学性和现实指导性。例如，

[①] 石晓平，曲福田．经济转型期的政府职能与土地市场发育[J]．公共管理学报，2005，(1)：73-77
[②] 燕新程，严金明．城市土地供给的规划调控机制研究——以北京市为例[J]．兰州学刊，2006，(04)：170-172

在《土地利用总体规划（1997—2010）》中规定了两个目标：一个是耕地总量动态平衡，另一个就是居民工矿建设用地增量为零。因为所依据的信息失准（所依据的信息是城镇用地有40%潜力可挖，农村居民点用地13年内可减少1/3，10年内可增加新耕地3亿亩），规划实施不过两年，耕地保有量和建设用地总量控制指标就已全面突破。1999~2006年建设占用耕地面积超过土地利用计划指标的24.3%[1]。与此同时，作为协调各行业、各部门经济活动综合平台的土地利用规划长期以来缺乏相应的法律制度保障，规划内容、规划过程、规划标准和规划行为等也缺乏法律约束，没有明确的法律规定，各地目前开展规划时无法可依，无据可查，随意性较大[2]，实施管理力度不够，不能约束土地利用行为。这两方面原因导致土地供给缺乏有序有力的规划引导，直接导致了供地过程中底数不清和底线不明，致使巨大的经济利益支撑城市外延式扩张而消耗了大量耕地资源[3]。

6.3.2　问题2：规划体系不完善，土地供给有较大被动性

由于当前规划体系不完善，主要包括土地利用总体规划、土地利用详细规划、土地利用专项规划和土地利用年度计划等。土地利用总体规划是对长期（一般为15年）土地利用情况进行统筹安排，而土地利用年度计划是根据年度项目安排进行土地利用调整，造成土地供应总量的变化情况波动较大。以北京市为例，1992~2000年土地供应总体数量呈现明显的增长趋势，年平均供应土地1492公顷，2000~2004年年平均供地数量达到了5916公顷，大约增长了3倍。特别是2004年，由于"8.31"大限和首都机场扩建项目一次性供地上千公顷，造成2004年土地供应量激增，该年度一年供应量就超过1992~1997年土地供应量的总和[4]。迫使土地利用规划不得不根据土地利用实际进行调整，失去了土地利用规划的预测和战略安排作用。特别是由于土地市场中存在着诸多不确定性因素，对于中长期经济社会发展难以进行准确预测，因而不可能具有完全信息要件，需要加入土地利用中期规划"承上启下"进行协调。

6.3.3　问题3：规划调控弹性不足，土地供给以增量供给为主

规划调控缺乏有效的经济手段，供求杠杆没有发挥实际作用。规划反映的土地利用战略意图是以严格保护耕地的"倒逼"机制来控制建设用地总量，从规模配置上解决耕地与建设用地争地的矛盾[5]。然而，这一套土地利用战略和制度安排对快速工业化、城市化进程中的土地刚性需求估计不足，造成人为的建设用地供给"稀缺"，产生了大批违规用地

---

[1] 郑振源，黄晓宇. 集约用地呼唤土地资源市场配置[J]. 中国土地科学，2011，25（04）：13-16
[2] 严金明. 土地规划立法的导向选择与法律框架构建[J]. 中国土地科学，2008，22（11）：4-9
[3] 燕新程，严金明. 城市土地供给的规划调控机制研究——以北京市为例[J]. 兰州学刊，2006，（04）：170-172
[4] 同[3]
[5] 郑振源. 把转变土地利用方式、集约用地置于土地利用战略的首位[J]. 中国土地科学，2011，25（06）：20-23

现象。同时由于农地征用成本低，在后备耕地资源不足的情况下，市县之间竞相低价甚至无偿出让土地进行招商引资，造成大面积优质耕地被占用，建设用地现状面积已经基本接近甚至突破长期规划所设定的建设用地"天花板"，耕地、林地、建设用地之间的争地矛盾急需妥善解决[1]。

此外，由于规划重点关注各类用地面积，寻求耕地总量动态平衡，未能充分考虑以集约节约利用土地，盘活存量建设用地来缓解建设和农业争地的矛盾。面对土地资源稀缺和土地利用效率低下的双重压力，数量有限的土地资源不可能完全满足各产业部门的用地需求，规划规定的耕地保护和建设用地控制指标未能全部实现，使得政府计划性配置失灵。

6.3.4 问题4：规划协调配置不合理，土地市场供需失衡

当前，我国的土地利用规划是按照行政管理层次，将主要的土地利用指标自上而下地分解下达，采取层层控制、逐级细化的指标控制方法。建设用地需求也在不断扩大，而城市建设用地来源的单一以及耕地红线、规划调控和用途管制等制约了土地的供给，造成城市土地供需失衡[2]。尽管控制性指标对于不同发展水平地区平衡发展起到了重要作用，但是这种模式在宏观上侧重于用地数量的严格控制和空间分配，采取了"一刀切"的形式，利用增减挂钩工具，强调建设用地总量控制，实现局部区域范围内耕地占补平衡。随着我国经济社会进入"新常态"发展阶段，市场对于资源的基础性配置作用日渐显著，原本的指令性规划模式与提高区域竞争力和促进区域均衡发展结合起来的规划理念不相契合，也不利于通过实行差别化的产业用地政策来促进发展方式的转变。在经济发达地区，土地供需矛盾的特点一方面表现为建设用地需求远大于供给；另一方面为实现耕地占补平衡难度较大。经济社会发展速度快，工业化和城镇化水平高，包括城镇工矿、开发园区、基础设施等在内的建设用地需求量大，致使上级下达的建设用地指标远不能满足地区发展的需要。因此，不少地方政府不得不频繁修改土地利用总体规划，对所剩无几的规划指标进行布局调整，以解燃眉之急[3]。

6.3.5 问题5：土地发展权赋予不充分，土地供给来源存在垄断

土地利用规划本身就是对于土地发展权的分配，通过划定允许建设区、限制建设区和有条件建设区，对于农用地转用和建设用地容积率等进行了详细的规定和限制，为土地发

---

[1] 王静，郑振源，黄晓宇，邵晓梅. 对中国现行土地利用战略解决土地供需矛盾的反思[J]. 中国土地科学，2011，25（04）：9-12

[2] 胡银根，蔡国立，廖成泉，刘彦随. 基于供需视角的城乡建设用地扩张与配置的驱动力[J]. 经济地理，2016，（06）：161-167

[3] 王亚华，张小林，孙在宏，袁源，卢宜迅. 不同发展水平地区协调互补的土地利用规划模式构建[J]. 资源与产业，2011，（06）：24-29

展权的量化和货币化提供科学依据①使得土地发展权的计量和分配量以预期可获得的经济效益及因限制而受到的经济损失量为依据加以实现②。

但是在规划实际实施过程中，土地发展权分配问题却成为了矛盾的焦点。尚未形成集体建设用地"同地同权同价"入市的完善机制，集体建设用地在法律上仅限于在村集体经济组织内部进行流转，除集体建设用地外的农用地需要通过土地征收由政府进行土地统一储备，土地的市场价值难以得到显化。在对集体土地的征收补偿中缺乏公平市场价值做参照，形成城镇国有建设用地在旧城拆迁改造中已经参照公平市场价值进行完全补偿，而在农用地征收中只能按照"被征地者生活水平不降低"的标准进行相当补偿的不平等待遇现状③。土地增值收益分配尚未实现从"国家垄断土地一级市场低征高卖"④向"市场价格补偿合理征税"方式的转变。这就造成土地利用规划分区和用途分区一旦划定，处于不同规划分区中的土地财产其市场价值也有所不同。在土地征收补偿中，如果不对规划本身具有的这些缺陷加以弥补，那么一些土地业主就会因自己土地所处的位置而不劳而获地获得意外所得，而另一些处于限制开发区的土地业主则要承受意外损失⑤，最终难以达到政策设计者的最初目的⑥。

6.3.6 问题6：规划空间布局不尽合理，土地供给结构需要优化

土地利用结构的科学概念，应当包括土地利用数量结构和土地利用空间布局两项核心内容⑦。土地利用规划过程中，需要统筹不同区域资源禀赋，其土地利用的差异性明显。随着地域间分工的细化和主导功能的演变，地域功能必需的基本用地类型和用地结构呈现不同的特点。如商品粮基地和国家规定的粮食生产基地首要应当保证耕地的数量，限制建设用地的供给，而高度发达的工业区对工业用地、工矿仓储用地的需求量较大⑧，对于森林植被资源比较丰富的城市多划为禁止建设区，进行重点的生态保护。但是，在土地利用规划中，根据其自然资源禀赋合理配置和安排不同的土地利用规模和进行相应的空间布局尚缺乏科学可信的论证过程，一二三产业的发展成果已经惠及更为广大的区域，在地域空间上分布不当，就会限制土地利用效率的提高，影响土地资源配置的科学性和精确性⑨。

---

① 严金明，刘杰. 关于土地利用规划本质、功能和战略导向的思考 [J]. 中国土地科学，2012，26（02）：4-9
② 王群，王万茂. 土地发展权与土地利用规划 [J]. 国土资源，2005，(10)：28-30
③ 王小映. 土地征收公正补偿与市场开放 [J]. 中国农村观察，2007，(05)：22-31
④ 程雪阳. 土地发展权与土地增值收益的分配 [J]. 法学研究，2014，(05)：76-97
⑤ 王小映. 土地征收公正补偿与市场开放 [J]. 中国农村观察，2007，(05)：22-31
⑥ 张鹏. 规划管制与土地发展权关系研究评述 [J]. 中国土地科学，2010，24（10）：74-78+81
⑦ 王群，王万茂. 中国大陆地区土地利用结构研究进展 [J]. 中国土地科学，2015，29（08）：10-15
⑧ 鲁春阳，杨庆媛，靳东晓，李新阳，文枫. 中国城市土地利用结构研究进展及展望 [J]. 地理科学进展，2010，(07)：861-868
⑨ 罗鼎，许月卿，邵晓梅，王静. 土地利用空间优化配置研究进展与展望 [J]. 地理科学进展，2009，(05)：791-797

在县级及以下土地利用总体规划中，更强调对各类用地的定点定位配置，但是由于分区方法单一，缺少技术指标作保证，考虑因素不足、依据不充分等原因，往往造成分区结果在空间上普遍过于零碎，有些用地区在规划图上甚至无法表示，分区方案难以落实。现有的常见分区方法，多是先数量后布局的两步策略，即用数学模型确定土地利用数量结构后，再通过叠图来进行空间结构的落实。由于不同职能部门根据自己的理念会对相同土地空间进行重复规划，使得各区划与土地用途分区具有一定的交叉或重叠性，可能出现规划间的协调困难[1]，出现土地供给"政出多头"的现象。此外，土地利用结构优化本质是经济学中的资源配置问题，即把区域土地资源按效益最大化原则配置给不同用地部门[2]，土地利用规划对于不同部门用地需求进行权衡。

6.3.7 问题7：规划监控技术落后，违规供地和闲置用地现象严重

在规划实施过程中，政府对于土地市场监管的技术手段比较落后，尽管形成了土地利用规划数据库和土地统计台账，但是动态完善制度还没有有效建立起来，对于实际土地利用中规划落实情况没有得到及时反馈，一方面使得违反规划供地的行为得不到有效遏止；另一方面也产生了大量符合规划要求但是不满足需求的低效闲置用地。

基层政府受到"卖地财政"等利益驱使推波助澜，难以从根本上解决违法用地和乱占滥用耕地的势头，难以遏制寅吃卯粮的"圈地运动"[3]，违规供地、用地现象比较严重。现阶段供地方式主要是无偿划拨和有偿使用，由于两种供地方式在用地成本上差异很大，一些营利性非公益产业通过各种路径对于正常供地流程进行干预，也可获得划拨用地或低价用地。就这一点而言，划拨用地目录的扩大化有损社会效率和公平[4]，打乱了土地市场的正常秩序。并且由于拆除或没收涉及的利益关系十分复杂，关系社会稳定，现实中往往既无法拆除也无法没收[5]。

同时，对于部分符合规划要求的土地，由于规划划定的城镇建设用地区位选址不合理，开发面积较大，投入资金不足，导致大量土地的闲置。特别是在"开发区热"时，不少省（区）、地（市）、县（市）到乡（镇），甚至到村都建有开发区，由于数量太多，而"凤"又有限，不少开发区建立十多年来连土地平整都无资金进行，造成土地特别是耕地及粮田的大量占用和浪费[6]。此外，规划划定的基本农田部分为荒草地，处于长期抛荒状态，有的基本农田甚至位于悬崖峭壁之上，虽然在数量上满足规划指标要求，但是远不能满足实际需要。

---

[1] 苏黎兰，杨乃，李江风. 多目标土地用途分区空间优化方法[J]. 地理信息世界，2015，(01)：18-21
[2] 李鑫，李宁，欧名豪. 土地利用结构与布局优化研究述评[J]. 干旱区资源与环境，2016，(11)：103-110
[3] 严金明. 惩治土地违法行为格外重要. 人民日报[N]，2006-9-9
[4] 吴九兴. 土地利用政策：市场效率与社会效率——以建设用地为例[J]. 经济体制改革，2010，(05)：12-17
[5] 刘新平，严金明，王庆日. 中国城镇低效用地再开发的现实困境与理性选择[J]. 中国土地科学，2015，29(01)：48-54
[6] 何书金，苏光全. 开发区闲置土地成因机制及类型划分[J]. 资源科学，2001，(05)：17-22

6.4 供给侧结构性改革背景下的政府职能转变分析

6.4.1 政府职能转变的要求

供给侧结构性改革是要通过对生产要素的重新组合和配置，提高全要素生产率，进而转变我国的产业结构，扩大有效供给，满足有效需求，最终推动经济社会持续健康的增长。中共十八届三中全会明确提出，"市场决定资源配置是市场经济的一般规律，健全社会主义市场经济体制必须遵循这条规律，着力解决市场体系不完善、政府干预过多和监管不到位问题"。因此，从横向上来说，供给侧结构性改革的一个核心内容就是要推动市场在生产要素再配置过程中发挥决定性作用，使生产资料的流动由市场决定，而不再由政府来指挥。任何经济活动都无法脱离政治层面的行为，相应的，任何经济改革也都需要政治改革予以配合，这其中就要求政府职能的转变。因此，转变政府职能是供给侧结构性改革的必然要求。

政府进行经济管理时的工作重点要发生转变。从过去的需求侧管理向供给侧转变，从过去的吸引投资、扩大出口和拉动消费进而追求 GDP 增长转向通过引导和调整生产要素的再配置推动产业结构升级调整。结合现阶段我国经济的实际情况，政府的工作目标要从产能指标转向化解产能过剩、消化库存、调整产业结构①，从发展产业促进就业转向鼓励创新、提高劳动力生产水平和培育知识密集型产业，从招商引资、城市开发转向因地制宜的发展城市和推动公共服务均等化等。各级政府在工作中应该激励企业向外输出过剩产能，夯实去产能、去库存、去杠杆过程中的政府服务，推动创新创业以促进产业结构调整升级②。

政府的行政方式要发生转变。第一，各级政府要简政放权，简化行政审批流程，放管结合。培育社会组织，将不应该或不适宜由政府进行管理的事务性工作交给社会组织，以政府购买公共服务的方式弥补由政府单一供给公共服务的不足。第二，政府是最大的供给侧，掌握着大量的资源，在供给侧结构性改革的要求下，政府职能转变就是要转变公共政策的供给方式，加强公共政策的前瞻性，同时还要意识到公共政策在长期内是动态的③。加强公共政策制定的透明度，推进政府信息公开。

政府在经济活动中的角色要发生转变。首先，各级政府要充分认识市场在资源配置中的主导地位，尊重和遵守市场规律，以有形的手辅助无形的手，而不是由政府抑制甚至主导市场的运行。以市场化为导向，进行以市场所需供给约束为标准的政府改革④。其次，政府要做好监管工作，完善市场交易体系，加强相关的法律法规体系建设，进行底线管理，给予市场主体足够的发展空间同时，建立良好的市场规则和监管体系。再次，政府

---

① 刘志彪. 中国语境下供给侧结构改革：核心问题和重点任务[J]. 东南学术，2016，(4)：28-36+246
② 李志鹏. 供给侧改革背景下的政府职能建设研究[J]. 经营管理者，2016，(22)：299-300
③ 石瑛. 供给侧改革视角下的政府职能转变[J]. 长白学刊，2017，(1)：48-54
④ 王青山. 从产业结构调整看供给侧改革[N]. 光明日报，2015-12-08，02

还要着力建立完善的产权体系,降低交易费用,重视对知识产权的保护以推动技术创新。

政府绩效考核体系和机制要转变。在各级政府的政绩考核中,从供给侧管理出发,建立更加科学的政府考核机制促进政府职能的根本性转变,从 GDP 导向转变为效率导向,弱化对 GDP 的考核,落实去产能量化指标①,同时还要注意提升环保指标在政绩考核体系中的重要性。

6.4.2 各级政府职能转变

从纵向上来看,供给侧结构性改革落实到各级政府的职能转变上,应该有不同的工作重点。

1. 省级政府层面

首先,从简政放权的基本要求出发,省级政府应主要承担省内经济发展和改革的统筹和监管工作,可以交给地方的事权应及时下放,给予地方充分的发展空间,做好引导和协调工作。同时,省级政府应该是推进科技和技术创新、推动省内科研能力提高的主要承担者。

对于产能过剩、库存积压严重的省份,省级政府要统筹省内产能和库存情况,制定明确去产能、去库存的量化指标,淘汰"僵尸企业"。对于制造业基础较好的省份,省级政府要综合评估省内产业发展状况,重点建立现代化产业体系,推动土地指标、资金、技术等生产要素在省内的协调和流动,增加中高端供给。对于生态脆弱、环境矛盾突出的省份,省级政府要重点对生态破坏、环境污染等情况进行摸底调查,制定相关的环保和生态修复目标和行动计划。省级政府应对改革实施情况加强监管,对实施结果进行考核。

其次,省级政府要在供给侧结构性改革中做好财力统筹的工作,弥补落后地区基层财力不足的问题,通过增强公共服务供给能力推行省内公共服务均等化,推动省内区域均衡发展②,做好省内跨区域的协调工作。

2. 地市级政府层面

地市级政府是地区产业结构调整的具体执行者,要结合省级政府提出的产业结构调整方案,因地制宜地针对本地区生产要素情况制定本地区供给侧结构性改革中关于生产要素再配置和产业结构调整的具体行动计划和方案,提出清晰的具有可操作性的目标,并对下辖区县提出明确要求。着力于改善本地区就业、医疗、教育、社保、住房等各个方面的公共服务水平。地市级政府是区内基础设施建设的主导者,要结合地区发展情况和上级政府的统筹目标,制定具体的规划,推动并主导重大基础设施建设③。在发挥市场主导资源配置作用的同时,也要充分利用社会资本和社会组织的力量。

另外,地市级政府还要承担向省级政府报告经济发展和改革的地区诉求的任务以便省

---

① 张杰,宋志刚. 供给侧结构性改革中"去产能"面临的困局、风险及对策 [J]. 河北学刊,2016,(4):123-129
② 郑培. "十二五"完善我国政府间事权划分:问题、思路与对策 [J]. 发展研究,2012,(5):23-28
③ 冯兴元. 我国各级政府公共服务事权划分的研究 [J]. 经济研究参考,2005,(26):2-18

3. 县级政府层面

县级政府应以提供民生保障为主要工作①。县级政府是提供公共服务的主要主体，也是统筹和支援农村建设的具体实施者②。在供给侧结构性改革中，随着政府职能的转变，县级政府应整合功能，精简部门。

6.4.3 政府职能转变的发展趋势

近期内要稳住需求，尽快转换经济增长动力，提高经济增长质量，注重经济发展效率。

（1）近期主要目标是清理无效供给，提高供给品质。"十三五"期间要以"去产能、去库存、去杠杆、降成本、补短板"作为主要的工作任务。首先就是要建立完善的市场体系。通过制定法律法规推动形成良性的市场运行规律，通过重组、兼并、退出等方式，尽快淘汰"僵尸企业"，化解工业企业特别是钢铁、煤炭和石化等高产能、高消耗、低效率行业产能过剩的问题。通过科学合理地制定产业政策和监督法规引导市场预期，修复市场机制③。建立具有法律约束力的"权力清单"、"负面清单"、"责任清单"，明晰市场与政府的边界，为市场能够更好地发挥在资源配置中的决定性作用腾出空间④。其次，以国企改革为契机破除垄断，对放宽市场准入条件，尤其是在交通、医疗、通信、电力、金融等行业引入竞争机制，扩大有效供给⑤。通过法制化建设和行业标准建设，提供产品质量，提升供给品质。建立市场基础信息平台，提高市场运行效率，推动企业参与国际竞争⑥。最后，对知识产权进行有效保护，鼓励创新和保护创新成果，同时扶植新兴产业，提高我国制造业的国际竞争力。

另外，近期也要重视稳住并适度扩大有效需求，没有稳定的需求，供给侧结构性改革就很难推行。要优先推行在短期能够适度增加消费和投资的政策。消费是经济发展的目标，消费的增长来自于收入的增长，收入增长来自于劳动力生产水平的提高，因此对于能够提高劳动力生产水平的政策要在短期内优先推行，包括扩大公共服务供给提高公共服务质量、技术创新科研成果转换等方面的公共政策都应该优先推行。同时，要明确补短板的投资不会造成产能过剩，主要包括基础设施投资和产业投资。其中，产业投资应主要来自于企业，而基础设施投资则应由政府为主要投资主体，这样能够在短期内继续增加就业，稳定增长，稳定并适度扩大有效需求⑦。

（2）中期来看要以实现供需再平衡为目标，着重进行体制机制改革，加强生态文明

---

① 叶克林，侯祥鹏．综论中国地方政府职能转变与机构改革［J］．学海，2011，(1)：15-25
② 冯兴元．我国各级政府公共服务事权划分的研究［J］．经济研究参考，2005，(26)：2-18
③ 陈奇斌．供给侧结构性改革中的政府与市场［J］．学术研究，2016，(6)：104-109
④ 邵宇．供给侧改革——新常态下的中国经济增长［J］．新金融，2015，(12)：15-19
⑤ 刘尧飞，沈杰．经济转型升级背景下供给侧改革分析［J］．理论月刊，2016，(4)：5-9
⑥ 林卫斌，苏剑．供给侧改革的性质及其实现方式［J］．价格理论与实践，2016，(1)：16-19
⑦ 林毅夫．供给侧改革的短期冲击与问题研究［J］．河南社会科学，2016，(1)：1-4

建设。

  体制机制是阻碍供给与需求平衡的根源，因此，体制改革是实现供需再平衡的核心任务①。进行体制机制改革的首要前提是简政放权，从体制机制上破除阻碍市场良性运行的障碍，简化行政审批流程，最大限度地为市场主体松绑。培育第三部门的发展，加强与社会资本的合作，以社会化服务体系来补充政府职能，将不属于政府承担的事务性工作逐步向社会组织转移②。其次，要在土地制度、户籍制度、财税体系、金融体制等多个方面进行改革。进行土地制度改革，包括土地产权制度、土地规划制度、土地开发利用制度、用途管制及其他的土地管理制度等多方面的制度机制改革，改革内容包括土地规划、土地整治、土地储备、土地流转和土地利用等环节③。进行户籍制度改革，促进人口城镇化，实现农业转移人口市民化，推进公共服务均等化，推动城乡人口的双向流动④。进行财税体系改革，发挥财政政策的导向作用，继续扩大基础设施尤其是农村基础设施投资，扩大公共服务财政支持，改革税收体制，减轻企业负担，逐步推动房产税。进行金融体制改革，改善金融环境、维护资金流通秩序、完善金融市场、拓宽资金流通渠道，调整金融结构，优化资金配置方式，实现金融环境、市场和结构的优化升级，提升资金效率⑤。

  中期的另一个主要发展重点是加强生态文明建设，贯彻绿色发展理念。良好的生态环境是供给侧结构性改革的题中之意，是评价供给侧结构性改革的重要标准⑥。从政府职能转变的角度出发，要建设直接针对生态文明建设的制度，坚持最严格的环境保护制度⑦，将环境保护、污染治理能内容纳入政绩考核体系中去，实现资源环境与人口、产业、城市发展等各方面关系的优化。

  （3）长期来看要以引导和促进产业结构升级为主要目标，最终是要为推动经济持续发展提供源源不断的动力。

  供给侧结构性改革的长期发展方向是要调整和升级产业结构。目前我国供需错配主要就是因为产业结构与社会消费状况不对称所直接导致的。而产业结构不合理的首要表现为产能过剩和产品积压。从长期来看，落实政府职能转变，首先是要逐步制定与国际接轨、与现实需求和未来需求相匹配的产品标准、行业标准、安全标准、环保标准等，引导产业结构升级⑧。其次，通过法律、政策、教育、金融等各种手段鼓励创新，实施创新驱动发展战略，加大科研力量，推进技术创新，培养高水平人才，激发企业创新活力，释放企业生产力。再次，针对各地实际发展情况，扩大税收优惠收益面，使减税措施落到实处，推进分税制改革

---

① 刘尧飞，沈杰. 经济转型升级背景下供给侧改革分析［J］. 理论月刊，2016，（4）：5-9
② 邹慧冰. 供给侧改革与政府职能转变［J］. 经营管理者，2016，（33）：322
③ 黄燕芬，李怡达，夏方舟. 土地领域供给侧结构性改革研究——基本内涵、关键问题与核心对策［J］. 价格理论与实践，2016，（9）：14-17
④ 侯力. 户籍制度改革的新突破与新课题［J］. 人口学刊，2014，（6）：22-29
⑤ 乔海曙，杨蕾. 论金融供给侧改革的思路与对策［J］. 金融论坛，2016，（9）：14-20
⑥ 张高丽在京津冀及周边地区大气、水污染防治协作机制工作会议上强调 坚定不移推进供给侧结构性改革 加大力度改善大气和水环境质量［J］. 中国环境监察，2016，（5）：5
⑦ 李佐军. 推进供给侧改革 建设生态文明［J］. 党政研究，2016，（2）：5-8
⑧ 史正富. 用结构性投资化解结构性产能过剩［J］. 经济导刊，2016，（02）：16-19

和预算制度改革，同时发展多层次资本市场，为产业结构升级提供税收、金融等多方面的支持[1]。最后，利用互联网技术，发展共享经济，为产业结构升级注入新活力。

6.5 系统论视角下土地利用规划管理的供给侧结构性改革路径

6.5.1 系统论在土地利用规划管理中的已有应用梳理

贝塔朗菲于20世纪40年代提出了一般系统论的概念，成思危认为系统具有功能结构和层次结构，处于不断地发展变化之中[2]。王万茂和王群[3]、严金明和刘杰[4]等将土地利用规划定义为对一定区域未来土地利用超前性的计划和安排，并根据自然和社会经济条件以及国民经济发展的需要在时空上合理分配土地资源和合理组织土地利用。而冯广京[5]则基于时空锥理论，指出规划的本质，就是针对未来时空不可预见性的变化，做出确定的引导性计划或安排，试图用对规划的确定性认知，去克服对规划不确定性的认知，从而引导事物向人们所期望的未来方向去发展。规划在土地管理各领域中占有"龙头地位"，运用系统论在土地利用规划中统筹自然和社会经济等要素，形成土地利用规划体系，以对时空范围内土地利用进行合理安排，既梳理和完善了土地利用规划的方法论，又有利于指导土地利用的科学规划。

1. 从功能结构上看：运用系统论统筹土地系统要素

土地利用规划的对象是土地利用系统，土地利用系统是土地利用方式和土地利用单元之间的动态系统，土地利用单元强调土地的自然要素，土地利用方式主要是指土地利用系统的社会经济要素。陈池波[6]、摆万奇和赵士洞[7]等指出土地自然要素包括气候、土壤、水文等，土地社会经济要素主要涵盖六类影响土地利用状况的要素，即人口变化、贫富状况、技术进步、经济增长、政治经济结构，以及价值观念。土地自然经济综合体绝不是各构成要素的简单叠加，而是互相影响，互相制约的。例如，工业化程度的提升，在带来经济增长正效应的同时，可能也会带来土壤污染的负效应，因而土地利用规划需要根据特定结构和功能的土地系统统筹土地系统组成要素，实现人与自然的和谐发展。

---

[1] 邓磊，杜爽. 我国供给侧结构性改革：新动力与新挑战[J]. 价格理论与实践，2015，12：18-20
[2] 成思危. 复杂科学与系统工程[J]. 管理科学学报，1999，(02)：3-9
[3] 王万茂，王群. 土地利用规划中不确定性的识别和处理研究[J]. 中国人口·资源与环境，2011，(10)：84-90
[4] 严金明，刘杰. 关于土地利用规划本质、功能和战略导向的思考[J]. 中国土地科学，2012，(02)：4-9
[5] 冯广京. 时空锥理论研究[J]. 中国土地科学，2017，31（4）：22-32
[6] 陈池波. 农村土地管理系统论[J]. 中国土地科学，1995，9（2）：31-33+30
[7] 摆万奇，赵士洞. 土地利用变化驱动力系统分析[J]. 资源科学，2001，(3)：39-41

蔡运龙[①]、王秀兰和包玉海[②]等认为对土地利用变化驱动力必须有综合的认识。土地利用规划基于自然要素禀赋，对于规划期内的土地利用情况进行预期和安排。根据不同地区的自然资源禀赋状况，因地制宜提出差异化发展策略，试图改善原本的自然资源条件。土地利用规划的最终落脚点是"以人为本"，特别是要符合《国民经济和社会发展规划》等一系列上位规划要求，综合考虑人口、国民经济发展水平、粮食产量等诸多社会经济要素对于用地的需求，相应地针对耕地、永久基本农田以及建设用地下达约束性和非约束性用地指标，确保耕地总量不减少，质量不降低，挖掘存量建设用地潜力，实现藏粮于地、藏粮于技，保障我国粮食安全，满足国家和其他各项重点项目用地需求。通过土地利用规划，既能提供一个综合的方法来认识土地利用变化，同时也为政策的制定提供了依据。

2. 从层次结构上看：运用系统论构建土地利用规划体系

关于土地利用规划体系，目前大致有两种观点，王万茂[③]，欧名豪[④]，蔡玉梅[⑤]等认为土地利用规划的体系宜包括总体规划、专项规划和详细规划，其实质就是规划编制体系，称之为狭义上的土地利用规划体系。师武军等认为土地利用规划体系是指土地利用规划法规体系、行政体系和运作体系组成的系统，这是对于土地利用规划体系的广义认识[⑥]。

1）狭义上的土地利用规划体系

土地利用规划体系具有一定的层次性。一是规划编制的层次性，以土地利用总体规划为上位规划，指导编制土地利用专项规划，保证土地资源持续利用和各产业部门用地，在乡（镇）一级编制土地利用详细规划，对于各土地利用类型进行具体安排（图6-2）。二是规划区域的层次性。规划的层次越高，其内容越宏观；规划的层次越偏向基层，规划的内容越具体。如现在的土地利用总体规划分为国家、省（区）、地（市）、县（市）、乡（镇）五级。国家和省一级土地利用总体规划在宏观区域范围内对于土地利用进行整体安排，地（市）、县（市）和乡（镇）级土地利用规划侧重于在本行政辖区内的土地用途分区划定和政策落实。三是指标控制的层次性。国家和省（区）级规划重点是研究制定管制的相关政策；地（市）级规划要将上级规划下达的各类用地指标，尤其是耕地总量和建设占用耕地的控制指标，与用途管制区的划定衔接起来；县（市）、乡（镇）规划要从用途管制要求出发，重点划定农业用地区、城镇及村镇建设用地区、独立工矿区等土地用途区，同时，将土地利用控制指标分解落实到各土地用途区。由此，狭义上的土地利用规划体系根据时间分为年度计划、中期土地利用计划和长期土地利用计划，涵盖五级行政体系，涉及土地分类体系的完整地类，形成了县域为主，省域调剂，国家管理的垂直管理系统。

---

① 蔡运龙. 土地利用/土地覆被变化研究：寻求新的综合途径 [J]. 地理研究, 2001, (6)：645-652.
② 王秀兰，包玉海. 土地利用动态变化研究方法探讨 [J]. 地理科学进展, 1999, (1)：83-89
③ 王万茂. 土地利用规划学 [M]. 南京：南京农业大学出版社, 2005：5
④ 欧名豪. 土地利用规划体系研究 [J]. 中国土地科学, 2003, 17（5）：41-44
⑤ 蔡玉梅，谢俊奇，赵言文，等. 2000年以来中国土地利用规划研究综述 [J]. 中国土地科学, 2006, 20（6）：56-61
⑥ 师武军. 关于中国土地利用规划体系建设的思考 [J]. 中国土地科学, 2005, 19（1）：3-9

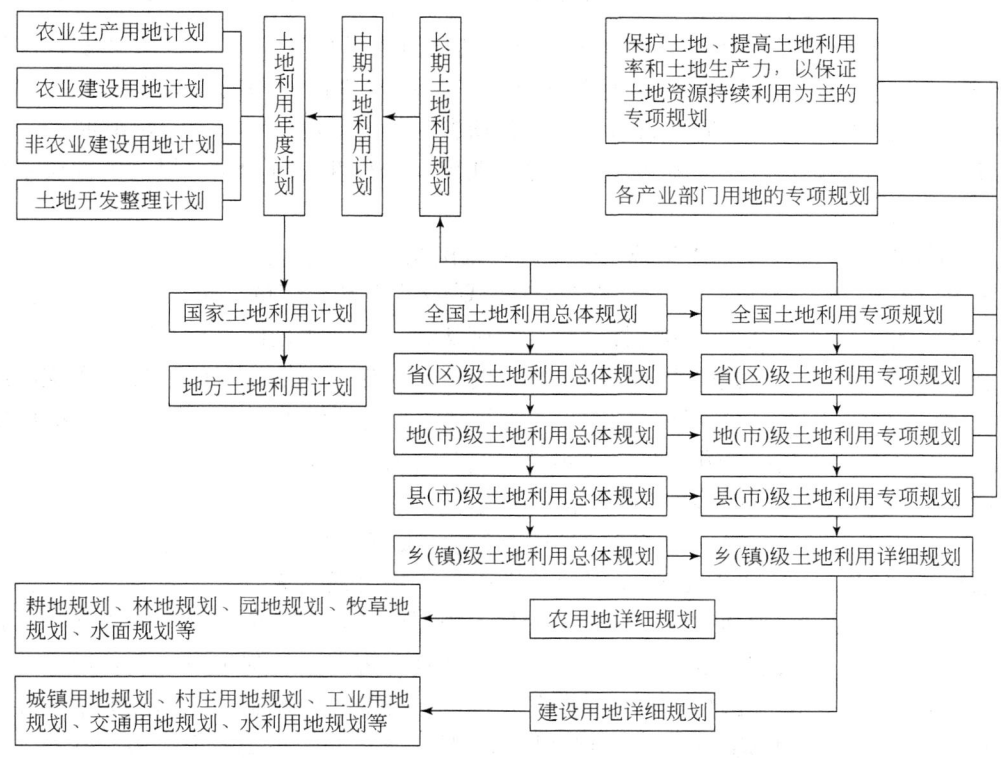

图 6-2 我国土地利用规划体系①

2）广义上的土地利用规划体系

除了规划编制体系外，师武军等认为，如果没有法规体系和管理体系作为支撑，土地利用规划工作将难以开展②。林增杰③指出中国的法规体系由宪法、法律、行政法规、部门规章以及地方法规和规章组成。甘藏春④、严金明⑤、程烨⑥指出当前我国土地立法需要不断完善，特别是土地利用规划立法已成当务之急。土地管理领域现行主干法律包括《土地管理法》、《土地管理法实施条例》和《土地利用规划编制审批办法》等，同时《环境保护法》、《城市规划法》等有些内容涉及土地利用规划，也是土地利用规划编制所要遵循的依据。现阶段，编制的土地利用总体规划纲要等政策文件面临着无法可依的窘迫局面，土地利用规划的法律效力和法律地位得不到保障，需要尽快构建完整的的法律保障体系。

---

① 曲卫东，黄卓. 运用系统论思想指导中国空间规划体系的构建 [J]. 中国土地科学，2009，23（12）：22-27+68
② 师武军. 关于中国土地利用规划体系建设的思考 [J]. 中国土地科学，2005，19（1）：3-9
③ 林增杰. 中国大陆与港澳台地区土地法律比较研究 [M]. 天津：天津大学出版社，2001
④ 甘藏春. 完善土地法制的思考——关于土地立法与土地法学若干问题的探讨 [J]. 中国土地，2015，（6）：6-9
⑤ 严金明. 土地规划立法的导向选择与法律框架构建 [J]. 中国土地科学，2008，22（11）：4-9
⑥ 程烨. 土地管理立法、执法思考 [J]. 中国土地科学，2004，18（1）：3-8

在管理体系建构中，土地利用规划作为协调各行业、各部门经济活动的综合平台，遵循《国民经济与社会发展规划纲要》等上位规划，衔接《城乡规划》、《农业农村经济发展规划》等各部门规划，逐步形成国土空间"一张图"管控的格局，向多规合一的局面迈进。在规划制定主体上，除了政府主导，公众参与力度也逐渐增大，初步形成了"政府—专家—公众"多边参与的互动机制，规划透明度和执行性有所增强，提高了社会系统内的行为主体的参与度。

3. 从动态变化上看：运用系统论安排时空范围用地

王万茂和王群[1]、吴次芳和邵霞珍[2]认为规划的结果是确定的，但是规划的过程是不确定的，具有一定的复杂性和多变性。冯广京则认为，由于规划的目标是确定的，因此规划编制的结果从形式上看是确定的，但是根据时空锥理论，规划的实施过程和实施的结果都是不确定的[3]。土地利用规划既要考虑纵向即时间上的系统变化，又要考虑到横向即空间上的区域系统用地情况变化，实现土地总供给与总需求的动态平衡。

1）土地利用规划系统分析当前和未来需求

土地利用规划的目标之一就是实现可持续性，张军岩等[4]、蔡玉梅和张晓玲[5]、刘彦琴和郝晋珉[6]等指出，与土地利用规划的重点由地—地关系向人—人关系转变相一致，规划的内容也表现为以土地适宜性评价为主的技术规划向适宜性评价与制度安排并重的趋势演进。土地利用规划根据规划期的不同分为年度计划、短期土地利用规划和长期土地利用规划。在对前一轮规划实施情况进行评价的基础上，统筹指标控制实际和土地用途分区管制情况以及"三线"规模边界，综合规划期内用地需求，对于规划期内耕地、基本农田以及建设用地规模和空间布局进行分析，下达和分解各地区用地指标。对于土地利用规划而言，现阶段基本内容是保护耕地总量、严控建设用地总量和增加生态用地规模。这是土地利用规划站在长期社会经济发展的高度，为保障我国粮食安全，贯彻集约节约利用土地的基本国策，保障区域生态安全和实施宏观调控的必要手段。因此，土地利用规划既是对于当前土地利用情况的总结，又是对于未来土地利用具体情况的预测和安排。随着社会经济的发展，土地利用情况不断发生变化，通过动态维护和规划调整完善工作，使得土地利用规划系统与国家发展总体战略相协调，实现系统的有序更新。

2）土地利用规划系统统筹不同区域需求

土地利用总体规划对于全国范围内各地区土地利用提出了总体要求，在相应的土地利用规划体系之下，逐渐细化，基于地域功能和产业差异，依托区域一体化基础设施网络，

---

[1] 王万茂，王群. 土地利用规划中不确定性的识别和处理研究[J]. 中国人口·资源与环境，2011，(10)：84-90

[2] 吴次芳，邵霞珍. 土地利用规划的非理性、不确定性和弹性理论研究[J]. 浙江大学学报（人文社会科学版），2005，(04)：98-105

[3] 冯广京. 时空锥理论研究[J]. 中国土地科学，2017，31（4）：22-32

[4] 张军岩，王国霞，李娟，鲁奇. 湖北省随洲城市化进程中人口变动及其对土地利用的影响[J]. 地理科学进展，2004，23（4）：87-95

[5] 蔡玉梅，张晓玲. FAO土地利用规划指南及借鉴[J]. 中国土地科学，2004，18（1）：28-32

[6] 刘彦琴，郝晋珉. 区域土地可持续利用系统状态评价研究[J]. 农业现代化研究，2004，(06)：410-413

推动人口、产业、土地开发权、资本、信息、技术、政策等要素自由流动，形成了跨区利益协调机制，保障各功能区地位平等，避免区域剥夺。

对于不同区域需求的协调统筹更具体地体现在统筹城乡用地需求方面。鹿心社[①]，国务院发展研究中心和世界银行课题组等[②]认为城市建设用地规模与土地利用总体规划确定的建设用地规模衔接一致，城市建设用地必须控制在土地利用总体规划确定的建设用地区内。土地利用规划通过耕地、永久基本农田和建设用地规模、位置的摸底，一方面，以建设用地占用耕地的补偿费用等形成土地整治资金池，通过土地整治，划定和调整永久基本农田保护区，腾退闲置宅基地和低效产业用地，进行节余指标交易等构造集体经济造血机制，切实保障农民的合法权益，实现在耕地保有量不减少基础上的农村建设用地存量挖潜；另一方面，通过城乡建设用地增减挂钩机制，用腾挪出的建设用地指标尽可能去满足城市建设用地需求和社会经济发展需要，形成了城乡互补的整体系统。

6.5.2　系统论视角下土地利用规划管理促进供给侧结构性改革的路径分析

系统良好运转的关键在于合理的功能目标以及与之相适应的系统结构与动态反馈机制。功能上，作为供给侧结构性改革大系统的子系统，土地利用规划系统功能必须坚持系统的联系性，将自身功能目标与大系统的目标紧密相连，为供给侧结构性改革目标的实现提供支撑。结构上，土地利用规划本身作为一个系统，必须遵循系统的有序性，建构适应于功能目标下的结构层次，为实现系统整体功能提供坚强载体。动态上，正是土地利用规划系统内部以及系统与外部环境的不断反馈交流，形成了规划系统不断更新调整的初始动力。为了避免规划系统的演变方向误入歧途，就需要从动态的系统观出发，合理设计土地利用规划系统实施的手段与时序，消弭外部环境与系统内部的潜在阻碍，从而提升土地利用规划系统转型的可行性，实现土地利用规划与外部环境系统的协同优化。因此，本节将从联系的系统观、有序的系统观、动态的系统观三个维度，揭示土地利用规划管理促进供给侧结构性改革的主要路径。

6.5.2.1　联系的系统观——明功能

紧密结合政府简政放权、提供公共服务、引导未来发展的职能转型，从服务市场、设定底线、引导未来三个方面明确未来土地利用规划的主要功能。

1. 服务市场，促进简政放权

简政放权，充分发挥市场作用，释放要素活力，已成为推进供给侧结构性改革、转变政府职能的必要环节。土地利用规划是时空上对土地资源的总体配置，但规划系统实质是

---

① 鹿心社. 全面推进土地利用规划实施工作 促进社会经济持续快速健康发展［J］. 中国土地，2000，(6)：7-10
② 国务院发展研究中心和世界银行联合课题组，李伟，Sri Mulyani Indrawati，等. 中国：推进高效、包容、可持续的城镇化［J］. 管理世界，2014，(4)：5-41

一个信息不完全的灰色系统,在"看不见的手"的作用下,土地利用所处的环境,包括功能需求、利用主体、利用方式等都将处于动态变化之中,这种高度不确定性意味着我们无法原封不动地实施蓝图规划中对每一块图斑、每一宗土地的预定规划。特别是随着当前信息技术、互联网经济的快速发展,产业创新与融合化的趋势日益加快,如果固守原有土地用途管制规则而不加以调整,现有土地利用规划不仅难以适应大批新业态、新模式产业的用地需求,也会抑制存量用地的盘活和产业的转型升级,影响国家去产能、去库存、补短板的大局。因此,在供给侧结构性改革中,未来土地利用规划必须适度考虑土地利用变异性,将土地利用规划的目标从过多聚焦于指标、坐标或是限标的完成情况转向服务市场需求、满足产业转型发展,一方面增加规划指标在数量、坐标、时序方面的机动弹性,为应对不确定性预留空间,另一方面制定符合市场需求的管制规则,让每块土地的用途可以由土地利用主体按照市场需求和管制规则自主地决定,降低土地利用结构、布局合理调整的制度交易成本,同时管控政府的"有为"之手,成为倒逼落实简政放权的政策抓手。

2. 设定底线,提供公共服务

正如市场失灵需要政府的合理调控,部分土地用途的公共产品特性以及利用不可逆性决定了如果完全依靠市场配置,土地资源并不一定能实现配置的最优化。如基本农田、生态用地等,如果缺乏用途转变的管控,在市场机制的作用下,其显著的正外部性与微弱的经济收益将使其大量转为建设用地,从而既无法满足国家的粮食安全与生态建设,过多的建设用地也可能进一步固化以资源换发展的粗放增长模式,加剧产能与库存的过剩。因此,从国家长远发展战略与资源禀赋现实出发,设定土地资源的利用底线也应是土地利用规划在供给侧结构性改革中的重要功能。当前,土地利用规划应当落实"三线划定"的要求,守住18.65亿亩耕地和15.46亿亩永久基本农田保护红线,划定生态空间,约束城市粗放扩张。未来土地利用规划还需要从国家战略变化、经济技术水平、产业用地特点、资源禀赋现实等情况,不断优化"三线"标准,同时及时发现土地利用过程中的潜在风险和具有公共物品特性的土地利用类型与特点,如需从多维空间出发科学设定三维立体土地的利用底线,从资源承载出发明确区域建设底线,从综合效果出发设计合理的土地利用综合效果的评价与底线约束,不仅淘汰高耗能、高污染等传统产业用地,同时也要从禀赋需求、产业系统的角度,评判部分新兴产业与区域长远发展的契合度,防止区域对新兴土地利用的"排异"。

3. 引导未来,助力宏观调控

作为一个转轨中的发展中大国,供给侧结构性改革需要"守正出奇"①,在充分发挥市场配置资源的同时,通过"有为"政府为引导未来发展保驾护航。理论上,土地是影响社会经济发展的重要资源与资产,土地利用规划应当高位统筹,通过优化土地资源的超前配置,引导产业结构转型、提升民生福祉、助力精准扶贫、推进生态文明、统筹城乡发展、实现新型城镇化、引导政府治理优化。现实中,我国仍然面临人多地少、供需错配的矛盾,因此未来土地利用规划应努力实现以下具体目标:第一,编制全域统筹、全域细化

---

① 贾康. 供给侧改革既要"守正",又要"出奇"[J]. 人民论坛, 2016, (18): 86+89-91

的土地利用规划，增加土地要素的有效供给。例如，编制立体空间利用规划与管制规则，将土地资源利用从二维扩大至三维空间；编制村镇土地利用规划、城乡土地整治规划，扩大稀缺资源增量，盘活低效存量，激活城乡互动流量。第二，优化全域土地利用结构与布局，提升土地利用供求的匹配契合。顺应新型工业化、信息化、城镇化、农业现代化下传统生产性土地需求趋于减少、新兴融合生产性以及生活生态性土地需求增加的趋势，合理压缩传统生产性产业用地，重点保障基础设施与公共服务、战略性新兴产业、生活宜居与生态提升、区域精准扶贫的用地空间，通过有保有压、减优结合，达成去产能、去库存、降成本、补短板的短期目标，实现产业、民生、生态同步优化的长期目标。第三，与时俱进，适时更新土地利用规划底线设定与管制规则。土地利用规划在编制过程中，应当及时总结土地利用出现的新需求、新技术、新问题，不断调整规划的底线、指标与管制规则，使其更好地服务于未来的市场要求，更好地服务于公共安全的维护。

6.5.2.2 有序的系统观——定体系

科学的规划层次体系是实现土地利用规划上述功能目标的载体。然而当前土地利用规划体系却面临理论完备而实践不足的问题。横向分工上，我国土地利用规划体系包括土地利用总体规划、详细规划、专项规划三大类，总体规划负责全域土地资源的宏观统筹安排，土地利用专项规划和土地利用详细规划则在总体规划的控制下，根据实际情况细化资源的实际配置，但无论是规划的编制还是教学，都存在详细规划缺位、专项规划不足的问题；纵向分级上，我国土地利用规划体系涵盖国家、省、市、县、乡五级，但规划内容雷同，"上下一般粗"。外部协调方面，土地利用规划与主体功能区规划、城市规划等空间规划也存在多规不合的问题。因此未来必须从横向分工、纵向分级、外部协调等三个方面完善土地利用规划体系。

1. 合理分工的横向规划体系

重塑总体规划、详细规划、专项规划的体系骨架，根据供给侧结构性改革需求，构建由跨区域总体规划、区域总体规划组成的总体规划体系，由村庄规划、交通运输用地规划、水利工程用地规划、地下空间规划、生态用地规划组成的详细规划体系，由土地综合整治规划、城乡土地转型规划组成的专项规划体系。从总体规划到详细规划、专项规划，逐步细化服务市场、设定底线的管制规则，逐步深化引导未来的规划功能。其中，跨区域总体规划以促进区域协同发展为目标，根据《新型城镇化规划》与《主体功能区规划》要求，明确跨区域土地资源配置总体方向，解决跨区域土地利用共同面对的重大问题，制定不同区域在利用土地时的协调机制，实现跨区域土地资源配置的降成本与补短板。区域总体规划在保留现有总体规划内容的基础上，做好对跨区域总体规划的衔接细化，统筹地上与地下综合空间的利用，制定地下空间用途管制规则，深化生态空间结构与布局的优化。村庄规划在遵循乡镇土地利用总体规划的基础上，统筹安排农村各项土地利用活动，超前安排农村土地制度改革所需的土地利用结构与布局调整，重点做好保护耕地基本农田、整治闲置低效的宅基地与产业用地、保障基础设施与公共服务用地、提升乡村生态空间等任务，促进农村补发展短板、降生活成本、去低端产能。交通运输用地规划、水利工程用地规划在符合总体规划的基础上，根据交通、服务的实际需求，细化区域交通、水利等用地安排，助力区域发展补短板、降成本。地下空间规划根据总体规划地下空间利用总体部署，结合实际地质条件、产业用地特点，细化地下空间用途结构、空间布局、管制规则，实现立体土地空间利用的补短板。生态用地规划以"三生"协调为目标，重视生态空间与生活、生产空间的融合，细化生态重要功能区与生态脆弱区的空间布局，完善生态空间的保护规则，探索制定激发生产生活空间中生态功能的政策。土地综合整治规划在现有聚焦农村土地整治规划的基础上，将跨区域、城镇、地下空间纳入规划对象，开展耕地与基本农田建设保护、农村居民点整治、低效城镇用地再开发、山水林田湖生态化综合整治、产业园区节地提效等五个层面的整治规划，实现去低效产能、降发展成本、补耕地与生态短板。城乡土地转型规划则以解决城郊土地利用散乱、促进城乡一体化为目标，合理设计城乡结合部土地利用结构与布局，科学安排增减挂钩、地票交易等城乡土地资源交流的重要政策与重大工程，保障城乡土地转型的平稳有序。

2. 差别有序的纵向规划体系

完善包含战略性、政策性、控制性三个维度，五级行政层次的纵向规划体系。其中，战略性规划为全国土地利用规划，提出全国土地利用战略目标，从全国层面优化人地布局、生产力布局、生态空间，促进人口分布与土地资源承载能力的匹配，引导产业合理布局与区域协调发展，提升全国生态质量，制定服务市场、设定底线、引导未来的引导与管制原则。政策性规划由跨省级区域土地利用规划、省级土地利用规划、跨市级区域土地利用规划、地市级土地利用规划组成，综合考虑区域土地利用的经济、社会、生态效益，统筹安排区域的土地用途与布局，细化符合区域特点的管制规则，促进区域内各地人口、资本、产业、基础设施与公共服务等方面的互通互联、分工合作。控制性规划包括县级或中心城区土地利用规划、乡镇级土地利用规划，细化规划底线，以引导产业转型优化，提升生活环境，优化生态空间，深化布局城乡土地资源，制定符合区域发展需求、土地用途特点的管制规则，助力区域"三去一降一补"供给侧结构性改革的推进。

3. 多规合一的空间规划体系

土地利用规划、城市规划、国民经济发展规划、环保规划等逻辑起点不同、职能各异，应当允许各类规划之间出现一定程度的冲突，实现"相互制衡"，但过度的"不合"势必影响土地资源配置的高成本，也容易导致土地利用规划在底线管控上的乏力，导致低效产能库存难去而公共资源短板难补。因此，在当前"多规合一"的背景下，土地利用规划应当积极与其他空间规划对接，在发挥土地利用规划功能的同时促进空间规划的完善。第一，以"二调"数据为基础建立"智慧空间"的规划"底数"。全域覆盖的土地利用总体规划拥有国家、省、市、县、乡五级规划体系，对于建设用地、农用地、其他土地均进行土地用途区、空间管制区的划分，借助 GIS 平台建立的空间数据库拥有多尺度、可叠加、精确到图斑的特点。今后应当积极发挥土地利用规划在"底数"上的功能，统一"多规"的空间数据坐标及其精度，形成统一的空间数据体系与规划管理信息平台，同时叠加落实包含建设用地、农林、水源、水系、交通、市政等在内的多个规划图层，形成空间规划"一张图"与云平台。第二，以耕地和生态红线为优先划定"底线"落实"三生"。充分利用土地利用规划在划定基本农田与生态控制线中的职能与经验，助推"三线划定"，显化土地利用规划在设定"底线"上的作用。第三，以自然资源空间管制与国土综合整治为抓手优化空间规划"底盘"。对接其他空间规划的用途分区，以土地利用规划的用途管制规则与手段为基础，积极与其他规划管理手段整合，形成引导分区资源配置的政策合力。同时，发挥土地综合整治规划在优化资源配置上的作用，将其打造成为调整空间结构、优化空间"底盘"、落实空间规划的重要抓手。

6.5.2.3 动态的系统观——立机制

落实土地利用规划目标的过程实质是目标与规划系统内外环境的反馈，只有建构适应并引导潜在反馈的规划机制，才能实现土地利用规划目标、助力供给侧结构性改革。然而，一方面，当前土地利用规划刚性有余而弹性不足，既难以适应并引导市场的反馈与需求，也降低了土地利用规划本身的严肃性。另一方面，转变发展模式的惯性是长期的，也是痛苦的，需要凝聚发展主体的意愿与能力，土地是地方政府刺激经济发展的重要空间资源，也是其财政收入的重要来源，但与土地利用规划目标有效配套的激励约束机制却相对不足，难以真正发挥地方政府的能动性。另外，无论是服务市场、设定底线，还是引导未来，土地利用规划都需要根据区域的实际情况与条件加以细化，尤其在供给侧结构性改革推进的背景下，必须培育与当地现实与需求相契合的规划供给而不是雷同的规划文本与政策。因此，未来至少应当从刚弹结合的规划编制与管理手段、疏堵结合的规划实施激励机制、因时因地的规划内容和方案等三个层面，完善土地利用规划的落实机制，实现土地利用规划目标与规划系统内外环境的正反馈。

1. 刚弹结合的编制和管理机制

以完善的用途分类与土地变更调查底数为基础，以绿图规划理念为灵魂，以灵活有度的用途管制规则为骨架，实现土地利用规划编制与管理的刚弹结合。第一，创新土地用途分类，完善地类变更调查机制。首先，根据建设生态文明、划定生态红线需求，界定生态用地内涵，探索将生态用地纳入现有土地利用现状分类体系的方案。其次，结合产业用地多元化、融合化趋势，探索在规划中适时增加混合用地的认定与管理机制。再次，当前土地利用变更调查主要着眼于农用地非农化，而建设用地腾退还农还绿等方面缺乏详尽调查，难以适应建设用地减量规划、开展去产能去库存的需求，今后须强化各地类转化的调查，确保变更调查成果与实地情况、规划需求一致。第二，开展绿图设计。即主要设计规划的骨架性内容，细节由使用者针对变化的环境条件，加以充实和完善，从而为使用者留下设计空间，使规划成为一个持续发展的过程。但应明确不同类型规划的不同骨架，为专项规划、详细规划落实总体规划、控制性规划细化政策性与战略性规划提供基础。第三，制定张弛有度的用途管制规则。总体上，根据不同用途重要性，制定差异化用途管制规则，满足市场经济条件下规划预测不确定性所需要的规划弹性和灵活性。对于基本农田保护区、重要生态脆弱或功能区，其他涉及公共利益和土地资源安全的重要用途，应坚持规划指标的自上而下严格控制与管制规则的刚性落实，切实维护国家区域的整体与长远利益。对于其他分区，应保持一定弹性，尤其为经济发展过程中产业结构调整留有余地，以适应经济发展要求。例如，在规则用途变更幅度的基础上，对于政府划定的特定地块区域，允许商业、办公、居住、工业等项目在该地块内混合发展，允许部分工业、商服用地改变用途，以消化过剩产能与库存。对于部分区域可以探索实行负面清单式的土地用途管制模式，市场主体可决定负面清单以外的任意土地用途使用形式。第四，完善土地利用全过程管制规则。在针对土地利用方向和土地用途转用进行管制的基础上，开展针对土地利用程度和效益的管制，通过对土地利用的社会、经济、生态效益以及服务改革战略贡献度等的评估管制，促进土地利用效益的最大化。

2. 疏堵结合的激励和约束机制

构建集激励与约束、常态与动态等于一体的规划实施激励机制。具体包括：第一，将规划管控成效纳入地方政府政绩考核并与地方政府建设指标相挂钩，对于土地利用服务改革贡献度、综合效益、底线管控成效等指标高于规划预期值的地区，可在本轮规划期内按一定比例增加计划内的机动预留指标与计划外的增减挂钩指标，同时适当放松年度计划使用的时间限制，在土地制度试点地区选择中给予优先考虑，激发地方政府的积极性。对于指标明显低于预期值的，相应核减计划指标，并加强土地利用的管控约束，从而激发地方政府落实规划的意愿。第二，建立空间底线资源负债表，对领导干部实行底线资源离任审计，强化地方政府责任约束。第三，发挥市场作用，建构底线资源保护补偿机制，激发地方政府与土地利用主体保护特殊资源的积极性。第四，整合规划评估与执法队伍，加强规划评估与执法力度，形成不定期巡查与执法机制，严格追究违法违规行为，强化对土地利用主体的约束。第五，科学构建规划实施的冲突协商机制，对于不涉及土地刚性管制的利用，可以采用研讨会、听证会、咨询会等方式，由不同协商主体对具体的规划实施冲突进行协商，尽力整合共识，推动规划的完善与有效落实。

3. 因时因地的实施和反馈机制

整体时序安排上，应当根据区域发展需求与实际条件，分步设定规划目标，稳步开展规划转型。例如，经济发达地区规划应在跨区域土地利用规划、立体空间规划、生态用地规划、村土地利用规划、三生统筹布局、底线内容创新、新兴产业用地用途管制规则、规划激励机制等方面先行先试，促进土地利用规划转型与地方政府职能转变的协同优化，为其他区域土地利用规划的转型完善提供借鉴。经济欠发达区域规划应当正确评价地方政府配置土地的功能与过渡的长期性，积极设计激励机制，激发地方政府保护耕地、基本农田、生态空间等底线管控的积极性，在维护经济基本发展的前提下，压缩过剩产能，探索库存转化方法，重点做好产业转移承接、特色产业培育、交通基础设施与公共服务建设、生活居住环境改善、精准扶贫等方面，为区域"三去一补一降"、实现转型发展奠定基础。具体机制上可以实施滚动规划，如将整个规划期按5年划分为近期目标、中期目标和远期目标，以中期和远期目标指导近期目标，以近期目标的评估效果细化中期和远期目标，从而不断完善规划目标、内容与手段，实现规划自身的与时俱进。

6.6 土地利用规划管理供给侧改革的案例分析：以北京市海淀区和吉林省长春市为例

6.6.1 供给侧结构性改革视角下海淀区土地利用规划调整方案设计

6.6.1.1 区域概况

海淀区位于北京市区西北部，东与西城、朝阳两区相邻，南与丰台区毗连，西与石景山、门头沟区交接，北与昌平区接壤。全区总面积 43077 公顷，约占北京市总面积的 2.53%。海淀区生态环境良好，地势西高东低，西部山地为太行山余脉，林木浓郁；东部和南部是风光秀丽的现代化城区；境内水系共 119.8 千米，水质优良的山泉和面积阔大的湖泊散布各处，水量充盈。海淀区科研院所林立，高等院校密集，经济发展迅猛，文化旅游资源丰厚，中央、军队机关众多，拥有首都政治和科技、教育、人才优势以及文化、自然地理优势等明显的区位功能优势和资源优势，是国家高新技术产业基地之一。2013 年，全区实现地区生产总值 3835.2 亿元，完成固定资产投资 775.1 亿元，地方财政收入 1867.36 亿元，城镇居民人均可支配收入 45952.7 元，农村居民人均纯收入 24673 元。

海淀区土地利用呈现三大特点：第一，空间布局呈现"南城北乡"特点。海淀南部地区是全区城市生活功能核心区、高度城市化地区，城市建设用地占比达 78%，是全区高新技术研发、文化、教育、金融等产业的聚集地。北部地区是城市建设扩展区，也是乡镇所在地，用地类型复杂，农用地和农村居民点占比分别为 56%、23%。第二，土地集约利用水平较高。海淀区建设用地集约利用水平均优于同期北京市与城市功能拓展区。2014 年，海淀区单位建设用地产值为 1778 万元/公顷，分别比北京市平均水平与城市功能拓展区平均水平高出 1177 万元/公顷、642 万元/公顷。海淀区人均建设用地面积为 69 平方米/人，分别比北京市平均水平与城市功能拓展区平均水平低 96 平方米/人、15 平方米/人。第三，土地利用程度高，后备土地资源有限。海淀区土地利用程度较高，其他土地仅占全区土地总面积的 1%，而且其中大部分是裸岩石砾地，开发难度大，后备土地资源数量极其有限。

6.6.1.2 土地利用的新形势与挑战

自 2014 年习近平总书记在北京考察时作出重要讲话以来，有序疏解非首都功能、优化提升首都核心功能，已成为首都发展新的战略目标。作为承载首都核心功能的重要区域，"十三五"期间，海淀区需要通过人口疏解、建设减量、产业提升、生态改善，承担起首都功能核心区和科技创新中心核心区的城市功能定位，加快推进建设中关村国家自主创新示范区、中关村人才特区和中关村国家科技金融创新中心，努力建成具有全球影响力的科技创新中心、体现国家形象与风貌的历史文化区、首都和谐宜居的生态文明区。因此，在未来供给侧结构性改革中，海淀应在去产能的基础上，从引导新兴产业、构建三生协同的角度降成本、补短板。与此目标相比，当前土地利用规划编制及其实施情况存在以下不足与挑战：

第一，现有地类认定体系不能满足未来发展需求。随着中关村科技创新区的发展，未来海淀区的新产业、新模式将日益增加，产业用地的多元化、融合化趋势也将日益显现，然而当前还缺乏对产业用地的深入研究与引导，难以为未来产业转型升级提供有效保障。同时，土地利用规划这一"底数"目前缺乏关于生态用地的认定机制，公园绿地等实际具有生态功能的地类还属于建设用地范畴，极易受到建设用地指标的约束。因此未来需要根据京津冀协同发展中建设减量和生态建设的战略需求，完善地类认定机制。

第二，地类变更调查机制有待完善。当前土地年度变更调查以新增建设用地核查为主，缺乏建设用地腾退还绿地类变更机制。如2009~2013年，海淀区开展了北部18个村的拆迁腾退工作，腾退农村居民点面积1052公顷，其中已实施绿化种树297公顷，但相关数据未能及时在土地利用变更调查中得到更新，随着北京市减量规划的提出，现有土地利用变更调查可能难以动态反映各地建设用地实际底数，从而既影响规划实施的有效评价，也将影响相关主体规划实施的积极性。

第三，耕地保护与生态建设、农业结构调整之间关系有待协调，保护指标有待优化。首先，当前耕地保护和生态建设协调不足，如2012年北京市启动了百万亩平原地区造林工程，但却造成了平原造林和耕地保护"争地"的局面，根据实地核查，2013年海淀区耕地和基本农田中平原造林比重分别为13.73%、22.95%。其次，随着农业现代化、产业化的发展，海淀区已由单一的粮食种植转向粮食种植、果品种植、大棚种植等多种模式，单纯的耕地已难以满足北京市农业发展、农民生产需求以及"以水定地"的战略导向。再次，因平原造林、农业结构调整等因素，海淀区实有耕地量较少，如果仍然坚守现有规划目标，不仅会加重海淀区水资源承载负担，也与首都中心城区耕地与基本农田多元化功能定位不符。因此，未来土地利用规划需要将生态建设、农业现代化发展与结构调整纳入考量，合理调整耕地与基本农田保护定位与目标。

第四，建设用地指标结构失衡，亟须建立调整机制。规划2020年，海淀区城乡建设用地规模不超过22 700公顷。2013年，海淀区城乡建设用地面积为23 103公顷，超出规划目标。规划2020年，海淀区特殊用地、交通及水利设施建设用地（简称"特交水用地"）规模不超过5000公顷，2013年，全区特交水用地面积为2048公顷，今后五年的剩余指标为2952公顷。城乡建设用地指标不足，特交水用地指标过剩，建设用地指标结构相对失衡。另外，海淀南部地区是建设用地与城乡建设用地的集中区，也是未来建设指标的需求区域，但2013年海淀南部地区建设用地与城乡建设用地均超出规划目标。其中，建设用地已经超出规划要求486公顷，城乡建设用地已经超出规划要求1357公顷，因此今后南部地区将面临建设用地新增需求强劲与建设用地规模超过规划目标的矛盾。未来亟须创新城乡建设用地与特交水用地、各地区建设用地指标的弹性调整机制，使其更符合海淀区发展实需求，更好地发挥国土资源在稳增长、调结构等方面的支撑性作用。

第五，土地利用规划亟须强化与其他规划的衔接融合。伴随经济社会发展进入"新常态",良好的空间规划秩序,是提高空间治理和管控水平的必然要求。然而当前,各类法定规划之间仍然存在规划标准"打架"、内容表述不一、数据彼此矛盾和规划管理"分割"等问题。另外,北京市已成立北京市规划和国土资源管理委员会,力图整合规划和国土职能。因此,未来需要进一步强化土地利用规划与其他规划之间的融合,助力构建空间规划体系,推进国家治理能力和治理体系现代化。

6.6.1.3 土地利用规划调整完善总体方向

立足海淀首都中心城区、全国科技创新中心核心区的功能定位,落实京津冀协同发展,围绕"创新、协调、绿色、开放、共享"五大发展理念,以"减量化、高效化、生态化、精细化、协同化"为原则,开展规划调整完善,以良好的国土规划促进海淀区疏功能、减人口、聚人才、谋发展、优服务、惠民生的有机统一。具体而言:

第一,减量化。推进农村居民点拆迁腾退,激励低效城镇用地转型升级,实现建设减量,消解过剩低端产能。

第二,高效化。即结合海淀区"做大三产、做强二产、优化一产"的产业发展思路,疏解低端产业、改造南部地区低效用地,深化农村集体建设产业用地利用机制,优化城乡土地利用结构与布局,以期低效用地空间容量提升40%以上,五年内实现单位GDP建设用地面积降低30%的目标,土地利用效率达到全国领先水平。

第三,生态化。即以助力海淀区全面建设成为"美丽海淀"为目标,落实三线划定,推进山水林田湖综合整治工程,完善生态用地管理机制,解决区域污染,构建历史文化遗产保护网络,实现"生态加密",建立全国资源循环示范区。

第四,精细化。一方面,探索并总结未来产业用地需求,制定精细化引导管理手段;另一方面,创新全域土地综合整治规划实施机制,划定土地整治功能单元,强化土地网格化管理和集约化用地。

第五,协同化。以京津冀协同发展战略、海淀区"十三五"发展定位为指导,保证规划调整完善与海淀区发展大局的协同。以多规融合、三线划定、城市总体规划修改、土地利用总体规划调整完善和"十三五"规划编制工作为契机,加强与市局沟通,积极争市局支持,科学合理地确定海淀区耕地、基本农田、建设用地等各项指标,保证规划调整完善与相关规划。创新土地整治规划实施机制、探索北部地区城乡建设用地整体增减挂钩,保证规划调整完善与国土管理政策创新的协同。

6.6.1.4 土地利用规划调整完善具体方案

第一,完善地类认定与变更机制,更新地籍数据,弥补规划数据短板。一是建立生态用地地类认定机制。以推进多规融合、三线划定为目标,建立国土空间开发利用统筹协调平台,统一部门之间生态用地地类认定口径。将城乡规划中的公园绿地(向公众开放,以游憩为主要功能,兼具生态、美化和防灾等作用的绿地)、防护绿地(具有卫生、隔离和安全防护功能的绿地,包括卫生隔离带、道路防护绿地和城市高压走廊绿带等)等纳入生态用地范围。二是实施与其他城镇建设用地有别的生态化管理。结合国土、规划、园林已出台的相关规定和标准，针对郊野公园等景观提升重点区域配备一定比例的生态基础设施用地和林业设施用地，按生态用地或农用地进行管理，规模要控制在项目用地总规模的4%之内，国土部门不再预审。具体生态基础设施用地和林业设施用地包括健康绿道、浅山步道等4m以下的林间道路，其中，经过基本农田和耕地的林间道路，按绿色环保标准实施，不得进行硬化；具有良好渗水功能且林木等植被覆盖率达到一定标准的停车场和活动广场；游人用移动厕所；小规模可移动绿色驿站等。三是完善地类逆变更机制。以土地整治功能单元为载体，完善建用地腾退还绿地类变更机制，经整治腾出的农村建设用地，经验收后达到耕作条件并具备耕种能力的，将地类调整为耕地，用于耕地占补平衡指标；经验收已绿化种树，将地类调整为林地。及时更新地类变更数据库，确保地类图、数与实际使用状况一致。

第二，落实"两减一增"，合理制定规划目标，强化规划龙头作用。一是科学调减耕地和基本农田规划指标。根据海淀区首都中心城区定位，统筹考虑现代农业结构调整、平原造林工程、未来建设占用等情况，科学核减耕地与基本农田保护指标。二是合理制定建设用地规划指标。结合城市总体规划修改方案，根据趋势外推、以人定地等方法，科学预测与经济社会发展需求相适应的建设规模，力争保持原有城乡建设用地规划指标不变，适当减少特交水等其他建设用地指标，从而实现总体建设减量。三是扩大城市生态空间，增加林地、湖泊、湿地等生态用地规模，将农村废弃地、其他污染土地、工矿用地转化为生态用地，在城镇化地区合理建设绿色生态廊道。同步推进功能疏解、村庄腾退、环境整治与"增彩延绿"工程，继续推进平原地区造林，扩大生态环境容量。结合北京市统筹部署，未来海淀区土地利用总体规划的主要指标如表6-1所示。

表6-1 海淀区规划调整完善的指标预案

指标名称	2020年目标（现行规划）	2020年目标（拟调整后）
耕地保有量（亩）	31 005	11 000
基本农田保护面积（亩）	24 000	10 000
建设用地总规模（公顷）	27 700	27 000
其中：城乡建设用地规模	22 700	22 700
其中：交通、水利设施及其他建设用地	5 000	4 300

第三，坚持减优结合，调整用地结构，促进海淀去库存、补短板、降成本。以加快建设全国科技创新中心核心区为目标，重点保障中关村自主创新示范区核心区用地需求，大力支持城乡产业发展用地，打造科技创新中心，推动经济提质增效升级。以建设国际一流、和谐宜居的首都中心城区为目标，积极推进保障性安居工程及重点项目安置房用地，做好市政基础设施及公共设施用地安排，保证中央党政机关与军队用地需求，发挥用地"服务"功能。以疏解人口与首都非核心功能为目标，严格控制传统产业占地，加快高消耗、低产出的一般性产业与部分有形市场和物流仓储基地调整退出，通过二次开发、收购储备、提高利用强度等措施激活低效闲置用地。对乡村用地，整合土地整治、城乡建设用地增减挂钩等政策工具，有序推进北部农村居民点整体拆迁腾退，提升补偿标准，形成多

元化补偿模式，加快推进"农转居"工作。

第四，完成"三线"划定，优化全区发展布局，化解"三生"空间统筹短板。以生产空间集约高效、生活空间宜居适度、生态空间山清水秀的空间格局为目标，牢固树立"底线"思维，结合土地整治功能单元规划，按照"布局集中连片、质量有提高"的要求，将城市周边、道路沿线的优质耕地优先划入基本农田，注重基本农田范围划定与区域生态系统的有机结合，进而合理调整基本农田保护空间布局，划定永久基本农田保护红线；根据全区生态文明建设需求，将重要自然保护区、风景名胜区、森林公园、重要河流水系、公共绿地、防护绿地等纳入生态保护范围，结合绿屏、绿心、绿道、绿廊等绿色空间的特点与布局需求，合理划定生态保护红线；以优化城乡空间结构、实现集约紧凑发展为原则，结合城市总体规划，根据人口和产业规模确定各重点功能板块的发展区规模，确定城市开发范围及空间布局，划定城市开发边界。

第五，推进多规融合，深化部门协作，建立健全国土空间规划体系。为落实京津冀协同发展战略、深化空间规划体制改革，立足海淀区"十三五"发展定位，根据北京市规划和国土资源管理委员会职能安排，在区委区政府的统筹指导下，协同发改委、环保、园林等相关部门，发挥各自部门优势，整合规划基础数据调查队伍，搭建基于土地管理基础数据库的土地利用规划、城市规划、经济社会发展规划的多规融合平台，努力形成基础数据、规模、布局、时序、保障措施等五个方面作深度融合的协作机制，强化土地用途管制，强化土地利用规模、结构、布局和时序的管控。

第六，创新整治规划，完善配套机制，保障规划调整实施。将土地整治规划实施机制创新成果作为落实土地利用总体规划调整完善工作的抓手，编制海淀区土地整治功能单元规划，以功能单元为基本单位，在单元内部探索农用地、建设用地、生态用地机制的集成创新，积极推进万亩良田工程、乡村人居环境提升工程、山水林田湖综合整治示范、产业园区节地、城镇更新五大工程，结合七王坟和两山片区试点成果，创新土地整治功能单元规划报批与土地利用总体规划调整动态整体维护同步实施机制。

6.6.2 供给侧结构性改革视角下长春市土地利用规划调整方案设计

6.6.2.1 区域概况

长春市是吉林省省会，是全省的政治、经济、文化和交通中心。长春市位于北半球中纬地带，欧亚大陆东岸的中国东北松辽平原腹地，居北纬43°05′~北纬45°15′，东经124°18′~东经127°02′；幅员20593.52平方千米；西北与松原市毗邻，西南和四平市相连，东南与吉林市相依，东北同黑龙江省接壤；东西最长223千米，南北最宽217.5千米；境内松花江、饮马河、伊通河、拉林河等主要河流自东南流向西北切穿大黑山脉。

长春市现辖朝阳、南关、宽城、绿园、二道5个城区，以及双阳、榆树、九台、德惠、农安5个县（市）区，市域内居住着汉、满、朝鲜、回、蒙古、锡伯、壮等46个民族。2014年，户籍人口总数为754.55万人，人均土地面积0.28公顷。

长春市土地利用呈现三大特点：第一，土地利用类型丰富，土地利用率较高。从总体上看，长春市地貌类型多样，土地利用类型基本齐全。农林牧副渔各业土地资源丰富，为全市农林牧副渔全面发展提供了优越条件。长春市土地利用率已达95.49%。第二，耕地数量多，基本农田保护面积大，保护率高。长春市耕地数量多，集中连片，占全市土地总面积的70.30%，人均耕地是全国的1.9倍；全市粮食产量一直占全省粮食产量的30%左右，人均粮食占有量、净调出量为全国同类城市之首。长春市2014年基本农田保护面积1 172 484公顷，占全市现有耕地总面积的81%，占全省基本农田保护面积25%左右。第三，土地利用效益地域差异显著。由于县域经济不发达，长春市土地利用效益差异十分明显，2014年，全市城区地均GDP为25.94元/平方米，农安县、榆树市和德惠市地均GDP分别为7.16元/平方米、8.26元/平方米和7.03元/平方米，城区地均GDP是外围各县市的3~4倍。

6.6.2.2 土地利用的新形势与挑战

"十三五"时期，长春市将进入转方式调结构的关键期、建机制增活力的攻坚期、新优势新动力的形成期、补短板建小康的决战期。新时期下，长春市将全力实施国家"一带一路"战略、新一轮东北老工业基地振兴战略、长吉图开发开放战略，构建哈长城市群，建设长春新区，打造吉林中部创新转型核心区，使长春市的土地利用面临新的形势和重大机遇。在新形势下，贯彻落实"创新、协调、绿色、开放、共享"五大发展理念，推进土地管理制度改革和生态文明体制改革，进一步落实最严格的耕地保护制度和节约集约用地制度，推进新型城镇化和城乡一体化发展，对土地利用的统筹管控能力提出了新的要求。

第一，加快全面振兴要求提高土地资源保障能力。在"十三五"时期，随着新一轮东北老工业基地振兴战略的实施，要求长春市抓住机遇，推进全面深化改革，促进产业结构调整，优化国土空间配置，以有限的土地资源承载城市核心功能，构建功能完善、配置合理的土地利用空间格局，整体提升人居、交通、产业配套等综合发展环境，为实现全面振兴提供有力的支撑。

第二，区域协同发展要求提高土地资源空间配置效率。国家的"一带一路"战略、长吉图开发开放战略、构建哈长城市群战略，为长春市未来发展提供了新的历史机遇，同时也对长春市的区域协同发展提出了新的要求。长春市要在新一轮国家战略中发挥引领作用，推进新型城镇化建设，推动城乡统筹发展，突出长春市作为哈长城市群内核心城市的辐射带动作用，加强区域土地资源的高效利用和有效管理的衔接，实现区域内生产、生活和生态空间协调发展。

第三，经济发展新常态要求提高土地资源的质量和效益。经济发展速度从高速增长向中高速增长换挡是新常态下经济发展的重要特征，发展动力从要素驱动、投资驱动转向创新驱动。土地资源作为经济发展的重要载体，依托土地资源低效消耗推动经济社会发展的模式不可持续，必须主动适应经济发展新常态，以提高土地资源配置的质量和效益为中心，探索节约优先、保护优先、优增提存的土地利用新途径。

第四，生态文明建设要求加快转变土地资源利用方式。建设生态文明、坚持绿色理念，着力推进绿色发展、循环发展、低碳发展、节约资源、保护环境已成为国家推进"五位一体"建设的重要战略。长春市作为绿色宜居森林城市，要争当生态文明建设的排头兵，构筑绿色游憩的健康化生态网络体系，打造集约紧凑城乡用地布局，对污染严重的工矿用地进行整治，加快转变土地利用方式，促进土地资源利用向高效化、低碳化模式转型。

6.6.2.3　土地利用规划调整完善总体方向

坚持创新、协调、绿色、开放、共享发展理念，贯彻落实党中央和国务院对国土资源管理工作提出的新要求，有序推进土地制度改革和生态文明体制改革，切实保障"十三五"经济社会发展的用地需求。

严守耕地保护、建设总量和生态环境三条底线，着力加强生态安全环境建设，着力提升国土资源保护和节约利用，着力优化国土资源开发利用格局，着力促进国土资源统筹利用，为长春市如期全面建成小康社会、实现老工业基地振兴、建设吉林中部创新转型核心区和东北亚区域性中心城市提供土地资源保障。

第一，生态化。低碳发展，转变生产生活方式。以低碳宜居为目标，加强土地利用方式转变对优化能源结构、调整产业结构的引导作用，增强土地利用方式与管理方式对低碳经济发展的调控功能，推动工业向高端智能绿色转型、农业向规模优质高效转型，促进形成节约资源和保护环境的生产、生活方式。

扩绿提质，建设生态都市。以建设绿色城市、宜居城市为目标导向，协调土地利用与生态环境保护，推进长春都市区各类自然生态斑块的保护和利用，优化城市发展生态空间，着重扩展绿色空间和提升生态质量。

第二，集约化。提升建设用地集约利用水平。以提高建设用地利用效率为目标，逐步树立向存量土地和立体开发要"增量"空间的土地利用理念，统筹利用增量用地和存量用地，有限的新增用地向重点发展区域、战略创新产业和民生社会事业倾斜，探索存量建设用地多渠道转型开发模式，实现拓展城市空间、提高土地利用效率和城市基础设施建设水平等目标。

促进农用地精细复合利用。改变占用农用地扩展新增建设空间的土地利用方式，立足都市现代农业，依托土地综合整治平台，加快转变农业发展方式，着重优化农用地结构，适度增加设施农用地以完善农业生产配套设施，促进农用地的精细符合、可持续利用。

第三，协同化。促进区域协同发展。立足长春市东北地区要地、交通腹地和产业基地的区位优势，打造覆盖全市、带动全省、辐射东北区域发展的重要经济载体。深化长春与哈尔滨两市互补联系、长春与吉林省中部城市互动联系、中心城区对卫星城镇的带动联系，加强跨区域的空间、产业、生态和交通等方面的有效衔接，形成特色明显、异质同构的区域发展格局。

推进城乡一体发展。积极引导城乡土地资源要素合理配置，发挥郊区城镇在城乡发展中的带动和引领作用，促进城乡基础设施共建共享、互联互通，保障乡村地区的合理用地需求。

第四，人文化。营造舒适便捷的生活空间。以满足市民日益增长的物质文化生活需求为目标，协调人地关系，合理增加生活用地供给和配置，营造环便捷的生活环境。

保护自然人文资源。在土地开发利用中，塑造和谐的人文环境，加强自然资源景观和历史人文景观的保护，保留具有重要文化价值的乡村聚落，适度增加汽车、电影、雕塑、冰雪等文化产业用地，打造东北亚现代文化名城。

第五，智慧化。构建"智慧国土"信息平台。集成整合与共享自然、经济、社会等各类地理信息资源以及遥感影像数据，构建基于"智慧国土"的国土信息整合和应用平台，实现国土信息的实时监测、动态分析与辅助决策。

实现"一张蓝图"联动管理。主动纳入"多规合一"管理平台，统筹各类资源和各类各业用地，固化空间结构、发展方向、保护红线、增长边界和生态红线，实现"一张蓝图"联动管理。

第六，精准化。指标精准落地。在建设用地供应方面，实现精准供地，引导资源集中、用地集约、产业集群、项目集聚；在耕地和基本农田保护方面，实现精准落地，将保护责任落实到每一个精确图斑。

大数据助推精准决策。利用国土资源行业密集型数据规模的优势，以"智慧国土"信息平台为基础，利用大数据分析、挖掘、检索和可视化等技术，建立相关知识库、模型库，构建国土资源决策支持系统，促进国土资源决策科学化、服务便利化、监管精准化，有效提升国土资源的管理与服务水平。

6.6.2.4 土地利用规划调整完善具体方案

第一，严格保护耕地和基本农田。严格贯彻保护耕地的土地利用方针，坚持种植业以粮为主，巩固大型商品粮基地的基础地位，稳定粮食生产，保证国家粮食安全的原则，依托现代科技、信息、市场和城市资金投入优势，大力发展优质高效农业、现代牧业和都市农业。

强化基本农田质量建设，实施沃土工程、移土培肥工程、测土配方施肥工程，稳步提高耕地基础地力和持续产出能力。加强基本农田整理和农业配套基础设施建设，建设高产稳产、旱涝保收、节水高效的规范化农田。加大对基本农田集中区内的基本农田改造的财政支持力度，提高基本农田建设的积极性。

全面推进土地整理，积极开展工矿废弃地复垦，适度进行耕地后备资源开发，实现耕地占补平衡；保证基本农田数量不减少，用途不改变，质量有提高。

第二，保障稳增长发展建设用地。在保障经济稳步增长前提下，充分考虑经济社会发展的阶段性和节约集约用地的发展趋势，严格控制建设用地规模。

优化城乡用地功能结构和空间布局，划定土地利用功能分区，明确分区土地利用主导方向，制定差别化的土地利用政策，提高土地利用效率。

加强城乡建设用地空间管制，划定城乡建设用地规模边界，科学引导城乡建设用地有序良性发展；合理安排各县（市）区主要规划指标，强化对下级规划的目标调控和空间引导。

第三，进一步强化土地节约集约利用。立足经济社会供给侧结构性改革，转变土地利用方式，提高节约集约利用水平，制定节约集约利用指标控制体系，坚持土地增量供给和存量挖潜相结合，提高土地的利用率和产出率。

加强土地综合整治，探索符合区域特点的"低效用地"二次开发有效模式，严格产业用地标准，控制新增建设用地供给，不断提高城乡建设用地利用强度和承载经济社会发展的容量。

第四，保障区域生态环境安全。在保护和改善生态功能的前提下，根据规划目标统筹安排耕地、园地、林地、牧草地、水域、部分未利用土地，严格控制对天然林和湿地的开发利用。因地制宜地发挥耕地、园地、林地、水面的生产、生态、景观和间隔的功能，结合基本农田布局与各类建设发展安排，使基础性生态用地与建设用地穿插布局、相互协调。积极推进田、水、路、林、村综合整治，加强黑土地退化防治，治理水土流失，实施荒山废弃地绿化工程，构建生态良好的土地利用格局。结合长春市统筹部署，长春市2020年土地利用总体规划调整完善的指标方案如表6-2所示。

表6-2 长春市规划调整完善的指标方案 （单位：公顷）

指标名称	2020年目标（现行规划）	2020年目标（调整后）	调整量
耕地保有量	1 334 062	1 376 662	+42 600
基本农田保护面积	1 171 934	1 179 268	+7 334
建设用地总规模	289 108	288 440	−668
其中：城乡建设用地规模	223 022	242 048	+19 026
其中：城镇工矿用地规模	82 561	97 744	+15 183

6.7 本章小结与政策建议

6.7.1 研究结论

1. 土地利用规划管理制度是土地领域供给侧结构性改革中的关键制度

土地领域的供给侧结构性改革，就是用改革的办法通过土地制度创新推进结构调整，矫正土地要素配置扭曲，通过供给端发力来进一步释放土地要素红利，进而服务于整体的我国经济转型升级，涉及了土地利用规划、整治、储备、流转和利用等环节，以及其中所涉及的土地权籍制度、土地利用规划制度、土地开发利用制度、用途管制及其他土地管理制度。其中，土地利用规划作为时空上对土地资源的总体配置安排，是土地利用的龙头，不仅直接涉及用地结构调整、空间布局优化、用途管制落实和资源配置引导，更是土地市场发展的基础、规范土地市场行为的前提、推进市场发育的动力、纠正市场失灵的抓手和平稳市场运行的保障，能够有效调节土地供需结构错配，是土地领域供给侧结构性改革中的关键制度。

2. 土地利用规划管理制度的理想作用未能全面实现

在回顾我国土地利用规划制度发展的基础上，本章分析认为，土地利用规划是土地市场发展和运行的基础，是规范土地市场行为的前提，其对土地利用的布局指导着土地市场的发展，更是土地市场良好运行、在供给侧实现供需平衡的监督与保障。然而当前土地利用规划存在诸多问题，限制了理想作用的全面实现。例如，当前土地利用规划依据不尽科学，土地供给缺乏法律约束；规划体系不尽完善，土地供给有较大被动性；规划调控弹性不足，土地供给以增量供给为主；规划协调配置不合理，土地市场供需失衡；土地发展权赋予不充分，土地供给来源存在垄断；规划空间布局不尽合理，土地供给结构需要优化；规划监控技术落后，违规供地和闲置用地现象严重；等等，使得土地利用规划管理制度在供给侧结构性改革中的作用也未能彰显。

3. 土地利用规划管理制度应从系统论出发重构路径

从系统论的角度看，系统良好运转的关键在于合理的功能目标以及与之相适应的系统结构与动态反馈机制。因此未来土地利用规划可以从功能联系、体系有序、动态反馈三个层面加以完善。功能上，作为供给侧结构性改革大系统的子系统，土地利用规划必须紧密结合政府职能转型要求，将服务市场，促进简政放权；设定底线，提供公共服务；引导未来，助力宏观调控作为未来土地利用规划的主要功能。结构上，土地利用规划必须遵循系统的有序性，建构适应于功能目标下的结构层次，努力重塑包含总体规划、详细规划、专项规划的横向规划体系；包含战略性、政策性、控制性三个维度，五级行政层次的纵向规划体系；同时积极衔接其他空间规划，助力多规合一。动态上，土地利用规划需要设计刚弹结合的规划编制与管理手段，建构疏堵结合的规划实施激励机制，完善因时因地的规划内容和方案，从而实现土地利用规划目标与规划系统内外环境的正反馈。

4. 土地利用规划管理应进一步深化案例探索

以此为标准，本章在海淀区和长春市进行了案例研究，提出未来海淀区土地利用规划调整完善应当坚持减量化、高效化、生态化、精细化、协同化五大方向，完善地类认定与变更机制，更新地籍数据，弥补规划数据短板；落实"两减一增"，合理制定规划目标，强化规划龙头作用；坚持减优结合，调整用地结构，促进海淀去库存、补短板、降成本；完成"三线"划定，优化全区发展布局，化解"三生"空间统筹短板；推进多规融合，深化部门协作，建立健全国土空间规划体系；创新整治规划，完善配套机制，保障规划调整实施。长春市土地利用规划调整完善应当坚持生态化、集约化、协同化、人文化、智慧化、精准化六大原则，严格保护耕地和基本农田，保障稳增长发展建设用地，进一步强化土地节约集约利用，保障区域生态环境安全。

6.7.2 政策建议

1. 供给侧结构性改革中土地利用规划应进一步"明功能"

在供给侧结构性改革中，未来土地利用规划必须首先适度考虑土地利用变异性，进一步简政放权，充分发挥市场作用，释放要素活力，将土地利用规划的目标从过多聚焦于指标、坐标或是限标的完成情况转向服务市场需求、满足产业转型发展。其次，土地利用规划管理亟需明确设定底线，提供公共服务，切实落实"三线划定"的要求，牢牢守住18.65亿亩耕地和15.46亿亩永久基本农田保护红线，划定生态空间，约束城市粗放扩张。最后，土地利用规划管理应更科学地高位统筹、引导未来，通过优化土地资源的超前配置，引导产业结构转型、提升民生福祉、助力精准扶贫、推进生态文明、统筹城乡发展、实现新型城镇化、引导政府治理优化。

2. 供给侧结构性改革中土地利用规划应进一步"定体系"

土地利用规划管理未来必须从横向分工、纵向分级、外部协调等三个方面完善土地利用规划体系。首先重塑总体规划、详细规划、专项规划的体系骨架，根据供给侧结构性改革需求，构建由跨区域总体规划、区域总体规划组成的总体规划体系，由村庄规划、交通运输用地规划、水利工程用地规划、地下空间规划、生态用地规划组成的详细规划体系，由土地综合整治规划、城乡土地转型规划组成的专项规划体系；其次，构建差别有序的纵向规划体系，完善包含战略性、政策性、控制性三个维度，五级行政层次的纵向规划体系，助力区域"三去一降一补"供给侧结构性改革的推进；最后，构建"多规合一"的空间规划体系，积极与其他空间规划对接，以"二调"数据为基础建立"智慧空间"的规划"底数"，以耕地和生态红线为优先划定"底线"落实"三生"空间范围，以自然资源空间管制与国土综合整治为抓手优化空间规划"底盘"。

3. 供给侧结构性改革中土地利用规划应进一步"立机制"

在供给侧结构性改革推进的背景下，必须培育与当地现实与需求相契合的规划供给而不是雷同的规划文本与政策。因此，未来应当从刚弹结合的规划编制与管理手段、疏堵结合的规划实施激励机制、因时因地的规划内容和方案等三个层面，完善土地利用规划的落实机制，实现土地利用规划目标与规划系统内外环境的正反馈。首先以完善的用途分类与土地变更调查底数为基础，以绿图规划理念为灵魂，以灵活有度的用途管制规则为骨架，实现土地利用规划编制与管理的刚弹结合；其次，构建集激励与约束、常态与动态等于一体的规划实施激励机制；最后，在整体时序安排上，应当根据区域发展需求与实际条件，分步设定规划目标，稳步开展规划转型。

主要参考文献

蔡玉梅，谢俊奇，赵言文，等. 2006. 2000年以来中国土地利用规划研究综述 [J]. 中国土地科学，20 (6)：56-61

蔡玉梅，郑振源，马彦琳. 2005. 中国土地利用规划的理论和方法探讨 [J]. 中国土地科学，19 (5)：31-35

党国英，吴文媛. 2014. 土地利用规划管理改革：权利调整与法制构建 [J]. 法学研究，(5)：57-75

刘群利. 2009. 中国土地利用规划管理工作的回顾与展望 [J]. 中国土地科学，22 (8)：58-61

王婉晶，揣小伟，黄贤金，等. 2012. 中国土地利用规划实施评价研究进展与展望 [J]. 中国土地科学，26 (11)：91-96

叶剑平. 2005. 土地科学导论 [M]. 北京：中国人民大学出版社

张占录，张正峰. 2006. 土地利用规划学 [M]. 北京：中国人民大学出版社

第 7 章　我国土地整治供给侧结构性改革

> 土地整治供给侧结构性失衡的主要表现：①整治主体错配，导致项目资金融合短板和公众参与短板；②整治对象错配，导致资源利用短板和要素整合短板；③整治目标错配，导致全域规划短板和动态监管短板。本质原因是土地整治顶层设计相对滞后及其制度体系构建相对缺失。
>
> 土地整治供给侧结构性改革的主要方向：①构建多维度需求评估体系；②构建多目标综合规划体系；③构建多层次权益保障体系；④构建多元融资共建体系；⑤构建弹性标杆管理体系；⑥构建科技创新服务体系。

7.1 土地整治供给侧结构性改革的意义与目的

7.1.1 研究背景

我国开展土地整治活动的历史悠久，但是具有现代意义的土地整治始于20世纪90年代[①]，1998年，修订的《土地管理法》明确提出"国家鼓励土地整理"，正式拉开了新时期大规模土地整治工作的序幕。十多年来，中国土地整治的内涵及外延不断拓展，逐步由自然性工程转变为综合性社会工程，并上升为国家层面的战略部署，成为保发展、守红线、促转变、惠民生的重要抓手和基础平台。2006年，《中共中央关于制定国民经济和社会发展第十一个五年规划的建议》中要求"搞好土地整理"；2008年，党的十七届三中全会要求"大规模实施土地整治"，土地整治正式纳入国家层面的战略布局；2015年，《中共中央关于国民经济和社会发展第十三个五年规划的建议》提出"大规模推进农田水利、土地整治、中低产田改造和高标准农田建设"，充分肯定了土地整治对保障国家粮食安全、转变农业发展方式、促进城乡统筹发展的重要支撑与基础作用。

当前，我国土地整治的目标导向已经历了3次大调整，土地整治的目标任务实现多元化[②]。然而，随着国内外宏观经济形势的重大变化，支撑我国经济高速发展的强大外需萎缩疲软，国内传统人口红利的比较优势逐步减弱，土地整治的一些问题与不足逐渐凸显，难以有效满足新型城镇化、生态文明建设等国家战略发展的新需求。现阶段，土地整治普遍存在综合整治实践不足、建设用地整治混乱、生态整治谋而未动、整治资金保障不足等问题，导致粗放低效利用与土地资源稀缺的矛盾、耕地保护形势严峻与健康产能建设的矛盾、生态空间不足与绿色游憩需求的矛盾、村落空心消亡与乡村风貌留存的矛盾、城乡二元结构与农村发展滞后的矛盾等多重矛盾的激化。经济发展"新常态"下，土地资源与土地利用中存在诸多短板：耕地中退化面积占比超过40%[③]，中低等地比例达到70.6%，有灌溉条件的仅占51.5%[④]，存在污染的土壤点位超标率达到19.4%[⑤]；建设用地中，供需缺口预测达到1000万亩但供地计划落实率不足七成[⑥]，不少远离城市的村庄出现了"空心化"现象。这些问题为我国高度紧张而又敏感的人地关系前景敲响了土地整治改革的"警钟"。

---

① 冯广京. 我国农地整理模式初步研究 [J]. 中国土地, 1997, 6: 14-20
② 郧宛琪, 朱道林, 汤怀志. 中国土地整治战略重塑与创新 [J]. 农业工程学报, 2016, (4): 1-8
③ 我国耕地退化面积超四成. 人民网. http://politics.people.com.cn/n/2014/1218/c1001-26228635.html
④ 国土资源部发布2015年全国耕地质量等别更新评价成果. 国土资源部网. http://www.mlr.gov.cn/xwdt/jrxw/201702/t20170222_1440786.htm
⑤ 首次土壤污染状况调查"点位超标率"，全国19.4%耕地污染物超标. 新华网. http://news.xinhuanet.com/house/bj/2014-04-18/c_1110293500.htm
⑥ 窦敬丽分析去年供地计划落实不足七成的主要原因. 国土资源部. http://www.mlr.gov.cn/wszb/2012/fdcfbh/zhiboshaiyao/201202/t20120221_1065698.htm

"十三五"是全面深化改革的攻坚阶段，是全面建设小康社会的决定性阶段，是"五化"同步协调发展的关键阶段。供给侧结构性改革作为"十三五"规划的主线，已成为解决各领域运行和发展诸多矛盾的一剂良药。推进供给侧结构性改革，要从生产端入手，去产能、去库存、去杠杆、降成本、补短板，而土地整治是最佳结合点①。但由于土地整治顶层设计的相对滞后以及制度机制的相对缺失，当前土地整治在战略导向上存在认知偏于狭隘、定位整体偏低、理念创新不足、协调统筹有限、模式趋于通化、社会参与缺乏等问题②，以致土地整治供给与国家战略发展需求存在一定的错配，难以释放土地整治预期的价值"能量"。主要表现为：其一，多强调土地整治在耕地保护和新农村建设中的作用，而并未认识到土地整治对于拉动内需、调节供给侧结构、调整国土"生产、生活、生态"空间结构和布局的关键功能；其二，多偏重于农用地整治，对"水、路、林、村、城"等对象的综合整治相对不足，弱化了对"空心村"和"城市低效建设用地"进行综合整治的"去库存"作用，未突出对"山水林田湖"生命共同体进行生态保护的"补短板"作用；其三，多局限于固定项目承载和具体部门单一推进，缺乏全域规划、全域设计和全域整治的思维，难以满足市场需求和群众意愿，交叉重复建设和资金使用分散的现象较为普遍，未能彰显其在土地供给侧结构性改革中的统筹平台和重要抓手作用。

综上所述，面临耕地持续减少、生态环境持续恶化的双重压迫，面对经济新常态下农业现代化、新型城镇化、生态文明建设、精准扶贫等多重发展新需求，以土地利用方式转变倒逼经济发展转型迫在眉睫。土地整治作为优化土地利用结构、提高土地利用效率的主要工具，既是保障国家粮食安全、城乡统筹发展、推进生态文明建设的重要平台，也是助力供给侧结构性改革的有效手段。随着经济发展方式转变，国家战略格局的调整变革赋予了土地整治新的历史使命，《全国土地整治规划（2016—2020年）》要求土地整治应坚持创新、协调、绿色、开放、共享的发展理念，以提升粮食产能为目标，以促进城乡统筹发展为导向，加快土地利用转型，落实藏粮于地与节约优先战略。在全面深化供给侧结构性改革的基调下，土地整治需更多承担稳增长、调结构、促改革、惠民生的时代责任③。在此形势下，土地整治亟须立足国家战略发展的宏观背景和现实需求，以供给侧结构性改革为切入视角，针对现阶段土地整治出现的突出问题，对土地整治的思想、理念、目标进行升级重塑，对土地整治的基本内涵、转型方向及其制度重构进行探讨，以期为新时期土地整治的理论研究、实践发展及其机制创新提供有益的借鉴与参考。

7.1.2 研究目的与意义

（1）探讨土地整治的供给侧结构性改革，以丰富整体改革的研究内容和应用范畴。土地是一切经济活动的空间载体，土地要素的优化配置在供给侧结构性改革中的地位举足轻

---

① 助力供给侧改革，土地整治是最佳切入点［J］. 国土资源，2016，（2）：19
② 严金明，夏方舟，李强. 中国土地综合整治战略顶层设计［J］. 农业工程学报，2012，28（14）：1-9
③ 毛志红，薛剑，孙春雷. 供给侧改革，土地整治转型提档［N］. 中国国土资源报，2016-07-21：5

重,是整体供给侧结构性改革的基础平台、核心内容和关键着力点。中共十八届五中全会明确提出要优化土地等要素配置,创造新供给、推动新产业发展。中央"一号文件"提出的"农业供给侧结构性改革",其中重要着力点就是土地制度改革①。但现有研究多偏重宏观经济供给侧论证,针对土地领域供给侧结构性改革的研究相对较少②,缺乏从区域协调发展的高度,以破解资源环境紧约束为重点,对土地供给侧结构性改革的现实矛盾和可行路径进行系统分析。因此,从供给侧结构性改革为切入点探讨土地整治的基本内涵、关键问题和转型方向,既可弥补土地整治领域相关研究的内容缺失,也可丰富供给侧结构性改革的内涵与应用。

(2)理清土地整治与供给侧结构性改革的关联,以明晰新时期土地整治转型的基本方向和总体思路。供给侧结构性改革作为"十三五"规划的主线,已成为解决各领域运行和发展诸多矛盾的一剂良药。国土资源管理按照供给侧结构性改革的部署,着力盘活存量土地,强化土地质量,提升土地利用和管理的科学化水平,为经济社会发展提供有力保障。虽然"供给侧结构性改革"一词众所周知、耳熟能详,但其是经济领域的术语,如何与土地整治转型进行有机联系?理论基础和发展战略是关系土地整治制度生存和发展的根本。现阶段符合我国特点和时代要求的土地整治体系才初步建立,但与动态变化的土地整治需求相比,仍存在理论滞后实践、理念相对狭隘、"工具理性"严重等问题。因此,有必要从基础理论研究层面给予系统的认识和解答,理清土地整治与供给侧结构性改革的内在关联,梳理土地整治的理论支撑体系,从而为新时期土地整治的转型提供有效思路和路径选择。

(3)重构新时期土地整治的基本内涵与制度体系,以支撑新常态下统筹国家战略发展的协同推进。当前,我国社会经济转型进入较为剧烈、各类矛盾较为突出的关键时期。对土地整治而言,面临着巨大挑战压力的同时,也存在着转型提档的机遇。具体表现为:经济下行压力持续增大,要求土地整治工作更多承担稳增长调结构的使命;落实藏粮于地战略,要求必须长期坚持以土地整治为平台推进高标准基本农田建设这条主线;对山水林田湖进行系统保护和修复,要求对土地整治加快向以土地整治为平台的国土综合整治转型发展;加快新农村建设,要求进一步发挥好土地整治政策的引擎驱动作用;打赢脱贫攻坚,要求土地整治工作把促进精准扶贫作为主要目标。土地整治属于从"生产端入手",能够"促进产能过剩有效化解",能够"增加公共产品和服务供给"。但研究与实践表明,当前土地整治,尚难以为统筹耕地保护"缺动力"、农民增收"缺渠道"、新农村建设"缺资金"、城镇化建设"缺土地"、城乡统筹"缺抓手"等一系列问题的破解提供有力的支撑平台。因此,亟待从供给侧角度剖析转型期土地整治的基本内涵和关键问题,明确土地整治支撑国家发展战略的短板所在,有的放矢地对新时期土地整治的顶层制度体系进行重构,从而实现土地整治在国家战略层面的转型提档。

---

① 孔祥智. 农业供给侧结构性改革的基本内涵与政策建议[J]. 改革, 2016, (2): 104-115
② 顾守柏, 刘伟, 夏菁. 打造"土地整治+"的新格局——上海的创新与实践[J]. 中国土地, 2016, (9): 42-44

7.1.3 研究内容

我国土地资源为近30年经济社会的高速发展提供了有力支撑，但也遗留下利用粗放、改造不足、空间错配等各类问题。随着经济转型发展和供给侧结构性改革的深入推进，为适应经济社会发展新形势，通过土地整治，重塑国土空间新格局，已经成为建设美丽国土的硬需求。

土地整治从资源要素构成可以分为土地资源、人本资源和其他资源，不同尺度、不同对象、不同目标下，相应的理论依据、功能定位、测度方式和实现手段都有显著差异。本章从土地整治战略目标和区域实践入手，以促进耕地保护、提升用地效益、实现资源优化和建设生态文明为目标，立足相关基础理论指导和供给侧结构性改革分析视角，梳理转型期我国土地整治面临的主要问题，探讨土地整治转型的基本方向、目标路径及其制度构建，以期为新时期土地整治实践及其机制创新提供参考。

具体包括以下三方面内容：

(1) 土地整治发展过程与理论支撑体系。在简要回顾土地整治发展历程与各阶段特征的基础上，结合土地整治顶层设计和目标设定，分析资源配置理论、人地关系理论、人地关系权籍时空理论、公共治理理论等基础理论的指导作用，从供给侧结构性改革视角分析当前土地整治中存在的矛盾和问题，提出相应的改革要求和改革目标。

(2) 供给侧结构性改革视角下的土地整治制度重构分析。将土地整治置于供给侧结构性改革的范畴内，通过梳理土地整治的逻辑定位、价值定位和路径定位，明确土地整治供给的本质和功能，对新时期土地整治内涵进行重构。建立土地整治供给对"利益主体—资源要素—功能空间"等多层需求的互动、协调和反馈体系，重构"人地协调"目标下区域土地综合整治制度的体系框架。

(3) 土地整治实践探索与模式评析。在总结梳理各地围绕国土管理政策和相关规划确定的土地整治任务的基础上，结合典型区域土地整治模式进行分析，从理论支持和供给侧结构性改革的角度评价模式，并对其适用性进行分析，为进行土地整治制度重构提供案例借鉴和经验参考。

7.1.4 研究方法与技术路线

本章综合运用文献归纳、政策梳理、理论解析、系统分析等方法，以促进区域协调发展为出发点，以供给侧结构性改革为分析视角，梳理转型期我国土地整治面临的现实需求和关键问题，探讨土地整治转型的基本方向、目标路径及其制度构建。具体研究方法如下：

(1) 文献归纳法。立足研究目标，全面梳理相关政策文件、管理规定和规划要求，系统归纳土地整治在新时期背景下的现实需求，总结其存在的共性问题，在此基础上剖析土地供给侧存在的问题与可能的解决途径。

(2) 扎根理论法。从经验资料的基础上建立理论，发展理论性概念，建立土地整治存在的问题与供给侧管理理论的联系，寻求理论依据的落脚点，为理论指导实践提供方向和路径。

（3）系统分析法。将土地整治内部要素、外部影响环境，以及拟解决的核心问题视为一个复杂系统，对系统各要素组成、影响关系、作用途径和反馈机制进行综合分析，从供给侧结构性改革要求出发，对系统结构进行解析和重构。

本章技术路线如图 7-1 所示。

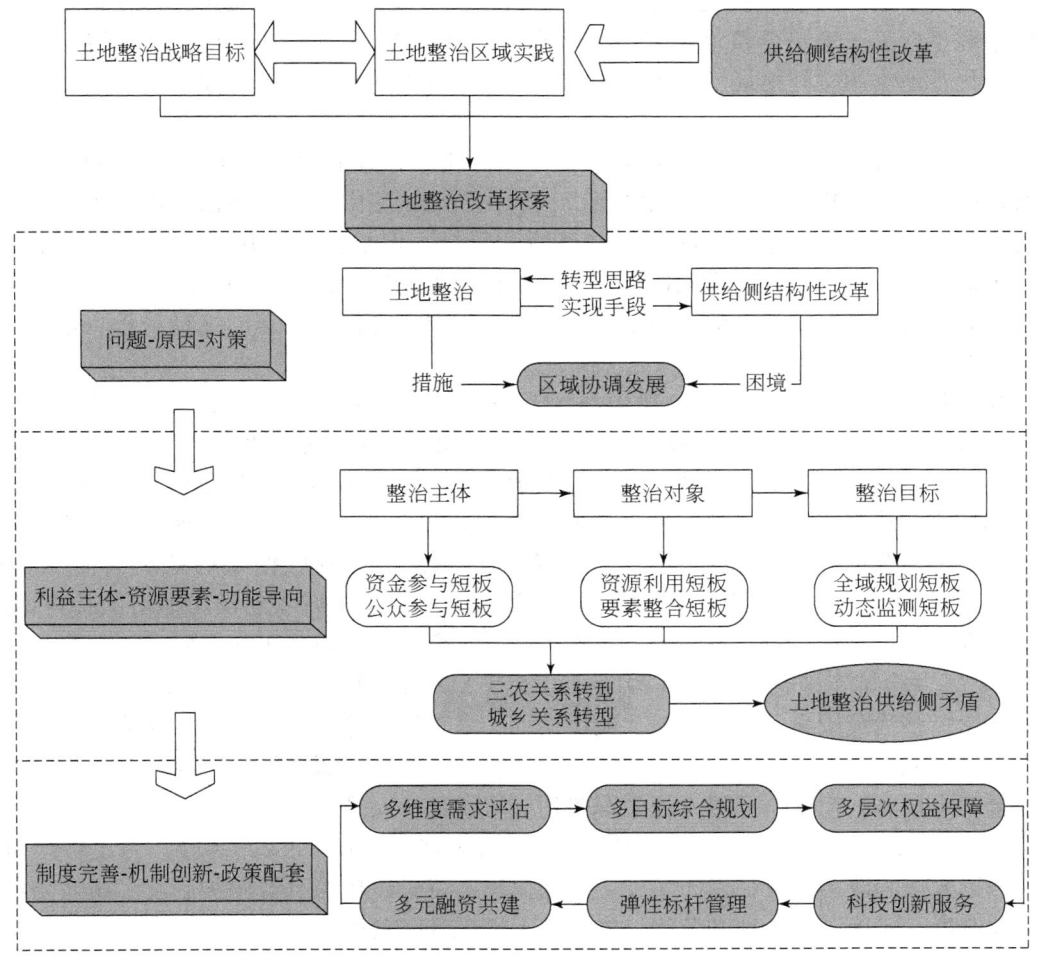

图 7-1　本章研究技术路线图

7.2　土地整治与供给侧结构性改革的关联

7.2.1　土地整治发展历程

国土是中华民族繁衍生息的宝贵家园。稳定、高效、安全的国土空间是可持续发展的基础保障，直接影响国家粮食安全、生态安全、经济安全，与人民生活息息相关。当前开展土地综合整治已经上升为国家层面的战略部署，是落实农田、城镇、生态三大国土空间优化结构布局配置，维护我国生存线、生态线、保障线的重要途径；是以工程化手段改造提升土地质量，促进新型城镇化、工业化、信息化、农业现代化和绿色化发展的重要方式；是落实中央"三农"问题决策部署、扩大内需、改善农村和农民的生产生活条件的重要抓手和平台。土地综合整治搭建了城乡资源交换的平台，有利于城乡建设用地增减挂钩，优化土地利用空间格局，解决城镇化、工业化发展的用地需求和建设生态文明的腾挪空间[1]。

回顾我国现代土地整治实践历程，以1997年上海市开展"三集中"土地整理为代表，即耕地向种田能手集中，工业向园区集中，居住向城镇集中，土地整治就以改善土地利用结构，综合提升生产、生活条件和生态环境为目标。但是，由于我国人多地少的基本国情，再加上当时建设占用、生态退耕、农业结构调整等减少的耕地面积逐渐上升，在耕地数量、质量得不到有效保障的情况下，土地整治主要作为补充耕地的途径，重点偏向于耕地保护尤其是补充耕地数量。

为避免重数量、轻质量、忽视生态的问题发生，2003年《全国土地开发整理规划（2001-2010年）》实施以来，基本农田建设持续加强，土地整治项目安排向基本农田倾斜，再到土地整治重大工程、基本农田保护示范区、高标准基本农田示范县建设，"十二五"期间大规模建设四亿亩高标准基本农田，土地整治逐步升级演化，形成有法规、有规划、有资金、有标准、有项目、有示范、有机构队伍、有制度保障的有利局面。同时，2006年以来，全国各地开始探索建设用地整治，先后实施了城乡建设用地增减挂钩试点、工矿废弃地复垦利用试点、城镇低效用地再开发试点工作，各项工作得到进一步强化。随着2012年《全国土地整治规划（2011—2015年）》颁布实施，进一步强调"全域"土地整治概念，整治范围涵盖了农用地、建设用地、未利用地等，实施手段扩充为土地整治分区、重点区域、土地整治工程、示范省和示范县建设和探索试点等，更加重视工程和政策相结合的土地整治措施，并对土地生态整治进行了初步安排。

2016年12月，国务院批复《全国土地整治规划（2016—2020年）》，并由国土资源部、国家发展和改革委员会发布实施。规划提出坚持最严格的耕地保护制度和最严格的节约用地制度，实施藏粮于地和节约优先战略，以提升粮食产能为目标，大力推进农用地整理和高标准农田建设，夯实农业现代化基础；以促进城乡统筹发展为导向，大力推进城乡散乱、闲置、低效建设用地整理，推动美丽宜居乡村建设和新型城镇化发展；以精准扶贫、精准脱贫为要求，大力推进贫困地区土地综合整治，加大政策、项目、资金支持，助力脱贫攻坚；以保护生态环境为前提，大力推进废弃、退化、污染、损毁土地的治理、改良和修复，促进土地资源永续利用。

经历上述发展变化历程，我国土地整治的目标日趋多元，内涵更加清晰，手段更为丰富。当前，我国土地整治正处于第4次调整期，主要体现在提升绿色整治、促进区域协

---

[1] 严金明，夏方舟，李强．中国土地综合整治战略顶层设计[J]．农业工程学报，2012，28（14）：1-9

调、推动农业转型、激活乡村发展等。主要发展历程与各阶段特征见图 7-2。

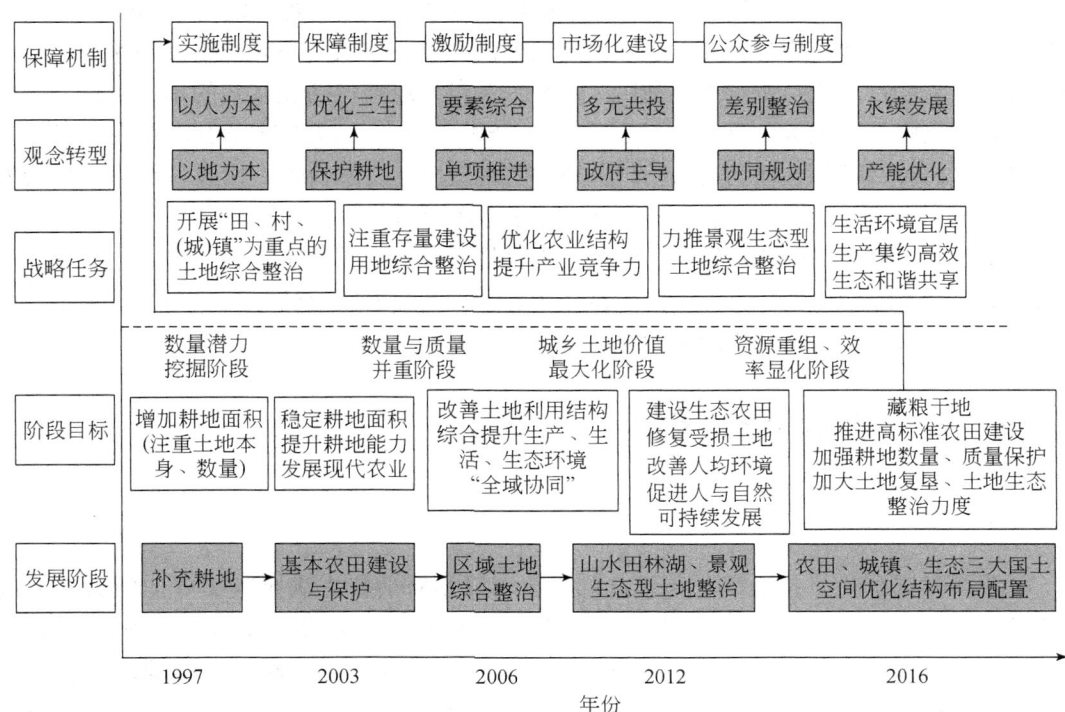

图 7-2 我国土地整治主要发展阶段

7.2.2 土地整治战略定位

土地整治的本质是对人地关系再调适的过程，是在明晰和调整土地权籍时空系统的前提下，以提高土地利用效率和效益、保障国土资源永续利用、改善生态景观环境为主要目的，利用土地整理、土地开发、土地复垦、土地修复等一系列手段，通过"田水路林村城"土地综合整治提升人类生活和生产条件，通过"山水林田湖"国土空间整治保护人类生态空间，规范人们开展各种土地利用活动的关系，最终促进人与自然可持续协调发展的活动。

土地整治战略定位是为保障经济发展、社会进步、人地和谐、生态友好和可持续发展，其战略内容是在明晰土地整治形势和需求的基础上，突出当前急需解决的重大问题，把握工业化、城市化进程中耕地保护和建设用地需求之间的平衡关系，探索强化土地作为基本要素的经济技术途径，统筹协调地域异同、城乡差距和区域问题，提升国家可持续发展重大生态安全、粮食安全等支撑战略；战略内容重点在于凸现土地资源和资产属性，推进土地节约集约利用，统筹区域土地资源配置，优化土地利用结构与格局，强化土地社会、经济、生态和科技创新导向，充分体现土地法律、法规和政策对于土地整治的调控效能。

对于我国2011~2020年10年土地整治战略目标设计①,主要是以明晰和保护土地权籍为前提,以农用地整治为基础、以建设用地整治为重点、以生态环境整治为途径、以土地综合整治为平台,统筹城乡土地利用。未来,针对土地整治功能认知的不断加深,土地整治的定位也将从以地为本转向以人为本,在开发、改造土地的过程中改善人的居住环境,规范人们开展各种土地利用活动的关系,实现资源、要素协调,以及城乡一体化的发展。整治理念也将从初期单一注重耕地数量、提高生产能力转向数量、质量并重,社会、经济、生态效益并重并可持续发展。整治范围也将从单一的单项工程转向全域、工程全生命周期的多要素综合整治。整治主体也将从政府主导向政府领导转型,积极引入资本、多元共投,通过市场机制优化资源的配置。

7.2.3 土地整治的理论支持

7.2.3.1 可持续发展理论

可持续发展理论是指既满足当代人的需要,又不对后代人满足其需要的能力构成危害的发展。其中,发展是前提,是基础,该理论揭示了"发展、协调、持续"的系统本质,可持续发展创建了"和谐、稳定、安全"的人文环境②。对土地资源而言,土地的可持续发展主要包括农地优先、集约利用、生态建设三大原则。具体而言,"土地作为一种特殊的资源,土地利用从数量上应当留有一定的空间而不能超量开发利用,从质量上不能开展使其质量严重下降而使其不能恢复地力的土地利用活动,从生态效能上不能通过土地利用行为破坏其生态效能而导致不能恢复其生态效能,从资产价值上不能提取未来的价值和贴现而导致其资产价值减少。"③ 因此土地整治要发展耕地数量和质量,调配土地资源,优化用地结构。新时期的土地整治就是要落实科学发展观要求,按照全面建设小康社会的目标和转变经济发展方式的任务要求,通过土地整治这一措施和载体,促进统筹城乡发展、社会主义新农村建设、现代农业发展和城镇化进程。土地作为重要的生产要素,如何合理使用土地资源,推进城市化进程、保障农业生产发展,使其既满足当下生产、生活的需求,又降低由于土地过度利用带来的负面效益是一个急迫需要解决的问题。土地整治作为调整、改善土地资源的重要手段,整治内涵也应由"增产导向"转向"可持续发展"。整治的任务应从单纯增加耕地数量为主转向"数量管控、质量管理、生态管护"三位一体的综合,并注重区域系统的协调性,以构建和谐稳定的山水田林湖生命共同体。

---

① 严金明,夏方舟,李强. 中国土地综合整治战略顶层设计[J]. 农业工程学报,2012,28(14):1-9
② 牛文元. 可持续发展理论的内涵认知——纪念联合国里约环发大会20周年[J]. 中国人口·资源与环境,2012,22(5):9-14
③ 冯广京. 土地科学学科独立性及其学科体系研究框架[M]. 北京:中国社会科学出版社,2015:50

7.2.3.2 系统论理论

系统理论是指要素之间相互关联，构成了一个不可分割的整体，系统内部通过信息交流、要素流动、形成相互作用的有机整体，使得系统趋于稳定。系统具有整体性、层次性、目的性、稳定性、突变性等一般特征。土地是由多因素构成和时空关系决定的系统，土地科学不是研究土地某个单一特性的学科，也不是研究直接提高土地生产力的学科，而是研究实现"人、地、权"关系系统最优化的学科[①]。土地整理系统作为调整人地关系、改善资源效率的重要平台，发展为土地系统的重要子系统。土地整治系统不是单纯整治技术的叠加，而是由一定的整治对象、特定的土地整治技术及某种土地利用方式等要素组合而成的一个有机整体，形成土地系统的一个有机子系统进行运转、发挥功效，为社会经济发展和土地资源利用和管理服务。在土地整治子系统中，要素与要素之间在不断地交换与重组，从而实现资源由无序向有序、由低效向高效转变。如何合理协调系统内部、系统内部与外部的要素流动，正确把握要素之间流动的方式、方向与速度，促使土地系统通过自身组织的过程，实现资源交换与有机融合，推动自然、社会、经济的发展具有重要意义。

7.2.3.3 资源配置效率理论

资源配置效率是经济学研究的核心内容之一，而资源分配的理想状态是帕累托最优。土地区别于其他自然资源和社会资源，对其进行资源配置是人类社会将相对稀缺的土地资源在不同用途间进行权衡并最终确定用途的行为[②]。土地资源的配置包括了土地资源产业部门间配置（农业内部配置、农村向城市的非农化配置、城市内部配置）、土地资源期间配置、土地资源空间配置（单要素均衡与多要素投入视角）。土地整治是土地资源配置的重要手段：建设新增耕地，进行土地利用和权属调整等是产业部门间的配置；整治项目中的生态工程（如防护林网、退耕还林等）对维持生态系统稳定，促进区域可持续发展具有重要作用，可视为土地资源的期间配置；土地整治中对土地资源空间布局与生产力布局调整，增加开发利用的综合效益即是空间配置。对于农村土地整治而言，具有优化城乡用地、调整农村土地结构的独特功能，既是对城乡土地产权的分配，也是对土地在农村人口、产业之间的配置。因此，土地整治应面向保障发展、保护耕地和惠及民生的战略目标，深入探究与一定发展阶段相适应的城乡间、区域间、产业间土地利用配置的原理和机制，逐步建立我国土地整治与配置的理论体系。

7.2.3.4 人地关系权籍时空系统理论

长期以来，学术界普遍认同人地关系是研究土地问题的主要理论之一。不同时期、不同经济社会目标下，人地关系体系可分为三个层次：基本层次是指人地比率，即人口数量

---

① 冯广京.关于土地科学学科视角下"土地（系统）"定义的讨论[J].中国土地科学，2015（12）：1-10
② 曲福田.土地经济学[M].北京：中国农业出版社，2011

与土地面积的关系；中间层次是指土地资源人口承载力，是人口与资源、人口与食物关系层次上的人地关系；最高层次是综合层次，即人口、资源、环境与经济社会可持续发展的综合关系。

近年来，冯广京（2015）提出传统的人地关系理论主要从自然地域空间研究人地关系的地理学，其研究重点放在一定条件下自然空间能够承载人口数量的关系上，并不能充分满足土地资源利用和管理的研究需要①。他认为现代土地利用活动并不只受到土地自然条件的制约，更重要的限制条件和前提条件是土地权籍时空系统。土地权籍时空系统决定的地域空间是当代人们开展各种土地利用活动的前提和基础，决定了人们开展人地关系研究的空间基础。因此，传统的人地关系理论并不能根本解决现代人地关系问题。而人地关系权籍时空系统理论不仅规定了研究人地关系的空间，也包含了人与自然的关系问题，更包含了人与人、人与社会、人与经济等众多关系的问题，能够更全面地研究和解决现代人地关系问题。以"人地权三位一体"为核心的人地关系权籍时空系统理论，指出"在追求人类可持续发展目标的指引下，基于土地权籍制度，利用系统科学的理论和技术方法，研究、协调、规范、改造、促进人与土地的关系及其之上的人与人开展土地利用活动的关系，从而通过土地可持续利用实现人类自身的可持续发展。"②

土地作为一个由自然、经济、人文、社会四个层次构成的综合体，具有相应的综合特性功能。土地整治是一个人地关系再调适的过程。基于土地权籍关系，不断调节土地资源，改善土地利用条件，规范人们开展土地利用活动的行为，使其更符合人类生产、生活需求，更好地为人类服务，缓解人地矛盾。土地整治中，在开发、维护耕地用以保障食物和农产品、缓解人口增长对于耕地资源的压力之外，也应注意到良好的生态环境对于农业用地生产力的长期保存和提高至关重要。生态环境系统具有复杂性和相对独立性，湿地、森林、生物栖息地和生物多样性等在区域土地整治规划时应予以充分重视，应减少工程建设对区域生态环境的影响。在进行关键性生态环境资源保护的基础上，应注意对农用地尤其是耕地的保护，并有效应用先进技术手段，通过优化建设用地结构，推进建设用地的集约节约利用，以保障经济社会发展的需求。

7.2.3.5 土地市场理论

土地市场运行机制是指土地市场中各要素间相互联系、相互依赖、相互作用以及运动发展的内在机理，由价格机制、供求机制和竞争机制等构成，其中土地供求是土地市场运行机制的核心。土地市场具有优化土地资源配置、充分实现土地价值、优化产业布局、健全和完善市场体系、合理分配土地收益、调节各方利益的功能③。土地供求关系变化有三种类型：供给驱动型变动、需求引致型变动、双重驱动型变动。无论是供给还是需求变化

---

① 冯广京.关于土地科学学科视角下"土地（系统）"定义的讨论[J].中国土地科学，2015，29（12）：1-10
② 冯广京.土地科学学科独立性及其学科体系研究框架[M].北京：中国社会科学出版社，2015：45
③ 华桂宏，李子联.中国供给侧结构性改革的维度框架与路径选择——新古典经济学与新制度经济学的耦合视角[J].江海学刊，2016，(6)：74-80

都会引起供求平衡点的移动。在土地整治过程中,通过工程建设,增加了耕地面积,提高了耕地利用强度,扩大了可耕地规模,提高了耕地的生产能力,降低了耕地的生产成本,表现为增加了农用地的经济供给。同时在工程施工阶段,物料、机械的投入使用会对区域的生态环境造成负面影响,但建成后的防护林等会增强生态系统的自我调节能力,生态系统的稳定性会间接对农用地供给的持续性造成影响,从而会对市场平衡点造成影响。此外,不同的用地类型具有不同的社会、经济功能,所面向的市场需求不同,因此在土地整治中,既要充分考虑自然环境与社会环境,也要兼顾市场需求,制定合理的、适用的规划计划,并应对土地市场的供给进行适当干预,纠正市场失灵所带来的缺陷,提高土地资源配置的有效性,保护土地资源。

7.2.3.6 公共治理理论

公共物品理论是新政治经济学的重要内容,也是正确处理政府与市场关系,政府职能转变,构建公共财政收入以及公共服务市场化的基本理论。土地整治作为一项由政府领导、多元协同的项目,整治对象和整治成果均具有不可避免的公共物品性质,必然会出现公共物品的资源配置问题,尤其体现在整治项目建设的工程设施上,在工程竣工的后期管护阶段很容易出现的搭便车、排他成本、公地悲剧等问题。同时,土地整治不仅要解决农耕条件的问题,更是村庄文化的传递与更新,从而实现城乡统筹发展的理想状态。在整治的全阶段,主体涉及地方政府、村集体及社会组织等,土地资源的特殊性以及土地整治的行政干预力使得土地整治公共物品属性明显,如何科学、系统地管理工程、持续发挥项目区工程效益是目前各级主体面临的难题和急需解决的问题。公共治理理论从行政管理的角度,分析公共物品产生困境的原因以及可解决的途径,尤其应用于土地整治建后管护阶段,为政府能治、善治指明路径。

可持续发展理论从长期视角为资源的开发、使用提供了可供参考的实践途径;系统论理论从要素的相互作用强调了在土地整治中各要素的有机配合的重要性;资源配置效率理论从效率的角度考虑资源配置的合理程度;人地关系权籍时空系统理论阐述了人与土地资源、人与人之间开展土地利用活动之间的协调耦合机理;市场是资源配置的重要方式,土地市场理论从要素市场考虑市场均衡情况下的土地供给与土地需求的关系,为政府干预、调控土地市场提供指导;公共治理理论从公共物品资源使用问题入手,提供可供借鉴的解决方法。新时期土地整治的根本目标是实现物和人的共同发展,其目标包括保障耕地数量、质量、改善农民居住环境、促进农业协调发展、三生空间优化,进而实现城乡一体化发展。与不同目标相对应所需解决的矛盾各不同,各目标下不同要素的参与程度也有显著差别。具体关系如图 7-3 所示。

7.2.4 土地整治在土地供给侧结构性改革中的地位和作用

只有深入认识和分析土地整治在土地供给侧结构性改革中的作用,才能合理把握土地整治供给侧结构性改革的整体思路。土地整治作为盘活存量土地、强化节约集约用地、适

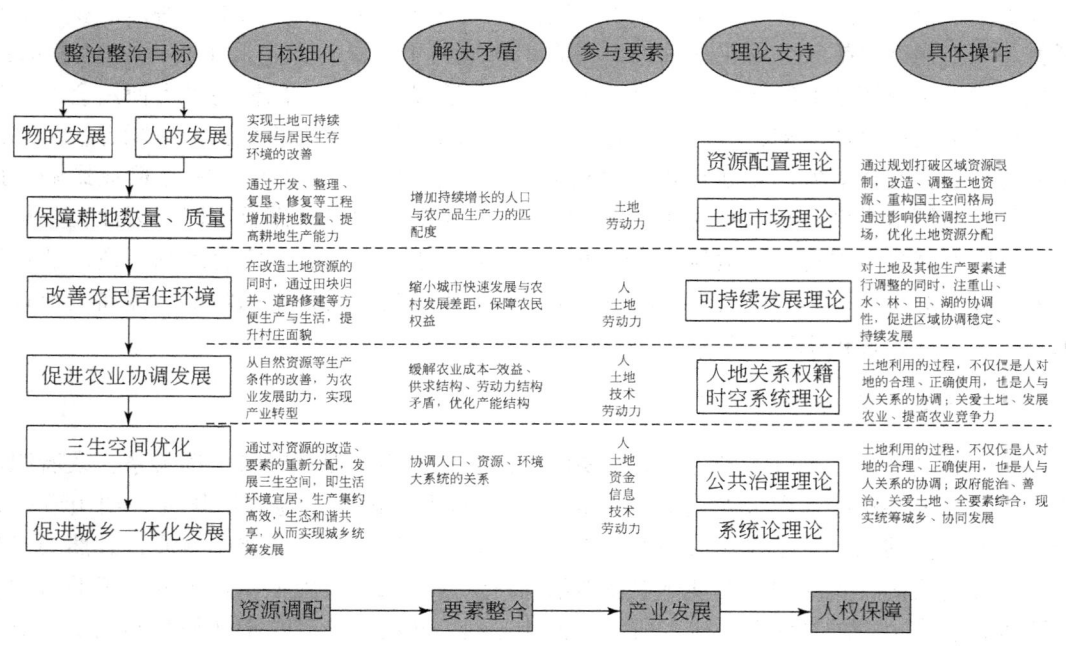

图 7-3 土地整治与理论应用关系图

时补充耕地和提升土地产能的重要手段,也是通过行政力量增加土地的经济供给的主要方式,在土地市场的均衡中发挥着主导作用,对土地市场的供需平衡产生了重要影响。

在土地产品市场中,对土地产品企业而言,土地整治从供给侧角度增加了耕地的数量、提升了耕地质量、优化了用地结构,为规模经营等土地利用方式提供了平台,对农产品的经营结构和生产结构均产生了影响,为产品增收、创收提供了可能性,为农产品的数量充足、品质提升提供了保障。提高了农产品供给的效率,从土地产品市场的供给侧影响了土地产品市场的均衡,从而为农产品的生产提供了提量、提质的可能性,进而促进农业转型与发展。不仅可以满足企业的用地需求,同时也可调控企业的用地需求。在土地要素市场中,土地整治既处于需求侧又处于供给侧。政府作为土地要素的供给者分配各方土地资源,而企业作为土地要素的需求者从政府手中得到土地资源进行生产,此时的要素市场既要将土地产品企业的需求反映到供给方,从而满足土地产品企业的需求,也要开展满足供应方(政府或有关方面)需求的土地整治,供应给土地供应方(主要是政府)进行市场配置①。

土地整治是政府调控土地市场供需的重要方式,承担着稳定农业发展、调节供需结构、促进改革、民生工程建设的责任。土地整治是土地资源"三去一降一补"结构性调整的重要方式:通过土地整治,挖掘土地潜力,淘汰低效用地的低效产能,通过对资源的调配、重组等方法降低土地等生产要素成本,改革整治资金的融资方式进而激发资本活力,盘活农村现有闲置土地资源,减少农产品和低效用地的库存,调整农业生产与经营结构,

---

① 冯广京. 土地领域供给侧结构性改革的重心和方向 [J]. 中国土地科学,2016,30(11):4-12

弥补当前资源利用效率低下的问题。目前农村农业发展面临着新挑战，土地整治为农业现代化助力，要通过一系列改革创新，增强内生动力，形成加快推进农业现代化的强大合力。

7.2.5 供给侧结构性改革对土地整治的指导

"十二五"以来，我国经济发展过程中的长期性结构不合理现象日益突出。习近平总书记在2015年11月的中央财经领导小组会议上首次提出了"供给侧结构性改革"，明确提出"在适度扩大总需求的同时，着力加强供给侧结构性改革，着力提高供给体系质量和效率，增强经济持续增长动力"。此后，习近平总书记和李克强总理在多种场合中，不断强调"供给侧结构性改革"，供给侧结构性改革已成为解决各领域运行和发展诸多矛盾的一剂良药。

供给侧结构性改革，即从提高供给质量出发，用改革的办法推进结构调整，矫正要素配置扭曲，扩大有效供给，提高供给结构对需求变化的适应性和灵活性，提高全要素生产率，更好满足广大人民群众的需要，促进经济社会持续健康发展。从微观经济的角度，供给侧结构性改革就是要用增量的改革来促进存量的调整，通过优化投资结构和产业结构，在实现经济可持续高速增长的同时，不断提高人民的生活水平。从理论层面，供给侧结构性改革是优化制度供给，有效的制度供给通过有效的制度激励和约束来实现目标任务。图7-4梳理了2010年以来各领域围绕供给侧改革的政策制度和具体措施。

具体而言，土地管理领域就是用改革的办法通过土地制度创新优化土地结构，矫正土地要素配置扭曲，通过供给端发力来进一步释放土地要素红利，着力盘活存量土地，强化土地质量，提升土地利用和管理的科学化水平，为经济社会发展提供有力保障，进而服务于我国整体的经济转型升级。土地整治作为土地资源管理的重要平台，是生态文明、城乡一体化发展的重要实现路径，对于保障粮食安全、提高居民生活环境、保障社会经济可持续发展具有重要作用。图7-5基于对供给侧结构性改革"三去一降一补"任务的准确理解，结合当前土地整治存在的主要问题，对土地整治的供给侧结构性改革的重点进行分析。

（1）去产能、去库存。当前土地整治的供给与社会经济发展需求的错配，主要表现在两方面：一方面，随着社会经济转型、生活质量的提高，人们对食品安全的重视度日益提高，消费需求的变化导致消费结构的转型。而土地整治片面强调提升耕地数量和耕地质量，缺乏有效的生态整治技术，难以遏制土地污染和质量退化，导致农产品供需之间存在错配。另一方面，城镇化进程的加快，存在"只化地不化人"的问题，导致农民进城落户难，城镇房地产库存积压，同时农村居民点"内空外扩"。土地整治要从提升整治目标、提高技术手段与建后评价与监管等方面入手，应用生态整治技术、注重土地整治的社会、经济及生态效益，协调要素之间的供需关系，纠正资源错配问题，实现高效、综合、全域整治，促进农村土地规模经营与城市土地节约集约利用。

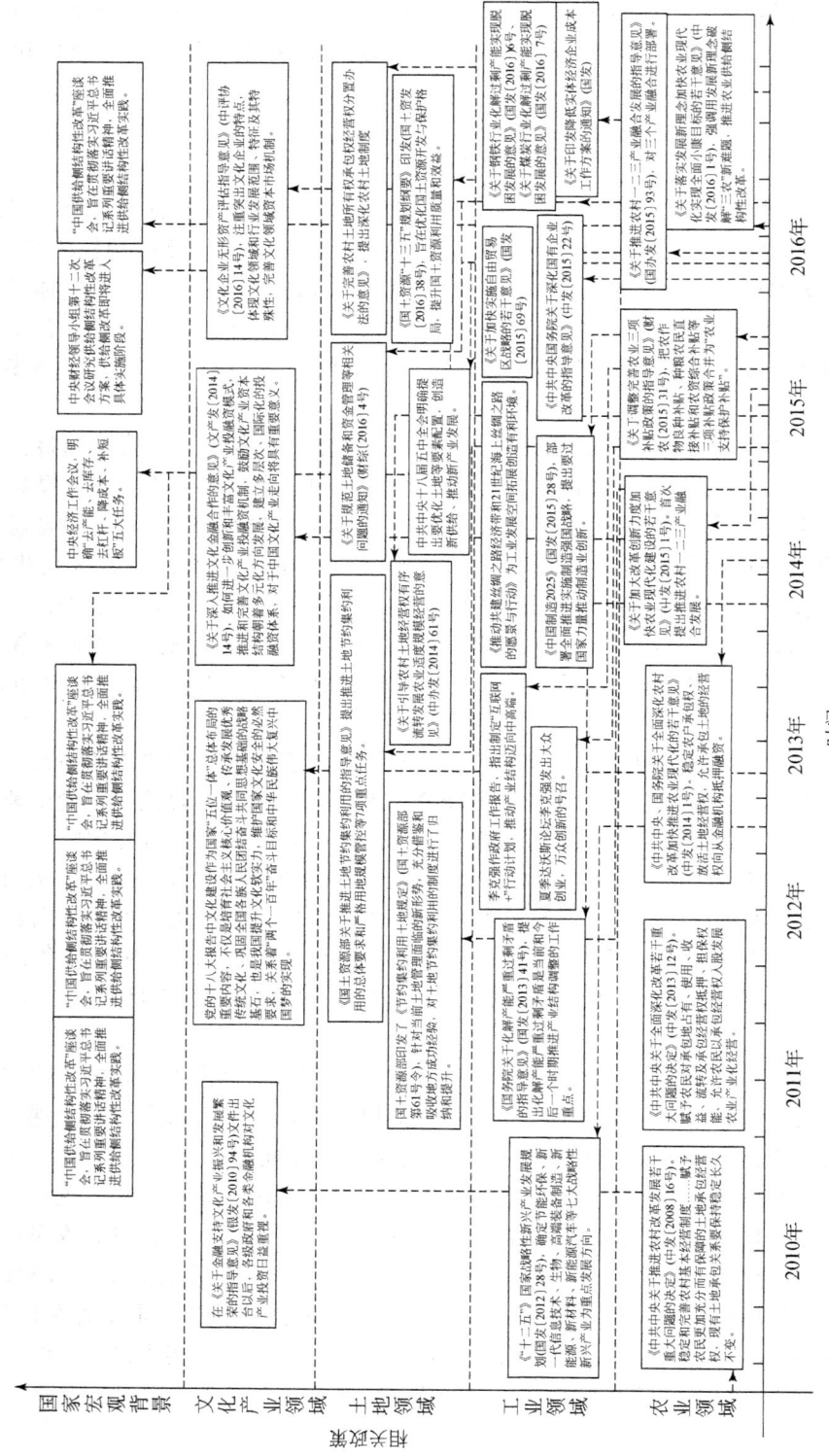

图7-4 供给侧改革政策脉络图

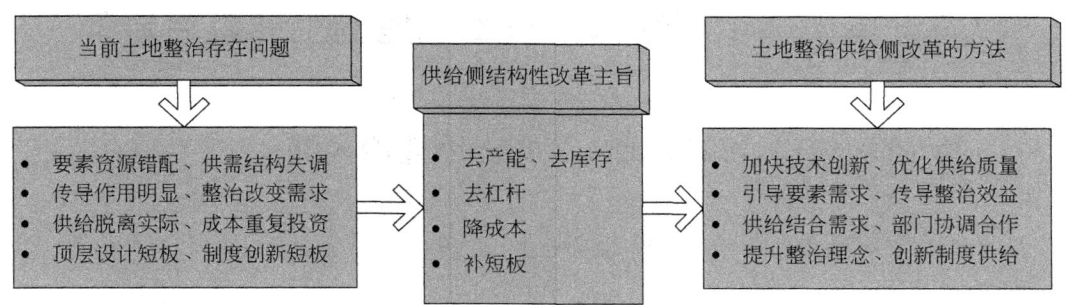

图 7-5　土地整治在供给侧改革中的应用

（2）降成本。当前土地整治已初步形成标准化的工程技术体系，面对紧迫而繁重的建设任务，地方政府为了追求"短、平、快"的效果，实施中往往缺乏因地制宜的深入思考，在应用技术方面容易"简单粗暴"，"田方路直"的形象工程也可能降低实际使用效率；另外，土地整治目标多维、类型众多、参与要素复杂，涉及农业、建设、水利、交通、电力等众多部门，这要求在不同部门之间实现有效协调性，但现实中，部门之间职责不清、信息不对称的情况屡见不鲜，导致了人、财、物的重复投入，增加了不必要的沟通和实施成本。此外，土地整治中也可能出现土地产权纠纷，资源调配容易激化产权矛盾和收益分配不均等问题，从而增加项目建设和后续利用的成本。因此，应在制定前期规划（计划）、开展项目实施中，充分结合地方实际情况、做好民意调查，上下联动，建设真正的民生工程。

（3）去杠杆。在农村，土地整治对区域资源的再调配为农业规模经营提供了良好平台，吸引农户以及新型农业组织的投资，扩大了农业产业链条。在城市，政府在供给侧满足企业和居民用地需求的同时，促进产业转型和居住质量提升，提高了城市土地集约利用水平。土地整治通过土地资源的要素调配，满足企业与个人的生产、生活需求，均衡区域系统的生态需求，并引发一系列传导效应，使之成为拉动国民经济内需的强大引擎。应充分发挥土地整治的综合效益，放大土地整治的传导效应，在满足各业土地需求的同时，引领需求转型，甚至为创造需求提供条件。

（4）补短板。当前土地整治主要存在顶层设计短板和制度创新短板。随着土地整治目标的多元拓展和整治理念的不断更新，一方面要通过顶层设计强化理论对实践的指导作用，夯实理论基石，探寻普遍规律；另一方面通过顶层设计升级土地整治技术方法，从"工具理性"上升到"功能理性"，进而达到"价值理性"。现阶段土地整治主要由政府主导，应加快制度创新，支持社会资本引入，充分发挥市场机制对资源的基础配置作用，形成上下联动、多元共建的整治模式。同时，针对目前普遍存在的重申报轻实施、重主体轻配套、重建设轻管护等现象，应加快制度监督、动态评估、责任追究等机制建立，确保土地整治效益的长期发挥。

7.3 基于供给侧结构性改革视角的土地整治转型

7.3.1 供给侧结构性改革视角下的土地整治内涵

7.3.1.1 土地整治与供给侧结构性改革的内在联系

（1）供给侧结构性改革的内涵。供给侧结构性改革是针对我国供需关系的结构性失衡问题所进行的体制机制改革[1]；核心是通过改革来解放生产力，以有效的制度供给来支持供给结构调整和提高全要素生产力，增强供给结构对需求变化的适应性和灵活性，扩大有效供给。区别于依托需求侧"三驾马车"（投资、消费、出口）发力的传统经济发展模式，供给侧经济增长的主要动力源于土地、劳动力、资本、创新和制度等五大要素。根据新古典经济学的供给体系框架，就要素对供给侧经济增长的作用而言，土地、劳动力和资本等生产要素是基础，技术创新是关键，政策制度则是核心[2]。因此，基于当下国情，在供给侧结构性改革中，包括农村土地制度等在内的制度改革是核心手段，提高创新能力以保障供给体系的质量和效率是关键目标，而促进土地利用效率、劳动要素质量和资本边际报酬的提高是改革实现与否以及"红利"释放高低的基础因素。

（2）区域协调发展的现实困境。地域空间是人类社会经济活动的载体，也是人地关系演化的"空间界面"，区域的非均衡发展则是地域空间各类矛盾综合作用的结果[3]。在我国，城乡关系是最基本的区域关系、经济关系和社会关系，正确处理城乡关系、加快城乡发展转型是现阶段我国区域协调发展的直接体现和基础支撑。随着城镇化和工业化的持续推进，受城乡二元体制的约束，城乡地域的协调发展面临着诸多现实问题。一方面，农村人口向城镇的快速非农化转移，既带来了农村"空心化"问题[4]，也给城市带去了"两栖人口"问题；另一方面，与人口非农化和兼业化相伴而生的是农村土地的非农化和非粮化，在城市建设扩张和"土地财政"的驱使下，农村耕地大量流失、撂荒或趋于破碎化，造成农业滑坡和严重萎缩。此外，城乡间固化的资源要素流动"壁垒"，进一步制约了农村基础设施的完善、土地的优化利用，以及农业的适度规模经营和产能提升，同时粗放的要素配置方式也加剧了生态环境的恶化。

（3）土地整治与供给侧结构性改革的内在联系。首先，供给侧结构性改革的政策背景根源于我国传统经济增长模式所带来的现实不足，在空间上表现为城乡的非均衡发展，聚焦为"三农问题"；同时，供给侧结构性改革也为城乡协调发展提供了战略导向，在农业

---

[1] 吴平. 统筹城乡视角下农村公共品有效供给机制研究[D]. 成都：西南财经大学博士学位论文，2014
[2] 卢为民. 推动供给侧结构性改革的土地制度创新路径[J]. 城市发展研究，2016，23（6）：66-73
[3] 芮旸. 不同主体功能区城乡一体化研究：机制、评价与模式[D]. 西安：西北大学博士学位论文，2013
[4] 龙花楼. 论土地整治与乡村空间重构[J]. 地理学报，2013，68（8）：5-14

上表现为通过"三大调整"和"三大激活"的改革路径①，破解农产品供求失衡、要素配置低效、资源环境紧张等结构性矛盾。其次，在改造城乡二元结构的历史进程中，土地整治具有基础性作用，是促进区域协调发展、"补三农短板"的主要抓手；但由于缺乏顶层制度的统筹②，土地整治往往落入"只化地不化人"、"重建设轻利用"、"强项目缺规划"的狭隘"怪圈"，难以为区域协调发展下的多元目标需求提供有力的供给平台。因此，土地整治与供给侧结构性改革的内在联系归结于如何立足供给侧结构性改革的高度，以土地整治为平台，破解区域发展中的人、地、资本等要素配置的结构性矛盾，满足区域协调发展的多元目标需求。在此逻辑下，供给侧结构性改革无疑从制度层面为新时期土地整治的转型发展提供了重要思路，也为统筹土地整治与美丽乡村建设、精准扶贫等区域发展战略的协同提供了战略落脚点。

7.3.1.2 基于供给侧结构性改革视角的土地整治内涵

将土地整治置于供给侧结构性改革的范畴内，通过梳理土地整治的逻辑定位、价值定位和路径定位，明确土地整治供给的本质和功能，对新时期土地整治内涵进行重塑。土地整治供给的本质是以资源利用效率为落脚点，通过人地关系的转型，满足区域协调发展的多层次需求；土地整治供给的功能是以政府主导供给为主，通过公众参与机制的创新，满足区域各利益主体的核心需求。由此，在供给侧视角下，新时期土地整治可定义为：在确定权籍的时空区域范围内，针对土地利用现状与社会经济发展对土地需求的矛盾所在，以区域综合整治为平台，以土地利用调控为基本手段，以要素优化配置为重要方式，以"三生空间优化"为功能载体，满足区域内公众对生产发展、生活提升、生态保护的诉求，支撑区域协调发展的系统性活动。供给侧结构性改革与土地整治转型的内在联系见图7-6。

（1）逻辑定位。理清土地整治的理论逻辑是明确新时期土地整治功能及其要素结构的前提。综观国内外已有研究，对土地整治的功能定位基本一致，即调整不合理的土地利用和空间组织关系，提高土地利用效率，实现土地要素与其他生产要素的合理匹配③。可见，资源利用效率是土地整治的逻辑起点，是资源有效配置所实现的帕累托最优状态。资源利用效率具有配置效率和生产效率两重含义④，要求土地整治在资源配置中协调好不同地类、不同空间、不同要素的需求关系，实现整体效益的最大化。土地利用格局是人类活动驱动下土地在不同用途和需求中多宜性和限制性的竞争结果⑤，反映了人类对土地需求的冲突性。"人"具有自然和社会双重属性，不仅是土地资源利用的主人，也是保障资源利用效

---

① 六大举措推动农业供给侧改革——中农办负责人解读2016年中央一号文件. 农业部网. http://www.moa.gov.cn/zwllm/zcfg/xgjd/201601/t20160129_5002284.htm
② 严金明，王晨. 基于城乡统筹发展的土地管理制度改革创新模式评析与政策选择——以成都统筹城乡综合配套改革试验区为例 [J]. 中国软科学，2011，(7)：1-8
③ 冯应斌，杨庆媛. 转型期中国农村土地综合整治重点领域与基本方向 [J]. 农业工程学报，2014，30（1）：175-182
④ 单卫东，黄贤金，吴常艳. 秩序国土：内涵特征、战略意义及政策建议 [J]. 南京社会科学，2015，(10)：57-62
⑤ 龙花楼. 论土地整治与乡村空间重构 [J]. 地理学报，2013，68（8）：5-14

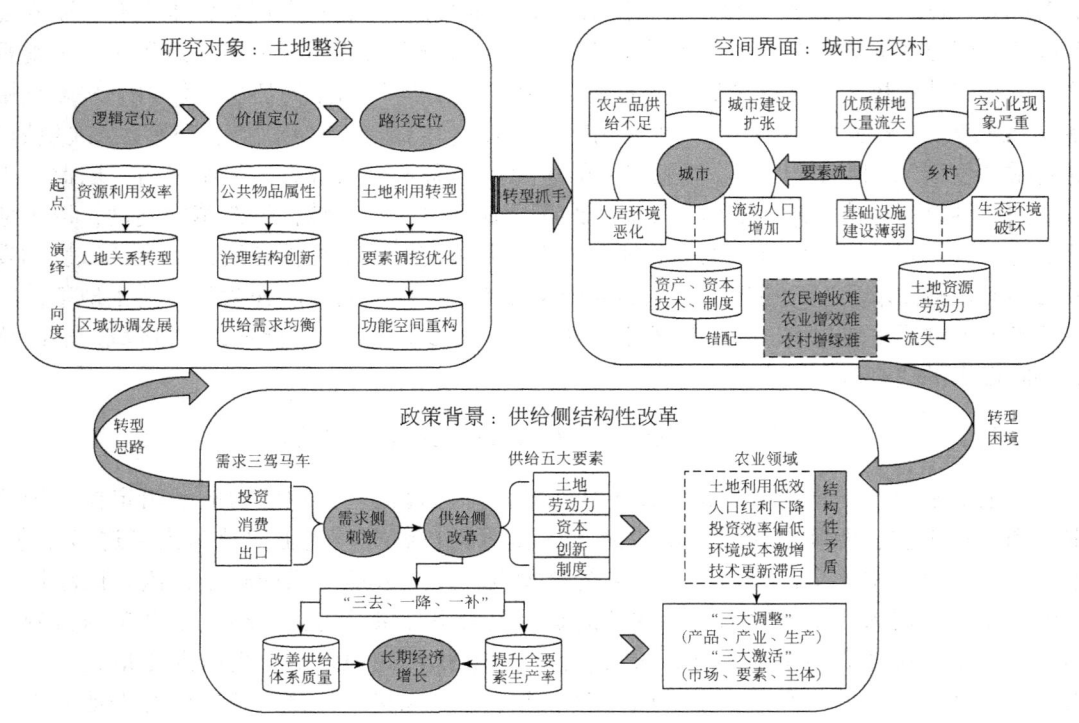

图 7-6 供给侧结构性改革与土地整治转型的内在联系

率的主体要素。人地关系转型则是土地整治的逻辑演绎。人地关系协调是人地关系系统的最理想状态，这不取决于地而取决于人①。因此，新时期土地整治不仅要优化人与土地的直接关系（即区域经济社会要素与土地资源的配置和互动关系），更要协调好由此引起的人与人之间的土地利益关系。土地整治是实现区域功能的有效途径和工具，促进城乡协调发展是转型期土地整治的逻辑向度。城乡协调发展具有强烈的现实性和高度的概括忾，是土地整治"核心功能"和"叠加功能"②③有序实现的统筹目标。

（2）价值定位。价值定位是了解利益相关主体的需求，确定如何提供响应各主体独特偏好的产品与服务的筹划④。正确的价值定位是土地整治有效供给的支点，也是整治模式创新的基础。土地整治作为一项长期性、基础性的民生工程，也是一项战略性公共物品的供给工程。公共物品属性是土地整治供给的价值起点，供给需求均衡是土地整治的价值向度。土地整治通过工程、权属调整等综合措施，为整治区内的公众提供更为完善的土地利用、农业基础设施、生产生活条件和配套设施，旨在增加区域整体福利。但就各级政府而

---

① 信桂新，杨朝现，魏朝富，等. 人地协调的土地整治模式与实践 [J]. 农业工程学报，2015，31（19）：262-275
② 吴次芳. 土地科学学科建设若干基本问题的反思与探讨 [J]. 中国土地科学，2014，28（2）：22-28
③ 孙彦伟. 新时期上海土地整治工程体系的调整策略 [J]. 上海国土资源，2014，(3)：31-35
④ 卢为民. 推动供给侧结构性改革的土地制度创新路径 [J]. 城市发展研究，2016，23（6）：66-73

言，土地整治具有多重政策目标取向，单纯依赖政府主导"自上而下"的运行模式，缺乏有效的社会响应和沟通机制，使得参与主体的价值取向之间存在错位，导致土地整治供给初衷与现实际遇之间的矛盾[1]。而合理的公共产品供给机制是调整土地整治供给适应区域发展需求及其变化的制度保障，其有赖于土地整治治理结构的创新[2][3]。因此，根据不同区域土地整治的特点，围绕各参与主体的利益均衡点，构建土地整治公众参与平台，强化政府引导、市场配置、公众参与的"上下结合"，创新土地整治运行模式以保障土地整治供给的有效性。

（3）路径定位。通过土地整治促进土地利用转型、要素配置优化以及功能空间重构，是保障土地整治供给适应区域协调发展需求及其变化的可行路径。其中，促进土地利用转型是土地整治实现有效供给的起点。土地利用转型，不仅涉及土地在多宜用途及地域空间上的权衡与优化，也涉及要素投入与流通过程中的流转增值及权益保障[4]，这对土地整治的对象、内容和目标提出了新的要求。即，土地整治的对象不应禁锢于耕地、建设用地等单个要素，应推进田、水、路、林、山、村、城等多要素的综合整治；土地整治的内容不应局限于土地平整、农田水利等工程建设活动，应加强土地权属关系的调整和土地利用方式的组织；土地整治的目标不应束缚于耕地资源保护，应重视对地域空间结构的整合与功能的优化。功能空间重构是土地整治促进区域协调发展的"终端"路径，要求土地整治应是城乡生产要素整合与再配置的过程。即，以"三生空间"为承载，以土地要素为纽带，以土地整治为平台，通过相关机制创新，推动人、地、资金、产业、技术等各类要素向有利于土地利用转型的方向有序流动，实现城乡之间多要素的整合与重组，促进区域的协调发展。

7.3.2　供给侧结构性改革视角下的土地整治关键问题分析

7.3.2.1　土地整治系统的要素构成

土地整治是一个由整治主体、整治对象、整治目标和整治环境等多要素交互作用构成的复杂系统，要素的组合形态和结构状况，决定了土地整治的功能属性和供给效率。其中，整治主体、整治对象和整治目标是土地整治供给的关键要素，而制度、资金、意愿和技术等构成了土地整治供给的影响环境。以整治环境为纽带，联结整治主体、整治对象和整治目标等关键要素，构建不同的整治模式，实现土地整治供给对"利益主体—资源要素—功能空间"等多维需求的互动、协调和反馈体系（图7-6）。

（1）整治主体是指在土地整治的运行和实施管理过程中，能够影响土地整治目标实现

---

[1] 蒋文丹. 新型城镇化视角下的农村宅基地退出模式研究——以义乌为例 [D]. 杭州：浙江大学硕士学位论文，2016
[2] 刘建生. 土地整治项目协同治理：理论框架与案例研究 [J]. 中国土地科学，2016，30（11）：61-67
[3] 刘彦随. 土地综合研究与土地资源工程 [J]. 资源科学，2015，37（1）：1-8
[4] 龙花楼，李秀彬. 中国耕地转型与土地整理：研究进展与框架 [J]. 地理科学进展，2006，25（5）：67-76

或者受土地整治决策和行为所影响的参与主体，主要包括各级政府（机构）、农村集体经济组织、农户和企业。土地整治的参与主体亦是土地整治的受益者，根据利益相关者理论，各主体差异化的价值取向使得土地整治过程的治理性特征日益凸显，集中表现为整治需求的层次性和政策制定的博弈性[①]。同时，土地整治的公共属性和基层治理决定了土地整治的"提供"与"生产"应实现分离，即由政府主导供给，企业、集体经济组织或具备规模生产能力的农户等多元经营主体共同参与"生产"，以落实治理理论强调的"多元复合共治"。因此，政府作用、市场机制与公众参与这三方动力在土地整治过程中的有效衔接，在于实现政府供给与各方需求之间的均衡，也在于有效拓宽土地整治的融资渠道及引入社会资本的共投共建。

（2）整治对象是指在利用过程中存在限制性要素、已经不适应当前社会经济发展的土地或目前利用基本合理，但存在潜在不利要素的土地。就待整治的土地类型而言，可分为农用地、城乡建设用地和其他未利用土地等三大类。土地具有资源、资产与资本（要素）的综合属性，在土地利用形态上表现为显性形态和隐性形态，涵盖数量、结构、质量、产权、经营方式、投入和产出等多重利用属性[②]。区域土地利用形态的演变反映了社会经济发展对土地的需求变化，而整治对象即是利用现状与目标需求之间的矛盾体。作为协调这一冲突的重要举措，根据资源优化配置理论，土地整治应强化对整治对象再组织和再优化过程的系统性，即一方面立足区域异质性，通过资源环境诊断、需求结构调查等综合手段，明确整治对象在区域发展中的需求定位及其现状冲突所在；另一方面依托空间作用机制，通过土地载体的数量调整、结构优化、质量提升、权属管理和利用增效，推动人口、资金等资源要素的有效集聚与扩散。

（3）整治目标是土地整治使命和功能的具体化，反映了特定发展阶段下土地整治的价值取向和行为准则。随着我国土地整治进入4.0发展阶段，为疏解高度紧张而又敏感的人地矛盾、城乡矛盾和区域矛盾，土地整治的目标任务和战略重点日趋多元化和综合化[③]。人地关系权籍时空为人类社会经济活动提供了资源载体，也是各类矛盾的演化"容器"。受经济发展阶段和非主流价值理性影响，土地整治的现实目标往往偏离初衷，给区域协调发展带来负面影响。因此，根据人地关系权籍时空系统理论，以人地协调为引导，立足生产、生活、生态三重空间重构的需求对土地整治的多元目标进行重置和具化，可为土地整治助推区域协调发展提供有力的空间导向。于此基础上，围绕"三生空间"的功能定位及其地域特征，确定与之相适应的土地整治类型、整治重点和运作模式，保障整治行为供给与实际需求的有效匹配。

7.3.2.2 基于区域协调发展目标的土地整治供给矛盾

作为实现区域协调发展的突破口和新平台，农村土地整治是检视土地整治供给与区域

---

① 严金明，夏方舟，李强. 中国土地综合整治战略顶层设计 [J]. 农业工程学报，2012，28（14）：1-9
② 龙花楼. 论土地利用转型与土地资源管理 [J]. 地理研究，2015，34（9）：1607-1618
③ 信桂新，杨朝现，魏朝富，等. 人地协调的土地整治模式与实践 [J]. 农业工程学报，2015，31（19）：262-275

协调发展需求是否匹配的重要"窗口"。城乡地域协调发展对土地整治的供给需求在于综合土地利用转型、资源要素调控及其"三生"空间重构等供给路径，最终实现农民、农业、农村以及城乡关系的"四重"转型。基于整治要素解析，当前整治供给侧的矛盾及其障碍主要表现在以下方面（图7-7）：

（1）整治主体错配所反映的项目资金融合短板和公众参与短板。当前土地整治"自上而下"政府主导的运作机制及项目管理制度，存在市场引入缺失、农民参与脱节、集体组织弱化、部门联动低效等特点，在实践中暴露出交易成本较高、利益纠纷频发等弊病。一方面，农民是土地整治的服务对象和终极受益者，但由于农民利益诉求分散、土地权属调整不当以及政府行为约束失范等原因[1]，农民在土地整治的需求表达、过程参与、收益分配等方面上均处于弱势地位。农民参与积极性低、参与组织化程度弱且缺乏相应的制度保障等现实障碍，导致土地整治中农民的无序参与、土地整治供给与农民实际需求难以对接、土地权属冲突等系列问题，弱化了土地整治改善公共福利的效用。另一方面，土地整治投资主体和资金来源的单一性，不利于市场机制的引入与社会资金的有效利用，造成整治资金短缺、资源利用低效、利益分配不均等普遍问题[2][3]。转型期，承接多项国家战略的土地整治，既缺少中央专项资金扶持，地方政府又出于自利逻辑[4]，无积极性进行稳定财源的筹措，增加了层层加码的"十三五"整治规划落实的难度。

（2）整治对象错配所反映的资源利用短板和要素整合短板。当前工具理性主导下的土地整治[5]，作为解决土地利用问题的"突然"途径，囿于土地本身，在整治理念、整治对象等方面已难以满足人地关系调控下对土地整治"应然状态"的整体要求[6]。在整治过程中，往往存在耕地提质不足、农宅退出无序、生态用地破坏、设施配套滞后、经营管理乏力等突出问题，资源利用和要素整合效率低下，难以支撑现代农业建设和美丽乡村发展。一方面，强调"标准化"的项目整治，轻视产业经营和生态共生，致使农地细碎化、基础设施不配套和土地粗放利用问题严重。加之农地产权制度缺陷，耕地并未有效摆脱小农式的分散土地经营模式[7][8]；另一方面，过度追求"粮食生产"的整治，轻视地力建设、生态修复和良法种植，引发优质耕地过度利用、生态环境破坏、水土污染加重等多重潜在风险。此外，建设用地整治在政策机制、制度保障、规范标准等方面尚不健全，土地整治易

---

① 吴诗嫚，李祎琛，卢新海，等. 利益均衡下农地整治权属关系调整的研究进展 [J]. 中国土地科学，2016，30（7）：88-96
② 刘永强，苏昌贵，龙花楼，等. 城乡一体化发展背景下中国农村土地管理制度创新研究 [J]. 经济地理，2013，33（10）：138-144
③ 杜国明，刘彦随，于凤荣，等. 耕地质量观的演变与再认识 [J]. 农业工程学报，2016，32（14）：243-249
④ 翟坤周，周庆元. 三维效应、三维结构与农村土地综合整治的关联度 [J]. 改革，2012，(12)：90-97
⑤ 吴次芳，费罗成，叶艳妹. 土地整治发展的理论视野、理性范式和战略路径 [J]. 经济地理，2011，31（10）：1718-1722
⑥ 信桂新，杨朝现，魏朝富，等. 人地协调的土地整治模式与实践 [J]. 农业工程学报，2015，31（19）：262-275
⑦ 吴诗嫚，李祎琛，卢新海，等. 利益均衡下农地整治权属关系调整的研究进展 [J]. 中国土地科学，2016，30（7）：88-96
⑧ Cay T, Ayten T, Iscan F. Effects of different land reallocation models on the success of land consolidation projects: social and economic approaches [J]. Land Use Policy, 2010, (27): 262-269

变相为"卖地工程"和"上楼工程",侵害农民利益的同时,造成农村生产要素的流失,未能扭转"人减地增"、"外扩内空"的用地态势。

(3) 整治目标错配所反映的全域规划短板和动态监管短板。"三生空间"重构是土地整治供给满足区域内公众对生产发展、生活提升和生态保护诉求的根本路径。现阶段,土地整治在规划、建设和管理中缺乏前瞻性和协调性的战略引导,"同质同化"的土地整治模式,未能充分考虑地域功能的差异性及其时间变异性①,难以适应转型期"三生空间"重构的需求变化。整治类型单一、空间重构混乱、公共服务倒挂以及后期管护欠缺是"三生空间"重构中的主要整治问题。一方面,当前土地整治规划存在目标定位偏低、范畴相对狭隘等通病,固化于"项目承载"思维,多偏重农用地整治,对山、水、林、田、湖、村、城的综合整治和全域规划相对不足,生态整治规划谋而未动;另一方面,土地整治在建设和管理过程中,缺乏坚实的技术体系支撑和完善的运行机制保障,尤其缺乏生态整治技术指导和建后管护长效机制,导致农村建设千篇一律、生产空间无序低效、农居建设"贪大求洋"、生态空间割裂萎缩等突出问题。农村"三生空间"的无序发展,不利于缩小城乡间的"剪刀差",加之长期土地整治对城乡要素激活机制的缺失,难以支撑城乡公共服务"等值化"的目标实现。

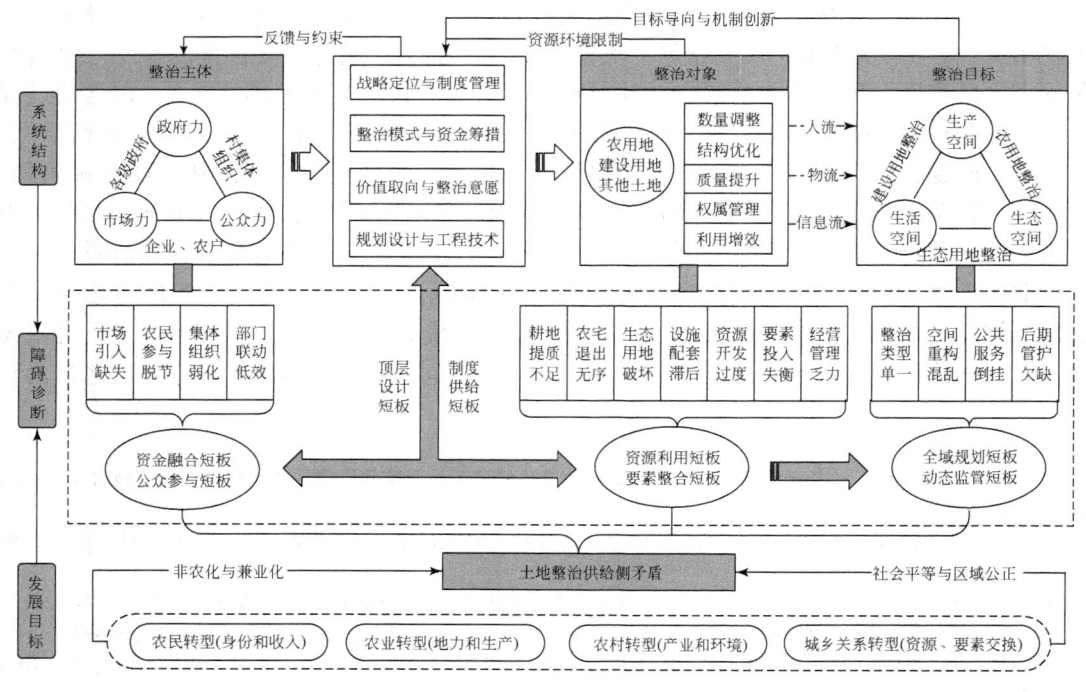

图 7-7 基于区域协调发展目标的土地整治供给矛盾诊断

---

① 龙花楼. 论土地利用转型与土地资源管理 [J]. 地理研究, 2015, 34 (9): 1607-1618

综上，土地整治应为破解乡村土地利用和资源环境问题、促进城乡要素有序流动以及农村转型发展等提供有力支撑[①]。但实践表明，当前农村土地整治在权籍调整、资金融合、公众参与、资源利用、要素整合、全域规划和动态监管等方面存在明显短板，从而导致资金重复投入、土地利用低效、权属调整不顺、后期管护缺失、生态环境恶化等突出问题，难以有效疏解农民"两栖化"、农业"粗放化"、农村"空心化"以及城乡"两极化"的发展困境。根据土地整治系统的要素解构，整治环境的重塑是弥补上述短板的基础途径。着眼于供给侧结构性改革，现阶段土地整治顶层设计的相对滞后及其制度体系构建的相对缺失，是导致上述短板的本质原因，即有效的制度供给是支持土地整治实现预期目标的根本途径。

7.4 土地整治地方实践与典型模式

7.4.1 土地整治实践探索

我国现代意义上的土地整治不断根据社会经济发展情况进行调整和完善。从1997年《中共中央、国务院关于进一步加强土地管理切实保护耕地的通知》首次从政策层面要求"积极推进土地整理"，到1999年修订的《土地管理法》在法律层面首次明确提出"国家鼓励土地整理"；从2004年《国务院关于深化改革严格土地管理的决定》进一步鼓励农村建设用地整理，到2008年中共十七届三中全会决定大规模实施土地整治；从《全国土地开发整理规划（2001—2010年）》的起步探索，到"十二五"《全国土地整治规划（2011—2015年）》的实施与落实，再到"十三五"《全国整治规划（2016—2020年）》的宏图展望，土地整治在范畴、目标、内涵和方式等各个方面都在不断创新和发展，充分发挥了土地整治对保障国家粮食安全、转变农业发展方式、促进城乡统筹发展的重要支撑与基础作用。

"十二五"期间，全国土地整治规划提出的一系列目标任务顺利收官：建设4亿亩高标准基本农田目标如期实现；补充耕地2400万亩的任务超额完成；建设用地整理加快推进，促进节约集约用地、优化城乡用地结构和布局的成效逐步显现；历史遗留损毁土地复垦规模近300万亩/年，复垦率从25%提高到37.5%，新损毁土地复垦因复垦技术滞后而未能实现全面复垦；土地整治管理体制、机制和法治建设不断完善和创新；土地整治公众参与取得明显进展，丰富了土地整治模式。2011年以来，全国整理农用地5.3亿亩，建成高标准基本农田4.14亿亩。补充耕地2767万亩，其中，土地开发补充耕地822万亩，土地整理、土地复垦补充耕地1755万亩，增减挂钩补充耕地190万亩，新增耕地面积超过同期建设占用和自然灾害损毁的耕地面积，保证了全国耕地数量的基本稳定。耕地质量平

[①] 吴诗嫚，李祜琛，卢新海，等. 利益均衡下农地整治权属关系调整的研究进展[J]. 中国土地科学，2016，30（7）：88-96

均提高了 1 个等级、亩产平均提高 10%~20%，提高了耕地生产能力，新增粮食产能 373.68 亿公斤，其中补充耕地增加粮食产能 64.68 亿公斤，提高耕地质量增加粮食产能 288.4 亿公斤，规模经营提高土地利用率，增加粮食产能 20.6 亿公斤。经过整治后，大量零碎、分散的土地得到适当归并，农业基础设施配套建设得到加强，改善了农业生产条件，提高了机械化耕作水平和排灌抗灾能力，农业投入成本下降，增加了农民收入水平。通过土地整治，保障了规划期间粮食稳产与丰产，耕地资源对粮食安全的保障水平提高，对"十二五"期间的连年增产发挥了重要作用，保障了国家的粮食安全①。

各地在围绕国土管理政策和相关规划确定的土地整治任务的基础上，结合区域自然资源特点、社会经济发展要求和土地管理与利用难点，通过规划协同、资金整合、权属调整、土地市场等进行的实践探索。部分具有代表性的实践方式如图 7-8 和表 7-1 所示。

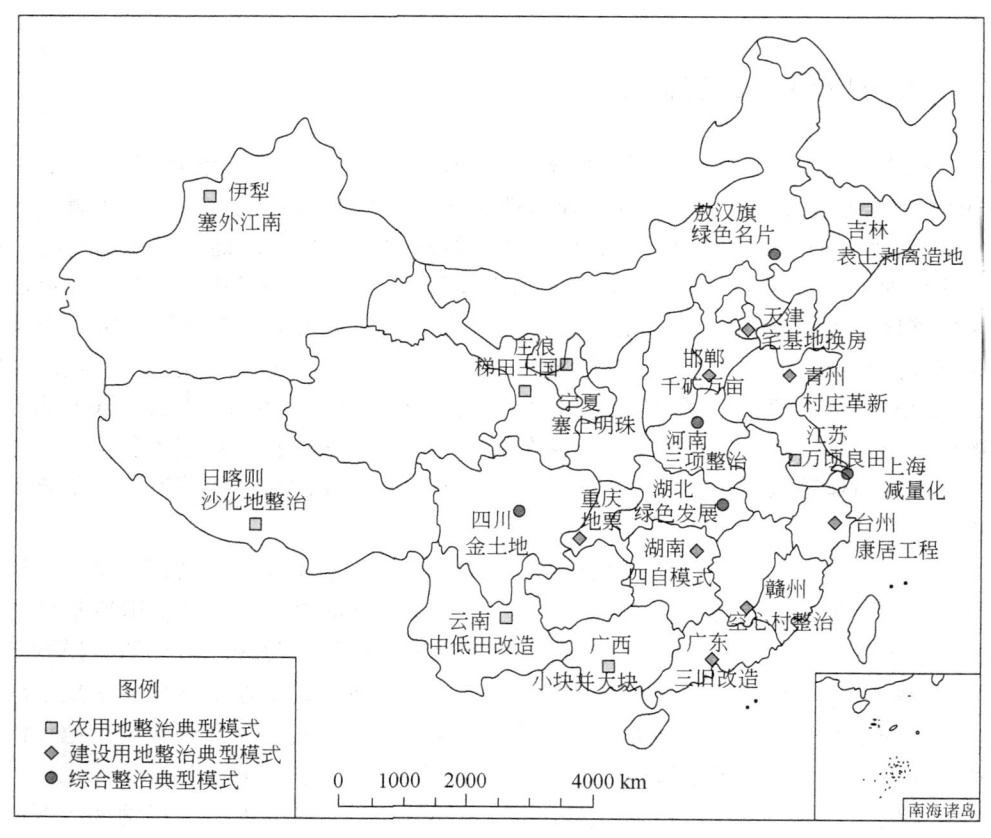

图 7-8 土地整治经验模式

---

① 国土资源部土地整治中心. 中国土地整治发展研究报告 No.3 [M]. 北京：社会科学文献出版社，2016

表 7-1　土地整治典型经验与做法

整治对象	实施区域	整治模式	基本做法
农用地	云南	中低产田改造	集中连片规划、统一实施，以县为平台整合发改、农综、国土、水利、农业、烟草等多部门资金集中建设
	新疆伊犁	塞外江南	针对区域特点，以完善灌溉系统为重点，改善项目区生产条件，增加耕地后备资源
	西藏日喀则	沙化地整治	将沙漠化土地的防治与利用相结合，以生物措施为主，辅以水利工程措施，对荒漠化土地进行综合整治
	山东青州	村庄革新	践行"城乡等值化"理念，通过土地整理、村庄革新使农村经济与城市经济平衡发展
	宁夏	塞上明珠	实施高效节水灌溉和补水灌溉等工程对盐渍化土地和中低产田进行改造
	江苏	万顷良田建设工程	以土地整治项目为载体，以城乡建设用地增减挂钩为抓手，建设大面积、连片高标准农田；实现农地集中、居住集聚、用地集约
	吉林	表土剥离造地	政府主导，民间参与，多方筹资，利用建设用地占用的耕地耕作层土壤搬迁造地
农用地	广西	小块并大块	在不改变农户原有土地承包总面积的基础上，就近互换土地，将小块田地并作大块进行耕作，提高土地利用率
	甘肃庄浪	梯田王国	采用"梯田+科技+节水+产业"的综合开发模式，以整山整川整流域为单元，发展特色高效产业，提升梯田综合效益
建设用地	重庆	地票	成立农村土地交易所，开展农用地使用权或承包经营权和建设用地指标交易
	浙江台州	康居工程	实现"土地整治"向"康居建设"转变，"农民自建"向"代建联建"转变，"村庄建设"向"城镇发展"转变
	天津	宅基地换房	村民以其宅基地按照规定的标准置换小城镇中的住宅，迁入小城镇居住，建设适应农村经济和社会发展、适于产业聚集和生态宜居的小城镇
	江西赣州	空心村整治	采用规划建新、置换流转、折拆公建、退宅返耕等方式，既满足农民建房用地的需求，也实现节约土地、保护耕地的目的
	湖南	四自模式	采用"自定、自筹、自建、自管"方式，由农集体按有关要求自定建设范围、建设内容和工程布局，自筹项目建设资金，自主组织项目实施，自主开展工程后期管护
	河北邯郸	千矿万亩	对闭坑矿山利用排弃的废渣废石充填矿井坑，覆土复垦绿化
	广东	三旧改造	为突破城镇建设中土地资源的瓶颈，实施对旧城镇、旧厂房和旧村居的改造，实现城市产业升级和空间重构的双重目标

续表

整治对象	实施区域	整治模式	基本做法
综合	四川	金土地工程	平原区田、水、路、林、村综合整治,推进基本农田保护区建设;丘陵区荒地、滩地综合开发利用,实施坡耕地生态整治
	内蒙古敖汉旗	绿色名片	坚持"生态立旗",大规模植树造林、治山、治沙、治水,改善了生存条件和生态环境
	湖北	绿色发展	"绿色决定生死",把绿色发展放在首位,提升土地整治服务绿色发展的能力
	河南	三项整治	政府主导、国土搭台、多方合作、群众参与;捆绑项目、整合资金、统筹规划;实施"田、水、路、林、村"综合整治
	上海	减量化	实施建设用地减量化战略,推进郊野公园项目建设

7.4.2 典型土地整治模式

7.4.2.1 广西崇左——"小块并大块"、"结对并地"

"结对并地"发源于广西壮族自治区崇左市龙州县上龙乡。自2006年起,上龙乡以屯为单位,以连片田块为基础,村与村、屯与屯共同签定友好协议和村规民约,村与村结成友好村、屯与屯结成友谊屯、户与户结成兄弟户进行结对,拿出自己的小块土地并成大块,在多个小块并成一大块后,再按各户原有的面积重新抽签分配。并通过落实"一事一议"制度协商修缮水利渠道和机耕路,逐步推进农业生产机械化、标准化和规模化种植。

"结对并地"、"小块并大块",是一种土地承包经营权和谐流转的新模式,顺应了农业机械化、规模化、产业化发展的潮流,在一定程度上对增加农民收入,促进农村稳定具有积极作用。从土地管理角度讲,这一模式可视为一种群众自发、小规模、低水平的土地整治创新。政府利用较少的投入,在"群众自愿、民主管理"、"因地制宜、量力而行"的原则指导下,取得了较好的成效。对"结对并地"加以扶持,将能起到画龙点睛、推波助澜的效果,有利于扩面、提质、增效。

在实施"小块并大块"工作中,农业基础设施落后是制约土地整合流转的重要原因。政府及有关部门应该加大制度设计力度,对"结对并地"这种群众自发、小规模、低水平的土地整治给予必要的资金扶持,加大农业基础设施建设投入,一方面帮助农民改善农业土地生产条件,缩小地力优劣水平差距,从而有效提高农民并地积极性,扩大并地规模;另一方面帮助农民对并地后的土地进行配套建设,从而进一步改善农业生产能力,提高地力等级,促进农民增产增收。

龙州县农民自发开展的"结对并地",有效解决了土地整治前的规划设计悖离农民意愿、权属调整难度大等问题,为土地整治铺平了道路,有利于土地整治的顺利开展;通过农民投工投劳进行农田基本建设,保证了建设质量、节约了建设成本,也能增加农民收入；通过农民的自主管理，减少了土地整治项目实施中的腐败现象。"结对并地"为土地整治项目的规划和实施提供了有益的探索，通过构建一个与群众及基层组织主体地位相适应的项目组织模式，让农民"用国家的钱，整自己的地"。

7.4.2.2 湖南长沙——"绿色低碳"

土地整治工作在发展过程中，尽管在项目管理体制、建设目标、建设标准、投资标准、建设内容等方面不断调整完善，但实施过程中存在的部分问题始终难以解决。例如，为改善农村基础设施不足、灌排设施简陋的现状，一直采用沟、渠全断面混凝土衬砌、田间道路硬化的施工工艺，虽较大程度方便了群众生产生活，但同时也产生了一些负面效应。片面强调混凝土衬砌、硬化，无形中打断了生物迁徙的通道，人为造成了一个个的生物孤岛，破坏了生物链，不利于田间物种的生存，导致生物多样性下降，甚至导致部分物种在局部区域的消失。同时渠道全断面硬化阻挡了农田土体内部溃水的排泄，加剧了土壤潜育化，使耕地质量下降，一定程度上破坏了农田的生态环境。党的十八大报告指出："要把生态文明建设放在突出地位"，"给自然留下更多修复空间，给农业留下更多良田，给子孙后代留下天蓝、地绿、水净的美好家园"。为适应新的形势、新的任务和新的挑战，农村土地整治工作中也应转变思路，及时引入生态保护理念，在土地整治工程技术上大胆创新，为推进农村经济社会可持续发展走出一条新路。

湖南省长沙县金井镇涧山村生态保护型土地整治试点项目，从2013年开始，经过三年时间，全面完成了项目试点任务，探索出一条既满足土地整治工程建设要求，又最大程度地保护生态环境的土地整治新路子，产生了良好的经济效益、社会效益和生态效益。

一是土地整治工程引入了生态保护理念和低碳思想后，不仅改善了农业的生产条件，使工程与周围环境更好地得到了融合，同时也基本解决了土地整治工程建设对土壤性状、生物多样性和生态系统稳定性的负面影响，使得土地整治项目工程的品质得到全面提升，工程现场观感耳目一新。二是当地群众得到了实惠。已有大型农业企业到该项目所在地，与农民签订了900多亩土地流转合同，正在进行规模化生产与经营。三是受到业界的普遍关注。得到了国土部门各级领导的肯定。多个外地考察团前来交流，国土资源部曹卫星副部长等领导、中德低碳土地利用项目德国专家组亲临现场考察，并给予了高度评价。四是受到省市媒体广泛报道。项目竣工后，湖南卫视、湖南经视、长沙电视台新闻频道、长沙晚报等省市媒体，相继对该项目进行了专题报道，充分肯定了该项目取得的成效，大大提升了土地整治工作的影响力。

7.4.2.3 广东佛山——"三旧改造"

改革开放三十多年来，广东经济发展取得了瞩目的成就，国民经济持续高速增长，但这一增长是建立在高投入、高消耗、高污染的基础之上。粗放的经济增长与资源环境的约束日益加剧，传统发展的老路已难以适应新的发展要求，经济发展亟须转型，广东的"三旧"（是指旧城镇、旧厂房和旧村居）改造正是破解这一发展难题的有益探索，是广东探索经济发展转型的具体手段，也是建设两型（资源节约型和环境友好型）社会的重要举措。

2007年开始，广东佛山先行先试，最早开始探索"三旧"改造的做法并大胆尝试政策突破。佛山市"三旧"改造的原始动力，一是土地资源集约节约利用水平不高，再加上土地后备资源紧缺，影响经济社会的持续发展；二是土地利用结构不合理，建设用地和工业用地占的比重过大，不利于形成高效、协调的生产、生活和生态空间开发格局。"三旧"改造通过提高现有建设用地集约节约利用水平，尽量少占甚至不占耕地或生态用地，也能为生产和生活提供需要的空间。同时，通过改变土地的利用性质，逐步调整生产、生活和生态空间结构，重塑城市空间结构和产业结构。

"三旧"改造不同于传统的城市更新只是单纯地通过对物质形态的改变来改善城市面貌，而是面向有效解决城市功能提升、土地节约集约利用、产业结构调整、促进农民收入提高、拉动内需等综合性问题。在实践中，广东利用先行先试的优势，在总结经验的基础上，探索形成较完善的政策体系。2009年广东省政府颁布实施《关于推进"三旧"改造促进节约集约用地的若干意见》（粤府〔2009〕78号），在完善历史用地手续、灵活供地方式、土地出让金返还、集体土地申请转为国有以及"三地"纳入改造范围等方面进行了政策创新与突破。在此基础上，作为配套政策，广东省国土资源厅还相继出台了《"三旧"改造工作实施意见（试行）的通知》、《关于进一步加快推进和规范"三旧"改造工作的通知》、《关于办理"三旧"改造涉及完善征收手续有关问题的通知》，并会同省直有关部门出台《关于在"三旧"改造中加强文化遗产保护的通知》、《关于在"三旧"改造过程中加强预防职务犯罪工作的通知》等政策文件。各地、市在深入贯彻78号文精神的基础上，结合本地实际，围绕土地使用权收购的具体程序和价格、补缴地价的标准、土地出让收益的分配使用管理、改造项目审批程序等方面制定本地的配套政策，初步形成了"三旧"改造的政策体系，有力地保证了"三旧"改造工作的顺利推进。

7.4.2.4 重庆——地票交易

2008年，重庆报经中央同意，成立农村土地交易所，启动了地票交易试点。我国国情决定了必须实行最严格的耕地保护制度。将农村闲置的宅基地及其附属设施用地、乡镇企业用地、公共设施用地等集体建设用地复垦为耕地，无疑会盘活农村建设用地存量，增加耕地数量。按照我国土地用途管制制度和城乡建设用地增减挂钩、耕地占补平衡的要求，增加的耕地数量就可以作为国家建设用地新增的指标。这个指标除优先保障农村建设发展外，节余部分就形成了地票。按照增减挂钩政策，地票与国家下达的年度新增建设用地指标具有相同功能。通过交易，获得地票者可以在重庆市域内，申请将符合城乡总体规划和土地利用规划的农用地，征转为国有建设用地。

自2008年12月4日首张地票成功拍卖，重庆地票改革实践的大幕就此拉开。通过不断完善复垦、交易、使用和价款分配等环节设计，重庆市已基本形成了地票制度框架体系。根据截至2015年12月底的统计数据，重庆累计交易地票17.29万亩、金额345.66亿元；地票质押8354亩、金额12.23亿元。因为地票运行采用"先造地、后用地"的程序，这有利于耕地占补平衡制度的落实。目前，重庆已使用地票11.7万亩，实际占用耕地7.3

万亩，地票制度实现了耕地"多补少占"，而且保障了补充耕地质量。此外，由于复垦宅基地生成的地票按纯收益85：15的比例分配给农户和集体经济组织，使得农民收入不断增加。尤其是对贫困地区，因实行"优先地票交易，优先直拨价款"政策，累计交易贫困区县地票13.08万亩、260.8亿元，占交易总量的76%左右。集体经济组织获得地票收益，与部分农民所得收益一起投入新农村建设，改善了农村生产生活条件[①]。

从实践来看，地票制度在保护耕地、保障农民权益、统筹城乡土地利用、促进新型城镇化发展等方面的作用日益显现，成为重庆统筹城乡发展的重要制度成果。作为统筹城乡综合配套改革试验区，重庆市通过地票交易统筹配置城乡建设用地资源，在解决工业化、城镇化过程中建设用地短缺的同时，盘活了农村建设用地，提高了农民财产性收入，成效显著。重庆地票交易制度在理论上为破除长期以来困扰农村土地市场化改革的制度性障碍提供了可行思路，对我国统筹主体功能区土地资源配置将产生深远的影响。

7.4.2.5 上海——"土地整治+"

上海作为一个国际大都市，在经济飞速发展的同时，也面临着土地资源利用极不平衡的问题。一直以来，上海都将土地整治工作作为落实耕地保护、优化用地结构、锚固生态空间，促进区域经济社会转型发展的重要平台和抓手。"十二五"期间，特别是党的十八大以来，在资源环境紧约束的形势下，针对建设用地资源不足、生态环境压力增加、郊区发展短板等问题，启动市级土地整治示范项目、郊野公园建设和建设用地减量化工作等试点工作，立足问题导向，坚持因地制宜，坚持融合创新，坚持价值引领，积极推动土地整治与艺术、体育、自然教育等跨界融合，开展了艺术介入乡村、体育介入乡村、自然教育介入乡村等一系列创新实践，积极探索土地整治在促进乡村生态景观保护和提升、乡土文化传承、城乡良性互动等方面的实施路径，不断拓展土地整治内涵和外延，逐步形成"土地整治+"框架体系。

所谓"土地整治+"，是指在土地整治工程技术创新的基础上，融合发展"互联网+"的理念、技术和手段，推动城乡各种要素资源向有利于提升土地利用综合价值的方向有序流动，通过各种要素资源的集聚，不断增强土地整治在发掘乡村价值、促进城乡良性互动、服务区域社会经济转型发展、实现城乡等值化中的资源要素配置能力，从而形成更具市场力、创新力和生产力的，以土地整治为平台和抓手的郊野地区转型发展新模式、新路径[②]。

"土地整治+"是土地整治活动与其他创新主体之间通过整合、协作、共享、多赢等发生关系的过程，其协同创新的模式已超越土地整治本身的范畴，涵盖协同创新生态体系内的所有创新主体，涉及城乡各类资源要素的整合和利益分配。为此，"土地整治+"通过前瞻思考，提前谋划，搭建开放协作、跨界融合的"土地整治+"平台，集聚各方力

---

① 谢必如，白文起，杨裕海. 重庆地票七年[N]. 中国国土资源报. http://www.gtzyb.com/shendu/20160323_94905.shtml

② 顾守柏，刘伟，夏菁. 打造"土地整治+"的新格局——上海的创新与实践[J]. 中国土地，2016，(9)：42-44

量，打通城乡各类要素有序流动的壁垒，整合各类资源要素，建立形成多方集聚的"土地整治+"生态圈，塑造了新的土地整治格局。

7.4.3 基于供给侧结构性改革的现有土地整治模式评析

针对上述典型土地整治模式，从供给侧结构性调整视角进行分析。

（1）广西"小块并大块"、"结对并地"模式，是针对部分土地整治规划设计中存在的背离农民意愿、导致生产不方便时，农民自发归并土地、调整权属以方便生产的行为。就问题的产生而言，土地整治在规划设计阶段应立足项目区自然、经济、社会发展等差异，综合实地调查、民意听取、统计分析等手段，对区域土地资源进行合理的规划和设计，应强调"以人为本"、"以用为先"，综合各方面的限制与需求，坚决避免低效供给不符合有效需求的问题产生。就问题解决的方式而言，崇左模式在土地整治建后阶段采取弹性的管理手段，允许农民自发进行产权调整，这既顺应了民意，避免纠纷的产生；也保障了农民权益，降低了管理成本，使得有限的耕地资源充分发挥了效益，促进了耕地生产功能的持续发挥。

（2）湖南长沙模式是为弥补传统土地整治过程中因修建农田基础设施破坏生物链导致区域生态环境恶化而开展的生态化整治工程。从源头上看，在最初的规划设计阶段，由于对区域生态环境现状和项目影响评估不充分，导致兴建的水利等设施成为农田生态系统的破坏者。依据系统理论，农田生态系统内部遭到破坏，势必会影响农田生态系统的稳定，进而阻碍区域生产活动，这有悖于农用地整治的初衷。就问题解决的方式而言，绿色低碳化整治模式可在改善农业生产条件的基础上，结合生产和生态目标，强调工程设施与周边环境的融合，从而增加区域生物多样性和生态系统稳定性，进而实现项目效益的持久发挥。此外，通过促进土地流转，推动规模化生产与经营，充分利用市场机制提高土地利用效率，即可惠及民生，也有效地保障了农民权益。

（3）广东佛山"三旧改造"是在城市土地后备资源不足、城市土地利用效率低下的背景之下提出的存量低效建设用地改造模式。就问题的产生而言，现有建设用地集约节约利用水平较低，一定程度上也是由于前期缺乏有效规划控制，以及土地利用过程中缺少有效监管的代价。因此，应立足土地开发利用全生命周期的思维方式，在建设项目规划阶段就开展多维评估，不断探索提高集约节约利用的方式和途径，针对必须用地的建设项目，要合理避让生态用地，少占甚至不占耕地，为生产和生活提供喘息空间。土地供应后，应积极发挥政府监督职能，大力淘汰低效用地企业，促进城市土地合理利用。就问题的解决途径而言，"三旧改造"模式是对存量建设用地的二次开发，是去库存的一种手段，有利于盘活存量资源，既可避免耕地占用，也可有效保障农民权益，具有一定的推广价值。

（4）重庆"地票交易"是引入市场机制，将低效的农村建设用地复垦为耕作土地后，"转移"为城镇的建设用地的一种新型做法。通过引入市场机制，可有效促进农村土地使用权流转，通过发挥市场对资源的配置作用，提高土地资源的利用效率。通过"地票"拍卖等做法，有利于充分挖掘土地的资本属性，为土地资源融资引入社会资本；有利于耕地的保护，增加农民收益；有利于新农村建设，为农村土地市场化改革的制度性障碍提供了可行思路。该模式对于政策的支持性较高，在经济发达、政策完备度较高、市场良好的地区可进行推广。

（5）上海"土地整治+"是在资源环境紧约束的形势下，针对建设用地资源不足、生态环境压力增加、郊区发展短板等问题，通过创新服务理念，融合发展"互联网+"的理念、技术和手段，集聚各方力量，多元共投，打通城乡各类要素有序流动的壁垒，整合各类资源要素，实现土地整治的高效供给的制度创新。该模式对于政府行政能力等方面具有较高要求，在经济较发达地区可借鉴。

各典型模式的供给侧结构性调整手段分析如表7-2所示。

表7-2 土地整治典型模式分析

整治模式	参与主体	整治对象	整治目标	供给侧结构性调整手段					
				多维度需求评估	多目标综合规划	多层次权益保障	多元融资共建	弹性标杆管理	科技创新服务
崇左"小块并大块"、"结对并地"	政府、农民	农用地	尊重民意、便利生产	√	-	√	-	√	-
长沙"绿色低碳"	政府	农用地	保护农田生态环境	√	√	√	√	-	-
佛山"三旧改造"	政府	建设用地	后备资源缺乏、挖掘现有低效存量土地	-	√	√	-	-	-
重庆"地票交易"	政府、农民、市场	建设用地	盘活农村建设用地存量，增加耕地数量	√	-	√	√	-	-
上海"土地整治+"	政府、社会组织	综合	破解郊区发展短板、保护生态环境	-	-	√	-	√	√

7.5 本章小结与政策建议

7.5.1 供给侧结构性改革视角下的土地整治制度重构

以转型期区域协调发展对土地整治的需求为导向，围绕土地整治"土地利用转型—要素调控优化—功能空间重构"的发展主线，结合供给侧"激活市场—激活主体—激活要素"的发展诉求，从人地关系调控入手，通过制度完善、机制创新、政策配套等方式，构建"需求评估—规划引导—权益保障—融资共建—标杆管理—科技服务"为一体、联动、协调的区域土地综合整治的制度体系框架（图7-9）。

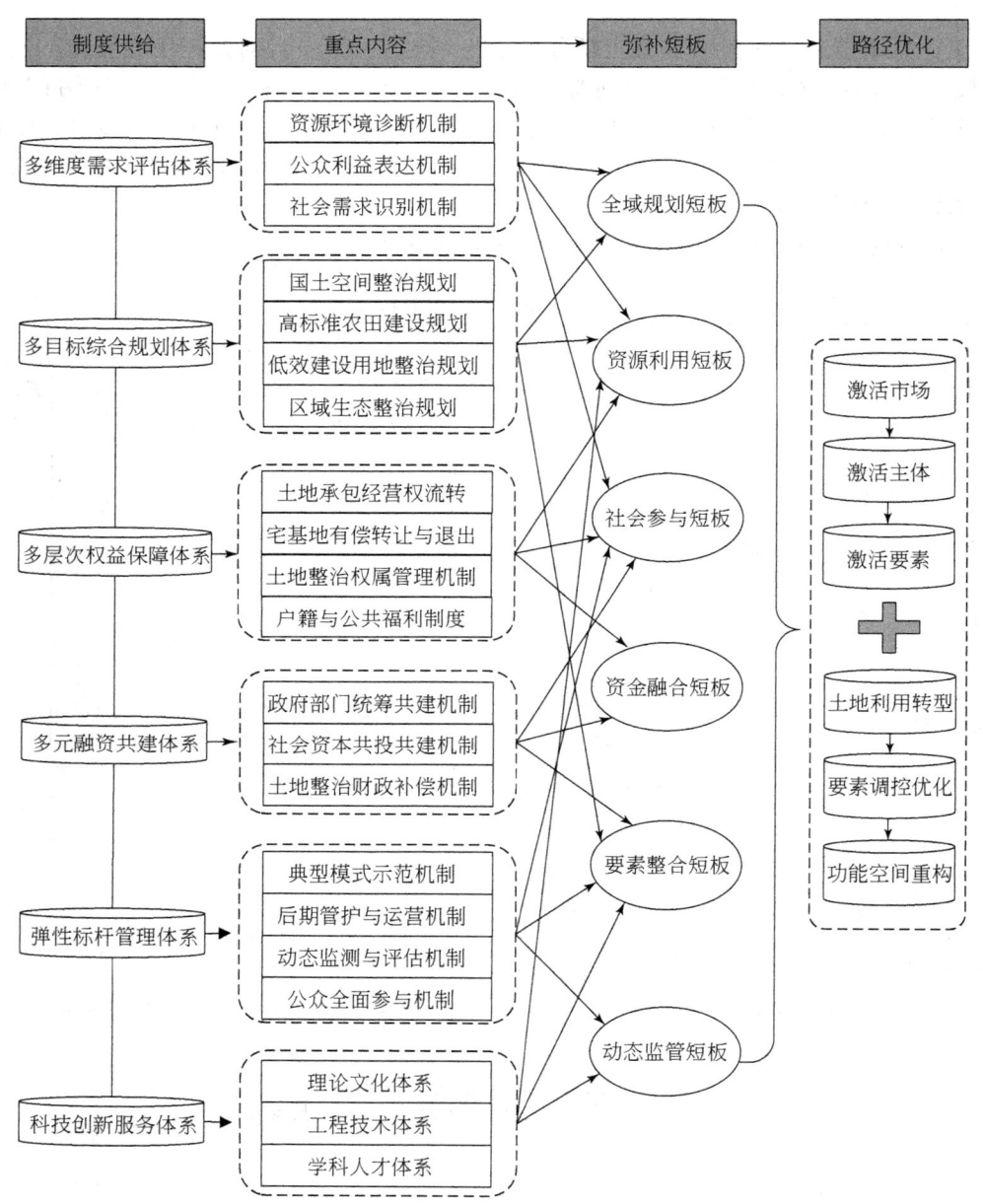

图7-9 供给侧结构性改革视角下的土地整治制度重构框架

7.5.1.1 构建多维度需求评估体系

构建以资源环境诊断机制为前提、以社会利益表达机制为保障、以社会需求识别机制为核心的土地整治多维度需求评估体系。

1. 完善土地整治资源环境诊断机制

"同质同化"的土地整治模式，追求整治效果的"短、平、快"，提供的标准化公共品，很有可能与当地自然条件和生产方式不相适应，容易忽视土地整治项目区内农民的实际需求，导致土地整治提供的公共品与农民的实际需求难以对接。一方面，立足区域自然、经济、社会发展的差异性，围绕区域协调发展对土地整治的需求，综合实地调查、遥感监测、统计分析等手段，对区域内水土资源、生物资源、生态环境等进行综合诊断，识别土地整治的障碍性要素，为土地整治规划提供基础依据；另一方面，立足资源配置效率，结合自然资源资产的产权体制改革、自然资源统一监管等发展需要，积极探索土地整治资源环境效应快速诊断与预警集成技术，推进资源环境的效应评判与监测预警，为土地整治模式的优化提供重要依据。

2. 健全土地整治公众利益表达机制

土地整治既是繁杂的技术系统工程，也是复杂的社会治理工程，涉及国家、地方政府、中介机构，以及土地权利人等不同利益主体及其关系重构。主体需求是主体参与土地整治的根本内在动力，决定了主体参与土地整治的价值取向。由于利益表达机制的缺失，公众千差万别的利益诉求往往导致土地整治的"最后一公里"难题，分散的利益表达方式也抬高了实现各参与主体之间利益均衡的交易成本。针对当前公众利益诉求制度缺失、诉求渠道不畅、诉求作用较弱、诉求意识不强等问题，一方面政府部门应健全相应的制度办法，树立法治思维，发挥法治对土地整治的引领和规范作用，引导公众以理性合法的方式进行诉求；另一方面，创新形成集中、深入、定期、互动的利益表达形式，培育基层社会组织，重视农村精英（乡绅）力量，畅通表达渠道，加强社会协商与民主监督，保证公众利益诉求能及时准确地表达。

3. 构建社会需求识别机制

就土地整治而言，因社会经济发展、资源环境条件的差异，不同区域的需求具有阶段性、多样性的特征；不同利益主体之间的需求存在差异性，主体自身的需求也具有层次性[1]。建立多区域层次、多经营主体层次的土地整治需求评估制度，改变以往单一或主要考虑地方政府需求的决策机制，从需求的合法性、重要性、影响性和迫切性等多维度，综合统筹地方政府、集体、农户以及有关农业企业的核心需求，进一步提高土地整治供给绩效。

7.5.1.2 构建多目标综合规划体系

构建以国土空间整治规划为导向、以高标准基本农田建设规划为主线，以低效建设用地整治规划为关键，以区域生态整治规划为基础的土地整治多目标综合规划体系。

（1）推进国土空间综合整治规划。在规划定位和规划体系上强调全域协同，适应需求

---

[1] 马广超. 农地整治过程中农民权益诉求研究——以湖南省与湖北省部分县（区）为例 [D]. 华中农业大学硕士学位论文, 2015

差别整治。立足区域协调发展、城乡一体化发展、生态文明建设等国家中长期战略目标，以国土综合整治为核心实施平台，对区域内相关规划进行高位统筹和多规合一，协同推进绿色发展、新型农业现代化、新型城镇化、精准扶贫等"十三五"战略的落实。在规划目标和规划内容上紧扣问题导向，融合要素优化"三生"。立足人地协调的价值关怀，顺应转型期下人、地、物等各类资源要素交互、重组的趋势，以"三生空间优化"为主要目标，以土地利用转型为基本路径，协调区域利益主体—资源要素—功能空间发展的核心需求，确定各要素整治的目标、内容、方式、手段以及制度配套。

（2）提升高标准基本农田建设规划。在规划导向上，坚守耕地保护红线和粮食安全底线，围绕落实"藏粮于地、藏粮于技"战略，树立全面的耕地质量观，把建设生态良田提至首要任务。在规划内容上，以区域资源环境诊断为基础，立足现代农业发展的需求，强化农田多功能复合利用，确定高标准农田建设的重点区域、主要任务和实施路径；在规划实施上，围绕耕地可持续利用、提高农业竞争力、促进农业绿色生产等关键目标，实施耕地质量保护和提升行动，持续推进中低产田改造，提高农业基础设施配套标准，落实高标准农田建设、管护、利用、服务四位一体的长效机制，重点培育新型农业社会化服务体系、农业科技创新激励机制等，形成"良田、良种、良法、良制、良心"五良[①]下农业现代化快速发展的新格局。

（3）加强低效建设用地整治规划。在规划定位上，贯彻"两严"制度，以新农村建设和新型城镇化发展为基本导向，以城乡低效建设用地综合整治为破"两难"促"双保"的基础平台，加快盘活存量建设用地，增加建设用地有效供给，提高城乡建设用地利用效率。在规划内容上，围绕优化空间布局、提升产业产能、放大经济增量等目标，强化乡村价值发现和乡村复兴引领[②]，以优先补齐发展短板为突破口，统筹安排农村建设用地整治、城镇低效用地再开发、工矿废弃地复垦利用等各类土地整治活动。在规划实施上，注重整体政策设计和综合平台搭建，完善城乡建设用地增减挂钩等政策，推进节地型新居[③]、公益性基础设施和环境保护设施建设，实施工业用地减量化项目试点，挖掘城乡建设用地潜力，形成新型城镇化和新农村建设相互促进的良性机制。

（4）落实区域生态整治目标。在规划定位上，围绕生态文明建设要求，以"山水林田湖"生命共同体为规划理念，尊重土地整治的"共生文化"[④]，以区域生态整治为综合平台，引导国土空间的有序开发、利用和保护，促进国土生态安全屏障建设，推动形成绿色发展方式和生活方式。在规划内容上，针对都市区"城市病"缠身、区域生态环境脆弱、乡土文化快速流失等核心问题，依据空间效率提升、空间边界管控和空间景观重塑原

---

① 郧文聚，杨红．农村土地整治新思考［J］．中国土地，2010，（Z1）：69-71
② 国土资源部土地整治中心．中国土地整治发展研究报告No.3［M］．北京：社会科学文献出版社，2016
③ 屠爽爽，龙花楼，李婷婷，等．中国村镇建设和农村发展的机理与模式研究［J］．经济地理，2011，31（10）：1718-1722
④ 吴次芳，费罗成，叶艳妹．土地整治发展的理论视野、理性范式和战略路径［J］．经济地理，2011，31（10）：1718-1722

则[1]，设置生存线、生态线和保障线作为国土空间开发利用的基础，守住资源环境的底线，实行分类差别整治；强化景观生态型土地整治工程规划设计，优化生态空间布局，营建区域绿色基础设施，推行生态污染"零容忍制"，推进生态整治技术[2]的应用。

7.5.1.3 构建多层次权益保障体系

构建以土地承包经营权流转为重点、以宅基地有偿转让与退出为关键，以土地权属管理机制为核心，以户籍与公共福利制度为保障的土地整治多层次权属保障体系。

（1）创新土地承包经营权流转机制。加快推进农村集体土地确权登记工作，建立产权清晰的农村集体土地所有权和使用权制度，创造条件让农民依法享有土地流转自主权、土地市场收益权；加强土地流转市场的法制化和规范化建设，创新土地使用权股份化和经营专业化模式，研制土地流转和规模经营激励制度，调动农民耕地规模经营和生态良田建设的积极性，切实提升现代农业的发展水平。

（2）推进宅基地有偿取得与转让机制。在法律政策层面，出台农村集体建设用地流转与收益分配办法，盘活集体建设用地使用权和宅基地使用权，积极探索有偿取得农村闲置建设用地使用权的制度，创新农村宅基地确权流转市场化模式，鼓励宅基地保障性功能转化为农民工市民化就业安置模式。完善城乡建设用地增减挂钩机制、农村宅基地退出机制和村域土地利用监督机制[3]，以维护农民合法权益为行动准则，基于土地发展权转移，创新地票等制度显化农村土地资产价值、优化城乡建设用地配置。

（3）健全土地整治权属调整机制。从制度设计和立法层面，坚持以农民为核心、统筹兼顾利益主体的多元需求，对土地整治权属在目标、主体、内容、方法、模式等方面进行改革。明晰土地权属纠纷调处办法和土地利益分配政策，运用市场化手段实施产权互换，营造公正的权属调整制度环境；推进公众有效参与，完善农地价值评估，构建农户的利益驱动机制，引导其自发进行权属调整实践及调整后的经营模式创新。

（4）完善城乡户籍与公共福利制度。加速推进户籍制度改革，以及与土地整治相配套的公共福利制度改革，构建城乡均衡的公共服务体系。重点健全农村社会保障体系，落实新型农村社会养老保险制度、新型农村合作医疗制度等各类民生保障政策，加大精准扶贫的财政力度，加强农民组织化程度和生产技术培训，同步"两区共建"解决农民就业安置问题，避免农民陷入落户难、就业难、增收难的"贫困怪圈"。

7.5.1.4 构建多元融资共建体系

构建以政府部门统筹共建机制为基础，以社会共投共建机制为核心，以土地整治财政补偿机制为保障的土地整治多元融资共建体系。

（1）落实政府部门统筹共建机制。建立国土整治部门统筹平台，解决土地整治主导权

---

① 信桂新，杨朝现，魏朝富，等. 人地协调的土地整治模式与实践 [J]. 农业工程学报，2015，31（19）：262-275
② 刘彦随，朱琳，李玉恒. 转型期农村土地整治的基础理论与模式探析 [J]. 地理科学进展，2012，31（6）：777-782
③ 乔陆印，刘彦随. 新时期中国农村土地综合整治逻辑体系框架 [J]. 人文地理，2016，(3)：67-73

多部门分割的问题，落实共同责任，强化部门间的协调配合，有效整合国土、农业、水务、财政等涉农资金，加强专项资金的使用管理与日常监督。

（2）健全社会共投共建机制。转变"财政投资、政府实施"的运作模式，建设服务导向型政府，通过 PPP 模式、ABS 模式、土地基金、土地债券等新型项目融资方式，鼓励和支持银行融资，引导和规范社会资本加入，拓宽土地整治资金筹措渠道。一方面，明确引导社会资本参与土地整治的政策导向，重点规范社会资本准入和退出机制，建立"公开标准、自主申报、择优支持、合同约定、自主实施、定额补助、监管跟进"的基本程序①，以规避融资风险；另一方面，在保障农民利益的前提下，确定市场投资主体的责任和利益分配机制，实现与市场机制的充分衔接，通过"先建后补"、"民办公助"等形式，引导投资主体向有整治需求的集体经济组织、农业企业、农场主等农业经营主体的多元化转变。

（3）构建土地整治财政补偿机制。通过授权、参股和提供补助的方式，鼓励农业企业根据自身经营需求投资土地整治，有的放矢地部署土地整治的内容和方式，真正实现土地整治公共品与农民实际需求的有效对接，并给予适当的技术支持。设立了耕地保护基金，探索制定合理的低效建设用地补偿标准、基本农田保护补偿标准、生态保护补偿标准和污染土壤检测和修复补偿标准②，通过财政转移支付方式，理清权属关系，落实利益分配，激发整治主体的积极性。

7.5.1.5 构建弹性标杆管理体系

构建以整治模式示范机制为核心，以后期管护与运营机制为保障，以动态监测与评估机制为支撑，以公众全面参与机制为动力的土地整治弹性标杆管理体系。

（1）推行典型整治模式示范机制。在模式创新的总体思路上，围绕区域核心需求，由不同整治类型的项目组合，转向以资金筹措与分配、工程建设与管理、权属调整与界定以及后期管护与利用等整治重点的内容融合；在具体运作方式上，坚持土地整治的价值理性与工具理性的有机统一③，以工程手段为基础，以土地利用为核心，整合政策措施和技术创新。制定项目遴选、精细整治的地方激励政策，通过资金倾斜、财政补贴、指标置换等方式，促进地方典型模式的培育、试点、示范和推广，助力城乡统筹型、生态良田型、乡村复兴型、景观生态型、城市更新型等土地整治模式的集成与创新。

（2）健全后期管护与运营机制。加快土地整治建后管护考核制度的建立，由政府统筹安排建后的权属转移、权责分配和监督考核，制定切实可行的管护办法，明确管护的主体、内容、程序、方法和资金。重点通过财政支持、市场融资、公众参与的方式，落实管护专项资金，加强工程设施管护、土地利用管护以及社会关系调处；创新管护模式，培育

---

① 严金明，夏方舟，李强. 中国土地综合整治战略顶层设计［J］. 农业工程学报，2012，28（14）：1-9
② 严宽，刘静. 长江三角洲地区"十三五"土地整治战略思考［J］. 上海国土资源，2016，37（1）：9-13.
③ 刘彦随，朱琳，李玉恒. 转型期农村土地整治的基础理论与模式探析［J］. 地理科学进展，2012，31（6）：777-782

农民合作协会、专业管护公司等新型主体,在法律框架内积极稳妥地推进多元主体参与下的"建管合一",降低交易成本。

(3) 完善动态监测与评估机制。建立监测评估结果与土地整治绩效的直接挂钩机制,推进土地整治监管向质量、生态和效益监测发展;以土地"大数据"为依托①,整合航测、实验、调查等多源异构数据,综合信息化技术手段,推进监管技术向"天、地、网"一体化转变,实现全面全程可追溯的监管。

(4) 强化公众全面参与机制。对政府、市场、社会三元共治的运行模式进行具体化和制度化,建立集体决策和共同参与制度,科学界定政府、公众、企业关系,加强社会资本及社会组织的培育;构建线上互动、线下体验的土地整治传播平台,提升公众对土地整治的认同感,凝聚新的发展共识,推进新型农业经营组织、有关智力支撑团队、市民、农民等"被动"主体在整治全过程中的"众筹众治"。

7.5.1.6 构建科技创新服务体系

构建以理论文化体系创新为基础、以工程技术体系创新为主体、以学科人才体系创新为动力的土地整治科技服务创新体系。

(1) 夯实土地整治理论文化体系,立足区域协调发展和人地关系转型,以资源配置理论和人地关系权籍时空系统协调理论为基础,通过多门类多学科的知识融合,重点探究土地整治在土地利用转型、资源要素整合、生态景观建设、社会协同治理等方面的理论创新;强化"生命共同体"理念,树立全面的耕地质量观②,建构土地整治的"共生文化",改善土地整治的"软环境"③,从内涵外延、物质形态和文化认同等多个维度同步提升土地整治的理论厚度和文化韧性。

(2) 健全土地整治工程技术体系,聚焦现代农业发展、美丽乡村建设和城乡生态优化的要求,重点开展城乡低效建设用地整治技术、生态综合型土地整治技术的研究,着力推进土壤环境修复、农田地力提升、建设用地挖潜、水体污染防控、绿色基础设施建设、乡村景观风貌营造等方面的工程配套、装备研发、工艺改进与技术集成,并相应提升现有土地整治工程技术标准能级。

(3) 完善土地整治学科人才体系,根植以人为本的核心价值,以土地整治工程技术人员"入典"④为契机,以特色工程学科的创建和产学研示范基地的发展为支撑,推进土地整治在专业培育、人才输送、平台建设、合作交流等方面的系统建设,为土地整治转型发展提供智力支持。

---

① 毛志红,薛剑,孙春雷. 供给侧改革,土地整治转型提档 [N]. 中国国土资源报,2016-07-21:5
② 谷晓坤等. 生态综合型土地整治机理与模式 [M]. 北京:中国社会科学出版社,2015
③ 吴次芳,费罗成,叶艳妹. 土地整治发展的理论视野、理性范式和战略路径 [J]. 经济地理,2011,31 (10):1718-1722
④ 《中华人民共和国职业分类大典(2015年版)》首次将"土地整治工程技术人员"列入国家职业,并且标注为"绿色职业"。至此,我国职业分类大典没有土地相关职业的"零"时代终结。

7.5.2 讨论

本章以供给侧结构性改革为切入视角，以要素综合解析的方式，梳理了转型期我国土地整治面临的现实需求和关键问题，对新时期土地整治的基本内涵、转型方向及其制度构建进行了初步探讨。研究认为：①土地整治的功能与转型期社会经济发展的需求具有高度的一致性，供给侧结构性改革可从制度层面为新时期土地整治转型提供重要思路；②土地整治的本质是以土地权籍明晰和保护为出发点，以资源利用效率为落脚点，通过人地权关系转型，满足区域协调发展的多层次需求，增加区域整体福利；③当前土地整治在权籍调整、资金融合、公众参与、资源利用、要素整合、全域规划和动态监管等方面存在明显短板，有效的制度供给是支持土地整治转型的根本途径；④立足人地协调发展，以"需求评估—规划引导—权益保障—融资共建—标杆管理—科技服务"为一体，联动、协调的区域土地综合整治制度体系，可为新时期土地整治实践及其机制创新提供参考。

具体实践中，政府以区域土地综合整治为平台，通过以需求评估、规划管控、财政支持、公众参与等为主体的制度供给，统筹区域协调发展（图7-10）。新时期土地整治应牢固"1+N"的整治理念，基于区域社会经济发展阶段及其资源环境诊断，在完善整治工程建设、高标准基本农田建设、城乡增减挂钩等传统整治手段的基础上，有机融合新业态、新主体、新技术等要素整合方式，实现从以地为本的单一要素整治到人、地、物多元要素综合整治的模式转变。在整治目标上，以整治主体—资源要素—功能空间为发展脉络，统筹城乡地域的不同发展诉求。就城乡地域的功能空间重构而言，具体表现为：

（1）在生产空间上，围绕保障粮食安全、产业现代化等目标，通过开展农用地整治和工矿用地整治，重点推进高标准基本农田建设和农村低效建设用地盘活，创新土地、劳动力和资金等资源要素的配置模式，构建土地规模化、农业现代化、工业园区化的优质空间。

（2）在生活空间上，围绕推进美丽乡村建设、城乡统筹发展等目标，通过开展农村居民点整治和废弃地复垦，重点推进"空心村"整治，创新"减量化"、"地票"等方式统筹城乡发展用地，构建设施完善、环境优美、宜居宜业的人文空间。

（3）在生态空间上，围绕生态景观格局优化和生态服务价值提升，通过开展生态用地整治，重点推进生态网络规划和绿色基础设施建设，创新生态修复技术和生物工程，构建山清水秀、和谐共生、持续发展的绿色空间。

随着我国进入增长速度换挡、结构调整转型、发展动力转换的经济发展新常态，土地资源稀缺、利用粗放、保护不足和空间错配的现状已不能适应我国经济发展的需求，以土地利用转型倒逼经济发展转型迫在眉睫。需求扩张、资源约束和环境保护等多重矛盾，对土地整治领域的内涵丰富、制度创新也提出了重大现实需求。以下问题亟待跟进研究：①在战略定位上，如何实现土地整治的"高位统筹"和"全域协同"，即如何将土地整治上升至国土综合整治的范畴，重点明晰其在国土空间规划等国家战略体系中的角色与作用，量化其在社会经济发展中的贡献与影响。②在转型方向上，如何实现土地整治的"以

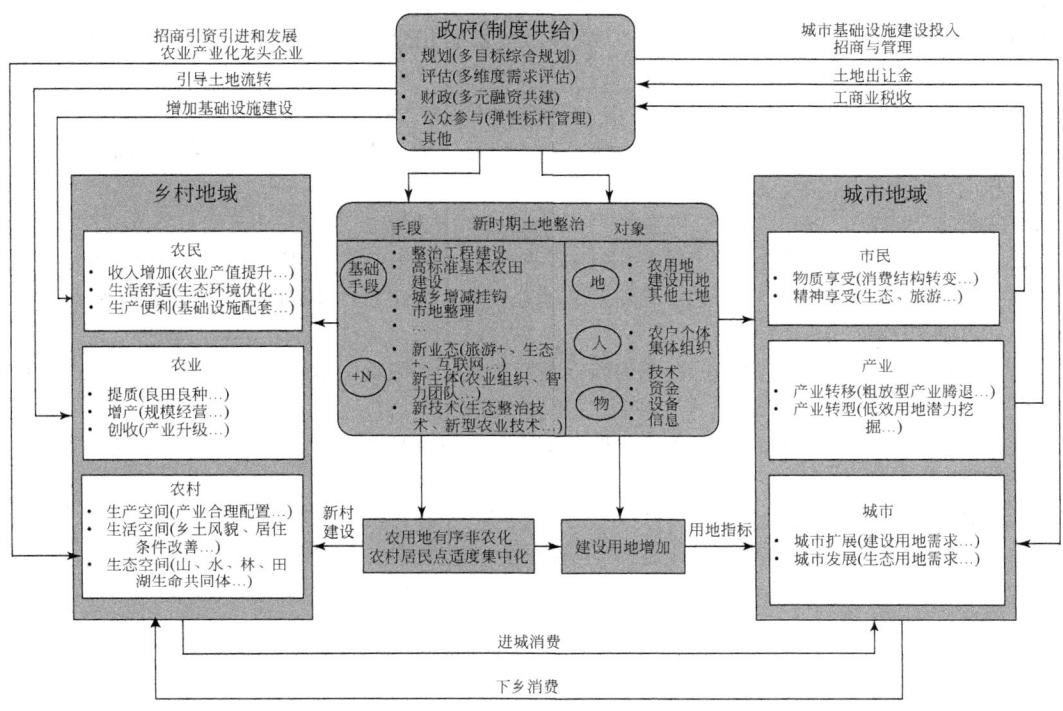

图 7-10 新时期土地整治促进区域协调发展的作用机制

人为本"和"优化三生",即如何将土地整治打造为促进区域协调发展的核心平台,重点探索区域"利益主体—资源要素—功能空间"的"共轭、互生、协调"机理,践行"山水田林湖"生命共同体统一整治和管护,完善以土地制度改革、整治管理创新、规划建设配套、资金技术保障、公众有效参与等为主体的要素与制度供给,创新"土地整治+"的新模式。

主要参考文献

杜国明,刘彦随,于凤荣,等. 2016. 耕地质量观的演变与再认识[J]. 农业工程学报,32(14):243-249

冯广京. 2015a. 关于土地科学学科视角下"土地(系统)"定义的讨论[J]. 中国土地科学,29(12):1-10

冯广京. 2015b. 土地科学学科独立性及其学科体系研究框架[M]. 北京:中国社会科学出版社

冯广京. 2016. 土地领域供给侧结构性改革的重心和方向[J]. 中国土地科学,30(11):4-12

冯应斌,杨庆媛. 2014. 转型期中国农村土地综合整治重点领域与基本方向[J]. 农业工程学报,30(1):175-182

谷晓坤等. 2015. 生态综合型土地整治机理与模式[M]. 北京:中国社会科学出版社

刘建生. 2016. 土地整治项目协同治理:理论框架与案例研究[J]. 中国土地科学,30(11):61-67

刘彦随. 2011. 中国新农村建设地理论[M]. 北京:科学出版社

刘彦随.2015.土地综合研究与土地资源工程［J］.资源科学,37（1）:1-8
刘永强,苏昌贵,龙花楼,等.2013.城乡一体化发展背景下中国农村土地管理制度创新研究［J］.经济地理,33（10）:138-144
龙花楼.2013.论土地整治与乡村空间重构［J］.地理学报,68（8）:5-14
龙花楼,李秀彬.2006.中国耕地转型与土地整理:研究进展与框架［J］.地理科学进展,25（5）:67-76
毛志红,薛剑,孙春雷.2015-07-21.供给侧改革,土地整治转型提档［N］.中国国土资源报,5
吴次芳.2014.土地科学学科建设若干基本问题的反思与探讨［J］.中国土地科学,（2）:22-28
吴次芳,费罗成,叶艳妹.2011.土地整治发展的理论视野、理性范式和战略路径［J］.经济地理,31（10）:1718-1722
吴诗嫚,李祎琛,卢新海,等.2016.利益均衡下农地整治权属关系调整的研究进展［J］.中国土地科学,30（7）:88-96
信桂新,杨朝现,魏朝富,等.2015.人地协调的土地整治模式与实践［J］.农业工程学报,31（19）:262-275
严金明.2016.土地整治规划设计研究［M］.北京:科学出版社
严金明,夏方舟,李强.2012.中国土地综合整治战略顶层设计［J］.农业工程学报,28（14）:1-9
郧宛琪,朱道林,汤怀志.2016.中国土地整治战略重塑与创新［J］.农业工程学报,32（4）:1-8

第 8 章 我国土地供给侧结构性改革研究结论和建议

> 建议一：改革土地要素供给方式，提高土地要素供给质量。①加快土地要素征收市场接轨土地要素让渡市场的改革；②改革土地市场监管体制机制，变小市场为大市场；③构建渐进式改革视角下的土地征收补偿机制；④构建基于平等和法治体系下的土地征收运行监督体制和机制；⑤建立农村集体经营性建设用地入市的体制机制；⑥土地要素管理由总量控制为主转变为以强度控制为主；⑦构建平衡土地市场供给多方利益的机制，建立多元改革目标。
>
> 建议二：转变政府职责，正确发挥政府作用。①进一步"简政放权"，更好发挥政府作用；②尽快明确界定征地制度中的公共利益的内涵、范围和内容；③加大土地供给侧结构性改革的政策供给力度；④逐步退出对土地要素让渡市场的垄断，形成多元的土地供应格局，发挥市场的决定性作用；⑤加快土地利用规划编制和实施指导战略的转变；⑥改变土地整治偏重农地的结构性失衡。

8.1 土地供给侧结构性改革研究的理论基础

8.1.1 人地关系权籍时空系统理论[①]

土地市场表面上看是一个有关土地空间的让渡市场，但本质上则是一个有关土地利用方向和土地利用强度等多项利用权利的土地权利让渡市场。实际上，在我国也只有土地使用权的市场，不存在土地的市场，只是人们常常为了表达的方便，而将其简称为土地市场。

然而，土地权利是受土地权籍约束和保护的。第一，土地权籍决定了人们是否合法拥有某块土地。第二，土地权籍决定了人们拥有某块土地的空间范围。第三，土地权籍决定了人们拥有某块土地空间上特定的土地权利束。这就使土地权籍规范了人与地、地与地，及其之上的人与人、人与社会、人与自然等多方面的关系，决定了人们在特定的土地空间上，对其利用方向和利用强度等方面的特定权利，包括某块土地的精确面积、地理坐标、地上地下纵深空间坐标、地质条件、用途、构筑物范围、土地权利及使用年限等一系列涉及与保护土地权属和土地权利的土地权籍要素。通过土地权籍的约束性，能够对每块土地的利用方向、利用强度等有关的利用权利做出规定，从而能够通过土地利用的方向和强度改变土地的利用方式和利用程度。所以，实际上在土地市场上让渡土地时都是以土地权利作为让渡内容和条件的。而这些既是进行土地市场让渡的核心内容，也是土地市场存在的基础，更是实现土地市场让渡的保障[②]。

"土地权籍制度的核心是土地所有制，而土地所有制的硬化和表现形式形成了与其相对应的土地权籍制度。土地所有制的形式，决定了人们在实际生活和生产中的相互关系，以及劳动产品的交换和分配关系。而这种关系又主要是通过土地权籍制度得到硬化和表现的。"[③] 这使得我国的土地市场实际上也是一个由土地权籍决定的市场。

我国长期以来实行的是社会主义土地公有制，土地不属于任何个人。建立并开放土地使用权市场，建立并发挥市场在资源配置上起决定性作用和正确发挥政府作用的制度，势必需要建立一个公有土地的代理人制度，这又给政府代理行使土地权利、管理和调控土地市场提供了一种合理性与法理性的基础和根据。这样，一方面使得我国土地市场在构成上具有了特殊性，一方面又使得我国土地市场在运行上具有了特殊的规则和方法。

人地关系权籍时空系统理论解释了土地要素市场的标的为什么是土地上的权利而不是土地本身的原因；揭示了土地供给侧结构性失衡为什么不只是土地供给数量与土地产品生产企业所需土地数量的问题，而是有关土地利用方向、利用强度等更多利用权利问题的原

---

① 冯广京. 关于土地科学学科视角下"土地（系统）"定义的讨论 [J]. 中国土地科学, 29（12）: 1-10
② 冯广京. 土地科学学科独立性及学科体系研究框架 [M]. 北京: 中国社会科学出版社, 2015: 55
③ 冯广京. 土地科学学科独立性及学科体系研究框架 [M]. 北京: 中国社会科学出版社, 2015: 51

因；说明了政府同时身兼土地市场监管者、土地要素让渡市场供给者、土地要素征收市场征收者、土地市场参与者（土地所有者代理人）等多重角色的现实基础；由此很容易得出我国土地供给侧结构性改革的内容和本质，都应当是政府在依托土地权籍的基础上，深化土地供应方式的改革，即进一步改革政府职责，从供给侧创造条件，创新更有利于需求侧的以土地利用方向、利用强度等利用权利为主要约束下的土地供应方式，从而为深化土地供给侧结构性改革指明了重心和方向。

8.1.2 供需平衡理论[①②]

供需平衡理论是土地供给侧结构性改革的着眼点和起始点，也是土地供给侧结构性改革的目标和终点。正是基于供需平衡的理论和视角，才产生了供给侧和需求侧的问题；正是有了需求方和供给方，才能够形成市场。而市场发生和存在的基础，都是为了达成供给方和需求方在"意向点"上的平衡。

根据供需平衡理论，人们能够对土地市场展开更深入的分析并获得更准确的认识。比如，从土地市场的结构上分析，可以将土地市场细分为土地产品市场和土地要素市场，其中土地产品市场还可以进一步细分为土地产品生产市场和土地产品让渡市场，土地要素市场也可以进一步细分为土地要素征收市场和土地要素让渡市场；从土地市场构成上分析，可以将土地市场涉及者分为市场主体和监管主体；从土地市场的供需方向上分析，可以将土地市场进一步分为供给侧和需求侧；从土地市场运行环境分析，可以将土地市场分为完全竞争的市场和不完全竞争的市场；从土地市场运行的情况分析，可以将土地市场分为有效的市场和失灵的市场；从土地市场运行的结果分析，可以将土地市场分为局部均衡市场状态和一般均衡市场状态；等等。

8.1.3 时空锥理论[③]

时空锥理论包含了时空理论和系统论等内容，不仅强调了土地供给侧结构性改革本身的系统协调性问题，也强调了土地供给侧结构性改革系统与我国整体供给侧结构性改革大系统的优化协调问题，更强调了时空的动态性协调和优化问题。土地供给侧结构性改革是我国供给侧结构性改革的子系统，其成功与否不仅取决于自身的改革质量和自身系统的优化，而且还影响并受制于整体供给侧结构性改革的质量和系统的优化，因此土地供给侧结构性改革的措施和目标都应当以更有利于实现我国整体供给侧结构性改革系统最优化为目标。土地供给侧结构性改革是一项长期战略，也是一项动态发展的改革，衡量土地供给侧

---

① 高鸿业. 西方经济学（微观部分）（第三版）[M]. 中国人民大学，2004：17-67
② 曼昆. 经济学原理（上册）（原书第三版）（Principles of Economics）[M]. 梁小民译. 北京：机械工业出版社，2003：55-131
③ 冯广京. 时空锥理论研究 [J]. 中国土地科学，2017，31（4）：22-32

结构性改革成功与否和成效大小，应当以能否长期促进我国社会经济可持续发展为标尺，改革的目标应当是有利于长期的社会经济可持续的发展。

8.2 土地供给侧结构性改革研究结论

8.2.1 我国土地市场存在市场结构失衡

1. 土地要素征收市场与土地要素让渡市场脱节，政府成为桥接者

我国土地市场的结构不同于世界上其他国家的土地市场，土地要素市场被进一步细分为土地要素征收市场和土地要素让渡市场。

从土地市场运行的整体性上分析，我国土地要素征收市场和土地要素让渡市场存在分割性，相互间通过政府来实现桥接。这种桥接的特点是，只由一个政府执行部门来完成土地要素征收市场和土地要素让渡市场的桥接。

造成土地要素征收市场和土地要素让渡市场分割的局面，既有历史演进的原因，也有发展路径选择的原因，还有现实困境的原因。由于我国实行的是土地的社会主义公有制，同时存在国有土地和农村集体所有土地的二元结构，个人和企业并不拥有土地的所有权，国有土地所有权由政府代行，农村集体土地所有权不能直接进入土地要素市场交易，也需由政府采取征收的手段将其转变为国有土地后，才能进入土地要素市场交易，导致两个市场相互脱节，由此形成了我国土地要素市场的特殊结构性，并引致了我国土地市场的许多特殊性。

在我国，城乡土地"同地同权同价"迄今仍然没有真正完成在理论和实践两个方面的自洽；农村集体所有土地的主体仍然难以落实，而国有土地也尚无其他代理人，这就使得政府想与不想都自然而然地成为了土地要素征收市场和土地要素让渡市场的纽带，也成为土地市场的一个参与者。

2. 土地要素市场与土地产品市场脱节，两个政府部门都是桥接者

从土地市场监管的整体性上分析，我国土地要素市场和土地产品市场也存在着一定的分割性，两个细分市场相互间也需要通过政府来桥接。但这种桥接的特点不同于土地要素征收市场和土地要素让渡市场的桥接。土地要素征收市场和土地要素让渡市场的桥接是由一个政府执行部门来实现的，而土地要素市场和土地产品市场的桥接则是由两个政府执行部门来实现的，两者的桥接质量和矛盾是不同的。

土地要素市场和土地产品市场监管的脱节，很容易导致监管上的"理性化"，形成"各扫门前雪"的情况，使得土地要素市场和土地产品市场形成事实上的监管分治，既很容易导致土地市场整体信号失灵，也很容易导致土地市场整体循环不畅，使得土地市场整体效率下降。同时，由这种土地要素市场和土地产品市场监管分治引起的忽视甚至无视土地产品市场信号的情况，又进一步加剧了政府部门在土地要素市场中过度关注土地要素让渡市场的局部均衡，而忽视土地市场的一般均衡甚至无视更大市场的一般均衡，结果是很容易破坏土地市场的一般均衡。很显然，这种局面是不可能持续的，因此改变这种"铁路警察各管一段"的土地市场监管方式，将会成为下一步机构和监管方式改革的方向和重点。

3. 供给侧结构性错配具有七种类型，土地供给需"对症下药"

我国供给侧结构性失衡表现为供给侧结构性错配，我国结构性错配具有七种类型，都与土地供给侧结构性改革有关。

供给侧结构性改革视角下的供给侧结构性错配，是指基于供需平衡理论，在均衡市场中，需求侧存在某种有效需求时，供给侧不能提供满足这种有效需求的供给或不能提供与这种有效需求相匹配的有效供给而导致供需结构失衡的情况。

导致我国供给侧结构性错配的原因有很多，供给侧结构性错配的现象也并不完全取决于土地市场本身。但毫无疑问的是，土地市场是影响和改变供给侧结构性错配的重要方面，具有不可替代的作用。对于布局结构性错配、产能结构性错配、数量结构性错配和政策结构性错配，土地市场都可以通过改革土地供给方式和土地供给数量与质量的方式，影响和改变供给侧结构性错配；对于技术结构性错配、质量结构性错配和发展结构性错配，土地市场也都可以通过改革土地供给方式和土地供给数量与质量的方式，促进和推动供给侧结构性重配。

虽然导致供给侧结构性错配的原因有很多，但都主要集中在各类供给者的供给决策和能力上，以及市场治理者的治理策略和能力上。这一结果，对分析供给侧结构性改革的本质、把握供给侧结构性改革的重点和方向、促进供给侧结构性改革，提供了一种思路和方法，即，从需求侧的视角出发，研究供给侧的配置结构合理性及重配的问题，最终再回到需求侧，从而实现供给满足有效需求、新供给创造新需求的供需平衡。这反映了我国供给侧结构性改革的基本逻辑和分析路径。

8.2.2 我国土地市场存在主体构成与作用失衡

1. 土地要素供给者被排斥在土地要素让渡市场之外，作用丧失

土地要素征收市场和土地要素让渡市场的分割，不仅存在很多人诟病的由土地发展权带来的增值分配问题，而且还存在导致土地要素供给者的公众无法直接参与土地市场的整体循环之中，使得土地要素供给者被排斥在土地要素让渡市场之外，无法发挥其通过土地要素供应约束土地产品生产企业产品生产结构的作用，使得其作为市场参与主体的功能丧失，导致其无法在土地产品市场上用脚投票，因此土地产品生产企业不用受到土地市场自我修正机制的约束，结果打破了土地市场形成稳态均衡状态的前提条件，直接导致土地市场失衡、效率降低，市场"看不见的手"无法发挥作用。

2. 土地产品生产企业不受土地市场规律制约，效率降低

由于土地要素征收市场及其要素供给主体被排斥在土地市场整体循环之外的原因，打破了土地市场的整体循环链条，土地要素拥有者不能作为要素直接供给者参与市场运行，使得土地市场自我修正的机制不能发挥作用，结果又使得另一土地市场参与主体——土地产品生产企业的生产行为，可以不受土地市场自我修正机制的规制，土地产品生产企业生产产品的结构主要受自我利益指导、生产技术限制，不用考虑土地产品市场中公众的真实需求，满足于企业已有的技术水平和在有效供给短缺背景下自己企业产品对公众刚需产品的替代性，结果很容易导致土地产品生产企业在土地产品市场上出现供给错配需求的情况，使得土地市场整体效率下降。

3. 政府身兼多重角色，利弊同在

由于我国的特殊国情和历史发展，政府在我国土地市场中具有多重身份和职责，构成了我国土地市场结构的特殊性。政府既是土地市场的监管者，也是土地要素让渡一级市场中的唯一供给者，还是土地要素征收市场中的唯一需求代理人，也还是土地市场中的重要参与主体，政府在土地市场中的身份、职责和目标上都具有多重性。这既给政府监管土地市场带来了便利，也对政府区分社会经济发展整体利益和地区及政府自身利益的能力提出了考验，还对政府把握土地市场的供需结构、土地供需数量和质量的调控能力和效率，提出了很大的挑战。这种特殊性，既是一种历史发展的结果，也是我国社会经济发展和改革的一种前提与基础。

因此，对于土地市场供给侧结构性改革的研究实际上存在两个重要的方面：一个是如何在构建起有效的土地公有代理人制度，直接行使公有土地权利的条件下，使政府可以退出行使土地公有代理人的地位，回归土地市场规制者和监管者的地位；另一个是在政府继续行使土地公有代理人的权责条件下，如何构建并正确发挥政府在土地市场中的作用。

8.2.3 我国土地市场存在市场运行失衡

1. 土地市场难以形成闭合运行，"看不见的手"难以发挥作用

我国《土地管理法》规定，"国家为了公共利益的需要，可以依法对土地实行征收或者征用并给予补偿"。1998年和2004年修订的《土地管理法》进而规定，"农民集体所有的土地的使用权不得出让、转让或者出租用于非农业建设"；"任何单位和个人进行建设，需要使用土地的，必须依法申请使用国有土地"。对于存量土地，我国土地储备制度要求优先储备闲置、空闲和低效利用的国有存量建设用地，这些土地均在土地要素让渡市场的一级市场中重新出让。通过这些规定，土地要素让渡一级市场基本挤占了集体建设用地市场、土地要素让渡二级市场的空间。加上前述土地要素拥有者被排斥在土地要素让渡市场之外，导致土地市场无法形成全环节的闭合运行循环，使得土地市场"看不见的手"难以发挥对市场的自我修正和完善的功能，难以实现稳态均衡。

2. 土地要素让渡市场小循环平衡，土地要素供给结构性失衡

由于现行行政管理体制和市场监管运行机制所决定，土地要素市场监管部门难以全面监管土地市场运行，限于体制机制，更多关注土地要素市场的供需结构的情况和目标，很容易将实现土地要素市场的小循环平衡作为自己的目标，结果却很难实现土地市场整体的供需结构性平衡。

3. 土地市场信号传递失灵，市场主体决策整体失据

我国土地供给侧结构性失衡的问题，集中反映到了土地市场信号的形成和传导机制上，许多现行的机制、体制一方面直接造成了有偏的土地市场信号，另一方面又间接助长或扩大了其他因素引致的有偏的土地市场信号，土地市场自身的修正机制难以被发挥，引致了土地市场参与者的有偏预期，导致市场主体决策失去客观依据，加剧了土地市场的失衡状态，从而影响了整体市场的供需平衡。

我国土地市场供需信号失灵的产生，主要来自于土地要素让渡市场，引致土地产品生产企业可以追求高利润，过滤土地产品市场的真实需求信号而又不受市场的惩罚，地方政府在市场中的多重定位和职责也放大了土地市场的有偏信号。

4. 土地价值实现机制失灵，土地增值分配失衡

从城市土地要素市场上供应土地方式的类型可见，我国用统一的计划经济标准征收农村土地，然后在城市土地要素市场上分别以市场方式、计划方式进行供地，造成了在土地要素征收市场上无法建立发现和实现土地真实价值的机制，使得我国长期以来一直实施土地征收补偿的不完全补偿或者计划补偿的方式，很难与现有的市场经济体制相适应，由此导致土地征收带来的土地增值收益分配失衡，土地增值收益不能真正惠及土地要素拥有者。土地要素征收价格机制失灵的结果，必然带来城市用地的不断扩张，引致土地利用效率低下，导致政府保护土地和提高土地利用效率的压力越来越大。

8.2.4 我国土地市场存在政府定位和作用结构性失衡

1. 政府监管定位与市场主体定位冲突，难以协调

我国实行的土地要素征收主体和监督主体合一的体制，政府一方面要完成其土地要素征收市场主体的责任，确保以较低的代价实现土地要素由农村集体所有转为国家所有；另一方面要承担土地市场监管主体的责任，确保土地要素从农村集体所有转为国家所有过程的公平和效率，导致了两种主体定位上的冲突，造成了土地市场监督结构上的失衡。具体表现在以下几个方面：第一，我国建设项目用地申请审批程序繁杂，征地公告和登记程序往往流于形式。第二，"公共利益"的解释权归于政府，使国家土地征收被排斥在司法监督范畴之外。第三，我国土地征收方案及补偿方案等的制定，缺少正当法律程序的程序要件"公众参与"，而土地征收救济制度以行政救济机制为主，司法机关无法有效监督和制约行政权力。土地征收纠纷的最后解决常常不得不依靠上级行政机关对下级行政机关的监督和制约。政府多重身份的定位和责任难以一致。

2. 政府部门条块管理体制存在缺陷，土地市场整体监管功能缺失

我国土地市场监管体制实际上仍然存在条块管理的缺陷，土地要素市场监管部门受职责所限，难以全面监管土地产品市场运行，而土地产品市场监管部门也受职责所限，也难以全面监管土地要素市场运行。这样就使得土地市场的整体监管需要多部门的衔接和协调，一方面，很容易鼓励和刺激将细分市场的局部均衡作为其整个土地市场监管的整体均衡的目标，导致细分市场间的不均衡发展；另一方面，也增加了土地市场的监管成本，降低了土地市场的整体效率。

3. 土地市场供给侧结构性改革理论研究不足，供给侧改革政策供给滞后

从中央提出供给侧结构性改革战略以来，土地领域也在不断推进供给侧结构性改革，但能明显感到,由于供给侧结构性改革是我国政府在社会经济治理中的一项创新战略,打破了长期以来形成的以需求引导供给发展经济的思维和治理模式,并针对改革开放以来建立的市场体制中"使市场在资源配置中起决定性作用和更好发挥政府作用"① 机制不足的问题提出了挑战,土地领域一些方面难以在短时期内深刻认识实施并积极推进这一战略的重要性、本质性和紧迫性,对于我国推进供给侧结构性改革特别是推进土地领域供给侧结构性改革的战略及其实践,并没有引起土地领域的广泛重视。显然,对土地供给侧结构性改革战略的理论研究不足和认识局限,使得土地供给侧结构性改革的政策供给,客观上滞后于我国推进供给侧结构性改革的实践。

4. 公共利益界定无实质进展,土地征收结构性失衡

我国《宪法》、《物权法》、《土地管理法》等相关法律虽然都规定了土地征收必须以公共利益为前提,但是在立法中却没有对公共利益进行明确的界定,使得公共利益的范围明显被扩大,导致了在土地要素征收市场上的征地结构和主体结构不合理。公共利益的内涵范围界定不清晰,一方面使得我国目前有关公共利益的定义实质上就是计划经济形成的国家建设需要的翻版;另一方面又导致了对公共利益自由裁量权的滥用。

8.2.5 我国土地利用规划存在统筹性和引导性的结构性失衡

1. 土地利用规划的权威性不足,土地供给引导土地需求功能难以发挥

由于土地资源的特殊性和社会经济发展的可持续要求,决定了土地供需平衡存在一种特殊性,即土地要素供给要引导土地的利用需求,而实现的途径和手段主要是通过土地利用规划的指导和土地市场的供给配置。但是,在实际的土地开发利用过程中,土地利用规划的这种引导性难以被完全发挥出来。其原因主要在于:①由于土地利用规划收集的社会经济发展数据口径不统一,预测方法存在差异性,使得土地利用规划的结果缺乏科学性,导致土地利用规划实施的刚性不足,引致土地利用规划被迫压缩修订间隔期,以修改土地利用规划的方式适应土地利用的需求,丧失了土地利用规划引导土地利用需求的功能。②作为协调各行业、各部门经济活动综合平台的土地利用规划,长期以来缺乏相应的法律制度保障,规划内容、规划过程、规划标准和规划行为等既缺乏法律约束,也无法律可依,随意性较大,实施管理力度不够,不能约束土地利用行为。③土地要素征收市场中有关土地价格和土地价格增值的发现和实现机制失灵,导致农地征收成本低,在后备耕地资源不足的情况下,地区间竞相以低价甚至无偿出让土地吸引投资,造成大面积优质耕地被占用,建设用地现状面积已经基本接近甚至突破长期规划所设定的建设用地"天花板",耕地、林地、建设用地之间的争地矛盾亟须妥善解决。这些原因导致了土地供给缺乏有序有力的土地利用规划的引导,直接导致了供地过程中底数不清和底线不明,消耗了大量耕地资源。

---

① 李克强. 深化重要领域和关键环节改革(在第十二届全国人民代表大会第五次会议上所做的政府工作报告). 新华网. http://news.xinhuanet.com/politics/2017lh/2017-03/05/c_129501547.htm

2. 土地利用规划"长短、上下、左右"统筹不足，规划体系结构性失衡

土地利用规划需要统筹建立科学的规划体系，规划周期长短结合、规划层级上下衔接、相关规划左右相融。

（1）从规划周期的匹配上看，由于我国当前的土地利用规划体系主要包括土地利用总体规划、土地利用详细规划、土地利用专项规划和土地利用年度计划等，缺少能够承上启下的土地利用中期规划，结果按照年度土地利用计划根据年度项目安排进行土地利用调整时，难以统筹兼顾土地利用总体规划的长期安排（一般为15年），结果常常造成土地供应总量的变化情况波动较大，迫使土地利用总体规划不得不根据土地利用实际进行调整，失去了土地利用总体规划的预测和战略安排的作用。

（2）从规划的区域和层级匹配上看，在土地利用规划中，根据其自然资源禀赋，合理配置和安排不同的土地利用规模与进行相应的空间布局，尚缺乏科学可信的论证过程，一二三产业的发展成果已经惠及更为广大的区域，在地域空间上分布不当，就会限制土地利用效率的提高，影响土地资源配置的科学性和精确性①。在县级及以下土地利用总体规划中，强调对各类用地的定点定位配置，但是由于分区方法单一，缺少技术指标作保证，考虑因素不足，依据不充分等原因，往往造成分区结果在空间上普遍过于零碎，有些用地区在规划图上甚至无法表示，分区方案难以落实。

（3）从相关规划的匹配上看，现行规划的常见分区方法，多是采用先数量后布局的两步策略，即用数学模型确定土地利用数量结构后，再通过叠图来进行空间结构的落实。由于不同职能部门基于各自相异的规划认知时空锥②，研制目标不同的规划，使得各区划与土地用途分区既有一定的交叉或重叠性，又有一定的冲突性，可能出现规划间的冲突③，出现土地供给"政出多头"的现象。

3. 土地利用规划研制指导战略脱节现阶段发展实际，土地利用规划先天不足

土地利用规划体现了国家指引和保障社会经济健康协调发展的土地利用战略，而我国目前的土地利用规划研制战略与现阶段社会经济发展的实际不相符，导致土地利用规划存在先天不足。

（1）我国土地利用规划的指导思想与现实发展不相符，我国土地利用规划体现的土地利用战略意图是以严格保护耕地的"倒逼"机制来控制建设用地总量，从规模配置上解决耕地与建设用地争地的矛盾④。然而，这一套土地利用战略和制度安排对快速工业化、城市化进程中的土地刚性需求估计不足，与我国现阶段社会经济发展形势不相符合，造成人为的建设用地供给"稀缺"，产生了大批违规用地现象。

（2）土地利用规划重视用地面积控制，强调耕地总量动态平衡；但忽视以集约节约利

---

① 罗鼎，许月卿，邵晓梅，等. 土地利用空间优化配置研究进展与展望 [J]. 地理科学进展，2009，（05）：791-797.

② 冯广京. 时空锥理论研究 [J]. 中国土地科学，2017，31（4）：22-32.

③ 孟鹏，冯广京，吴大放，等. "多规冲突"根源与"多规融合"原则——基于"土地利用冲突与'多规融合'研讨会"的思考 [J]. 中国土地科学，2015，29（8）：4-9+72.

④ 郑振源. 把转变土地利用方式、集约用地置于土地利用战略的首位 [J]. 中国土地科学，2011，（06）：20-23.

用土地，盘活存量建设用地的方式，缓解建设和农业争地的矛盾，造成在土地资源稀缺和土地利用效率低下的双重压力下，数量有限的土地资源难以满足各产业部门的用地需求，规划规定的耕地保护和建设用地控制指标无法全部实现，使得政府配置土地的计划性失灵。

(3) 土地利用规划重视用地数量和空间分配控制，采取"一刀切"的形式，利用增减挂钩工具，强调建设用地总量控制，实现局部区域范围内耕地占补平衡。按照行政管理层次，将主要的土地利用指标自上而下地分解下达，采取层层控制、逐级细化的指标控制方法。但是，与此同时，建设用地需求也在不断扩大，而城市建设用地来源单一，以及耕地红线、规划调控和用途管制等制约了土地的供给，造成城市土地供需失衡[1]。尽管控制性指标对于不同发展水平地区平衡发展起到了重要作用，但是随着我国经济社会进入"新常态"发展阶段，市场对于资源的基础性配置作用日渐显著，原本的指令性规划模式与提高区域竞争力和促进区域均衡发展结合起来的规划理念不相契合，也不利于通过实行差别化的产业用地政策来促进发展方式的转变。

8.2.6 我国土地整治存在功能性和供给性的结构性失衡

1. 土地整治目标和作用单一，功能发挥不足

冯广京早在20年前（1997年）就已对现代土地整理（治）做出定义："现代意义的土地整理已超越了单纯扩大农地面积并籍此提高农产品产量的意义，而更注重全面调整土地关系和土地利用布局，保护生态环境，改善生活条件，全面提高土地利用率和产出率。"[2] 这一定义所强调的四个方面，即①全面调整土地关系和土地利用布局，②保护生态环境，③改善生活条件，④全面提高土地利用率和产出率，已构成支撑现今土地整治的理论基石和土地整治概念的核心内容，即调整土地关系和土地利用布局，优化"三生空间"。

但遗憾的是，20年后我国土地整治仍然没有摆脱早期片面强调提升耕地数量和耕地质量的单一供给策略，迄今仍然没有从根本上完成向现代土地整治的转化，即仍然没有完成向优化土地关系和土地要素配置、全面提升"三生空间"（生产发展、生活提升、生态保护）质量方向的转化，将主要人力、物力和财力投入农田整治工程，由于在土地整治中主要强调改良土地立地条件而忽视土地权籍关系的调整，导致土地整治与农田水利整治工程在功能上出现了很多方面的相互重叠，土地要素优化配置功能有限，要素供给结构单一和重复，土地整治应有的优化配置土地要素、提升"三生空间"质量的功能难以发挥。

---

[1] 胡银根, 蔡国立, 廖成泉, 等. 基于供需视角的城乡建设用地扩张与配置的驱动力 [J]. 经济地理, 2016, (06): 161-167.

[2] 冯广京. 我国农地整理模式初步研究 [J]. 中国土地, 1997, (6): 13-20

1) 以工程为本，考虑权籍调整不足

从冯广京（1997）[1] 较早提出[2]"土地整理势必涉及权属调整问题，并会成为下一步影响和制约农地整理水平的重要因素"，"应当尽快研究制定农地整理引起权属调整的原则和方法"的判断和建议后，迄今已整整过去了 20 年，但是我国土地整治仍然没有完成相应的转变，仍然"以增加耕地面积为主要目标"，"过分关注土地整治对耕地数量、质量的贡献，忽视了土地整治的本质内涵和核心目标——调整土地权属关系和组织土地利用。调整土地权属关系和组织土地利用是土地整治工程区别于农田水利工程、基本建设土木工程、矿山工程等的根本，是土地整治具有不可替代性的表现。在经济新常态背景下，土地整治如何从单纯追求增加耕地面积、提高耕地质量，向调整土地产权关系、组织土地利用、保护生态环境和促进社会发展转变是当前面临的重大问题"。[3]

2) 以地为本，考虑以人为核心的关系不足

土地利用格局是人类活动驱动下土地在不同用途和需求中多宜性和限制性的竞争结果[4]，反映了人类对土地需求的冲突性。"人"具有自然和社会双重属性，不仅是土地资源利用的主人，也是保障资源利用效率的主体要素。人地关系转型是土地整治的逻辑演绎。人地关系协调是人地关系系统的最理想状态，这不取决于地而取决于人[5]。因此，新时期土地整治不仅要优化人与土地的直接关系（即区域经济社会要素与土地资源的配置和互动关系），更要协调好由此引起的人与人之间的土地利用关系。

3) 以农地为本，考虑城乡统筹不足

土地整治是实现区域功能优化的有效途径和工具，促进城乡协调发展是转型期土地整治的逻辑向度。城乡协调发展具有强烈的现实性和高度的概括性，是土地整治"核心功能"和"叠加功能"[6][7] 有序实现的统筹目标。

在改造城乡二元结构的历史进程中，土地整治具有基础性作用，是促进区域协调发展、"补三农短板"的主要抓手；但由于缺乏顶层制度的统筹[8]，土地整治往往落入"只化地不化人"、"重建设轻利用"、"强项目缺规划"的狭隘"怪圈"，难以为区域协调发展下的多元目标需求提供有力的供给平台。因此，土地整治与供给侧结构性改革的内在联系归结于如何立足供给侧结构性改革的高度，以土地整治为平台，破解区域发展中的人、地、资本等要素配置的结构性矛盾，满足区域协调发展的多元目标需求。在此逻辑下，供给侧结构性改革无疑从制度层面为新时期土地整治的转型发展提供了重要思路，也为统筹土地整治与美丽乡村建设、精准扶贫等区域发展战略的协同提供了战略落脚点。

---

[1] 冯广京. 我国农地整理模式初步研究 [J]. 中国土地, 1997, (6): 13-20
[2] 孟宪素, 高世昌. 土地开发整理权属管理研究现状及展望 [J]. 中国土地科学, 2008, 22 (9): 55-59
[3] 王军. 中国土地整治文献分析与研究进展 [J]. 中国土地科学, 2016, 30 (4): 88-96
[4] 龙花楼. 论土地整治与乡村空间重构 [J]. 地理学报, 2013, 68 (8): 5-14
[5] 信桂新, 杨朝现, 魏朝富, 等. 人地协调的土地整治模式与实践 [J]. 农业工程学报, 2015, 31 (19): 262-275
[6] 吴次芳. 土地科学学科建设若干基本问题的反思与探讨 [J]. 中国土地科学, 2014, (2): 22-28
[7] 孙彦伟. 新时期上海土地整治工程体系的调整策略 [J]. 上海国土资源, 2014, (3): 31-35
[8] 严金明, 王晨. 基于城乡统筹发展的土地管理制度改革创新模式评析与政策选择——以成都统筹城乡综合配套改革试验区为例 [J]. 中国软科学, 2011, (7): 1-8

4）以项目为本，考虑综合治理不足

土地整治的对象不应禁锢于耕地、建设用地等单个要素，应推进田、水、路、林、山、村、城等多要素的综合整治；土地整治的内容不应局限于土地平整、农田水利等工程建设活动，应加强土地权属关系的调整和土地利用方式的组织；土地整治的目标不应束缚于耕地资源保护，应重视对地域空间结构的整合与功能的优化。功能空间重构是土地整治促进区域协调发展的终端路径，要求土地整治应是城乡生产要素整合与再配置的过程。即，以"三生空间"为承载，以土地要素为纽带，以土地整治为平台，通过相关机制创新，推动人、地、资金、产业、技术等各类要素向有利于土地利用转型的方向有序流动，实现城乡之间多要素的整合与重组，促进区域的协调发展。

2. 土地整治供给脱节社会经济发展需求，供给结构失衡

当前土地整治的供给与社会经济发展需求的失衡，主要表现在两方面：第一，随着社会经济转型、生活质量的提高，人们对食品安全的重视度日益提高，消费需求的变化导致消费结构的转型。而土地整治仍然没有摆脱早期片面强调提升耕地数量和耕地质量的供给策略，没有从根本上完成向全面提高土地生态环境的转变，缺乏有效的生态整治技术，难以遏制土地污染和质量退化，导致农产品供需之间存在错配。第二，随着城镇化进程的加快，土地整治继续沿用原有的"只化地不化人"的整治方式，遭遇农民进城落户难的窘境，一方面城镇房地产库存积压，一方面农村居民点"内空外扩"。

土地整治要从提升整治目标、提高技术手段与建后评价与监管等方面入手，应用生态整治技术、注重土地整治的社会、经济及生态效益，协调要素之间的供需关系，纠正资源错配问题，实现高效、综合、全域整治，促进农村土地规模经营与城市土地节约集约利用。

3. 土地整治重计划轻市场，统筹不足

1）顶层设计短板，制度创新困难

随着土地整治目标的多元拓展和整治理念的不断更新，一方面要通过顶层设计强化理论对实践的指导作用，夯实理论基石，探寻普遍规律；另一方面要通过顶层设计升级土地整治技术方法，从"工具理性"上升到"功能理性"，进而达到"价值理性"。现阶段土地整治主要由政府主导，应加快制度创新，支持社会资本引入，充分发挥市场机制对资源的基础配置作用，形成上下联动、多元共建的整治模式。同时，针对目前普遍存在的重申报轻实施、重主体轻配套、重建设轻管护等现象，应加快制度监督、动态评估、责任追究等机制的建立，确保土地整治效益的长期发挥。

2）政策供给滞后，多元主体参与缺失

土地整治具有多重政策目标的取向，单纯依赖政府主导"自上而下"的运行模式，缺乏有效的社会响应和沟通机制，使得参与主体的价值取向之间存在错位，导致土地整治供给初衷与现实际遇之间的矛盾[1]。而合理的公共产品供给机制是调整土地整治供给适应区

---

[1] 孙彦伟. 新时期上海土地整治工程体系的调整策略 [J]. 上海国土资源, 2014, (3): 31-35

域发展需求及其变化的制度保障，其有赖于土地整治治理结构的创新①②。因此，根据不同区域土地整治的特点，围绕各参与主体的利益均衡点，构建土地整治公众参与平台，强化政府引导、市场配置、公众参与的"上下结合"，创新土地整治运行模式以保障土地整治供给的有效性。

3）整治范围狭窄，统筹区域发展作用难以发挥

在我国，城乡关系是最基本的区域关系、经济关系和社会关系，正确处理城乡关系、加快城乡发展转型是现阶段我国区域协调发展的直接体现和基础支撑。随着城镇化和工业化的持续推进，受城乡二元体制的约束，城乡地域的协调发展面临着诸多现实问题。一方面，农村人口向城镇的快速非农化转移，既带来了农村"空心化"问题，也给城市带去了"两栖人口"问题；另一方面，与人口非农化和兼业化相伴而生的是农村土地的非农化和非粮化，在城市建设扩张和"土地财政"的驱使下，农村耕地大量流失、撂荒或趋于破碎化，造成农业滑坡和严重萎缩。此外，城乡间固化的资源要素流动"壁垒"，进一步制约了农村基础设施的完善、土地的优化利用，以及农业的适度规模经营和产能提升，同时粗放的要素配置方式也加剧了生态环境的恶化。土地整治能够对农村区域资源进行再调配，从而为农业规模经营提供了良好平台，吸引农户以及新型农业组织的投资，扩大了农业产业链条。土地整治也能够在城市要素供给侧满足企业和居民用地需求的同时，促进产业转型和居住质量提升，提高城市土地的集约利用水平。但是，土地整治的重心仍然是以农村土地整治为主，导致土地整治通过土地资源的要素调配，满足企业与个人的生产、生活需求，均衡区域系统的生态需求，从而实现区域协调发展方面的功能难以发挥出来，使得土地整治仍然无法成为拉动国民经济内需的引擎。

4）整治内容和方式雷同，降低了供给效率

土地整治是一项复杂的综合性系统工程，导致土地整治目标多维、整治类型多样、参与要素复杂，涉及农业、建设、水利、交通、电力等众多部门，必然要求部门间的协调统筹，但是由于土地整治不能突出自身的核心内容，以同质化的技术方法开展同质化的土地整治项目，把原本分工清晰和明确的职责内容变得模糊不清③，在现实中表现出部门之间职责不清、信息不对称的现象，导致了人、财、物的重复投入，不仅增加了不必要的沟通和实施成本，而且也降低了土地整治供给的效率。

4. 土地整治缺乏理论创新，创造新需求能力不足

土地整治是土地领域最具创新空间从而能够创造新需求的一个方面。创新并创造适于创新的环境和条件，是土地供给侧结构性改革的重要内容。但是，无论是我国土地整治的理论创新和技术进步都显不足，土地整治的理论仍然没有从本质上超越传统的土地整理和农田水利工程等相关工程的理论。

---

① 刘建生. 土地整治项目协同治理：理论框架与案例研究 [J]. 中国土地科学, 2016, (11)：.61-67
② 刘彦随. 土地综合研究与土地资源工程 [J]. 资源科学, 2015, 37（1）：1-8
③ 《中共中央关于国民经济和社会发展第十三个五年规划的建议》提出，"大规模推进农田水利、土地整治、中低产田改造和高标准农田建设"，明确将土地整治区别于农田水利、中低产田改造和高标准农田建设，相互具有明确的分工和职责。

土地整理"相对忽视土地整治本质内涵及核心理论与目标的研究，偏重于工程技术和方法以及政策研究。而土地整治的本质内涵及核心理论与目标的研究是工程技术和方法以及政策研究的基础"。① 然而，我国土地整治一方面相对忽视自身的理论创新研究，另一方面着力打造土地整治的工程技术属性，但是由于缺乏自身理论研究的创新突破，在工程技术方面也难以形成专有和专用技术的突破，长期以来依赖于传统的土地整理技术和相关工程领域的通用技术，无法形成具有土地整治内核的工程技术体系，土地整治很难通过自身的创新创造全新的需求。

8.3 土地供给侧结构性改革政策建议

8.3.1 我国土地供给侧结构性失衡的主要矛盾和关键环节

通过前面有关土地供给侧结构性改革的分析讨论，非常清晰地揭示出我国土地供给侧结构性改革的主要矛盾和关键环节，主要集中在两个方面：一个是要改革土地供应方式和质量；另一个是要正确发挥政府职责。

1. 关键之一：改革土地供给方式和质量

改革土地供给方式和质量的关键环节，主要在土地要素的征收市场和土地要素的让渡市场上。

我国土地供给方式存在结构性失衡问题，主要表现在：①重视土地要素让渡市场的局部均衡而忽视土地市场的整体均衡，土地市场难以实现整体稳态均衡；②土地要素征收市场脱节土地要素让渡市场，土地市场难以形成稳态均衡收敛；③土地要素市场监管脱节土地产品市场，土地市场难以发现完整有效的市场信号；④土地要素市场供给经济目标重于社会经济协调发展目标，土地市场难以发挥资源配置上的决定性作用。

2. 关键之二：正确发挥政府在市场中的功能和作用

由于我国土地市场结构和运行规则的特殊性，决定了我国土地供给侧结构性改革的主要方向是改革土地要素的供应方式和质量，而重点是正确发挥政府在土地市场中的功能和作用。

改变土地要素供给的方式和提高土地供给质量的手段，主要是在转变政府职责的基础上，加强土地市场的建设，发挥土地利用规划引导和规制土地要素供给的作用，增强土地整治保障和改善土地要素供给质量的能力。土地供给侧结构性改革的主要任务是，一方面要构建通过供给侧结构性重配，满足客观存在的土地市场的真实需求，实现供需平衡；另一方面要通过土地供给侧结构性改革，以新机制为保障，以新技术为动力，促进新经济，服务新产业（行业），创造提升民众生活生产品质的市场新需求，实现更高水平上的供需平衡。

---

① 王军. 中国土地整治文献分析与研究进展 [J]. 中国土地科学，2016, 30（4）：88-96

8.3.2　改革土地要素供给方式，提高土地要素供给质量

1. 加快土地要素征收市场接轨土地要素让渡市场的改革

土地要素征收市场长期独立于土地要素让渡市场，使得土地市场中"看不见的手"难以发挥作用。土地要素征收市场和土地要素让渡市场共同构成了土地要素市场，进而和土地产品市场共同构成了整体的土地市场。土地要素征收市场游离于土地市场之外，不仅使得土地市场出现残缺，导致土地市场失衡，而且其游离于土地市场之外的本身，就会引起土地市场运行的失衡，也必然导致土地市场结构性的供需失衡。

与此同时，在土地要素征收市场逐步接轨土地要素让渡市场的同时，应以土地市场的运行规则规制土地产品生产企业的各种生产活动，逐步改变政府对部分企业的保护，创造能使土地市场均衡发展的条件。

2. 改革土地市场监管体制机制，变小市场为大市场

土地市场是一个由土地产品市场和土地要素市场构成的复合市场，实现其均衡发展，就要放眼整个土地市场运行的均衡点。但是，由于我国行政体制的条块化和碎片化，以及地方政府利益考量的问题，经常可以看到一些地方政府把更多的注意力放到了土地要素市场运行的均衡点上，结果常常做出与土地整体市场均衡发展不相符的"短视性"政策规定，不仅难以实现土地要素市场的平衡，也很容易引起土地市场甚至更大市场的失衡。因此，建议改革现有的土地市场的管理体制机制，改变重视土地要素市场而忽视土地产品市场均衡的情况，逐步引导土地市场向满足公众真实需求的方向转化，逐步引导生产企业向转变生产方式和发展方向转变，实现土地供需信号畅通传导并有效指导企业开展满足公众需求的生产活动，从而逐步实现土地市场的均衡发展。

3. 构建渐进式改革视角下的土地征收补偿机制

鉴于我国目前并不存在实施征地制度中完全市场化补偿的前提条件，建议在征地制度改革中，构建并实施渐进式的市场化补偿机制。这一机制应以实现法律上的公正（即土地征收补偿的相关事宜是属于司法范畴而非行政范畴）为目标，忽略农用地和建设用地的当前使用类型，在统一采用征地区片综合地价作为基数的基础上，综合考量土地所有权人的间接损失（交易成本及主观价值）以及被征土地征收后的收益，确定土地的最终补偿。土地征收标准及范围应当兼顾市场价值、社会保障和制度效率。

4. 构建基于平等和法治体系下的土地征收运行监督体制和机制

从偏见排除和保证意见听取两个原则出发，建立公共利益的程序界定机制，具体包括界定程序、审查程序、监督程序、救济程序。探索土地征收程序机制改革，将征收权从行政权向立法权转变，增设紧急征收程序，完善告知程序，设立独立的征地调查程序，健全听证程序，增加协商购买程序。重构土地征收救济机制，实施调解优先，改革现行的行政裁决制度，完善行政复议制度，健全信访制度，构建司法救济机制，协调行政救济和司法救济的有机衔接。

5. 建立农村集体经营性建设用地入市的体制机制

建议以组集体为基本单元，组建具有法人资格的新型农村集体经济股份合作组织，建

立以组集体股份制法人治理的集体经营性建设用地入市的决策机制，明确界定农村集体经营性建设用地的对象和范围，构建一元化的农村集体经营性建设用地市场的监管机制，构建农村经营性建设用地入市的分配机制，构建农村经营性建设用地入市的基础性制度。

6. 土地要素管理由总量控制为主转变为以强度控制为主

我国产业发展进入转型时期，产业发展由劳动密集型、土地密集型向资本密集型和技术密集型转变。土地要素管理也应由总量控制为主转变为强度控制为主，探索破解单一计划管理控制土地要素规模的问题。实现这一转变的途径主要包括：①强化建设用地节约集约制度；②加强城乡建设用地增减挂钩；③推进增值税、物业税等税费制度改革，建立二级市场的信息发布和交易平台，活跃二级市场存量土地供给盘活。

7. 构建平衡土地市场供给多方利益的机制，建立多元改革目标

建立全覆盖、调控性加强的土地储备机制和全成本、退出性加强的土地征收制度等在内的完善的土地供给体系。综合运用价格、法规、规划、财政、金融、公众参与、负面清单等多种手段，建立共建、共治、共享、共赢的机制，兼顾公平性、公益性、生态性等多种效益和功能，融合产业、人口、环境容量，确保城市安全需要。

8.3.3 转变政府职责，正确发挥政府作用

1. 进一步简政放权，更好发挥政府作用

现代社会经济的发展，使得政府的功能和作用都发生了很大的变化，政府和市场的关系既存在着天然的矛盾性，也存在着发展的一致性，特别是我国社会经济发展的现实基础是客观存在的。因此，应该在我国土地市场发展现实的基础上，进一步研究如何简政放权的原则和方法，划清土地市场机制发挥作用和政府规制发挥作用的边界，逐步弱化政府在土地要素让渡市场和土地要素征收市场中的市场主体地位，逐步强化并发挥政府在土地市场中的管理、监督和调控的作用，特别要强化政府在土地利用规划、土地市场建设、土地供应方式、农地制度改革中的规制作用。

2. 尽快明确界定征地制度中的公共利益的内涵、范围和内容

作为征地制度实施的先决条件，必须以法律语言将征地制度中公共利益的内涵加以科学和准确的概括，清晰界定公共利益的范围和内容。建议细化公共利益用地类型，将公共利益用地进一步细分为纯公共利益（同时具有不可分割性、非竞争性和非排他性条件）用地和准公共利益（在不可分割的前提下，仅具有非竞争性或非排他性条件之一）用地，两者与其他非公共用地分别采用不同的供给方式。

3. 加大土地供给侧结构性改革的政策供给力度

在丰富土地要素让渡市场供给侧结构性改革内涵的同时，政府应当加大改革的政策供给力度。政策是土地市场供给侧结构性改革的重要保障，在土地要素让渡市场供给侧结构性改革的探索期，制定全面、有针对性的政策是改革顺利进行的必要条件。政府首先应着重在土地市场供给主体、供给结构等方面出台相关政策文件，明确改革的主体和结构；其次应该在土地供给机制上出台相关政策文件，规范土地市场供给的方式和运行机制；最后

是在改革的保障方面出台相关政策，保证改革后有较强的保障力度。

4. 逐步退出对土地要素让渡市场的垄断，形成多元的土地供应格局，发挥市场的决定性作用

土地要素让渡的是土地使用权，在所有权和使用权分离的情况下，应当减少政府对土地供给的垄断，创造出真正负责任的市场交易主体。完善的土地市场应当具有多元化的供给主体，才能让社会公众充分参与到土地要素的让渡市场中。土地供应主体的多元化，有助于土地要素让渡供给的多样化，提升土地资源的供应效率。让土地产权交易的多元主体都成为交易获利的主体，实现土地价格的市场化特征，用地行为就会被规范，土地市场供给侧结构性改革也可以较为顺利地推进。

5. 加快土地利用规划编制和实施指导战略的转变

土地利用规划是土地资源利用和管理的龙头，也是引导和规制土地供给侧结构性改革的基础，应当加快实现研制和实施规划指导战略的转变，由重点强调耕地面积保护的重心转向重点强调促进土地权籍调整、优化"三生空间"配置、服务人和社会经济可持续发展的重心，由注重数量控制和利用的重心转向注重强度控制和集约利用的重心，由重视土地要素利用的重心转向重视土地要素和科技创新协同利用的重心；增加土地利用中期规划，完善土地利用规划体系；开展土地利用空间规划和地块规划的研究和编制，扩展和发挥土地利用规划与生俱有的深入地块和空间的功能，以可持续发展的理念指引和促进土地供给侧改革。

6. 改变土地整治偏重农地的结构性失衡

土地整治具有四大核心任务：①全面调整土地关系和土地利用布局；②保护生态环境；③改善生活条件；④全面提高土地利用率和产出率。应当尽快改变我国土地整治长期偏重农地整治而忽略低效利用和闲置未用的建设用地整治、长期偏重提高土地立地条件整治而忽略全面调整土地关系和优化土地利用布局的结构性失衡的现状，加快完成向现代土地整治的转化，即加快完成向优化土地关系和土地要素配置、全面提升"三生空间"质量方向的转化；加快土地整治专有性和专用性理论的创新，打破土地整治对传统农地整治技术路径的依赖，促进土地整治新技术的进步；加大土地整治供给侧结构性改革的政策供给，创造利于动员社会力量参与土地整治活动的环境，服务社会经济可持续发展的需求。

主要参考文献

冯广京. 1997. 我国农地整理模式初步研究 [J]. 中国土地,（6）: 13-20
冯广京. 2015a. 关于土地科学学科视角下"土地（系统）"定义的讨论 [J]. 中国土地科学, 29（12）: 1-10
冯广京. 2015b. 土地科学学科独立性及学科体系研究框架 [M]. 北京: 中国社会科学出版社
冯广京. 2017. 时空锥理论研究 [J]. 中国土地科学, 31（4）: 22-32
高鸿业. 2007. 西方经济学（微观部分）第四版 [M]. 北京: 中国人民大学出版社
林增杰. 2006. 地籍学 [M]. 北京: 科学出版社
曼昆. 2003a. 经济学原理（原书第3版）（上册）[M]. 梁小民译. 北京: 机械工业出版社

曼昆. 2003b. 经济学原理（原书第3版）（下册）[M]. 梁小民译. 北京：机械工业出版社
王军. 2016. 中国土地整治文献分析与研究进展[J]. 中国土地科学, 30（4）：88-96
王万茂，韩桐魁. 2002. 土地利用规划学[M]. 北京：中国农业出版社
吴敬琏等. 2016. 供给侧改革引领"十三五"[M]. 北京：中信出版社
严金明，夏方舟，马梅. 2016. 中国土地整治转型发展战略导向研究[J]. 中国土地科学, 30（2）：3-10